Natacha Belleau

Halina Heitz

GUIDE PRATIQUE DES PLANTES D'INTÉRIEUR

PARIS • BRUXELLES • MONTRÉAL • ZURICH

Le GUIDE PRATIQUE DES PLANTES D'INTERIEUR

est l'adaptation française de ZIMMERPFLANZEN,
publié en allemand par Gräfe und Unzer, à Munich.
© 1990, Gräfe und Unzer GmbH, Munich, Allemagne.

Adaptation française

réalisée sous la direction éditoriale de Sélection du Reader's Digest
Coordination : Paule Meunier, José-Antoine Cilleros
Couverture : Dominique Arduré, Françoise Boismal
Fabrication : Jacques Le Maitre, Gilbert Béchard

Réalisation de l'adaptation française : A.T.P.

sous la direction d'Hervé Chaumeton
Traduction et adaptation : Valérie Garnaud d'Ersu, ingénieur agronome
Secrétariat de rédaction : Stéphanie Castaing
Montage P.A.O. : Isabelle Véret

Première édition
Deuxième tirage

© 1992, Sélection du Reader's Digest, S.A.
212, boulevard Saint-Germain, 75007 Paris

© 1992, N.V. Reader's Digest, S.A.
29, quai du Hainaut, 1080 Bruxelles

© 1992, Sélection du Reader's Digest (Canada),
Limitée, 215, avenue Redfern, Montréal,
Québec H3Z, 2V9

© 1992, Sélection du Reader's Digest, S.A.
Räffelstrasse 11, « Gallushof », 8021 Zurich

ISBN : 2-7098-0386-0

*Tous droits de traduction, d'adaptation et de reproduction,
sous quelque forme que ce soit, réservés pour tous pays.*

SOMMAIRE

Des soins appropriés 8

Tout savoir sur les plantes d'intérieur 11-83

Apprenez à connaître vos plantes 12
Pays d'origine et zones climatiques **12**
Régions tropicales **12**
Régions subtropicales **13**
PRATIQUE : de la racine à la fleur **14**
Ce qu'indique la morphologie **16**
Port et durée de vie **16**
Comment les plantes assurent leur survie **16**
Le nom latin, carte de visite de la plante **19**
Des noms d'espèces explicites **19**
Brève histoire des plantes d'intérieur **19**

Bien choisir les plantes 20
Tout dépend de la lumière **20**
Les modifications de l'intensité lumineuse **20**
L'mportance de la température **22**
Le choix de l'emplacement **22**
Plantez le décor **22**
Des meubles pour les plantes **23**
Pots et cache-pot décoratifs **23**
Conseils d'achat **24**
De la plus petite à la plus grande **25**
Une influence positive sur notre environnement **25**
Des plantes pour tous les styles d'intérieur **25**
L'aspect des feuilles **26**
Des plantes pour la chaleur et le soleil **28**
Des plantes parfumées **28**
Des plantes pour l'ombre **28**
Des plantes aquatiques pour la maison **28**
Des plantes pour les enfants **28**
Les suspensions **30**

L'étoile de Bethléem (Campanula isophylla) est l'une des rares plantes d'intérieur à bien supporter l'eau calcaire.

Bien soigner les plantes 32
Premiers soins après l'achat **32**
La panoplie du jardinier d'intérieur **32**
Faites connaissance avec vos plantes **33**
Respectez le rythme végétatif de la plante **33**
Les 5 facteurs de croissance : lumière, chaleur, eau, air et humidité de l'air, mélange terreux et engrais **36-38**
Faut-il parler aux plantes ? **39**
PRATIQUE : mélanges de culture et techniques de rempotage **40**
PRATIQUE : arrosage et humidité de l'air **42**
PRATIQUE : taille, tuteurage et autres soins **44**
Des erreurs à ne pas commettre **47**
Des billes d'argile en guise de terre **47**
Bonsaïs : une petite taille mais un vrai arbre **47**
Bonsaïs : des arbres miniatures **48**
Espèces se prêtant bien à la formation en bonsaïs **48**
Quelques conseils pour l'amateur de bonsaïs **48**

Premiers secours pour vos plantes 50
Les mesures préventives **50**
Les moyens de lutte **50**
Produits de traitement naturels à préparer soi-même **52**
Les problèmes physiologiques et leurs remèdes **52**
Pour combattre les parasites **52**
Pour combattre les maladies cryptogamiques **52**
PRATIQUE : maladies et parasites, des dégâts visibles sur les feuilles **54**

La multiplication facile 56
La multiplication végétative **56**
La multiplication par semis **56**
Ce que vous devez savoir **56**
Le matériel nécessaire **57**
Le bon mélange de multiplication **57**
PRATIQUE : multiplication par rejets et boutures **58**
PRATIQUE : multiplication par semis et autres méthodes **60**
Les soins aux jeunes plants **63**
Une expérience passionnante : la multiplication à partir des graines de fruits exotiques **63**
Comment obtenir des graines **63**
Le semis **63**
Le temps de germination **63**
Fleurs et fruits **63**
Les exotiques : culture et entretien **64**

Les mots verts de A à Z 68-83
Petit lexique technique et botanique

Description et conseils de culture 84-231
Les symboles utilisés **86**
Attention, toxique ! **87**
Les plantes à fleurs, de *Acalypha* à *Zantedeschia* **88-135**
La page du collectionneur (plantes fleuries) **136-137**
Les plantes de véranda **138-141**
Les plantes vertes (ou plantes à feuillage décoratif) de *Acorus* à *Zebrina* **142-193**
La page du collectionneur (plantes vertes) **194-195**
Les fougères de *Adiantum* à *Pteris* **196-205**
Les palmiers de *Archontophoenix* à *Washingtonia* **206-213**
Les orchidées de *Cattleya* à *Zygopetalum* **214-221**
La page du collectionneur (orchidées) **222-223**
Les cactées de *Astrophytum* à *Thelocactus* **224-231**

Index 232

Adresses utiles et bibliographie 238-239

Les plantes des pages 4-5 de gauche à droite :
Un petit air méditerranéen pour un groupe de plantes aimant le soleil
A l'arrière-plan : oranger calamondin (x *Citrofortunella mitis* "Variegata"), bougainvillée (*Bougainvillea*), *Aeonium arboreum* "Atropurpureum", mimosa (*Acacia armata*), bougainvillée hybride, passiflore (*Passiflora caerulea*). *Devant :* rosier miniature (*Rosa chinensis*), rose du désert (*Adenium obesum*), rosier miniature en pot (*Rosa chinensis*), lavande (*Lavandula angustifolia*), rince-bouteilles (*Callistemon citrinus*), Chamelaucium, laurier-rose (*Nerium oleander*), *Dorotheanthus bellidiformis*, *Echeveria*, orpin (espèce de *Sedum*).

Les lignes très graphiques d'une palme en éventail (ici un Washingtonia*).*

Lycaste skinneri, *une orchidée épiphyte originaire des montagnes d'Amérique centrale.*

Les fruits du kumquat (Fortunella margarita) *sont comestibles. Le semis des graines permet d'obtenir de nouvelles plantes.*

Comment réussir avec les plantes d'intérieur ? Ce guide détaillé apporte une réponse simple à cette question complexe : il faut tout simplement connaître les besoins individuels des plantes tropicales et subtropicales, et y répondre le mieux possible. Savez-vous par exemple que certaines espèces observent une période de repos végétatif, d'autres non ? Que l'on peut souvent deviner, en observant le port de la plante, l'aspect des feuilles, ses besoins en lumière et en eau ? Qui connaît l'origine d'une plante

Des soins appropriés

Lorsque les futures plantes d'intérieur, en provenance de pays lointains, ont atteint l'Europe, il y a quelque 300 ans, elles étaient aussi rares et précieuses que l'or ou le sel. Aujourd'hui encore nous les apprécions grandement pour l'aspect vivant et décoratif qu'elles apportent à nos intérieurs. Nombreux sont cependant ceux qui ont oublié que les plantes d'intérieur nous viennent en grande majorité de régions tropicales ou subtropicales, et ont de ce fait des exigences bien particulières. Connaître les besoins des plantes est la clé de la réussite pour leur culture, dans la maison comme au jardin.

et ses conditions naturelles d'environnement ne commet pas de grosse erreur de culture.
La partie essentielle de cet ouvrage est bien sûr celle qui traite individuellement des soins à apporter aux plantes et de leurs besoins.
Plus de 300 plantes d'intérieur pour la maison, la véranda ou le bureau sont ici décrites et présentées avec des photos couleurs et des conseils précis – les plus connues et les plus populaires, mais aussi les nouveautés encore peu répandues et certaines plantes rares particulièrement décoratives.
Ce n'est pas tout : le DICTIONNAIRE DES MOTS VERTS explique, en termes clairs, tout le vocabulaire botanique et technique nécessaire à l'amateur avisé ; dans les rubriques PRATIQUE sont illustrées, étape par étape, les principales opérations d'entretien, rempotage, arrosage, multiplication et autres. Enfin, grâce à des descriptions précises et des conseils variés, vous serez à même de repérer, d'identifier et de combattre les parasites et maladies qui affectent vos plantes. De superbes illustrations en couleurs, la plupart spécialement réalisées pour cet ouvrage, montrent tout l'impact décoratif d'une plante saine et bien soignée et vous donnent, en outre, de nombreuses idées pour la mise en valeur des plantes, du panier suspendu aux compositions de plantes vertes ou fleuries, en passant par les regroupements possibles près d'une fenêtre.
L'auteur et l'équipe éditoriale vous souhaitent réussite et satisfaction avec vos plantes d'intérieur !

L'auteur
Halina Heitz, responsable pendant 15 ans de la rubrique «Plantes d'intérieur» du magazine allemand *Mein schöner Garten*, est une spécialiste en la matière. Grâce à la collaboration d'horticulteurs et de botanistes, à de très nombreux contacts avec des lecteurs, elle est au fait de tout ce qui peut concerner la culture des plantes dites d'intérieur.

L'auteur et l'éditeur remercient le photographe Friedrich Strauss pour les nombreuses photos qu'il a prises tout spécialement pour illustrer ce guide, ainsi qu'Ushie Dorner pour ses dessins très clairs.
Un grand merci à tous ceux qui ont bien voulu nous prodiguer leurs avis et conseils :
Mme Susanne Amberger-Ochsenbauer, ingénieur agronome spécialisée en horticulture ornementale, collaboratrice scientifique à la chaire d'horticulture ornementale de l'école de Weihenstephan, près de Münich.
M. Franz Becherer, spécialiste des cactées.
M. Emil Lückel, président de l'association allemande des amateurs d'orchidées.
M. le professeur Werner Rauh, ancien directeur de l'institut de botanique et géobotanique de l'université Ruprecht-Karls, de Heidelberg.

Important : Pour ne prendre aucun risque avec certaines de ces plantes, plus ou moins toxiques, veuillez lire attentivement les «recommandations importantes» figurant p. 240.

Hortensia blanc ▶
Les ravissantes ombelles de fleurs de cet hortensia sont constituées de fleurons stériles. Les hortensias se plaisent dans une terre légèrement acide, avec des arrosages généreux.

Dans son habitat naturel, en Amérique du Sud, l'amaryllis est habitué à l'alternance de périodes sèches et humides.

TOUT SAVOIR SUR LES PLANTES D'INTĒRIEUR

Une floraison éclatante vient rarement toute seule. Pour être couronnée de succès, la culture des plantes d'intérieur demande un minimum de connaissances. L'une des clés de cette réussite tient dans la découverte des conditions naturelles d'environnement de ces plantes. Vous apprendrez, au fil des pages suivantes, tout ce qu'il est nécessaire de savoir pour avoir de belles plantes d'intérieur.

Apprenez à connaître vos plantes

Vénérables ficus aux racines aériennes impressionnantes, atteignant le sol (photo p. 141), haies de près de 2 m de poinsettias d'un rouge flamboyant (photo p. 89), cocotiers bordant des plages de sable doré (photo p. 205), verts marécages composés de papyrus, vieux arbres de la forêt tropicale envahis par les orchidées et Broméliacées (photos p. 13 et 213), forêts d'eucalyptus, d'araucarias ou de bambous, cactus monumentaux dans l'éblouissante lumière du désert (photo p. 223)... ce sont là nos plantes d'appartement dans leur habitat naturel !

Ce sont donc des hôtes des pays lointains qui doivent, chez nous, s'accommoder de la culture en pot, s'adapter à la faible luminosité hivernale, à l'air sec dû au chauffage. Ne vous irritez donc pas si l'une de vos plantes laisse brusquement pendre ses feuilles. Essayez plutôt de vous approcher au mieux de ses conditions de croissance naturelles : cela vous sera plus facile si vous en apprenez plus sur vos hôtes exotiques et si vous les observez de près.

Contrairement à ce que l'on croit souvent, botanique et histoire des plantes sont des disciplines passionnantes et enrichissantes. Lorsque l'on sait d'où vient une plante, quelle est sa structure, comment elle vit, et donc pourquoi elle a cet aspect, on comprend bien sûr beaucoup mieux quels sont ses besoins.

Pays d'origine et zones climatiques

Les plantes d'intérieur ne sont pas rustiques et doivent être protégées du gel en toute saison. Elles sont pour la plupart originaires des régions tropicales et subtropicales du globe, habituées et adaptées à leur pays d'origine. Ces zones climatiques sont rapidement présentées ci-dessous, mais il ne faut pas oublier qu'elles se chevauchent fréquemment, et qu'il existe dans ces régions des microclimats différents, du fait de conditions géographiques particulières.

Régions tropicales

La zone tropicale s'étend de part et d'autre de l'équateur. Les limites en sont les tropiques du Cancer et du Capricorne, situés respectivement à 23,5° de latitudes nord et sud. Cette bande tropicale représente environ 40 % de la surface de la planète. Les conditions climatiques y sont très variables, du climat humide et étouffant près de l'équateur, au climat typique de la savane et de la steppe, avec alternance de périodes sèche et humide, ou encore des hauts plateaux chauds et secs aux forêts d'altitude humides et plus fraîches, le tout dans la même zone tropicale. C'est pourquoi les plantes tropicales peuvent demander des conditions de culture très différentes pour ce qui est des apports d'eau, de la température et de l'hygrométrie. Deux facteurs d'environnement sont cependant les mêmes pour toutes ces plantes :
• Les plantes tropicales ne connaissent pas de rythme de croissance saisonnier, avec variation de la température et de la luminosité.
• Elles sont habituées à une durée d'éclairement constante toute l'année, la durée du jour étant sensiblement égale à la durée de la nuit, et ce toute l'année sous les tropiques.

Les plantes de la forêt tropicale humide vivent en quelque sorte dans une serre de multiplication naturelle ! Cette forêt humide, présente de chaque côté de l'équateur, se caractérise par une chaleur forte, très humide, avec un rafraîchissement nocturne sensible, une humidité de l'air comprise entre 90 et 99 %, une pluviométrie importante, sans véritable saison sèche. La flore indigène est constituée de grands arbres à feuillage persistant, lianes, épiphytes, très grands arbustes au niveau du sol et plantes herbacées souvent à grandes feuilles. Ces plantes sont étagées en trois strates. Les plantes originaires de cette forêt équatoriale et cultivées en appartement supportent mal la pleine lumière et l'air chauffé, sec. Elles n'observent normalement pas de période de repos végétatif, mais sont quasiment forcées de ralentir leur croissance en automne et en hiver, du fait d'une luminosité insuffisante.

Les plantes des régions tropicales à saison sèche et saison des pluies. En font partie les végétaux de la savane et de la steppe, mais aussi ceux des régions soumises au régime de vents comme la mousson et les alizés. Ces plantes sont accoutumées à un brutal passage de l'humidité à la sécheresse et en ont besoin à l'intérieur également.

Les plantes des forêts tropicales d'altitude présentent d'autres exigences. Leur habitat est caractérisé par des pluies importantes, la formation de nuages, une luminosité intense et une fraîcheur qui peut friser la gelée lorsque l'altitude s'élève.

Les épiphytes comme la fougère corne-de-cerf, le dendrobium et les tillandsias se développent souvent à l'intersection des branches dans les arbres tropicaux.

Ces plantes de montagne demandent dans la maison une forte luminosité et une hygrométrie élevée, associées à une température assez fraîche.

Les plantes des régions désertiques sont des spécialistes de la survie en milieu difficile ! Le jour, elles supportent une chaleur de braise, avec des températures pouvant atteindre 50 °C à l'ombre, une lumière crue, impitoyable, souvent une forte brise, et une évaporation beaucoup plus importante que les précipitations, tandis que la nuit, la température chute presque à zéro. La pluie fait souvent défaut pendant des mois, voire des années et, quand elle tombe, le phénomène est si brutal que le sol a bien du mal à absorber l'eau.

Les plantes de climat désertique ont donc appris à se débrouiller avec l'eau de condensation, la rosée et le brouillard. Qui veut les cultiver ne doit surtout pas trop les arroser en été, les laisser quasiment au sec en hiver. Et, bien sûr, il leur faut le plein soleil…

Régions subtropicales

Il s'agit ici de la zone comprise entre les tropiques et les régions tempérées du globe, où nous vivons. La température moyenne du mois le plus froid est comprise entre 10 et 18 °C. Le régime des pluies et la longueur du jour varient selon les saisons. Il y a des étés chauds et des hivers doux, ainsi que des régions recevant des pluies hivernales ou estivales. Les régions à pluies hivernales sont situées dans le bassin méditerranéen, en Afrique du Sud et en Californie ; celles à pluies estivales dans le sud des États-Unis, en Nouvelle-Zélande et en Chine.

Les plantes des régions subtropicales ont souvent des organes servant de réserve d'eau et des protections contre l'évaporation. Elles apprécient la nuit une température plus fraîche et observent une période de repos végétatif. Celles qui viennent de régions à pluies estivales demandent en été chaleur et humidité, tandis qu'il faut les laisser au frais et assez au sec en hiver ; celles des régions à pluies hivernales doivent être arrosées en hiver également – si lumière et chaleur sont suffisantes.

Mon conseil : pour mieux appréhender les différentes régions climatiques du globe et leur flore, je vous recommande une visite dans un jardin botanique d'une grande ville, et notamment dans les serres. Les serres des jardins de Kew, en Angleterre, sont particulièrement intéressantes à cet égard, recréant climats et flores très variés. Mais il peut exister dans votre région des serres à visiter.

PRATIQUE

De la racine à la fleur

 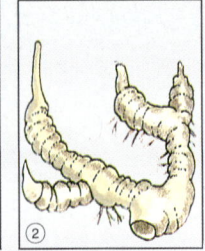

Organes végétaux souterrains
*1 Racines, différenciées en racines principales et racines secondaires ou latérales.
2 Rhizome avec des racines.
3 Tubercule avec des racines.
4 Bulbe avec des racines.*

Les parties aériennes d'une plante
comprennent la tige principale ou tronc, les tiges latérales, les feuilles, fleurs et fruits.

La vie d'une plante

Toute la vie d'une plante consiste à pousser, fleurir et fructifier, c'est-à-dire se reproduire, pour assurer la continuation de l'espèce. C'est l'unique «préoccupation» qui domine la vie de chaque cellule, chaque organe, et conditionne tout le développement de la plante. Parties aériennes et souterraines de la plante œuvrent harmonieusement dans ce sens, depuis des millions d'années. Si le processus naturel est interrompu, les végétaux essaient malgré tout de parvenir au but par une régénération constante. De nombreuses plantes à fleurs se laissent ainsi tromper. La suppression des fleurs les incite à produire d'autres fleurs, encore plus nombreuses. La floraison – souvent le but de tous nos soins – n'est pour la plante qu'une phase transitoire, mais nécessaire. C'est le point de départ de sa multiplication sexuée, dont l'objectif est la survie de l'espèce.

La vie sous terre

Les organes souterrains des plantes, racines, bulbes, tubercules ou rhizomes (voir les schémas des organes souterrains), ne reçoivent aucune lumière et sont en général bruns ou blancs. Leur forme et la façon dont ils s'enracinent dans le sol, à plat ou verticalement, avec de nombreuses racines ou non, dépendent de l'espèce et de l'environnement.
Les racines permettent l'ancrage de la plante dans le sol, l'absorption et le transport de l'eau et des éléments nutritifs.
Les autres organes souterrains. Certaines plantes possèdent en outre des racines tubérisées, ou bien des tiges transformées, comme les tiges tubérisées, les rhizomes ou les bulbes, qui servent à la plante d'organes souterrains de réserve en eau et éléments nutritifs.

Différentes formes des feuilles des plantes d'intérieur
1 linéaire (Chlorophytum), 2 oblongue (Brunfelsia), 3 ovale (Beloperone), 4 sagittée, en forme de flèche (Caladium), 5 arrondie (Saintpaulia), 6 triangulaire (Ficus deltoidea), 7 en bouclier (Jatropha), 8 en cœur (Sparmannia), 9 en coin, cunéiforme (Euphorbia milii), 10 réniforme (Ceropegia woodii).

Important pour l'entretien : si tout ou partie des racines souffre, par exemple à cause d'arrosages excessifs ou d'une blessure, les parties aériennes de la plante moins bien «approvisionnées» souffrent également, et les dégâts peuvent être irréversibles.

La vie au-dessus du sol

Tous les organes aériens des plantes, comme tiges, feuilles, fleurs et fruits, ont besoin de lumière. Les organes riches en pigment chlorophyllien sont verts et possèdent la capacité de transformer le dioxyde de carbone (gaz carbonique) et l'eau en glucides (sucres), en présence de lumière : c'est la photosynthèse.

Les tiges illustrent, comme tous les autres organes des plantes, la richesse du monde végétal. Elles peuvent être ramifiées ou non, très fines ou au contraire épaisses et renflées, herbacées ou lignifiées et dures ; elles peuvent grimper, ramper ou s'enrouler autour d'un support. Leur rôle est de porter feuilles et fleurs, d'approvisionner celles-ci en éléments nutritifs (puisés par les racines) et de placer les feuilles dans la meilleure position possible vis-à-vis de la lumière.

Les feuilles sont très variables par leur forme, taille et teinte (voir ci-contre quelques formes courantes), souvent très décoratives. Qu'elles soient petites et fines comme des aiguilles (*Asparagus*, p. 146), de très grande taille (*Alocasia*, p. 143), de texture très fine (capillaire, p. 196) ou encore charnues et très épaisses (agave), elles jouent le rôle essentiel de «poumon vert» de la plante.
Ce sont en effet essentiellement elles qui accomplissent la photosynthèse (voir p. 78) et permettent la respiration (voir p. 69).

Les fleurs reflètent souvent l'incroyable raffinement de la nature ! Leur rôle consiste exclusivement à féconder et être fécondées. C'est dans ce but qu'elles possèdent des grains de pollen mâles et des cellules femelles dans l'ovaire (voir schéma de l'anatomie d'une fleur). Teintes, formes (voir exemples ci-contre) et parfums sont d'extraordinaires moyens de séduction. Ils attirent les insectes ou autres animaux qui jouent un rôle actif dans la pollinisation. Avec la floraison, la plante atteint la maturité sexuelle et se prépare donc à la fécondation, ou pollinisation. Toute l'énergie de la plante est alors en priorité destinée à la formation des fruits et graines, ce qui explique que la croissance d'une tige est en général réduite une fois fleurie.

Fruits et graines sont la conséquence d'une pollinisation efficace. Les fruits, souvent colorés, servent d'appât aux animaux chargés de disséminer les graines dans la nature. La formation des graines demande à la plante beaucoup d'énergie. Aussi, lorsqu'on ne veut pas multiplier par semis les plantes d'intérieur, est-il recommandé d'éliminer rapidement les fleurs fanées, pour éviter d'épuiser la plante au détriment de sa croissance ultérieure.

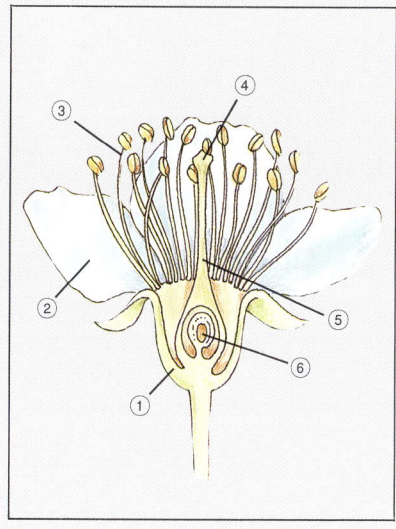

Anatomie d'une fleur
1 Calice constitué des sépales.
2 Corolle constituée des pétales.
3 Étamines, organes mâles, formées des filets et anthères.
4 Stigmate.
5 Style.
6 Ovaire contenant les ovules.
Style, stigmate et ovaire sont les organes femelles de la fleur et leur ensemble est appelé pistil.

  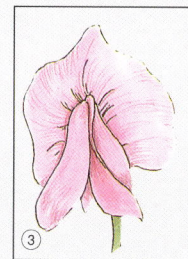 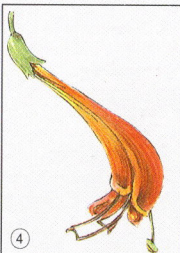

Quelques formes de fleurs
1 En clochette, comme l'abutilon.
2 En entonnoir, comme l'hibiscus.
3 Papilionacée, comme le cytise.
4 En tube, ou tubulaire, comme l'aeschynanthus.

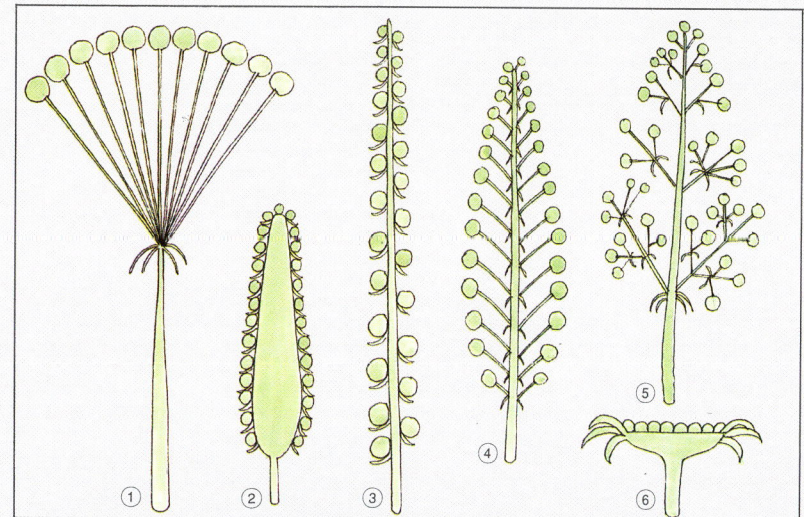

Les principaux types d'inflorescences
1 Ombelle (Pentas, Clivia, Ixora, Pelargonium grandiflorum) ; *2 Spadice* (Anthurium, Spathiphyllum) ; *3 Épi* (Acalypha, Crossandra, Pachystachys, Vriesea) ; *4 Grappe* (Cymbidium, Smithiantha) ; *5 Panicule* (Phalaenopsis, Medinilla) ; *6 Capitule* (Chrysanthemum, Gynura, Senecio).

Ce qu'indique la morphologie

C'est la variété des situations auxquelles les végétaux ont dû s'adapter, chacun selon son espèce, qui est à l'origine de la diversité des plantes. Êtres vivants incapables de se déplacer, ils ont été obligés de perfectionner rythme végétatif, durée de vie, mode de croissance et morphologie ; cette évolution s'est étalée sur des millions d'années, jusqu'à ce que soit assurée la survie de leur espèce. Ils ont trouvé pour résoudre leurs multiples problèmes des solutions tout à fait étonnantes, dont certaines sont autant de précieux renseignements pour l'entretien des plantes (voir tableau ci-dessous).

Port et durée de vie

Chaque plante suit un programme génétique propre à son espèce, définissant ainsi l'âge et la taille qu'elle peut atteindre, le port qu'elle va adopter. Par contre, les plantes comme les arbres et les arbustes, qui atteignent une grande taille dans leur habitat naturel, ont dans le volume réduit d'un pot une croissance beaucoup plus limitée. Ils demeurent souvent de jeunes sujets d'un point de vue morphologique, fleurissant et fructifiant rarement.

Les principaux ports ou modes de croissance :
• érigé, à la verticale, comme la cordyline ;
• grimpant, comme *Cissus* ;
• rampant ou couvre-sol, comme *Soleirolia* ;
• retombant, comme *Aeschynanthus* ou *Columnea*.

Par leur rythme végétatif propre, les plantes atteignent par ailleurs des âges très différents. Elles sont annuelles, bisannuelles ou pluriannuelles, demeurent herbacées ou se lignifient comme les sous-arbrisseaux, arbustes et arbres.

Les plantes annuelles, comme *Browallia speciosa*, ou *bisannuelles,* comme *Exacum affine*, accomplissent l'ensemble du cycle, germination, croissance, floraison, fructification et maturation des graines, en l'espace d'un ou deux ans. Une fois leur devoir reproductif accompli, elles meurent. Cultivées en intérieur, ces plantes n'ont bien sûr pas une vie plus longue, aussi l'amateur doit-il les renouveler par un nouvel achat ou bien en les multipliant lui-même.

Les plantes pluriannuelles comme les plantes vivaces (par exemple *Anthurium scherzerianum*, la campanule, le chrysanthème des fleuristes, le papyrus) ont un système racinaire pérenne, avec racines, rhizome, bulbe ou tubercule, qui émet de nouvelles tiges à chaque saison de végétation. Bien soignées, ces plantes peuvent également vivre plusieurs années dans la maison.

Les sous-arbrisseaux (par exemple *Asparagus setaceus*, *Beloperone*) ont des parties herbacées qui meurent en fin de saison, et une souche ligneuse qui émet de nouvelles pousses chaque année. Ils peuvent également vivre de nombreuses années en pot.

Arbres et arbustes (par exemple *Araucaria, Ardisia*, le gardénia, *Ficus, Medinilla, Sparmannia*) sont des végétaux ligneux à feuillage persistant ou caduc, à vie longue dans la nature et qui peuvent également atteindre un âge vénérable en «exil» intérieur.

Comment les plantes assurent leur survie

Protection contre un soleil ardent. Les plantes se sont couvertes de poils protecteurs, feutrage isolant, enduit cireux ou pruine argenté à bleuâtre (comme l'agave, *Echeveria, Crassula*).
Cela nous indique que les plantes présentant de telles caractéristiques supportent la pleine lumière dans la maison.

Protection contre l'évaporation. Pour limiter les pertes d'eau par évaporation, elles ont trouvé des couches cireuses protectrices, des feuilles réduites, en aiguilles ou épineuses, ou bien coriaces, ou encore une pilosité dense (ainsi les cactus et euphorbes, *Hoya, Ixora, Leptospermum* et le myrte).
Cela nous indique que ce type de plante supporte bien l'air sec.

La quête de la lumière. Dans ce but, de nombreuses plantes de la forêt équatoriale ont quitté le sol trop sombre pour gagner les branches des grands arbres. D'autres se sont munies de gigantesques feuilles, ou bien se sont transformées en lianes pour pouvoir atteindre les sommets du couvert végétal, et donc la lumière.
Cela nous indique que les plantes vivant dans les arbres, comme les orchidées, les Broméliacées et les fougères épiphytes, n'ont pas besoin de terre pour se développer, que les plantes à très grandes feuilles comme *Alocasia, Fatsia, Ficus lyrata, Ficus elastica* et les lianes comme *Philodendron* et *Tetrastigma* sont relativement peu exigeantes en lumière.

Protection contre la sécheresse. Certaines plantes se sont munies d'organes de réserves souterrains (*Achimenes, Cyclamen, Gloriosa, Sinningia*), de feuilles charnues, succulentes (*Crassula, Hoya, Kalanchoe*) ou de tiges renflées (*Beaucarnea, Jatropha*).
Cela nous indique que ces plantes doivent être arrosées avec parcimonie.

Absorption de l'humidité atmosphérique. Écailles des Broméliacées, racines aériennes (par exemple des orchidées) ou poils absorbants (par exemple des saintpaulias) sont autant de moyens de capter l'humidité atmosphérique.
Cela nous indique que ces plantes demandent une hygrométrie élevée.

La palette des fleurs d'azalées ▶
Il existe toute une gamme de teintes de fleurs chez les hybrides de Rhododendron simsii, *appelés azalées et cultivés en intérieur.*
1 'Euratom', 2 'Rosa Perle', 3 'Rosalie', 4 'Memoria Karl Glasen', 5 'Schnee', 6 'Rex', 7 'Flamenco', 8 'De Waele's Favorite', 9 'Stella Maus', 10 'Leopold Astrid'.

Le nom latin, carte de visite de la plante

Les plantes ne sont pas seulement désignées dans les différents pays par un ou plusieurs noms communs – ou vernaculaires – mais chacune possède en tant que citoyenne du monde un passeport universellement reconnu : le nom botanique ou scientifique, exprimé en latin, et constitué du nom de genre, commençant par une majuscule, suivi du nom d'espèce, comme *Ficus elastica* pour le caoutchouc. Les variétés cultivées possèdent un troisième nom, appellation de la variété, figurant entre guillemets simples, comme *Camellia japonica* 'Barbara Clark'.

C'est Carl von Linné qui a introduit cette nomenclature double ou binaire, dans son ouvrage *Species Plantarum*, en 1753. Depuis ont été abandonnées pour les plantes les appellations hermétiques ou fantaisistes comme *Cyclamen orbiculato folio inferne purpurascente*, autrement dit cyclamen à feuilles rondes et face intérieure des feuilles pourprée, un nom descriptif pour *Cyclamen purpurascens*, ou le cyclamen d'Europe.

Les appellations comportant des éléments grecs et latins forment un vocabulaire coloré et sont parfois délicates à prononcer, mais elles sont demeurées. Ces termes sont souvent inspirés du nom de la personne ayant découvert la plante ou l'ayant décrite pour la première fois, ou encore du «parrain» d'une découverte. Ils peuvent aussi indiquer la provenance de la plante, un trait caractéristique de sa morphologie. Enfin il peut s'agir d'un terme local latinisé. Les noms d'espèces sont particulièrement évocateurs et riches en informations.

Rencontre internationale
Le bégonia et le dieffenbachia sont originaires d'Amérique du Sud, Dracaena *et le papyrus d'Afrique tropicale (à l'arrière-plan de gauche à droite), tandis que les petites plantes sur la gauche,* Soleirolia, *nous viennent du bassin méditerranéen et le davallia (devant à droite) de Chine.*

Des noms d'espèces explicites

hispida = à poils raides, pour *Acalypha* ou queue-de-chat (p. 90) ;
miniata = rouge minium pour *Clivia* (p. 103) ;
nutans = pendant, comme *Billbergia* (p. 96) ;
lyrata = en forme de lyre, comme les feuilles de *Ficus* (p. 164) ;
infundibuliformis = en entonnoir, comme les fleurs du *Crossandra* (p. 104) ;
polyanthum = à nombreuses fleurs, comme le jasmin (p. 119) ;
magnifica = magnifique, comme *Medinilla* (p. 122) ;
aeranthos = fleurs dans les hauteurs aériennes, comme *Tillandsia aeranthos* (p. 134).

Brève histoire des plantes d'intérieur

Aussi étonnant que cela paraisse, c'est en Scandinavie qu'a vu le jour la mode des plantes d'intérieur. Depuis fort longtemps, en effet, on rentrait des plantes dans la maison quand s'annonçait la monotonie d'un long hiver. Certes, il ne s'agissait pas au départ de plantes exotiques. Celles-ci ne furent introduites en Europe que lorsque les premiers explorateurs parcourrurent les océans à la recherche de nouveaux continents. L'histoire des cactées, par exemple, commence avec la découverte de l'Amérique par Christophe Colomb. Il semble que Christophe Colomb et l'équipage de la *Santa Maria* aient rapporté du Nouveau Monde des plantes jusqu'alors inconnues.
• En 1570, un pharmacien anglais présente comme une rareté botanique un *Melocactus*, vraisemblablement issu de l'héritage de la *Santa Maria*.
• En 1620 est importé *Amaryllis belladonna*, en provenance de la province du Cap.
• En 1644 était déjà cultivé, dans les jardins du Roi à Paris, l'arum d'Éthiopie (*Zantedeschia aethiopica*).
• L'ananas était cultivé avec succès dans les jardins de la noblesse vers 1690.
• Les premières serres européennes accueillaient en 1698 *Aloe arborescens*.
• 1733 est l'année de la première floraison d'une orchidée tropicale en Europe ; il s'agissait de *Bletia verrecunda*, originaire des Bahamas.
• A partir de 1774 furent introduits de nombreux pélargoniums à feuillage odorant, en provenance de la province du Cap.
• C'est vers 1770 que le botaniste suisse Frederick Allamand récolta en Amérique du Sud des graines d'une plante baptisée par la suite *Allamanda*, graines qu'il envoya à Linné.
• Le capitaine Cook et Sir Joseph Banks ont rapporté l'araucaria d'un voyage en Nouvelle-Zélande, en 1779.
• En 1819, une espèce d'amaryllis, originaire du Brésil, est introduite en Europe.

C'est au cours du XIXe siècle que nous est parvenue la grande majorité des plantes aujourd'hui cultivées en intérieur. Parallèlement, c'est l'«invention» du chauffage et des serres qui a permis de garder sous nos climats ces hôtes exotiques.

La façon dont toutes ces plantes sont parvenues jusqu'à nous est un véritable roman d'aventures. Jardiniers, botanistes, missionnaires, explorateurs, mais aussi aventuriers, chasseurs de découvertes, ne s'intéressant parfois pas du tout aux plantes, ont été jusqu'à risquer leur vie dans cette épopée.

Pour parvenir jusqu'à ces raretés très prisées en Europe, ils devaient affronter maladies tropicales, invasions d'insectes, serpents venimeux, animaux sauvages, indigènes belliqueux et conditions climatiques incertaines…

Venaient ensuite les rivalités sans merci, la corruption, l'espionnage, tandis que certains ne reculaient pas devant le meurtre, étant donnés les prix astronomiques qu'atteignaient certaines plantes.

Pour les plantes elles-mêmes, le voyage jusqu'en Europe n'était pas moins périlleux. Elles végétaient pendant des mois dans des caisses en bois mal aérées, au risque d'être dévorées par la vermine ou de pourrir, tout simplement. Ceci dura jusqu'à ce que le médecin et naturaliste anglais Nathaniel Ward conçoive, à la suite d'une découverte inattendue, un récipient en verre pouvant être fermé et dans lequel la terre reste au même degré d'humidité. Ce nouveau contenant du docteur Ward entra dans l'histoire de la botanique, moyen de transport idéal pour les plantes tropicales délicates, avant d'être le prototype des jardins en bouteille et autres serres d'appartement.

Bien choisir les plantes

Les plantes d'intérieur permettent de créer dans la maison un coin de nature aux allures exotiques, riche en taches colorées attirant l'œil, ou, au contraire, des coins de verdure reposants, de s'enivrer de parfums exotiques ou seulement de souligner la beauté d'un décor intérieur. Un préalable indispensable à la réussite : l'emplacement doit convenir à la plante.

Mis à part les achats par impulsion, le coup de foudre pour une belle plante, il y a quelques considérations à prendre en compte avant tout achat, de façon à trouver la bonne plante pour la bonne place, et pour que la communauté ainsi créée entre plantes et humains soit durable et plaisante.
La première question à se poser est donc toujours : quel emplacement (lumière et température) puis-je offrir à la plante élue, et cet emplacement correspond-il à peu près aux conditions de son habitat naturel ? *La deuxième question* étant : quelles sont les plantes qui conviennent à la taille de la pièce et au style de l'ameublement ?

Tout dépend de la lumière

La lumière est la nourriture de la plante. Dans la nature, celle-ci reçoit souvent la lumière de toutes parts tandis que, dans la maison, la lumière provient le plus souvent d'une seule direction. N'oubliez pas par ailleurs que nos plantes d'intérieur d'origine tropicale sont habituées à des jours et des nuits de même longueur et que notre automne et notre hiver sont pour elles des périodes d'éclairement insuffisant. C'est toujours sous la lumière de leur habitat d'origine que les plantes s'épanouissent au mieux, s'étant pendant des milliers d'années adaptées à cette luminosité, par le feuillage surtout. Ce sont donc souvent les feuilles qui indiquent les besoins en lumière des plantes (voir p. 26-27). Lorsque vous achetez des plantes que vous ne connaissez pas, observez les feuilles et renseignez-vous sur leurs exigences en lumière, pour plus de sûreté. De plus en plus, d'ailleurs, les plantes sont commercialisées avec une étiquette informative où figure la luminosité nécessaire. On distingue en général les catégories suivantes :
• **Soleil** : près d'une fenêtre orientée au sud, avec une intensité lumineuse maximale, ou bien emplacement en plein soleil à l'extérieur. En termes d'intensité lumineuse, cette situation correspond à 20 000 lux et plus.
• **Lumière vive** : derrière une fenêtre recevant le soleil le matin ou le soir, soit une orientation est ou ouest, ou en termes d'intensité lumineuse, 10 000 à 20 000 lux.
• **Mi-ombre** : derrière une fenêtre donnant au nord, ou à proximité d'une fenêtre sans soleil direct. L'intensité lumineuse est d'environ 5 000 à 10 000 lux.
• **Ombre** : derrière une petite ouverture au nord, ou bien emplacement au centre d'une pièce, avec une intensité lumineuse de 2 500 à 5 000 lux.
Par un jour d'hiver bien gris, l'intensité lumineuse peut se limiter à 400-500 lux, et au contraire atteindre par une journée d'été très ensoleillée 90 000 lux.
Le minimum de lumière nécessaire à la survie d'une plante est d'environ 700 à 1 000 lux, mais la plupart des plantes n'ont une croissance satisfaisante qu'à partir de 10 000 lux.

Les modifications de l'intensité lumineuse

L'orientation de la fenêtre ou de toute autre source de lumière définit la quantité de lumière reçue et sert donc de repère principal pour apprécier la luminosité d'un emplacement. Les chiffres donnés pour l'intensité lumineuse doivent cependant être relativisés selon les situations car ils ne concernent réellement que les cas où la lumière pénètre librement, sans obstacle. Ainsi une fenêtre donnant au nord, au quatrième étage d'un immeuble sans vis-à-vis donne plus de lumière qu'une fenêtre orientée au sud, au rez-de-chaussée, et surplombée par un balcon, ou bien ombragée par un grand marronnier.
Si vous souhaitez par ailleurs installer une plante non pas juste derrière la fenêtre mais en retrait, sachez que même de fins voilages filtrent considérablement la lumière, et que l'intensité lumineuse diminue en fonction de l'éloignement de la source lumineuse, comme suit :
• à 1 m de la fenêtre, la plante reçoit 50 à 80 % de l'intensité lumineuse présente au niveau de la fenêtre ;
• à 1,5 m, seulement 25 à 50 % ;
• à 2 m, seulement 10 à 25 %.

Des chandelles jaunes pour une plante formée en tige ▶
Pachystachys lutea *demande une situation très lumineuse, mais sans soleil direct. Ce que vous ne savez peut-être pas : les véritables fleurs sont les petits tubes blancs qui émergent entre les bractées chevauchantes jaune d'or.*

Mon conseil : avant de vous décider à acheter un grand sujet coûteux, vérifiez si possible la luminosité de l'emplacement prévu avec un luxmètre. Cet appareil de mesure de la lumière, que l'on peut comparer à la cellule d'un appareil photographique, constitue une précieuse acquisition pour les grands amateurs de plantes vertes. N'optez pour des plantes demandant une situation lumineuse ou ensoleillée que si vous pouvez leur offrir une place derrière une fenêtre donnant au sud, à l'est ou à l'ouest, ou bien un éclairage spécial. Si vous voulez placer momentanément la plante en situation plus sombre, par exemple en décor de table, il vous faudra prévoir un éclairage d'appoint.

L'importance de la température

Parmi les différents facteurs d'environnement, ne négligez pas la température. Il ne faut pas que la température monte très rapidement derrière la fenêtre en été ; de même, plusieurs points sont à prendre en compte pour ce qui est des baisses de température. Le refroidissement nocturne, dû à une baisse du régime de chauffage, n'est pas un problème en soi. Il correspond le plus souvent à un phénomène naturel dans le pays d'origine et est donc bien accepté. Un chauffage sous la fenêtre ou bien un système de chauffage par le sol, du fait du flux de chaleur ascendant ainsi créé, est également favorable à la croissance. Ce qui l'est moins est la conséquence du chauffage : le dessèchement de l'air et du mélange de culture. Pour compenser ce dessèchement, il faut en général augmenter l'hygrométrie par divers moyens à cette période de l'année (voir p. 43).

Un certain nombre de plantes préfèrent passer l'hiver en situation fraîche et lumineuse, comme les traditionnelles plantes d'orangerie. Avant d'acheter une telle plante, assurez-vous que vous pourrez lui offrir, le moment venu, ces quartiers d'hiver !

Le choix de l'emplacement

Dans chaque pièce, température et luminosité déterminent l'éventail des plantes susceptibles de s'y plaire. Sont décrites ci-dessous quelques situations courantes.

Situation chaude, ensoleillée à lumineuse, toute l'année : la température moyenne dans la journée y est de 20 °C et plus, et ne tombe pas en dessous de 15 °C la nuit. Ces caractéristiques correspondent par exemple à un emplacement derrière une fenêtre dans une pièce habitée en permanence ou bien à une véranda chauffée. Les plantes y reçoivent le plein soleil quelques heures par jour, à la mi-journée pour une fenêtre au sud, le matin pour une orientation à l'est, l'après-midi à l'ouest, presque toute la journée dans une serre ou véranda. Ne conviennent pour une fenêtre au sud, très chaude à la mi-journée, que les plantes habituées dans leur habitat naturel à un soleil brûlant, comme le pied d'éléphant *(Beaucarnea)* ou le coléus. Les orientations à l'est ou à l'ouest sont au contraire des situations idéales pour toutes les plantes appréciant une lumière vive mais ne supportant pas un soleil trop ardent.

Situation fraîche, ensoleillée à lumineuse, par exemple sur un appui de fenêtre dans une chambre à coucher peu chauffée, dans une salle de bains chauffée occasionnellement, une entrée ou une véranda ne servant pas de pièce à vivre en hiver. En d'autres termes, soleil ou lumière vive quelques heures par jour, températures chaudes en été, fraîches en hiver, entre 10 et 15 °C. S'y plaisent les plantes d'origine subtropicale, méditerranéenne ainsi que certaines originaires de zones tropicales d'altitude, comme *Abutilon, Araucaria, Coelogyne, Cycas, Dendrobium, Grevillea,* le myrte *(Myrtus),* l'azalée *(Rhododendron* hybride).

Situation chaude, ombragée : la température y est de 15 à 21 °C, et le soleil n'y parvient pour ainsi dire pas. Il peut s'agir d'une fenêtre donnant au nord, ou d'une autre exposition mais ombragée, ou du centre d'une pièce très claire. S'y plaisent les habitants de forêts, habitués à l'ombre ou du moins à une lumière tamisée, tels que fougères, palmiers tropicaux ou plantes de la famille de l'arum.

Situation fraîche et ombragée : il peut s'agir d'un espace peu chauffé en hiver, ombragé en été, orienté au nord, à l'est ou à l'ouest. Avec une température moyenne de 10 à 15 °C en hiver, cette situation convient aux plantes d'ombre des forêts tropicales ou subtropicales d'altitude, comme *Aspidistra,* la fougère nid d'oiseau *(Asplenium),* le lierre *(Hedera), Rhapis, Soleirolia.*

Situation chaude, humide et lumineuse : elle reçoit beaucoup de lumière, mais sans soleil direct, l'humidité de l'air y est supérieure à 60 % et la température ne tombe pas en dessous de 18 °C. Ces conditions peuvent être réunies dans une fenêtre-serre ou une serre d'appartement. Elles conviennent à merveille aux plantes de la forêt tropicale humide comme *Maranta,* aux fougères, à de nombreuses Gesnériacées (famille du saintpaulia), ainsi qu'aux orchidées et Broméliacées épiphytes.

Plantez le décor

Lors du choix et de l'achat de plantes, ne perdez pas de vue leurs qualités décoratives qui permettent de créer ou d'accentuer un certain style, une certaine atmosphère dans la maison. Qui a les yeux d'un décorateur ou d'un architecte d'intérieur trouve, pour chaque plante, des traits caractéristiques – port, forme, taille, teinte – qui s'intègrent particulièrement bien dans tel ou tel type d'intérieur (voir tableau p. 25).

Elles ont besoin d'espace

Aucune plante ne demeure telle que vous l'achetez. La taille qu'elle atteint dépend de plusieurs facteurs : le «programme» génétique de croissance, le contenant dans lequel elle est cultivée, mais aussi les soins qui lui sont prodigués (voir, p. 36, les facteurs de la croissance). Les espèces comme le yucca, le ficus, le tilleul d'appartement *(Sparmannia)* ou certains palmiers, qui forment dans leur habitat naturel de véritables arbres ou grands arbustes, peuvent atteindre le plafond en conditions de culture favorables, ou bien s'étaler majestueusement comme *Pandanus.* Deux aspects essentiels doivent donc être pris en compte lors de l'achat d'une plante d'intérieur, hormis les floraisons éphémères ou les «miniatures» : l'emplacement choisi doit lui permettre une croissance en liberté d'une part et d'autre part une mise en valeur optimale d'un point de vue décoratif. Le choix de l'emplacement pour un grand sujet solitaire est aussi délicat que pour un meuble.

Accord réussi de feuillages décoratifs et cache-pot coloré. *Une composition de charme à base de plantes bulbeuses.*

A chacune son rôle

- C'est en sujet isolé ou en tant qu'élément dominant que les grandes plantes font le plus d'effet. Un sujet de ce type suffit largement dans une petite pièce !
- Les plantes à grandes feuilles apportent une touche apaisante sur un fond coloré ou un motif mural chargé. Elles offrent par ailleurs un fond relativement uniforme pour des plantes à petites feuilles.
- La silhouette très graphique des frondes de palmiers et fougères ou des touffes de feuilles de yucca est particulièrement bien mise en valeur par un éclairage à contre-jour.
- Les petites plantes gagnent à être présentées en groupe, par exemple sous forme d'une douzaine de sujets groupés dans une corbeille ou cache-pot : saintpaulias (voir photo p. 128), primevères, mini-cyclamens.
- Rappelez les couleurs des rideaux, papiers peints, coussins ou tableaux grâce aux teintes des floraisons, ou bien au contraire jouez sur les contrastes, par exemple avec un anthurium rouge éclatant posé sur un meuble noir.
- Rendez votre entrée plus accueillante en y installant une belle plante qui ne passera pas inaperçue. Si la lumière est insuffisante, prévoyez un éclairage spécial pour plantes.
- Grâce aux plantes grimpantes, transformez en mur de verdure une cloison recevant une lumière vive. Un treillage classique est sans doute le support le plus décoratif. Il est possible également de fixer le treillage dans un grand bac et ce sont les plantes palissées qui créent la séparation de l'espace.
- Dans les constructions anciennes, hautes de plafond, installez la verdure en hauteur. On peut ainsi imaginer une infrastructure constituée de tuteurs en bambou fixés les uns aux autres, dessinant des losanges, et couvrant tout ou partie du plafond. Une telle structure offre de multiples points d'ancrage pour des paniers suspendus.

Des meubles pour les plantes

Quand le jardin intérieur a déjà envahi l'appui de fenêtre, que les meilleures places sur le buffet ou la commode sont déjà prises, vous pouvez vous tourner vers les «meubles à plantes». On trouve aujourd'hui toute une variété d'étagères à plantes, guéridons, porte-plantes, supports en pyramides ou en escalier (voir photo p. 148). Les étagères ou vitrines en verre sont très décoratives et laissent passer la lumière de toutes parts. Pour les sujets isolés, en particulier ceux à port retombant comme *Chlorophytum* (voir p. 153) ou fougère de Boston (voir p. 202), une colonne ou un piédestal font toujours beaucoup d'effet.

Pots et cache-pot décoratifs

Les cache-pot sont des éléments décoratifs en eux-mêmes mais leur rôle premier est la mise en valeur des plantes. Ils existent dans toutes sortes de teintes et formes, unis ou non, dans différents types de matériaux – céramique, porcelaine, bois, métal, rotin, plastique, verre.
Assurez-vous lors du choix d'un cache-pot qu'il est plus grand que le pot lui-même (en règle générale, prévoir l'espace d'un doigt entre pot et cache-pot), et que plante et contenant sont en harmonie, tant par les formes que par les teintes. Les valeurs sûres : cache-pot en porcelaine blanche, terres cuites ou corbeilles de teintes naturelles. Voici quelques «trucs» pour plus d'originalité :

- Choisissez, pour les plantes à feuillage panaché et coloré comme le croton *(Codiaeum)*, *Coleus* ou *Begonia rex*, un cache-pot uni dans la teinte dominante du feuillage, par exemple rouge ou violet.

Les plantes apportent une note vivante sur le lieu de travail et peuvent améliorer le climat intérieur.

• Placez les plantes à connotation rustique et méditerranéenne, comme *Crassula* ou des orangers, dans des contenants sobres, en terre cuite, en grès ou en céramique vernissée.
• Les plantes de style un peu «rétro», comme le cyclamen, les géraniums odorants, les rosiers miniatures ou les saintpaulias, sont très jolies dans des cache-pots en porcelaine à décor de petites fleurs ou bien dans des vanneries laquées de teinte assortie.
• Des cache-pots vert olive ou vert bleuté conviennent bien aux sujets à feuillage panaché vert et blanc ou vert et argent, comme *Aglaonema* et *Fittonia*.
• Les plantes fétiches des décorateurs, telles que les palmiers, les yuccas, les grandes espèces de *Ficus*, et le tilleul d'appartement *(Sparmannia)* peuvent être installées, si le style d'ameublement s'y prête, dans de grands récipients métalliques, cylindriques ou cubiques.
• Tant qu'elles ne sont pas fleuries, les cactées sont bien mises en valeur dans de petits pots très colorés.

Conseils d'achat

Peu importe où vous achetez vos plantes d'intérieur. Par contre, soyez attentif à la façon dont les plantes sont traitées et présentées sur le lieu de vente :
• N'achetez pas de plantes exposées dans des coins sombres ou dans des galeries marchandes soumises aux courants d'air.
• Choisissez des plantes vertes au développement harmonieux, avec plusieurs tiges, des feuilles turgescentes, irréprochables. Les feuillages tachés de brun ou de jaune, les tiges étiolées (longues tiges avec de grands espaces entre les feuilles) sont à proscrire.
• Les plantes à fleurs doivent avoir de nombreux boutons floraux prêts à s'ouvrir. Évitez les sujets déjà en pleine floraison (vous en profiterez moins longtemps) ou ceux présentant des boutons d'aspect desséché.
• Ne choisissez que des plantes indemnes de maladies ou parasites. Pour cela, inspectez de près le feuillage, jeunes pousses (pucerons) et face inférieure des feuilles (araignées rouges, cochenilles). C'est d'abord sur les fleurs que l'on peut détecter la présence des petits thrips oblongs.
• Renoncez également aux plantes dont le mélange terreux est complètement desséché ou bien couvert de mousse. Dans un cas comme dans l'autre, il est possible que les racines soient abîmées.
• A recommander : les plantes clairement identifiées par une étiquette sur laquelle figurent également des conseils d'entretien.

L'offre au fil des saisons

Si les plantes vertes sont présentes pour la plupart d'entre elles toute l'année dans les magasins, les plantes fleuries ne sont proposées que pendant leur période naturelle de floraison ou après un traitement particulier par les horticulteurs. Quelques plantes à fleurs, cependant, fleurissent pendant des mois ou sont proposées en fleurs presque toute l'année, comme *Saintpaulia*, *Begonia elatior*, *Anthurium* et *Kalanchoe*.

De la plus petite à la plus grande

Au fil des années et des modes, la palette des plantes d'intérieur s'est étonnamment diversifiée. Sélectionneurs et horticulteurs font maintenant beaucoup plus que modifier la période de floraison ou obtenir de nouvelles variétés à feuillage panaché ou à fleurs de teintes et tailles différentes. Ils élèvent aussi des plantes de façon à leur donner une silhouette ou un port, pas toujours caractéristique de l'espèce, mais décoratif, ou bien créent de petits sujets, soit en les maintenant dans un volume de terre réduit, soit par application de produits nanifiants, soit par sélection de variétés génétiquement petites. Voici quelques exemples de ces nouveautés proposées depuis quelques années.

Variétés naines de plantes à fleurs : chrysanthème, *Spathyphyllum* (voir p. 133), *Anthurium*, kalanchoe de Blossfeld (photo p. 120), rosiers (photo p. 128), *Saintpaulia* (photo p. 128) et azalée.

Variétés naines de plantes vertes : fougères, croton, palmiers et pépéromias.

Sujets formés sur tige : chrysanthèmes (photo p. 101), cytise, *Pachystachys* (photo p. 21), hibiscus, poinsettia ou azalée.

Suspensions réalisées avec des plantes à port rampant, grimpant ou retombant (voir les photos p. 30-31).

Bonsaïs pour différentes espèces de *Ficus* (voir photo p. 48), le myrte, certains palmiers, l'azalée, *Brachychiton* et le tilleul d'appartement, par exemple.

Mini-bonsaïs d'Aeonium, pied d'éléphant, caoutchouc, ixora. Il s'agit de plantes «miniatures» évoquant des bonsaïs, avec un système d'arrosage particulier.

Plantes palissées sur des arceaux, par exemple bougainvillée, dipladénia (voir photo p. 106), jasmin (photo p. 119), *Gloriosa* (photo p. 112), jasmin de Madagascar (photo p. 133), passiflore (photo p. 124) ou *Hoya*.

Troncs tordus ou torsadés pour certaines espèces de *Ficus* (voir schéma p. 44).

Coupes ou autres compositions de plantes vertes ou fleuries (voir photos p. 23 et 29). Le choix des espèces associées répond malheureusement plus souvent à des critères esthétiques qu'à des exigences de culture similaires.

Serres miniatures plantées avec des espèces ou variétés naines de plantes exigeant une humidité de l'air élevée.

Mon conseil : on trouve de plus en plus dans le commerce des Broméliacées, en général des tillandsias, collées sur une pierre d'origine volcanique ou du moins poreuse. Outre l'aspect de la protection des espèces lorsqu'il s'agit de plantes directement prélevées dans la nature et importées, ce type de culture n'est pas idéal pour ces Broméliacées. Les véritables amateurs de tillandsias achètent plutôt des sujets cultivés d'après semis ou multipliés par voie végétative et fixés sur des morceaux de bois ou d'écorce (voir adresses p. 238).

Une influence positive sur notre environnement

Les plantes ne sont pas seulement des sujets décoratifs dans nos intérieurs, elles contribuent par ailleurs à notre bien-être. Leur beauté peut être source de joie et de réconfort, les soins qu'elles demandent constituent un remède «anti-stress» et permettent de garder un certain contact avec la terre et la nature en général. Une étude concernant les plantes sur les lieux de travail a montré que celles-ci ont une nette influence positive sur la santé et le moral des personnes. Mais les plantes font plus encore :

Elles améliorent la qualité de l'air, en augmentant l'humidité de l'air dans les ambiances sèches dues au chauffage. Qui plus est, elles produisent de l'oxygène dans la journée, même si ce n'est qu'en petites quantités.

Elles filtrent certains éléments toxiques présents dans l'air : des études poussées menées par la NASA montrent que *Chlorophytum*, *Pothos*, le philodendron et la sansevière font considérablement baisser la teneur en aldéhyde formique de l'air. Les plus efficaces contre le benzol et le trichloréthylène sont le chrysanthème et le gerbera.

Des plantes pour tous les styles d'intérieur

Dans un intérieur classique, avec des meubles de style, anglais ou français ou bien de style Biedermeier, azalées, camélias, cyclamens, bégonias à feuillage ou floraison décorative, lierres, fougères, gloxinias, palmiers et saintpaulias font particulièrement bel effet.

Avec le style Art Déco ou 1900 se marient bien des plantes élégantes aux lignes nettes, marquées, comme par exemple *Alocasia*, amaryllis, anthurium, *Ceropegia woodii*, gardénia, jasmin de Madagascar, monstéra, passiflore, spatiphyllum.

Les mobiliers exotiques en rotin s'harmonisent bien sûr avec toutes les plantes d'origine tropicale ou subtropicale, mais surtout les Aracées, Broméliacées, espèces de *Ficus*, Gesnériacées à fleurs, comme saintpaulia ou streptocarpus, maranta, medinilla, orchidées, palmiers et passiflore.

Avec un mobilier d'inspiration japonaise on choisira des plantes aux lignes sobres ou bien des espèces d'origine est-asiatique comme *Acorus gramineus*, azalées, bambous nains, palmiers et bien sûr tous les bonsaïs d'intérieur.

Les meubles modernes, design, s'harmonisent à des plantes d'aspect sculptural par leurs lignes ou leur texture, comme asparagus, dracaena, euphorbes, fougères, grandes espèces de *Ficus*, monstéra, cactées, schefflera, palmiers, yucca, tilleul d'appartement, araucaria, cissus.

Avec un mobilier rustique, on préférera des plantes à floraison colorée comme bégonias à fleurs, cactus de Noël ou de Pâques, cyclamens, campanules, géraniums, impatiens, kalanchoe de Blossfeld, poinsettia, primevères, ou billbergia, ou bien des plantes à feuillage décoratif d'aspect robuste, comme aralia, fougère corne-de-cerf, schefflera.

Dans un intérieur de style méditerranéen, les plantes des régions méditerranéennes et subtropicales sont bien sûr très adaptées, comme agave, aloès, bougainvillée, cactées, euphorbes, hibiscus, myrte, *Pellaea*, pied d'éléphant, plantes grasses, yucca ainsi que citronniers ou orangers.

L'aspect des feuilles

C'est presque toujours le feuillage qui constitue l'aspect décoratif essentiel d'une plante. Mais pour le connaisseur, forme et texture des feuilles donnent des indications quant aux besoins en lumière de la plante.

Feuilles charnues ou réduites à l'état d'épines : pleine lumière et soleil direct. Ex. : *Echeveria*, orpin de Morgan (1), kalanchoe, cactées, euphorbiacées, sansevière, *Hypocyrta*.

Feuilles coriaces : beaucoup de lumière, mais pas de plein soleil. Ex. : caoutchouc, ixora, caféier, camélia, *Hoya* (2), jasmin de Madagascar.

Petites feuilles, souvent en aiguilles : plein soleil. Ex. : asparagus, couronne d'épines, myrte (3).

Grandes feuilles, en général fines (non coriaces) : lumière vive à mi-ombre, mais pas de soleil direct. Ex. : monstère, flamant rose, gloxinia, tilleul d'appartement (4), philodendron.

Feuilles panachées de blanc ou jaune-vert : jamais de plein soleil, mais une lumière plus vive que pour les espèces à feuilles entièrement vertes. Ex. : lierres panachés (5), misère, pothos, troène panaché, phalangère, *Tolmiea*, *Syngonium*, vacquoi. Exceptions : dieffenbachias, *Aglaonema*, qui préfèrent la mi-ombre.

Feuilles à panachures colorées : lumière vive ou mi-ombre, mais pas de soleil. Ex. : *Begonia rex* et autres bégonias à feuillage décoratif, *Calathea*, *Ctenanthe*, *Dracaena*, *Hypoestes*, croton, *Maranta* (6), *Neoregelia*, *Nidularium*, *Stromanthe*, *Cryptanthus*. Exceptions : coléus, iresine, qui aiment le plein soleil.

Feuilles finement divisées : pas de soleil, lumière vive ou ombre légère. Ex. : fougères (7), palmiers, *Dizygotheca*.

Feuilles gris-vert : beaucoup de lumière. Ex. : tillandsias à feuillage gris, chaîne-des-cœurs (8), *Grevillea*.

Feuilles non coriaces, disposées en rosette : mi-ombre. Ex. : primevères, *Streptocarpus*, saintpaulias (9).

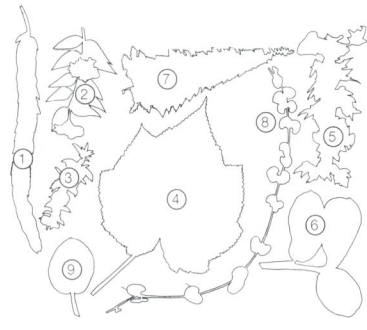

Des plantes pour la chaleur et le soleil

Adenium p. 91 ;
Aeonium p. 142 ;
aloès *(Aloe)* p. 146 ;
pied d'éléphant
(Beaucarnea) p. 149 ;
bougainvillée
(Bougainvillea) p. 141 ;
arbre de la chance
(Brachychiton) p. 151 ;
espèces de *Crassula* p. 157 ;
dame-peinte
(Echeveria) p. 107 ;
euphorbe à feuilles charnues
(Euphorbia) p. 108, 165 ;
Haemanthus p. 113 ;
Haworthia p. 170 ;
rose de Chine
(Hibiscus) p. 113 ;
Jatropha p. 119 ;
kalanchoe
(Kalanchoe) p. 120 ;
Pachira p. 176 ;
passiflore
(Passiflora) p. 124 ;
géraniums odorants
(Pelargonium) p. 178 ;
palmier des Canaries
(Phoenix canariensis) p. 212 ;
plectranthe
(Plectranthus) p. 182 ;
Senecio p. 195 ;
yucca
(Yucca) p. 192.

Des plantes parfumées

oranger
(Citrus) p. 102 ;
cyclamen
(Cyclamen) p. 105 ;
Exacum p. 110 ;
gardénia
(Gardenia) p. 111 ;
fleur de cire
(Hoya bella, Hoya carnosa) p. 115 ;
jasmin
(Jasminum) p. 119 ;
géraniums odorants
(Pelargonium) p. 176 ;
jasmin de Madagascar *(Stephanotis)*
p. 133.

Des plantes pour l'ombre

capillaire
(espèces d'*Adiantum*) p. 198 ;
plante en fer forgé
(Aspidistra) p. 149 ;
bégonias à feuillage décoratif
(Begonia) p. 150 ;
phalangère
– espèce verte, non panachée –
(Chlorophytum) p. 153 ;
vigne d'intérieur
(Cissus rhombifolia) p. 154 ;
fougère-houx
(Cyrtomium) p. 200 ;
patte de lapin
(Davallia) p. 200 ;
Dracaena marginata p. 162,163 ;
aralia-lierre
(Fatshedera) p. 165 ;
Fatsia p. 165 ;
kentia
(Howea) p. 211 ;
Microlepia p. 201 ;
pépéromie
(Peperomia) p. 179 ;
philodendron grimpant
(Philodendron scandens) p. 180 ;
fougère corne-de-cerf
(Platycerium) p. 204 ;
ptéride
(Pteris) p. 205 ;
Tolmiea p. 191.

Des plantes aquatiques pour la maison

Plantes aquatiques et plantes flottantes : *Cryptocoryne wendtii, Cryptocoryne pontederiifolia, Echinodorus* hybrides, nénuphar miniature, *Nymphaea daubenyana,* laitue d'eau, *Pistia stratiotes.*
Plantes de marécages : papyrus et autres cypéracées, *Cyperus papyrus, Cyperus alternifolius, Cyperus haspan, Cyperus pumilus,* espèces d'*Anubias,* scirpe, *Scirpus* (p. 187)
Plantes d'intérieur appréciant une forte humidité :
lis des marais, *Acorus gramineus* (p. 144)
herbe aux turquoises, *Ophiopogon jaburan* (p. 195)
Spathiphyllum (p. 133)
Mon conseil : une coupe de 6 cm de profondeur suffit pour les plus petites plantes, mais il faut pour les plus grandes un récipient plus profond. Important : l'emplacement doit être très lumineux !

Des plantes pour les enfants

Les plus attrayantes sont bien sûr celles qui permettent d'observer des phénomènes particuliers.
La cacahuète ou arachide *(Arachis hypogaea)* ne fleurit que quelques heures et se fane après auto-pollinisation. Puis le pédoncule de la fleur s'allonge, se recourbe vers le bas pour pénétrer jusque dans la terre où a lieu la maturation de la graine. Qui veut montrer ce curieux phénomène à ses enfants doit semer les cacahuètes (bien sûr ni grillées ni salées !) en février. Dégager les graines de l'enveloppe brune et les grouper à trois par pot. Garder les pots à la lumière et à la chaleur, en maintenant le mélange bien humide.
Le coton *(Gossypium herbaceum)* peut, comme la cacahuète, être semé en début d'année. La floraison a lieu environ 6 mois après le semis, en fleurs jaune crème ressemblant à la mauve, qui s'auto-pollinisent. En 9-10 semaines se forment des capsules vertes qui plus tard éclatent en libérant de petites boules blanches de «coton».
La sensitive *(Mimosa pudica)* réagit au toucher ou lorsqu'on remue un peu le pot. Les feuilles se replient alors sur elles-mêmes. En cas de contact brutal, c'est même tout le feuillage qui peut s'affaisser brutalement. Mieux vaut cependant ne pas trop la malmener !
L'attrape-mouches de Vénus referme son piège muni de poils sensitifs en cas de contact. Ce n'est cependant pas une plante facile à cultiver en intérieur (voir p. 194).

Une idée très décorative : des plantes dans un aquarium ▶

Un récipient en verre, type aquarium, rempli de billes d'argile expansée retenant l'eau constitue un excellent milieu pour le papyrus, le scirpe et l'arum d'Éthiopie, qui apprécient d'avoir les racines dans l'eau en permanence. Pour faire refleurir l'arum cependant, il faut l'isoler de ses compagnons à partir de fin mai, et le garder pendant deux mois dans un autre contenant, presque au sec. Il peut ensuite à nouveau être rempoté en milieu très humide.

SUSPENSIONS

Il n'y a plus de place sur l'appui de fenêtre ? Les paniers suspendus sont une excellente solution pour installer les plantes à bonne hauteur.

Les nombreuses clochettes rosées de Kalanchoe manginii *sont un véritable ravissement en février-mars.*

Streptocarpus saxorum *se plaît en situation ensoleillée. Ses petites feuilles charnues indiquent que cette plante se contente de peu d'eau. Gardez-la au frais en hiver !*

Fleurs et feuilles en cascade

Les suspensions offrent aux plantes retombantes, grimpantes ou rampantes la possibilité de se développer harmonieusement dans toutes les directions. Les feuilles peuvent alors retomber en cascade, les fleurs déborder de toutes parts et les rejets ou stolons dégringoler librement. La culture en paniers suspendus est cependant plus délicate que dans des pots ordinaires.

L'arrosage demande beaucoup de doigté. Ces plantes ayant souvent un feuillage abondant, elles perdent beaucoup d'eau par évaporation et sèchent donc encore plus vite en hauteur que plus bas. A température chaude, il est nécessaire de les arroser deux fois par semaine, voire plus. Un arrosoir comme ceux utilisés dans les serres, en plastique léger (c'est moins lourd à soulever !), avec un long bec fin, d'environ 60 cm, et recourbé, convient à merveille pour ces arrosages minutieux. Attention, n'arrosez pas trop non plus, car la plupart des paniers suspendus pour l'intérieur n'ont pas de trous de drainage. Pour éviter l'humidité stagnante au niveau des racines, étalez au fond des suspensions étanches une couche épaisse de 2 cm de billes d'argile expansée, avant d'installer le pot ou la plante. Lorsqu'il s'agit de récipients munis de trous, le mieux est de les décrocher

*Les plantules portées à l'extrémité de stolons filiformes sont caractéristiques du saxifrage-araignée (*Saxifraga stolonifera*).*

une fois par semaine, de les poser dans la baignoire sous une douche fine et tiède, puis de les laisser s'égoutter avant de les remettre en place, cela pour éviter les taches d'humidité.

Des plantes pour les suspensions

Les plus robustes : *Asparagus, Billbergia, Ceropegia, Chlorophytum, Cissus, Hoya, Saxifraga stolonifera,* les espèces succulentes de *Crassula, Setcrasea, Tradescantia, Zebrina.*

Plantes pour pièces peu chauffées : *Ampelopsis, Ficus pumila,* lierre, jasmin, *Pelargonium odoratissimum, Peperomia, Schlumbergera* hybrides, *Scirpus, Tolmiea.*

Plantes demandant chaleur et humidité de l'air élevée : *Aeschynanthus, Columnea, Hypocyrta, Dipladenia, Episcia, Epipremnum, Ficus sagittata, Monstera, Nepenthes, Philodendron, Syngonium,* ainsi que les bégonias à feuillage décoratif et de nombreuses fougères.
Comme les vaporisations d'eau risquent de faire des taches sur les meubles, un humidificateur d'air est recommandé dans ce cas.

Mon conseil : si l'on installe des tubes lumineux spéciaux pour les plantes sur les murs intérieurs, on peut aussi suspendre des plantes au milieu de la pièce et non derrière la fenêtre uniquement.

La motte de terre du lotier (Lotus berthelotii) *ne doit jamais sécher.*

Les tiges du pothos (Epipremnum pinnatum) *peuvent atteindre 10 m de longueur !*

Les tiges aux feuilles charnues, étroitement imbriquées, de l'orpin de Morgan (Sedum morganianum) *sont particulièrement bien mises en valeur dans une suspension.*

Bien soigner les plantes

Arrosage, apports d'engrais, rempotage et taille sont des opérations importantes qui demandent un minimum de connaissances. Mais l'entretien des plantes implique aussi, pour connaître ou reconnaître les besoins de chacune, une intuition, un intérêt véritable pour les plantes : il faut avoir «les doigts verts» !

Ton jardin veut te voir chaque jour, dit un vieux dicton paysan. C'est vrai aussi des plantes d'intérieur. Comme les animaux domestiques, les plantes ont besoin de sollicitude et souffrent quand on les délaisse trop. Mais les arrosages réguliers ne suffisent pas. Il a été démontré que le caoutchouc et le cyclamen se portent mieux dans une ambiance sereine. Manifestez-leur votre attachement, ou, mieux, ne vous entourez que de plantes que vous appréciez réellement.
Soigner une plante que l'on aime n'est plus une corvée, mais un plaisir sans cesse renouvelé.

Premiers soins après l'achat

Essayons pour une fois de nous mettre à la place d'une plante d'intérieur. Que de contrariétés ou de stress doit-elle subir avant de se mettre sous notre protection ! Elle est tout d'abord élevée chez un horticulteur, avec tout le raffinement possible. Elle est ensuite arrachée à cet environnement qui, s'il n'est pas naturel, convient du moins bien à ses besoins, pour être expédiée par camion souvent à des centaines de kilomètres. Elle est alors présentée sur un marché de gros, avant d'atterrir chez un fleuriste ou autre point de vente, où elle est achetée, à nouveau transportée, pour parvenir enfin à une situation plus paisible sur un appui de fenêtre. Elle doit, à chaque étape, s'adapter à un nouvel environnement, avec des variations de lumière, de température, de quantité et de qualité de l'eau...

Il est donc bon d'acclimater toute nouvelle plante en l'installant quelques jours en situation neutre, c'est-à-dire à mi-ombre, avec une température d'environ 18 °C. Ne placez pas aussitôt dans un salon chauffé une plante achetée en hiver, même si elle supporte bien la chaleur. Les plantes sont en effet en général plus au frais sur le lieu de vente. Les variations brutales de température constituent des chocs qui peuvent se traduire par la chute des boutons floraux, des fleurs ou des feuilles.

Vérifiez l'humidité de la motte. Si elle est sèche, arrosez copieusement, puis videz l'eau restant dans la soucoupe au bout d'une demi-heure. Pour les orchidées, n'effectuez que des vaporisations d'eau dans un premier temps.

Ne la rempotez pas aussitôt, même si le pot paraît déjà trop petit. Attendez à peu près deux semaines, le temps que la plante soit bien acclimatée à son nouvel environnement. Attendez la fin février pour rempoter vos achats d'automne et d'hiver. Les éléments nutritifs contenus dans le nouveau mélange seront alors à disposition de la plante au bon moment, lors du démarrage de la croissance. Si vous rempotez, ne choisissez pas un trop grand pot. Les plantes dans des pots trop grands reçoivent souvent, de ce fait, trop d'eau proportionnellement à la taille du pot.

Les compositions de plantes vertes et fleuries regroupent des espèces et des variétés différentes, dont les besoins sont souvent très différents également. Installez de telles compositions en situation chaude (20 °C environ) et lumineuse, mais pas au soleil. Rempotez les plantes séparément avant que leurs racines ne s'entremêlent, de préférence au printemps.

La panoplie du jardinier d'intérieur

- plantoir et petit râteau ;
- arrosoir à long bec fin ;
- vaporisateur pour les vaporisations d'eau ou d'engrais foliaire et autres produits de traitement ;
- ciseaux ;
- sécateur ;
- couteau à lame bien aiguisée ;
- tuteurs de différents calibres et tailles, en bois ou en bambou ;
- fil métallique plastifié, raphia, ficelle de ménage ;
- poudre de charbon de bois pour la désinfection des plaies de taille ;
- engrais ;
- produit ou système pour adoucir l'eau ;
- différents types de mélange de culture ou bien éléments permettant de réaliser soi-même les différents mélanges nécessaires ;
- pots et contenants de toutes tailles ;
- éclairages spéciaux (en cas de pièces très sombres) ;
- système d'arrosage pour les absences de longue durée.

Les plantes au feuillage subtilement panaché de la famille des Marantacées ne supportent pas l'air sec des pièces chauffées.

Faites connaissance avec vos plantes

Les plantes manifestent d'étonnantes capacités d'adaptation et supportent assez bien que leur entretien routinier soit parfois bouleversé. Il est bien sûr préférable qu'elles reçoivent des soins appropriés, dans un environnement favorable. C'est pourquoi il est bon de vous informer le mieux possible lorsque vous accueillez une nouvelle espèce sous votre toit :
• lisez attentivement les conseils donnés pour l'entretien de l'espèce concernée (p. 84 à 231) ;
• comparez les besoins de la plante avec les conditions d'environnement que vous lui offrez et vos habitudes quant à l'entretien ;
• avant l'entretien de routine, tenez compte en premier lieu des choses essentielles comme les facteurs de croissance (p. 36) et le rythme végétatif (voir ci-contre) ;
• essayez de remédier à des conditions d'environnement défavorables, par exemple avec un éclairage d'appoint (voir p. 45), une augmentation de l'humidité de l'air (p. 43), ou bien l'ombrage ou l'isolation d'un appui de fenêtre (p. 45).

Respectez le rythme végétatif de la plante

La période de croissance
Pour toutes les plantes, la période de végétation – ou période de croissance – est fonction de la lumière. Pour nos plantes d'intérieur, elle commence quand les jours rallongent, au sortir de l'hiver.
Les indices : apparition de jeunes feuilles et pousses, reprise de la croissance en longueur.
Les conséquences dans l'entretien : augmenter progressivement les apports d'eau à partir du printemps et reprendre les apports d'engrais.

La période de repos végétatif
Pour de nombreuses plantes, comme celles originaires des régions tropicales et subtropicales à climat uniforme toute l'année, il n'y a pas de repos végétatif. Cultivées dans nos intérieurs, ces plantes observent un repos forcé, provoqué par une diminution de l'intensité lumineuse (soleil) et de la durée du jour pendant l'automne et l'hiver.

(suite p. 36)

Les plantes des p. 34-35, de gauche à droite :
Toutes les nuances de vert pour un effet coloré
A l'arrière-plan : plante-paon *(Calathea veitchiana),* fougère de Boston *(Nephrolepis exaltata), Stromanthe* 'White Star', géranium odorant *(Pelargonium graveolens).*
Devant : fougère de Boston *(Nephrolepis exaltata* 'Linda'), scirpe *(Scirpus cernuus), Callisia repens, Guzmania,* pépéromie *(Peperomia obtusifolia), Nertera granadensis,* papyrus *(Cyperus),* capillaire *(Adiantum tenerum),* papyrus *(Cyperus).*

Certaines espèces ont une période de repos végétatif ou dormance préprogrammée. C'est le cas par exemple des plantes dont les parties aériennes meurent et qui subsistent sous forme de bulbes ou tubercules (amaryllis, cyclamen, mais aussi de nombreuses Gesnériacées) ou des plantes à feuillage caduc comme la bougainvillée (*Bougainvillea glabra*). Les plantes qui subissent dans leur habitat naturel une saison sèche la vivent également comme une période de repos végétatif. Ces différents types de repos végétatif ne coïncident pas toujours avec notre automne ou notre hiver. Ainsi, l'arum d'Éthiopie entre en dormance vers la fin mai.

Les indices : croissance ralentie, puis arrêt de la croissance, éventuellement jaunissement, puis chute du feuillage.

Les conséquences pour l'entretien : pour de nombreuses plantes d'intérieur, l'observation d'une période de repos est une condition pour la reprise de la croissance et la floraison ultérieure. Il s'agit donc pour le jardinier d'instaurer un régime plus frais et plus sec pour les plantes. La faible luminosité entraînant un ralentissement du développement de la plante, les autres facteurs de croissance, température et humidité, doivent être réduits également. Les apports d'engrais sont interrompus car les racines sont quasiment incapables de les puiser dans le mélange en période de repos. Par exemple, les cactées que l'on maintient artificiellement en croissance pendant l'hiver, par une température élevée et des apports d'engrais, ne forment pas de tissus robustes et ne fleurissent pas la saison suivante.

Mon conseil : pour respecter le rythme végétatif des plantes de la forêt tropicale humide, sans période de repos, vous pouvez leur offrir un éclairage optimal par des lampes spéciales d'appoint. Il faut dans ce cas maintenir également une chaleur constante, une humidité de l'air élevée.

Les 5 facteurs de croissance

Les facteurs de croissance, lumière, température, eau, air et éléments nutritifs, sont les éléments moteurs qui permettent et stimulent la vie végétale. Leur action est coordonnée et ils varient selon l'espèce et la saison considérées ; il faut donc les réguler en conséquence, dans la mesure du possible. Ces facteurs de croissance sont d'une importance telle qu'ils sont à la base des conseils d'entretien donnés dans les présentations des plantes, espèce par espèce (p. 84 à 231).

Facteur n° 1 : la lumière

Elle est indispensable à la photosynthèse (synthèse en présence de lumière d'hydrates de carbone, eux-mêmes indispensables à la croissance). La lumière a ainsi des répercussions sur la direction de la croissance, le port de la plante, la coloration du feuillage et la formation des fleurs. Si l'intensité lumineuse baisse, c'est toute l'activité de la plante qui est mise en veilleuse. L'intensité lumineuse est exprimée en lux et mesurée avec un luxmètre (voir schéma p. 45). La luminosité minimale pour les plantes se situe entre 700 et 1 000 lux. En dessous, croissance et formation des fleurs sont stoppées. C'est à partir de 10 000 lux environ qu'est possible une croissance optimale.
La durée journalière d'éclairement nécessaire, qui varie selon les espèces, est déterminée par leur origine géographique. En moyenne, une plante a besoin de 12 à 16 heures de lumière par jour.

A noter : plus une plante est exposée à une lumière vive, plus sa croissance est active ; elle demande conjointement plus de chaleur, d'eau et d'engrais. Inversement, moins elle est éclairée, plus les autres facteurs de croissance doivent être réduits.

Facteur n° 2 : la chaleur

La chaleur stimule la croissance, l'absorption des éléments nutritifs et la vie des micro-organismes du sol. Les espèces de la forêt tropicale humide demandent en permanence une température élevée, les autres espèces tropicales et subtropicales apprécient que le chauffage soit légèrement baissé pendant la nuit en hiver. Les plantes tropicales d'altitude et les espèces méditerranéennes exigent d'être au frais quand commence l'hiver. Un aspect important pour toutes les plantes : la chaleur du sol. Elle ne doit pas être inférieure à la température de l'air environnant.

A noter : plus une plante est exposée à la chaleur et à la lumière, plus elle utilise d'eau. Limitez au contraire les arrosages à température fraîche. L'association température fraîche plus humidité stagnante est fatale aux plantes d'intérieur.

Facteur n° 3 : l'eau

L'eau est une composante essentielle des tissus végétaux, elle sert au transport des éléments nutritifs (ainsi que des engrais) et maintient la pression nécessaire dans les cellules. Si l'eau manque, la plante s'affaisse. S'il y en a trop, les symptômes sont les mêmes. L'eau est évaporée en permanence, plus bien sûr en situation ensoleillée, chaude et en air sec qu'en situation ombragée, à température fraîche ou dans un air humide, plus également chez les espèces à nombreuses grandes feuilles non coriaces que chez les plantes à petites feuilles coriaces.

A noter : arrosez plus en période de croissance active, ainsi qu'en situation ensoleillée, en cas de température élevée et/ou d'air sec. Réduisez au contraire les apports d'eau en période de repos, ainsi qu'en situation ombragée, à température fraîche et avec une hygrométrie élevée.

Quelques variétés ▶ de *Camellia japonica*
1 'Ima Kumagai'
2 'St Ewe'
3 'Imbricate Rubra'
4 'Jury's Yellow'
5 'C. M. Wilson'
6 'Bob Hope'
7 'Fred Sander'
8 'Ezo Nishiki'
9 'Betty Sheffield Supreme'

Facteur n° 4 : l'air et l'humidité de l'air

Air et humidité de l'air sont des conditions essentielles de la vie végétale.

L'air : les plantes en ont besoin pour respirer et rester saines. Un renouvellement insuffisant de l'air, par exemple quand les plantes sont trop serrées, favorise le développement de maladies ou de parasites. Les courants d'air, les gaz toxiques (fumée de cigarette, gaz d'échappement) peuvent entraîner la chute des feuilles, fleurs ou boutons floraux.

L'humidité de l'air : elle est importante pour toutes les plantes d'intérieur qui ne sont pas «équipées» de protections naturelles contre une évaporation excessive (voir p. 16), celles qui ne peuvent puiser l'eau nécessaire que dans l'humidité atmosphérique (épiphytes) ou encore celles qui viennent des forêts tropicales humides et ne supportent pas du tout l'air sec de nos intérieurs chauffés. L'hygrométrie nécessaire à certaines plantes tropicales varie entre 60 et 80 %. La plupart de nos plantes d'intérieur demandent une humidité de l'air de 50 à 80 %. Pour maintenir une atmosphère intérieure saine pour les êtres humains, animaux et plantes, l'air devrait marquer une hygrométrie de 50-60 %. Par beau temps en été, l'humidité de l'air est d'environ 50 %, de 60 à 80 % par temps couvert ou orageux. En hiver, l'humidité de l'air dans les pièces équipées de chauffage central est de 40 à 50 % – soit un air sec, mal supporté par la plupart des plantes. Un hygromètre permet de mesurer l'humidité dans une pièce et donc de vérifier si elle est suffisante. On trouve également chez les fournisseurs spécialisés des mini-stations météo pour la maison, associant hygromètre, thermomètre et baromètre.

A noter : plus l'humidité de l'air est importante, mieux la plante supporte une température élevée.

Facteur n° 5 : mélanges terreux et engrais

La plante puise dans le substrat (ou mélange terreux) les éléments nutritifs qui lui sont nécessaires. Ce substrat, ou mélange de culture, permet aussi l'ancrage physique de la plante et doit en permanence entourer les racines d'une légère humidité, tout en leur laissant absorber également de l'air. En résumé, un bon substrat doit pouvoir retenir l'eau tout en étant perméable à l'air.

Les mélanges terreux : vous pouvez en préparer vous-même à partir de différentes composantes de base (voir adresses de fournisseurs p. 238) ou bien les acheter tout préparés. D'après mon expérience, les plantes se développent très bien dans les mélanges industriels et les substrats spéciaux destinés à certains types de plantes (voir p. 40). Ne choisissez cependant pour vos plantes d'intérieur que des terreaux tout préparés de bonne qualité. Méfiez-vous des produits vendus à bas prix, pour lesquels capacité de rétention d'eau, perméabilité à l'air, teneur en éléments nutritifs, pH, qualité sanitaire et teneur en humus laissent souvent à désirer.

Quelques éléments pouvant entrer dans la composition des mélanges de culture : tourbe grossière, terre franche, écorce broyée, argile expansée, perlite, laine de roche, billes de polystyrène expansé, mousse de sphaigne, fragments de fougère arborescente, racines d'osmonde (*Osmunda*) ainsi qu'écorce de chêne-liège ou morceaux de fougère arborescente pour la fixation des épiphytes.

Pour préserver l'environnement : nos tourbières sont rapidement détruites. Vous pouvez remplacer les mélanges à base de tourbe par d'autres types de substrats, comme des copeaux d'écorce ou de l'argile expansée (voir p. 40). Sphaigne (*Sphagnum*), osmonde (*Osmunda*) et fougère arborescente sont maintenant en général des espèces protégées et celles que l'on trouve sont issues de stocks anciens. Elles sont remplacées par de la laine de roche, de l'écorce ou du polystyrène.

A noter : ne laissez jamais sécher complètement un mélange à base de tourbe ! Si la tourbe présente une forte capacité de rétention en eau, elle se réhydrate difficilement une fois desséchée.

Les engrais sont nécessaires car il servent de relais aux éléments nutritifs du mélange terreux, présents en quantité limitée du fait du volume réduit du pot.
Les principaux éléments nutritifs sont l'azote (N), le phosphore (P), le potassium (K) et le magnésium (Mg).
L'azote est utile à la croissance, favorisant l'allongement des tiges, la formation des feuilles et la synthèse de la chlorophylle. Toutefois, l'excès d'azote se traduit par un ramollissement des tissus et une sensibilité accrue aux maladies.
Le phosphore est nécessaire à la formation des racines et boutons floraux, ainsi qu'à la maturation des graines et fruits. Les plantes à fleurs en ont donc plus besoin que les plantes vertes.
Le potassium agit sur la turgescence des tissus végétaux, la résistance aux maladies et parasites, et joue également un rôle important dans la photosynthèse.
Le magnésium est un autre élément important que la plante utilise surtout pour la synthèse de la chlorophylle, le pigment vert.
Les *oligo-éléments* sont des éléments nutritifs également indispensables aux plantes, mais en quantités infimes. Ainsi, pour une croissance sans problème, la plante a besoin de fer, cuivre, manganèse, molybdène, zinc et bore.
Un bon engrais complet doit donc comprendre les quatre principaux éléments nutritifs, ainsi que les oligo-éléments indispensables aux plantes. Ces éléments peuvent cependant être dosés différemment. Les engrais favorisant la croissance sont un peu plus riches en azote, ceux stimulant la floraison au contraire sont plus riches en phosphore et potassium qu'en azote. Les engrais existent donc en de nombreuses compositions et formes différentes. Pour l'amateur, les engrais liquides sont les plus faciles d'emploi, puisqu'ils sont directement ajoutés à l'eau d'arrosage, tout comme les engrais en bâtonnets, à enfoncer dans le mélange.
La dose correcte pour la plante dépend de la sensibilité des racines aux sels minéraux. Pour la plupart des plantes, 2 g (ou 2 ml) par litre d'eau suffisent. Respectez les précautions d'emploi et les doses recommandées par le fabricant, utilisez les bouchons-doseurs et préférez toujours une solution plus diluée à une concentration excessive. Vous pouvez mettre à égalité les unités de mesure, grammes (g), millilitres (ml) et centimètres cubes (cm^3). L'engrais doit être plus dilué pour les plantes sensibles à la salinité de la solution, comme les fougères et les orchidées.

Petit jardin de fougères dans un aquarium. Une fontaine de lave apporte l'humidité nécessaire à ces plantes.

A noter :
- La règle générale est : en période de croissance, faire des apports d'engrais toutes les deux semaines aux plantes d'intérieur. La fréquence peut cependant être hebdomadaire pour les espèces à croissance vigoureuse, toutes les 3-4 semaines plutôt pour celles à croissance lente.
- Ne jamais faire d'apport d'engrais sur un mélange sec et en plein soleil.
- Préférer des apports d'engrais plus fréquents et faiblement dosés à des apports espacés d'une solution plus concentrée.
- Réduire les apports d'engrais quand la plante reçoit une lumière insuffisante pour sa croissance. En cas de luminosité insuffisante, en effet, les éléments nutritifs ne sont pas utilisés et augmentent, dans le cas d'engrais minéraux, la salinité du sol.
- Poursuivre en hiver les apports d'engrais aux plantes n'observant pas de repos végétatif, à raison d'une fois par mois.
- Important : les apports d'engrais ne dispensent pas du rempotage.

Faut-il parler aux plantes ?

Je connais de nombreux amateurs de plantes d'intérieur qui attribuent leur réussite en la matière au fait qu'ils parlent à leurs protégées et je me surprends moi-même bien souvent parlant toute seule ! Des travaux ont montré que les plantes réagissent sous forme de stress aux attaques qu'elles peuvent subir (feu, outils de taille). On ne sait cependant pas encore de quels types de récepteurs sensoriels disposent les plantes. Mais les progrès de la recherche permettent d'avancer pas à pas dans la connaissance des plantes. On sait ainsi depuis peu que les ultrasons stimulent la croissance, qu'un arbre « anesthésié » supporte mieux une transplantation, et que les plantes poussent mieux avec un accompagnement de musique de chambre qu'au son du hard rock ! Les raisons de ces observations ne sont pas encore connues. Toujours est-il que l'on peut déjà entendre les bruits internes d'une plante assoiffée : des Anglais ont mis au point un détecteur sensoriel qui enregistre les signaux d'alarme émis par les plantes lorsqu'elles ont besoin d'eau. Ces ondes de 1 MHz, situées dans le domaine des ultrasons, sont produites par l'ascension de fines colonnes d'eau dans les vaisseaux capillaires de la plante, qui permettent l'alimentation en eau de tous les organes de la plante. L'orgueil du genre humain en matière de connaissance est donc un peu déplacé, nous qui connaissons encore si mal les êtres vivants qui nous entourent ! Alors, n'hésitez pas : parlez à vos plantes, caressez délicatement leur feuillage de temps à autre si le cœur vous en dit, il n'a toujours pas été démontré qu'elles n'en ont pas besoin !

PRATIQUE

Mélanges de culture et techniques de rempotage

Le terreau horticole pour plantes à fleurs, à base de tourbe, terre végétale et éléments nutritifs, convient à la plupart des plantes. On peut apprécier la croissance des plantes à la rapidité avec laquelle les racines colonisent le nouveau mélange, tandis que se forment de nouvelles pousses.

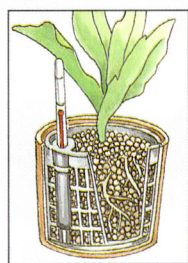

Des billes d'argile expansée constituent un substrat convenant à de nombreuses plantes d'intérieur. Ces billes à forte capacité de rétention d'eau (il en existe de différents calibres) maintiennent bien les racines. Celles-ci puisent les éléments nutritifs nécessaires dans l'eau et la solution nutritive.

Un mélange pour épiphytes est recommandé pour les plantes poussant dans les arbres et émettant des racines aériennes comme de nombreuses fougères, Broméliacées et orchidées. Elles sont particulièrement décoratives lorsqu'on les fixe sur un morceau d'écorce ou un sarment de vigne.

Ce qu'il faut savoir concernant les mélanges de culture

Le mélange de culture ou substrat sert à la fois de support physique pour l'ancrage de la plante et de milieu nutritif, dans lequel elle puise l'eau et les éléments nutritifs. Un bon mélange doit être chaud, perméable à l'air et à l'eau, mais il doit aussi pouvoir retenir une certaine quantité d'eau, être riche en éléments nutritifs et légèrement acide (pH 5 à 6,5).

Les principaux types de mélanges :
- Terreau horticole ou mélange pour plantes à fleurs : il est composé de tourbe, terre végétale argileuse, sable et souvent billes de polystyrène expansé et peut être de qualité variable.
- Mélange standard ou terreau tous usages : il s'agit en général de mélanges constitués d'environ 60 % de tourbe blonde et 40 % de terre végétale argileuse. Ils sont plus ou moins riches en engrais.
- Mélanges à base de tourbe : la tourbe en est la principale composante et ils ne contiennent ni terre végétale ni argile. Ils sont chaulés pour atténuer l'acidité de la tourbe. La tourbe ne contenant pas d'éléments nutritifs, ceux-ci sont ajoutés sous forme d'engrais.
- Mélanges ou terreaux spéciaux pour les cactées ou plantes de terre de bruyère : ces mélanges sont spécialement dosés pour les besoins des plantes concernées.
- Mélange pour orchidées : il est composé de tourbe grossière, fibreuse, écorce, billes de polystyrène expansé, charbon de bois et matière minérale comme mica ou vermiculite, perlite, lave, calcaire coquillier.
- Mélange pour épiphytes : il s'agit de matière végétale broyée, comme mousse de sphaigne, racines d'osmonde (fougère) et tourbe grossière.
- Billes d'argile expansée pour l'hydroculture : matériau inerte, stable, perméable à l'eau et à l'air.

Motte de terre enrobée de billes d'argile

Solution idéale pour tous ceux qui ont tendance à arroser trop ou pas assez. Les billes d'argile de la taille d'un pois absorbent, comme une éponge, 130 % de leur poids en eau et restituent ensuite cette eau aux racines selon les besoins.

Passage à la culture hydroponique

1 Bien éliminer sous le robinet toute la terre adhérant aux racines. 2 Raccourcir les racines trop longues, éliminer celles qui sont pourries (brunes). 3 Étaler les racines sur une couche de billes d'argile expansée et en remplir la corbeille plastique ou le contenant intérieur. 4 Installer le contenant intérieur dans le cache-pot et remplir la réserve d'eau à température ambiante.

Comment rempoter

Il est temps de rempoter quand :
- les racines ont presque entièrement colonisé la motte de terre ;
- le mélange sent le moisi ;
- les racines sont malades ;
- les racines brisent ou fendent le pot, ou bien lorsqu'elles sortent par le trou de drainage.

La période idéale pour le rempotage est le printemps (à partir de fin février) pour la plupart des plantes. D'autre part, il existe une règle d'or : toujours rempoter après la floraison. Le diamètre du nouveau pot doit être supérieur d'environ 2 cm à celui de l'ancien. Faire tremper les pots en terre cuite pendant deux heures avant le rempotage.

Comment procéder : arroser la plante quelques heures auparavant. Sortir la plante de son pot, en le découpant éventuellement s'il s'agit d'un pot en plastique ; en retournant le pot et en le tapotant contre le bord d'une table s'il s'agit d'un pot en terre. Émietter la couche supérieure de terre et aérer délicatement le chevelu racinaire avec un bâtonnet.

Une taille des racines n'est utile qu'en cas de racines brun-noir, en partie pourries ou bien chez les sujets âgés qu'on ne peut pas rempoter dans un pot plus grand. Saupoudrer les plaies de taille avec du charbon de bois. Au besoin, rabattre également les tiges de façon à respecter un certain équilibre.

Une taille des tiges est nécessaire chez les plantes dégarnies ou étiolées (voir p. 44).

Important : le drainage. Poser un tesson sur le trou de drainage du nouveau pot ou bien étaler au fond du pot une couche de drainage de l'épaisseur du doigt, de billes d'argile, gravillons ou éclats de poterie. Rempoter la plante, l'arroser, et l'installer au chaud et à la lumière, mais surtout pas au soleil. Une bonne chaleur au niveau du mélange favorise la formation de nouvelles racines.

Soins ultérieurs : arroser de façon à ne jamais laisser sécher le mélange, mais sans excès. Dès qu'apparaissent de nouvelles pousses, reprendre l'entretien habituel de l'espèce. Ne recommencer les apports d'engrais que 6 à 8 semaines après le rempotage.

Surfaçage : il s'agit du renouvellement de la couche supérieure du mélange dans le cas des grands sujets que l'on ne peut plus changer de pot ou des espèces qui n'apprécient guère le rempotage (palmiers).

Le passage à l'hydroculture implique un nettoyage soigneux de toute la motte de racines (voir schémas ci-contre).

Le rempotage dans des billes d'argile (voir schéma « Motte de terre entourée de billes d'argile ») ne constitue pas un stress pour la plante, car la motte de racines demeure intacte, simplement enrobée du nouveau substrat.

Les épiphytes sont en général rempotées dans des pots ou des corbeilles ajourées, ou bien attachées sur un morceau d'écorce ou de fougère arborescente, ou encore sur une colonne de mousse.

Rempotage des plantes à feuillage ou floraison décorative

1 Poser la main sur la motte de terre et retourner le pot pour dégager délicatement la motte. Aérer le chevelu racinaire, émietter pour la renouveler la terre non envahie par les racines, éliminer les racines malades et rabattre celles qui sont trop longues. 2 Protéger le trou de drainage par un tesson posé face concave au-dessus de ce trou ou bien étaler une couche de drainage. 3 Mettre un peu de mélange au fond du pot et installer l'ancienne motte au centre, à même hauteur qu'auparavant. Remplir de mélange de culture en tassant bien du bout des doigts. Laisser un espace libre d'environ 1 cm en dessous du rebord du pot pour l'arrosage.

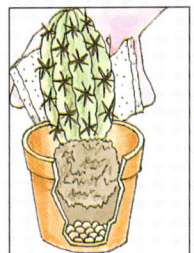

Rempotage des cactus

1 Sortir le cactus de son pot en le tenant avec des gants et une couche isolante (carton ondulé, morceau de mousse synthétique). 2 Dégager délicatement la motte de racines à l'aide d'un bâtonnet, éliminer les racines malades ou desséchées. 3 Étaler une couche de drainage au fond du pot. Installer le cactus à la même hauteur qu'auparavant. 4 Remplir le pot de mélange de culture et tasser sur les bords avec un bâtonnet.

Fixation des orchidées sur un support

1 Emballer les racines aériennes dans de la mousse de sphaigne ou de la tourbe grossière. 2 Placer la plante contre le support de telle sorte qu'elle ne présente pas de poche retenant l'eau et favorisant la pourriture. 3 Fixer la motte au support, sans serrer, avec des liens souples (morceaux de collants en nylon, roulés).

PRATIQUE

Arrosage et humidité de l'air

L'arrosage en surface est conseillé pour la plupart des plantes d'intérieur. Le mélange terreux est ainsi humidifié en profondeur, et l'eau d'arrosage permet la répartition de l'engrais dans le mélange. Un truc : un arrosoir muni d'un long bec évite de mouiller le feuillage.

L'arrosage par la soucoupe est préférable pour les plantes à tubercules, tiges ou feuilles particulièrement sensibles à l'humidité (comme le saintpaulia). Un inconvénient : les pertes d'eau par évaporation entraînent les sels minéraux (engrais) vers le haut, et ceux-ci se cristallisent en surface du mélange.

L'immersion est la meilleure solution pour bien imbiber d'eau les épiphytes et orchidées, cultivées dans un substrat très poreux. Elle convient parfaitement également aux suspensions quand la soucoupe est d'une taille insuffisante par rapport au pot ou à la corbeille.

Les 10 commandements de l'arrosage

La quantité d'eau nécessaire à une plante est fonction de ses caractéristiques individuelles (voir descriptions par espèce, p. 84 à 229), de son rythme végétatif, du mélange de culture ainsi que des conditions de lumière, température et humidité de l'air. Voici les 10 règles les plus importantes à observer :

1 - Il est grand temps d'arroser quand la teinte du mélange devient plus claire, que la motte se détache des bords du pot, quand celui-ci paraît plus léger ou que le feuillage s'affaisse.
2 - Arroser en surface en règle générale, en versant l'eau dans la soucoupe dans certains cas. Il est préférable d'immerger la motte des plantes desséchées, épiphytes et suspensions (voir schéma ci-contre).
3 - L'eau d'arrosage idéale est à température ambiante, et douce (dureté 0 à 8 °dH) ; vous pouvez connaître le degré de dureté de votre eau auprès du service des eaux local.
4 - Il est conseillé d'adoucir l'eau au-delà de 13 °dH (voir schémas).
5 - Si possible, laisser reposer l'eau du robinet toute la nuit dans l'arrosoir, pour que le chlore s'évapore et que le calcaire se dépose.
6 - Il faut arroser plus fréquemment en atmosphère chaude et sèche, en situation ensoleillée, les sujets cultivés dans des pots en terre cuite, les espèces avides d'eau, souvent cultivées dans un mélange à base de tourbe.
7 - Il faut arroser moins souvent quand l'humidité de l'air est importante, à température basse, en situation ombragée, les plantes cultivées dans des pots en plastique, celles peu exigeantes en eau, souvent rempotées dans un mélange sableux.
8 - En période de croissance, faire des arrosages copieux, mais pas trop fréquents. Des arrosages fréquents mais en petite quantité n'humidifient que la surface du mélange, tandis qu'en profondeur, les fines racines manquent d'eau.
9 - En règle générale, réduire progressivement les arrosages en automne/hiver.
10 - Toujours éliminer l'excédent d'arrosage restant dans la soucoupe ou le cache-pot !

Arrosage des Broméliacées au cœur de la rosette

Cette humidité stagnante au centre de la rosette serait fatale pour toute autre plante, mais le réservoir central constitue pour les Broméliacées une source d'eau et d'éléments nutritifs utilisée selon les besoins de la plante.

Comment adoucir l'eau d'arrosage

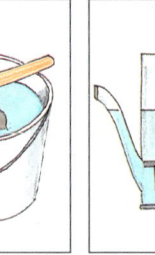 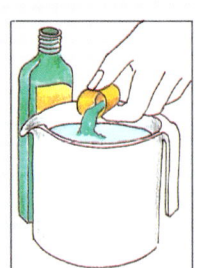

1 Avec de la tourbe : faire tremper toute la nuit dans un volume de 10 l d'eau un sachet en mousseline ou un vieux bas rempli de 1 l environ de tourbe sèche. 2 Un arrosoir muni d'un filtre (résine échangeuse d'ions) permet de retenir calcaire, chlore ainsi que d'autres éléments minéraux. 3 Par addition dans l'eau d'un produit adoucisseur, sous forme liquide ou solide. Laisser ensuite reposer l'eau quelques heures avant d'arroser.

Comment augmenter l'humidité de l'air

Pour la plupart des plantes d'intérieur, une hygrométrie de 60 à 70 % est idéale. Une hygrométrie insuffisante est moins problématique en été, mais en hiver, dans une pièce chauffée, l'humidité de l'air peut rapidement chuter en dessous de 40 %, ce qui constitue un handicap pour de nombreuses espèces.

On augmente directement l'humidité de l'air par des vaporisations du feuillage («Ambiance humide», schéma ci-contre). On imite ainsi la formation de rosée, phénomène auquel sont habituées des plantes comme les tillandsias et autres épiphytes.

Important : utiliser de l'eau douce, régler le débit du vaporisateur en brumisation fine, ne pas projeter d'eau sur les fleurs, ni sur le feuillage en plein soleil !

Un apport indirect d'humidité de l'air est apprécié par la plupart des plantes d'intérieur. Outre les exemples illustrés («Ambiance humide», schéma ci-contre), voici d'autres possibilités :
- installer des humidificateurs électriques, un aquarium, une fontaine intérieure ou une autre source d'humidité dans la pièce ;
- entourer la plante d'espèces à grandes feuilles ou de plantes de marécages ;
- poser le pot sur une soucoupe remplie de tourbe, sable ou gravillons maintenus humides (sans que le fond du pot trempe dans l'eau).

Mon conseil : pour augmenter l'humidité de l'air par vaporisation autour des plantes à feuillage fragile, sensible aux taches d'eau, comme bégonias, streptocarpus, gloxinia ou sensitive, vaporiser l'eau non pas sur la plante elle-même, mais autour («Ambiance humide», schéma ci-contre). Pour ces plantes, il est cependant préférable d'avoir recours à une autre méthode pour augmenter indirectement l'humidité de l'air.

L'arrosage pendant les vacances

Pour une absence de quelques jours seulement, il suffit d'un bon arrosage, après avoir pris soin de placer les plantes en situation plus fraîche, ou d'entourer la motte d'argile expansée, à forte capacité de rétention en eau.

Pour une absence plus longue, il faut faire appel à l'un des systèmes d'arrosage automatique, tous basés sur le principe de capillarité. Quand le mélange terreux est sec, les plantes pompent l'eau d'un réservoir par l'intermédiaire d'une «carotte» en argile poreuse («Arrosage automatique», schéma 3), d'une mèche («Arrosage automatique», schémas 1 et 2), d'un morceau de lainage ou mieux d'un morceau de feutre spécial ou d'une nappe de sub-irrigation (schéma «Arrosage de vacances»).
Voir les adresses de fournisseurs p. 238.

Important : un essai préalable s'impose, pour s'assurer que le système fonctionne et pour savoir en combien de temps la réserve d'eau est épuisée (au-delà de cette durée, demandez la coopération d'un voisin ou ami !).

Augmentation de l'hygrométrie pour un groupe de plantes

Dans un grand plateau, surélever les pots par une grille et maintenir un niveau d'eau légèrement inférieur à l'épaisseur de la grille. Les plantes ont ainsi «les pieds au sec» tout en bénéficiant de l'évaporation permanente de l'eau du plateau.

Ambiance humide pour une plante isolée

1 Enfoncer le pot dans un récipient plus grand, rempli de tourbe ou de billes d'argile maintenues bien humides. 2 Poser le pot sur une soucoupe retournée, le tout dans une soucoupe plus grande, remplie d'eau. 3 Vaporiser l'eau indirectement, c'est-à-dire autour du pot, mais pas sur le feuillage. 4 Vaporiser l'eau directement sur le feuillage – indispensable pour les orchidées et tillandsias.

Deux exemples d'arrosage automatique en cas d'absence

1 Avec une grosse aiguille, passer une mèche en fibre de verre par le trou de drainage au fond du pot. 2 Étaler les extrémités de la mèche en surface du mélange et couvrir d'un peu de terre. Laisser tremper la boucle inférieure de la mèche dans un réservoir d'eau. 3 Quand le mélange est sec, la plante pompe l'humidité par l'intermédiaire d'une «carotte» en terre, poreuse, reliée à un réservoir d'eau.

Arrosage de vacances

*Poser sur l'égouttoir de l'évier une nappe de sub-irrigation coupée aux dimensions voulues, un côté retombant dans l'évier rempli d'eau. La couche absorbante peut ainsi alimenter en eau, par capillarité, tout un groupe de plantes.
Important : ne pas laisser dépasser la nappe au-delà du bord de l'évier pour éviter que l'eau ne goutte par terre.*

PRATIQUE

Taille, tuteurage et autres soins

Tailler, pincer et rabattre
*1 Couper environ 0,5 cm au-dessus d'un bourgeon.
2 Pincer : éliminer l'extrémité des tiges en les pinçant entre pouce et index, surtout pour les jeunes sujets, ce qui les incite à se ramifier. 3 Rabattre : pour rajeunir, conserver une silhouette équilibrée ou une petite taille, surtout chez les sujets plus âgés.*

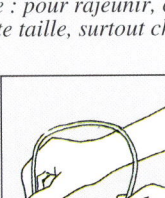 

Palissage sur un arceau
*Pour les plantes grimpantes.
1 Former un arceau avec un fil métallique et bien l'ancrer dans le mélange.
2 Enrouler délicatement les tiges autour de l'arceau, en les maintenant éventuellement par des liens lâches.*

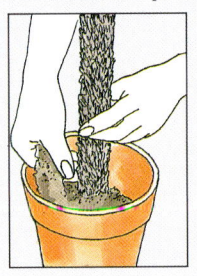 

Palissage sur une colonne de mousse
*Pour les espèces à racines aériennes.
1 Mettre la colonne de mousse en place en l'enfonçant bien dans le mélange de culture. 2 Rempoter la plante contre le support et fixer les tiges par des liens métalliques recourbés.*

Tiges tressées pour une formation en tige
Les tiges encore souples d'un jeune figuier pleureur (Ficus benjamina) peuvent être tressées délicatement en un tronc étonnant.

Formation en tige
1 Éliminer toutes les pousses latérales d'un jeune sujet robuste. 2 Fixer un tuteur contre la tige par des boucles en 8. Une fois la hauteur voulue atteinte, étêter la tige. 3 Pincer régulièrement les pousses latérales de façon à obtenir une couronne dense, buissonnante.

Une taille correcte

La taille provoque une sorte de rajeunissement de la plante, l'incitant à une croissance buissonnante ou à rester de petite taille.
La meilleure période pour la taille est le printemps, avant le départ de la croissance, ou bien après la floraison (souvent en automne donc).
Une coupe correcte est obtenue avec un couteau ou greffoir propre, bien aiguisé. Couper en biseau juste au dessus d'un oeil ou bourgeon (schéma 1 ci-contre). Désinfecter les grandes plaies de taille avec de la poudre de charbon de bois. Dans le cas d'un écoulement de sève important (*Ficus*, euphorbes), vaporiser de l'eau sur la coupe.
Dans quelle proportion raccourcir ? Tout dépend de l'espèce, de son port et de vos souhaits.
• **Pincer** (schéma 2 ci-contre, en haut) consiste à couper entre le pouce et l'index l'extrémité des tiges ;
• **Rabattre** (schéma 3 ci-contre, en haut) consiste à recouper soit seulement les extrémités des tiges pour que la plante conserve une silhouette équilibrée, soit jusqu'aux 2/3 des tiges pour provoquer un rajeunissement ;
• Il est parfois nécessaire d'éliminer totalement une tige chez une plante buissonnante, lorsque les tiges se chevauchent ou sont trop serrées.

Support, palissage et tuteurage

Le palissage sur un arceau ou un treillage convient aux plantes à longues tiges souples (voir schéma ci-contre, en haut).
Une colonne de mousse (schéma ci-contre), comme on en trouve de toutes préparées dans le commerce, est idéale pour *Philodendron* et *Monstera*.
Former une plante en tige (schémas ci-dessous) : il faut souvent compter 5 ans pour obtenir une couronne bien fournie et équilibrée. Mieux vaut commencer avec plusieurs sujets identiques pour en réussir au moins un !

10 mesures pour avoir des plantes en forme

Bien souvent, il suffit de relativement peu de chose pour que les plantes d'intérieur bénéficient d'un environnement et de soins appropriés. Voici quelques trucs utiles à connaître :

1 - Le truc de la pomme (schéma 1 ci-contre). L'éthylène libéré par les pommes et agrumes à maturité (voir p. 68) agit comme une hormone qui stimule la floraison des Broméliacées. Enfermer une Broméliacée pendant 1 à 2 semaines dans un sac plastique transparent avec quelques pommes. La floraison a lieu environ 4 mois plus tard.

2 - Éliminer régulièrement les fleurs fanées (schéma 2, ci-contre). La formation des graines utilise en effet beaucoup d'énergie, au détriment de la croissance et d'une éventuelle poursuite de la floraison.

3 - Une marque sur le pot (schéma 3) constitue un repère qui permet de replacer la plante dans la même orientation vis-à-vis de la lumière après un nettoyage. Ce détail est particulièrement important pour des plantes fragiles comme l'azalée, le clivia ou le gardénia, qui perdent facilement des fleurs ou des boutons quand elles sont dérangées.

4 - Un support isolant pour les appuis de fenêtre froids (schéma 4) : ce peut être tout simplement une plaque de polystyrène ou, mieux, un fin matelas chauffant (électrique) comme en proposent certains fournisseurs.

5 - Un nettoyage du feuillage par une pluie tiède ou avec un chiffon humide («Soins de beauté», schéma 1) dégage les pores des feuilles de la poussière et permet d'améliorer la respiration et la photosynthèse.

6 - Recouper les pointes brunies des feuilles en laissant cependant une fine lisière brune, sans quoi la coupe dans le tissu vivant séchera également.

7 - Un lessivage en profondeur du mélange terreux (schéma 1 ci-contre) par un débit d'eau régulier, tiède, permet d'éliminer les sels minéraux en excès. Cette opération est recommandée pour les sujets rarement rempotés comme les palmiers.

8 - L'immersion du pot dans un seau d'eau («Lessivage et immersion», schéma 2) est souvent la dernière chance pour une plante à motte desséchée et feuillage affaissé.

9 - Un tube lumineux spécial pour les plantes («Éclairage», schéma 1) permet de cultiver plantes vertes ou fleuries même dans les coins sombres de la maison.

10 - Un luxmètre (schéma 2 ci-contre) est indispensable pour mesurer l'éclairage artificiel additionnel nécessaire, ainsi que pour évaluer la luminosité en cas de doute.

Quelques trucs pratiques

1 Le parfum dégagé par la pomme déclenche la floraison des Broméliacées ; le sachet plastique permet de concentrer les gaz libérés. 2 Éliminer les fleurs fanées pour éviter que la plante ne gâche de l'énergie. 3 Un repère coloré donne l'orientation du pot par rapport à la source de lumière. 4 Un matelas isolant équipé d'une résistance électrique protège la plante placée sur un support froid.

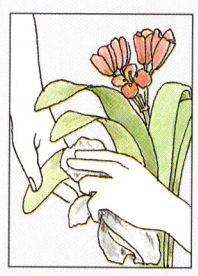 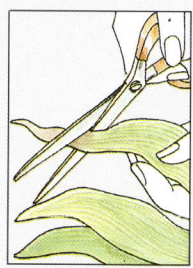

Soins de beauté

1 Nettoyer souvent les grandes feuilles avec un chiffon humide et tiède. Éliminer la poussière des feuilles velues au pinceau. 2 Laisser une fine bande de tissu desséché lors de l'élimination des pointes brunies.

Lessivage et immersion

1 Les sels minéraux en excès dans le mélange (engrais) peuvent être éliminés par un bon lessivage, avec une grande quantité d'eau s'écoulant lentement. 2 En cas de motte desséchée, plonger entièrement le pot dans une eau tiède, jusqu'à ce que ne remonte plus aucune bulle (mélange saturé). Laisser ensuite s'égoutter le pot.

 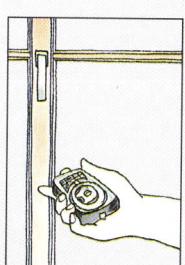

Éclairage selon les besoins

1 Les éclairages spéciaux pour les plantes dispensent une lumière (longueurs d'onde) convenant à la croissance des plantes. 2 Un luxmètre (vendu par des fournisseurs spécialisés) permet de connaître exactement la luminosité d'un emplacement donné.

◄ **Pour les amateurs avertis : l'arbre à tillandsias**

Une branche tordue et noueuse, ancrée ou même cimentée dans un récipient en céramique stable, constitue un excellent support pour la mise en valeur des tillandsias à feuillage gris. Pour les fixer au support, de fines bandes découpées dans des bas en nylon sont idéales. Ces plantes mettent à profit l'humidité de l'air par l'intermédiaire d'écailles absorbantes sur les feuilles ; elles ne demandent pas d'arrosage, mais de fréquentes vaporisations d'eau douce, à température ambiante.

Des erreurs à ne pas commettre

- Situation à la fois trop chaude et pas assez éclairée.
- Soleil pour les plantes d'ombre ;
- Ombre épaisse pour les espèces de plein soleil.
- Le soleil printanier, plus agressif qu'il n'y paraît.
- Chute de la température.
- Très forte chaleur derrière une vitre.
- Coulée froide entre la vitre et un rideau.
- Pot posé sur un support froid.
- Trop d'eau à basse température.
- Humidité stagnante.
- Manque d'oxygène dans une pièce mal aérée.
- Air chauffé, sec.
- Air chargé de gaz toxiques (canalisations de gaz peu étanches, fumée de cigarette, émanations de produits de traitement du bois...).
- Courants d'air froids.
- Pot trop grand, ou trop petit.
- Mélange terreux moisi ou à trop forte teneur en sels minéraux cristallisés.
- Non-observation du repos végétatif hivernal.

Des billes d'argile en guise de terre

Les billes d'argile expansée de différents calibres sont utilisées en hydroculture, mais aussi pour une culture combinée (mélange terreux - argile expansée). Dans ce cas, on place simplement la motte de terre dans le nouveau substrat dans lequel les racines se développent rapidement (schéma p. 40).

Les avantages de l'argile expansée :
- Le pH de ce matériau, 6-6,5, convient très bien aux plantes.
- C'est un matériau poreux, à structure stable, qui ne se dégrade pas et n'offre pas un milieu favorable au développement des parasites et maladies.
- Il permet un «approvisionnement» optimal des racines en eau et oxygène. Correctement utilisé, il évite tout risque d'asphyxie racinaire.
- Une jauge indiquant le niveau d'eau ou un indicateur d'humidité permettent de n'arroser que quand cela est nécessaire.
- La réserve d'eau suffit en général pour 1 à 2 semaines, ce qui facilite donc les absences !
- Des engrais spéciaux, à action lente, font effet sur une période de 4 à 6 mois pour l'argile expansée, 2 mois pour d'autres types d'agrégats.
- Les rempotages sont moins fréquents.

Le passage du mélange terreux ordinaire à l'hydroculture

La transition n'est pas toujours simple et il est préférable d'opérer avec de jeunes plantes vigoureuses et saines. Qui plus est, toute trace de terre doit être éliminée autour des racines (voir p. 40), sans quoi une pourriture se développerait rapidement. N'utilisez pour l'hydroculture que des contenants spécialement conçus à cet effet.
La meilleure époque de transition se situe de mars à septembre.
Ce type de culture convient à de nombreuses plantes vertes et fleuries (espèces accompagnées du symbole ▦ dans les portraits des plantes p. 84 à 229).

Le passage de la culture ordinaire à d'autres agrégats

Ceci est plus simple, car les racines n'ont pas à être dérangées. On peut également rempoter dans ce nouveau substrat des sujets âgés. Important : le nouveau contenant doit être nettement plus grand que l'ancien (schéma p. 40). L'idéal serait 1/3 pour la motte de terre, 2/3 pour les agrégats. Meilleure époque pour le rempotage : mars à septembre. Cette méthode convient à toutes les plantes d'intérieur cultivées dans un mélange terreux ordinaire. On trouve les contenants, agrégats et produits utilisés pour ce type de culture dans la plupart des points de vente jardin comprenant un rayon plantes d'intérieur.

Mon conseil : la teneur en sels minéraux des billes d'argile expansée étant très variable, il faut les rincer abondamment avant usage.

Bonsaïs : une petite taille mais un vrai arbre

Le mot bonsaï signifie «arbre en pot». Il ne s'agit pas là d'une forme juvénile d'arbre, mais bien d'un arbre adulte, avec son port caractéristique, maintenu petit. Un bonsaï peut être âgé de 5 ans seulement et paraître avoir survécu aux éléments depuis des dizaines d'années. Ces arbres miniatures sont d'autant plus extraordinaires lorsqu'ils fleurissent ou fructifient. Tandis que port et feuillage sont miniaturisés, fleurs et fruits atteignent la taille normale de l'espèce !

Observé de près, chaque bonsaï a une histoire à raconter. Comme la petite forêt de *Sageretia* illustrée en page suivante, ce peut être *«le bruissement du feuillage, le silence de la forêt»*. Le tableau peut évoquer un îlot boisé sur une falaise, le combat des arbres pour accéder à la lumière montrant bien le vainqueur, au feuillage largement étalé, tandis que sous lui, d'autres sujets se dénudent. A leur pied, la mousse se développe en un épais tapis vert qui étouffe le bruissement du feuillage. On retrouve dans ce fragment de nature, reconstitué semble-t-il par magie, les aspects peut-être les plus fascinants de l'art du bonsaï : le fait de pouvoir réaliser soi-même une telle scène, et de nous rapprocher ainsi des arbres et de leurs superbes silhouettes.

Dans le pays d'origine du bonsaï, le Japon, ces arbres miniatures sont depuis près de 2 000 ans sujet de méditation. Étaient exclusivement utilisées à cet effet des espèces de plein air comme érable ou pin de montagne, qui restaient dehors toute l'année. Quand le bonsaï a commencé à être connu en Europe, les déceptions furent souvent cruelles au début. Nombre de ces petits arbres, espèces d'extérieur, dépérissaient très rapidement lorsqu'ils étaient cultivés à l'intérieur. Les horticulteurs spécialisés eurent ainsi l'idée de créer, outre les bonsaïs d'extérieur, des sujets d'intérieur, c'est-à-dire de former en bonsaïs des arbres et arbustes tropicaux ou subtropicaux faisant déjà l'objet d'une culture en intérieur. Au fil du temps, les spécialistes ont sélectionné les meilleurs «candidats» à ce mode de culture.

Les bonsaïs : des arbres miniatures

L'entretien des bonsaïs

Bien sûr, les exigences relatives à la lumière, l'eau, la température, aux apports en éléments nutritifs sont les mêmes que pour les plantes en pot normales de la même espèce (voir p. 84 à 229). Retenez, en règle générale :

Les arbres ou arbustes originaires du bassin méditerranéen, mais aussi de régions climatiques comparables, comme le sud-ouest de l'Australie, l'Afrique du Sud, le Chili et la Californie, apprécient de passer l'été en plein air mais doivent être rentrés avant les premières gelées et conservés en hiver en situation lumineuse et fraîche (10 °C environ).

Les végétaux ligneux des régions subtropicales connaissent des étés chauds et humides, des hivers doux et pluvieux. Ils apprécient également de passer l'été dehors, et doivent être rentrés en septembre pour passer l'hiver en situation lumineuse mais un peu plus chaude (15 °C environ).

*Orme du Japon (*Ulmus parvifolia*) à tronc penché.*

Les arbres et arbustes tropicaux sont habitués toute l'année à une ambiance chaude et humide. Certains se contentent de relativement peu de lumière. On les garde toute l'année dans la maison, à la chaleur et à la lumière, mais sans plein soleil, et avec une humidité de l'air élevée (voir p. 43).

Les arbres des régions de steppe sont habitués aux périodes sèches et ne souffrent pas d'être parfois oubliés pour l'arrosage. Ils se plaisent en plein

*Les fleurs du grenadier (*Punica granatum*) se développent sur le bois d'un an.*

Forme en demi-cascade : Serissa foetida*, un petit arbre à la floraison très généreuse.*

soleil, sans trop de chaleur en hiver.
Les palmiers se prêtent assez mal à la formation en bonsaï. Seul le *Rhapis* (voir p. 210) – qui émet des rejets – peut constituer une «mini-forêt».

Espèces se prêtant bien à la formation en bonsaï

Espèces ligneuses méditerranéennes : cyprès d'intérieur (*Cupressus macrocarpa*), myrte (*Myrtus communis*).

Espèces subtropicales : camélia (*Camellia japonica*), *Carmona macrophylla*, vigne d'appartement (*Cissus antarctica*), azalée (*Rhododendron simsii* hybrides), azalée du Japon (*Rhododendron japonicum*), orme du Japon (*Ulmus parviflora*), *Sageretia thea*, *Serissa foetida*.

Espèces tropicales : figuier pleureur (*Ficus benjamina*), figuier à feuilles de buis (*Ficus buxifolia*), *Ficus neriifolia*, figuier nain (*Ficus pumila*), espèces de figuier à feuilles coriaces (*Ficus retusa*), schefflera (*Brassaia actinophylla*), *Polyscias fruticosa*.

Espèces des régions de steppe : rose du désert (*Adenium obseum*), *Crassula*

Sujet à tronc noueux, de 60 cm de hauteur, de Ficus retusa.

arborescens, euphorbe arborescente (*Euphorbia balsamifera*), *Brachychiton rupestris*.

Palmiers : rhapide (*Rhapis humilis* et *R. excelsa*).

Quelques conseils pour l'amateur de bonsaïs

Il faut garder à l'esprit, pour l'entretien du bonsaï, qu'il est cultivé dans un contenant peu profond, avec très peu de terre. Le mélange sèche donc plus rapidement que dans un pot ordinaire et les éléments nutritifs sont rapidement épuisés. C'est pourquoi :
• avant d'arroser, humidifiez bien le mélange en surface avec un vaporisateur d'eau, sans quoi l'eau ruisselle en surface sans pénétrer dans toute la motte ;
• faites de préférence des apports d'engrais plus fréquents mais très faiblement dosés. Il existe des engrais

Une «forêt» de Sagimientia, d'environ 45 cm de hauteur, aux sujets âgés de 30 ans.

spéciaux pour les bonsaïs qui permettent d'éviter tout risque de brûlure des racines et d'accumulation de sels minéraux dans le mélange ;
• ne donnez pas d'engrais juste avant ou pendant la floraison, ni après le rempotage, après une taille des racines ou si l'arbre semble malade.

Les conseils d'un club d'amateurs de bonsaïs

Pour qui a acheté ou reçu un bonsaï d'intérieur et veut en savoir plus sur ces plantes passionnantes, il existe maintenant toute une littérature sur le sujet et, dans de nombreuses régions, des producteurs spécialisés et des associations d'amateurs de bonsaïs (voir liste d'adresses p. 238).

Spécimen d'un arbre australien, Syzygium paniculatum, portant des fruits.

Premiers secours pour vos plantes

Aucune plante n'est à l'abri d'une attaque de parasites ou d'une maladie. Contre ces désagréments, vous pouvez agir de façon préventive ou curative : éviter les erreurs culturales, identifier le responsable d'une attaque et le combattre de façon appropriée. Ainsi, les araignées rouges peuvent être tout simplement supprimées par un passage de la plante dans un «sauna», ambiance humide créée par un revêtement plastique autour du feuillage.

Ce sont le plus souvent des erreurs dans l'entretien des plantes ou une situation inappropriée (voir tableau p. 47) qui sont à l'origine des maladies et parasites des plantes d'intérieur. C'est pourquoi il est important de respecter le mieux possible les conseils donnés dans les fiches descriptives par espèces (p. 84 à 229) et de choisir pour vos plantes un emplacement répondant à leurs exigences.

Les mesures préventives

La meilleure prévention consiste à donner aux plantes un environnement le plus proche possible de leurs conditions naturelles de vie. Il existe en outre un certain nombre d'autres mesures qui permettent de limiter les risques de maladie ou de les détecter précocement, d'où un traitement plus facile.

Hygiène : éliminez régulièrement feuilles ou fleurs sèches, jaunies, moisies ou malades pour éviter la pourriture. Coupez proprement, à la base, les tiges florales. Désinfectez les plaies de taille au charbon de bois. Gardez propres pots et mélange terreux. De temps à autre, aérez la surface du mélange avec une fourchette pour éviter le développement de mousse ou d'algues. Brossez régulièrement les accumulations de calcaire ou sels minéraux sur les parois externes des pots en terre.

Renforcement de la résistance des plantes : arrosez vos plantes avec une décoction de prêle, riche en acide silicique, ou bien faites des vaporisations d'huiles essentielles. L'efficacité de ces substances contre bactéries et champignons pathogènes, qui agissent sous forme d'hormones stimulant la croissance des plantes, a été démontrée.

Surveillance régulière de l'état sanitaire des plantes : prenez le temps d'observer les plantes et de remarquer tout changement d'aspect. Boutons floraux et jeunes pousses sont souvent envahis par les pucerons. N'oubliez pas d'examiner la face inférieure des feuilles. C'est souvent là que l'on détecte les premiers symptômes d'une attaque de maladie ou de parasites, quand il est encore assez facile d'y remédier. En cas de doute, prenez une loupe pour repérer certains parasites.

Prenez vos distances : évitez de trop serrer les plantes les unes contre les autres ; l'air doit pouvoir circuler facilement entre les pots.

Mise en quarantaine : isolez toute plante malade ou suspecte pour éviter la propagation à d'autres plantes.

Les moyens de lutte

Ne vous précipitez pas aussitôt vers les produits de traitement. Il est souvent possible de trouver un remède tout à fait inoffensif pour l'environnement.

La lutte «mécanique» doit toujours être la première étape. En font partie les opérations suivantes :
- Supprimer les parties atteintes de la plante.
- Éliminer les parasites, à la main ou sous une douche tiède.
- Plonger les parties aériennes de la plante dans une solution tiède et savonneuse. Enfermer auparavant le pot dans un sac plastique étanche en fermant bien au niveau du collet.

La lutte écologique avec des produits naturels peut être tentée, mais n'est pas toujours couronnée de succès.
- La macération d'ortie (composition p. 52) peut être utilisée en pulvérisation contre les pucerons.
- La décoction de prêle (composition p. 52) est efficace contre le mildiou.
- L'ail est très actif contre les champignons pathogènes (enfoncer une gousse épluchée dans le mélange).

La lutte biologique consiste à introduire des insectes utiles qui éliminent les parasites, mais ces pratiques sont encore hors de portée des amateurs du fait de la difficulté à se procurer les prédateurs nécessaires :
- ichneumons contre les mouches blanches ;
- certains acariens contre les thrips et les araignées rouges ;
- certaines cécidomyies et chrysopes contre les pucerons.

Les substances riches en pyréthrines naturelles extraites de certaines espèces de chrysanthème sont efficaces contre tous les insectes suceurs de sève, surtout les pucerons et les mouches blanches. Elles ne doivent cependant pas être en contact avec une plaie ou un tissu malade car ce sont des substances très toxiques si elles pénètrent dans les vaisseaux.

La lutte biotechnologique fait appel aux réactions naturelles des parasites

Les fougères, un décor idéal pour une salle de bains chaude et humide, mais qui doit aussi être assez lumineuse.

vis-à-vis de certaines stimulations physiques ou chimiques :
• Il existe des plaquettes jaunes qui sont des pièges à insectes, enduites de colle, et dont la teinte attire mouches blanches, mineuses des feuilles ainsi que d'autres parasites volants. Là encore, ces pièges à insectes nuisibles sont actuellement commercialisés dans les circuits professionnels, mais non sur le marché amateur.
• Le «sauna» (schéma p. 50) évoqué page précédente permet de détruire les araignées rouges par l'installation d'une atmosphère très humide, qu'elles ne supportent pas. Il suffit de bien arroser les plantes, de les enfermer dans un sac plastique transparent, et de les y laisser quelques jours. Attention, cette technique n'est pas supportée par toutes les espèces, il y a des risques de pourriture.

La lutte chimique doit être le dernier recours, quand les autres possibilités sont épuisées.
• Les insecticides, comme leur nom l'indique, sont efficaces contre les insectes parasites et peuvent être appliqués lors d'arrosages ou de pulvérisations, ou sous forme de bâtonnets ou granulés à enfoncer dans le mélange.
• Les acaricides sont efficaces contre les acariens, araignées rouges notamment.
• Les fongicides sont les moyens de traitement contre les champignons parasites.
• Il n'existe pas de produit bactéricide commercialisé, ni de produit efficace contre les maladies à virus des plantes.
• Les produits huileux, comme les huiles blanches ou les solutions savonneuses (composition p. 52), obstruent les organes respiratoires des insectes ou détruisent l'enduit cireux qui les protège. Les produits lustrants pour le feuillage agissent de la même façon. Ceux-ci existent maintenant sans gaz propulseur toxique (préservant la couche d'ozone).

Mon conseil : pour traiter vos plantes d'intérieur, vous aurez rarement besoin de plus de 1/2 l de solution à pulvériser. La dilution la plus courante est de 0,1 %. Procurez-vous, par exemple en pharmacie, une seringue jetable de 1 ml. A l'aide de la seringue, prélevez 0,5 ml de produit et injectez-le dans 1/2 l d'eau : vous pourrez ainsi respecter la dilution conseillée.

Les précautions à prendre
• N'utilisez dans la maison aucun produit de traitement agricole classé comme dangereux ou très dangereux.
• Respectez scrupuleusement les conseils d'emploi et les doses donnés par le fabricant, et notamment la fréquence de traitement recommandée, afin de détruire également les éventuelles générations suivantes d'insectes parasites.
• Sortez les plantes pour les traiter (un jour sans vent).
• Portez des gants pour manipuler les produits de traitement, et veillez à ne pas en inhaler.
• Conservez les produits de traitement dans leur emballage d'origine, clairement identifié, hors de portée des enfants et des animaux domestiques, de préférence dans une armoire fermant à clef.
• Ne conservez pas des fonds de produits liquides, dont l'efficacité diminue très rapidement.

Produits de traitement naturels à préparer soi-même

Macération d'orties contre les pucerons

Faire macérer 500 g d'orties fraîches (avant la floraison) dans 5 l d'eau pendant 12 à 24 heures. Utiliser la solution aussitôt en pulvérisation contre les pucerons. On trouve de l'extrait d'orties chez certains fournisseurs spécialisés.

Décoction de prêle contre le mildiou

Laisser macérer 500 g de prêle des champs fraîche, ou 150 g de plantes séchées, dans 5 l d'eau, pendant environ 24 heures puis faire bouillir la préparation pendant 1/2 heure. Laisser refroidir, filtrer la décoction et l'utiliser en pulvérisation avec une dilution de 1/5 (on trouve aussi ce produit sous forme d'extrait).

Solution alcoolique et savonneuse contre les cochenilles

Dissoudre dans un peu d'eau chaude une cuillerée à soupe de savon noir ou un peu de liquide vaisselle. Ajouter exactement 1 l d'eau et une cuillerée à soupe d'alcool à brûler. Passer un pinceau trempé dans cette solution sur les carapaces cireuses ou d'aspect farineux des différents types de cochenilles. Si elles sont très nombreuses, pulvériser la solution sur la plante entière. Rincer les feuillages tendres au bout de 15 minutes environ, à l'eau claire et tiède pour éviter tout risque de brûlure du feuillage.
Attention : l'alcool à brûler est inflammable, même dilué !

Les problèmes physiologiques et leurs remèdes

Arrêt de la croissance : remédier aux erreurs d'entretien, de choix de l'emplacement ou bien traiter avec un insecticide approprié contre les cochenilles des racines.

Brûlures du feuillage au soleil : éliminer les feuilles tachées ; installer la plante en situation lumineuse, mais sans soleil direct. Ne pas verser d'eau sur les feuilles des espèces se plaisant en plein soleil, du fait des risques de brûlure dus à l'effet de loupe des gouttes d'eau.

Carence en fer (chlorose) : faire des apports de chélates de fer (produits anti-chlorose) aux doses indiquées par le fabricant, en arrosage ou en vaporisation sur le feuillage. Adoucir l'eau d'arrosage (voir p. 42). Rempoter la plante au printemps suivant.

Excroissances liégeuses : supprimer les feuilles atteintes. Ramener la plante en situation plus lumineuse, avec une humidité modérée.

Dégâts sur les racines : dépoter la plante, supprimer les racines malades ou abîmées, saupoudrer de charbon de bois et rempoter dans du mélange terreux frais.

Croissance en accordéon des orchidées : couper les racines abîmées, saupoudrer de charbon de bois et rempoter dans du mélange frais.

Absence de floraison : rectifier les erreurs telles que situation trop sombre, excès d'engrais azoté, non-respect de la période de repos végétatif nécessaire, mauvaises conditions d'hivernage.

Pour combattre les parasites

Cochenilles, cochenilles farineuses : installer les plantes en situation plus fraîche et plus lumineuse. Gratter les cochenilles avec l'ongle, ou un coton, ou encore un pinceau imbibé d'alcool qu'on peut mélanger à du savon (voir encadré ci-dessus). Sinon, traiter avec un insecticide de synthèse ou à base de pyréthrines, éventuellement avec des huiles blanches ou un produit lustrant pour les espèces à feuilles coriaces.

Pucerons : macération d'orties (préparation, voir ci-dessus), ichneumons et autres insectes prédateurs, solution savonneuse, insecticide à base de pyréthrines ou produit de synthèse.

Cochenilles des racines : dégager les racines du mélange terreux, les nettoyer. Rempoter dans du mélange frais et traiter au bout de 2 semaines environ avec un insecticide approprié ; traitement à renouveler plusieurs fois.

Thrips : les éliminer par une douche tiède du feuillage ; les combattre par des insectes prédateurs ou un traitement insecticide approprié.

Acariens (araignées rouges notamment) : augmenter l'humidité de l'air (voir p. 43), créer une atmosphère chaude et humide (voir p. 51), faire à plusieurs reprises des douches à l'eau tiède. Traitements répétés avec un acaricide, en changeant éventuellement de produit car les acariens deviennent rapidement résistants à un produit donné.

Mouches blanches, ou aleurodes : baisser la température, cet insecte tropical ne supportant pas le froid. Insecticide, ichneumon.

Tarsonème : diminuer température et humidité de l'air. Supprimer les parties atteintes et les détruire.

Acariens des bulbes ou racines : plonger les racines, bulbes ou rhizomes atteints dans une solution acaricide, puis rempoter la plante dans du mélange frais.

Anguillules des feuilles (nématodes) : supprimer et détruire les feuilles atteintes. Éviter soigneusement de mouiller les feuilles.

Anguillules des racines (nématodes) : se débarrasser de la plante (à détruire).

Podures : limiter les arrosages en hiver, bien lessiver le mélange (p. 45).

Charançons : dans l'obscurité, repérer les larves et les adultes à l'aide d'une lampe de poche.

Limaces ou escargots : les ramasser le soir ; dans les massifs de pleine terre, dans la serre ou la véranda, installer des pièges remplis de bière.

Pour combattre les maladies cryptogamiques (causées par des champignons pathogènes)

Mildiou et oïdium : supprimer et détruire les feuilles atteintes. Traiter avec une décoction de prêle (voir encadré) ou un fongicide approprié.

Botrytis, ou pourriture grise : supprimer les parties malades ; diminuer l'humidité de l'air et trouver un emplacement plus lumineux, mieux aéré.

Maladie des taches foliaires : supprimer les feuilles atteintes et traiter avec un fongicide approprié.

Rouille : procéder de même.

Fumagine : supprimer les feuilles très atteintes (noircies) et nettoyer les autres à l'eau tiède. Eliminer cochenilles, mouches blanches, pucerons.

Pourriture des racines, des bulbes, du collet ou des tiges : aucun remède.

Moisissures : gratter la couche blanchâtre s'étendant en larges taches en surface du mélange terreux. Augmenter la température, bien arroser, mais en laissant légèrement sécher le mélange entre les arrosages. Rempoter au printemps suivant.

Les orchidées, un rêve pour tous les jardiniers

Mêlées au feuillage vert des fougères fleurissent ici des hybrides de Dendrobium nobile *et* Phalaenopsis, *ainsi que le genre hybride* Vuylstekeara Cambria 'Plush', *et des* Odontoglossum *hybrides.*

PRATIQUE

Maladies et parasites : des dégâts visibles sur les feuilles

Feuille saine
Une feuille saine possède une structure ferme et turgescente, n'est tachée ni sur le limbe ni sur les bords.

**ERREURS D'ENTRETIEN
Bord des feuilles bruni**
Causes : arrosage excessif ou insuffisant, excès d'engrais, air sec, mélange terreux trop vieux. *Remède :* corriger l'erreur de culture.

Pointe des feuilles brunie, sèche
Causes : air trop sec, sécheresse des racines. *Remède :* augmenter l'humidité de l'air (voir p. 43), et arroser.

Feuilles jaunies
Causes : excès d'arrosage, carence en azote, situation trop sombre, trop chaude ou au contraire trop froide. *Remède :* limiter les arrosages, faire des apports d'engrais, trouver un emplacement plus favorable.

Feuilles enroulées
Causes : air trop sec, sécheresse des racines, dégâts au niveau des racines. *Remède :* rectifier l'erreur culturale ; au besoin, rempoter la plante.

Feuilles décolorées (chlorose)
Les nervures des feuilles demeurent vertes. *Causes :* eau trop calcaire, carence en fer. *Remède :* apporter des chélates de fer avec l'eau d'arrosage.

Taches claires sur les feuilles
Cause : variations brutales de température, eau trop froide ou trop chaude, éclaboussures d'eau en plein soleil. *Remède :* rectifier l'erreur culturale ou trouver un autre emplacement.

Taches argentées
Elles peuvent être rouges ou brunes chez certaines plantes. *Cause :* brûlures dues au soleil, thrips. *Remède :* trouver un emplacement légèrement abrité du soleil, ne pas arroser quand le soleil donne.

Excroissances liégeuses
Causes : variations brutales de température, excès d'eau conjugué à une lumière insuffisante, brusques variations d'humidité au niveau des racines. *Remède :* corriger les erreurs de culture.

**RAVAGEURS
Araignées rouges**
Symptômes : fines toiles d'araignées entre et sous les feuilles. *Cause :* air chaud et sec. *Remède :* voir p. 52.

Cochenilles
Symptômes : petites carapaces brunes abritant les insectes, surtout à la face inférieure des feuilles ; chute des feuilles. *Cause :* air trop sec. *Remède :* voir p. 52

Pucerons
Symptômes : feuilles collantes, déformation des feuilles. *Cause :* courants d'air, fenêtre ouverte au printemps, air trop sec. *Remède :* voir p. 52.

Thrips
Symptômes : feuilles argentées, marquées de fines ponctuations. Piqûres brunâtres à la face inférieure des feuilles. *Cause :* air sec. *Remède :* voir p. 52.

Cochenilles farineuses
Symptômes : petites boules cotonneuses ou farineuses sur les feuilles, croissance rabougrie. *Cause :* air trop sec. *Remède :* voir p. 52.

Mouches blanches ou aleurodes des serres
Symptômes : minuscules mouches blanches à ailes recouvrantes agglutinées à la face inférieure des feuilles. *Cause :* contamination entre plantes. *Remède :* voir p. 52.

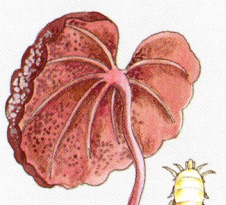

Tarsonème
Symptômes : feuilles enroulées, rabougries, arrêt de la croissance. *Cause :* contamination, surtout en atmosphère chaude (plus de 23 °C) et humide (plus de 85 % d'hygrométrie). *Remède :* voir p. 52.

Anguillules des feuilles (nématodes)
Symptômes : taches vitreuses, puis virant au brun, entre les nervures. *Cause :* contamination, favorisée par des feuilles mouillées. *Remède :* garder les feuilles sèches.

Limaces
Symptômes : feuilles dévorées, traces brillantes. *Cause :* introduction depuis l'extérieur. *Remède :* rechercher les animaux le soir, quand ils sortent de leur cachette.

MALADIES CRYPTOGAMIQUES
Oïdium
Symptômes : dépôt blanc à brunâtre, poudreux, sur les faces supérieure et inférieure des feuilles. *Cause :* spores disséminées par le vent. *Remède :* voir p. 52.

Mildiou
Symptômes : dépôt poudreux, blanchâtre à brunâtre, sur la face inférieure des feuilles. *Cause :* spores disséminées par le vent. *Remède :* voir p. 52.

Pourriture grise ou botrytis
Symptômes : dépôt gris-brunâtre, duveteux, sur feuilles, tiges ou fleurs. *Cause :* vaporisations d'eau, ambiance fraîche et humide, humidité de l'air excessive. *Remède :* voir p. 52.

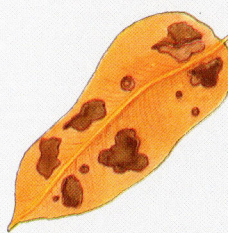

Maladie des taches foliaires
Symptômes : taches jaunes à brunes éparpillées sur les feuilles, en partie entourées de spores. *Cause :* contamination. *Remède :* voir p. 52.

Rouille
Symptômes : petites taches poudreuses de teinte rouille sous les feuilles, taches plus claires à la face supérieure. *Cause :* contamination. *Remède :* voir p. 52.

Fumagine
Symptômes : dépôt poussiéreux, noirâtre sur les feuilles. *Cause :* champignon se développant sur le miellat sécrété par les pucerons, cochenilles ou mouches blanches. *Remède :* voir p. 52.

BACTÉRIES ET VIRUS
Pourriture humide bactérienne, ou pourriture du collet
Se développe chez les saintpaulias, dieffenbachias et zantedeschias. *Symptômes :* pourriture au niveau du collet puis dépérissement de la plante entière. *Aucun remède.*

Maladie des taches foliaires, ou taches huileuses
Apparaît chez le lierre et les bégonias. *Symptômes :* taches huileuses brunes, vitreuses, à la face supérieure des feuilles et sur les pétioles. *Aucun remède.*

Virus de la mosaïque
Maladie à virus fréquente chez les anthuriums, orchidées, hortensias, gloxinias, amaryllis. *Symptômes :* taches vert clair et vert foncé. *Aucun remède.*

Frisure ou cloque
Apparaissent surtout chez les fuchsias et géraniums. *Symptômes :* feuilles recroquevillées, anormalement frisées ou cloquées. *Aucun remède.*

La multiplication facile

La capacité de régénération des plantes n'a pas fini d'étonner tous ceux qui s'intéressent à leur multiplication. On distingue deux grands types de multiplication :
- ***Végétative ou asexuée,*** quand de nouvelles plantes, strictement identiques à la plante-mère, se développent à partir de certaines parties de la plante (feuille, pousse...) ;
- ***Sexuée,*** à partir de graines, les plantes obtenues possédant des caractères des deux parents et donnant donc de nouveaux individus, non strictement identiques à la plante-mère.

La multiplication des plantes n'est pas seulement agréable à observer, c'est aussi un moyen de multiplier vos préférées et de préparer nombre de petits cadeaux pleins d'avenir... Particulièrement passionnant : le semis de graines de fruits tropicaux.

La multiplication végétative

Chez de nombreuses espèces végétales, elle représente la meilleure façon d'obtenir assez rapidement des plantes prêtes à fleurir. La multiplication végétative est effectuée par division de la plante ou prélèvement d'une partie de la plante, que l'on fait raciner dans l'eau ou la terre (voir p. 59).
La forme la plus sophistiquée et la plus délicate de multiplication végétative est la culture de méristème, qui consiste à prélever sous microscope quelques cellules d'un tissu de l'extrémité en croissance de la plante. Ces massifs cellulaires donnent, après culture en laboratoire, de nouvelles plantes. Toutefois, ce procédé demeure un travail de spécialistes.
La formation des racines : presque toutes les plantes peuvent former de nouvelles racines à partir du cambium, tissu générateur situé sous l'épiderme. Une blessure ou une coupe peut déclencher la formation des racines. Dans un premier temps se forme un cal, tissu cicatriciel, étape préalable à la formation de nouvelles racines. Certaines plantes comme le saintpaulia, le bégonia, le Streptocarpus, ou la sansevière peuvent se régénérer à partir de simples feuilles ou même de morceaux de limbe de la feuille.
La période idéale : procédez à la multiplication de préférence au printemps ou en début d'été. Les jeunes plantes ont ainsi le temps de bien commencer leur croissance en période de végétation et se développent mieux. Les plantes rabattues au printemps donnent des boutures terminales prêtes à être repiquées pour la multiplication. D'autres formant de grosses touffes peuvent être divisées lors du rempotage. Les plantes-mères sont par ailleurs assez vigoureuses en début d'été pour bien supporter le prélèvement de boutures. Les boutures de végétaux ligneux peuvent encore être coupées en été. Pour les espèces à floraison printanière, il faut bien sûr attendre la fin de la floraison pour prélever les boutures. On procède à la division des tubercules en fin de période de repos végétatif.

La multiplication par semis

Ce n'est une méthode rapide que dans le cas des espèces annuelles, c'est-à-dire des végétaux qui accomplissent l'ensemble du cycle végétatif, de la graine à la fleur, en une année. Il faut compter en général 8 à 12 semaines entre semis et floraison pour ces plantes. Chez d'autres espèces au contraire, comme les palmiers, il faut attendre la germination pendant des mois, puis parfois encore des mois ou des années jusqu'à ce que les plantes atteignent une certaine taille et fleurissent. La multiplication par graines offre cependant de multiples possibilités à l'amateur, notamment pour l'obtention d'espèces rares en culture. Les producteurs spécialisés et firmes de vente par correspondance proposent par ailleurs des graines de nombreuses plantes vertes ou à fleurs, palmiers et cactées (voir liste d'adresses p. 238). Il ne faut pas oublier non plus la palette des fruits exotiques (voir p. 63 à 65), dont les graines sont forcément à disposition après dégustation du fruit.
Pendant la germination, les graines absorbent de l'eau et gonflent. Cette eau permet de rompre les enveloppes de la graine et d'activer les substances de croissance. C'est d'abord la racine qui apparaît, puis une tige sur laquelle se développent en premier les cotylédons, feuilles embryonnaires, et enfin les vraies feuilles. Les cotylédons fanent rapidement, la tige s'allonge, la croissance se poursuit avec le développement de nombreuses feuilles.
La période idéale de semis est encore le printemps. Avec un éclairage artificiel approprié, il est cependant possible d'effectuer des semis toute l'année, en cultivant sous lumière artificielle les jeunes plantes obtenues en automne ou en hiver.

Ce que vous devez savoir

Certaines plantes contiennent des substances toxiques, libérées lorsque

La multiplication est un jeu d'enfant : ici, des boutures herbacées, terminales ou latérales, s'enracinent aisément dans l'eau.

les tissus sont coupés, et qui peuvent irriter la peau ou les muqueuses (voir mises en garde dans les fiches descriptives, p. 90 et suivantes). Les aiguillons des cactées sont par ailleurs redoutables, c'est pourquoi il est recommandé de travailler avec des gants. Pendant ces travaux de multiplication, ne vous frottez pas les yeux et évitez tout contact de plaies éventuelles avec de la sève. Passez sous l'eau les coupes des plantes qui, comme les Euphorbiacées, exsudent une sève laiteuse.

Le matériel nécessaire

- mélange pour semis ou bouturage (ou bien mini-mottes pressées de tourbe) ;
- caissettes de multiplication avec couvercle ou châssis de multiplication chauffé (ou encore mini-serre de multiplication avec chauffage du sol pour les espèces exigeant une chaleur de fond) ;
- godets et petits pots, en plastique ou tourbe pressée ;
- bâtonnet pour le repiquage ;
- étiquettes ;
- feutre indélébile pour marquer les étiquettes ;
- couteau tranchant ou greffoir ;
- poudre d'hormones d'enracinement ;
- poudre ou morceaux de charbon de bois.

Le bon mélange de multiplication

La plupart des plantes germent ou s'enracinent bien dans un mélange pauvre en éléments nutritifs, perméable à l'eau et à l'air.
Les conditions nécessaires : le mélange de multiplication ne doit pas abriter de micro-organismes pathogènes. Vous pouvez préparer vous-même un mélange à parts égales de tourbe non additionnée d'engrais et de sable siliceux, ou bien utiliser un mélange du commerce pour semis et bouturage, ou encore semer directement dans de petites mottes de tourbe compactée, spécialement étudiées pour les semis.
Pour les cactées, un mélange de sable grossier, de fins gravillons, avec un léger apport de tourbe, convient très bien. Pour détruire les spores de champignons pathogènes et les graines de mauvaises herbes, on peut stériliser le mélange en le passant au four, à 170 °C, pendant environ 2 heures. Le laisser ensuite reposer pendant 2 jours. Pour les ***plantes grasses*** et autres espèces demandant un substrat très poreux, les boutures peuvent être directement repiquées dans du sable siliceux grossier ou de la perlite. N'utilisez jamais de sable de construction !
Les jeunes plantes destinées à l'hydroculture sont repiquées dans de l'argile expansée de petit calibre (2 à 4 mm). Il existe dans le commerce des kits de multiplication pour l'hydroculture, avec petits pots ajourés, cache-pots et fins agrégats.
S'enracinent facilement dans l'eau les espèces suivantes : aglaonema, bégonia, croton (*Codiaeum*), coléus, pothos (*Epipremnum*), figuier rampant (*Ficus pumila*), fleur de porcelaine (*Hoya*), Hypoestes, Polyscias, saintpaulia, misère (*Tradescantia*), Zebrina et bien d'autres.

PRATIQUE

Multiplication par rejets et boutures

Les plantules portées par les feuilles de certains kalanchoes (*Kalanchoe pinnata* et *Kalanchoe daigremontiana*), ou de *Asplenium bulbiferum* sont de jeunes plantes déjà munies de racines, prêtes à rempoter.

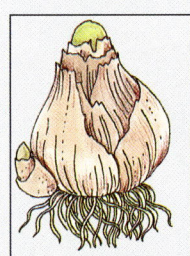

Les bulbilles se forment à la base des bulbes chez certaines espèces comme l'amaryllis. Les détacher lorsqu'elles atteignent un diamètre d'environ 6 cm, et les rempoter individuellement. Il faut souvent attendre 1 à 3 ans la première floraison.

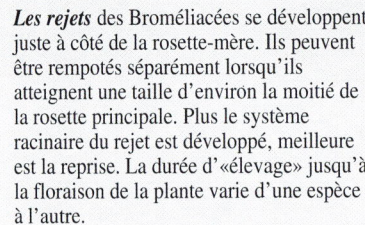

Les rejets des Broméliacées se développent juste à côté de la rosette-mère. Ils peuvent être rempotés séparément lorsqu'ils atteignent une taille d'environ la moitié de la rosette principale. Plus le système racinaire du rejet est développé, meilleure est la reprise. La durée d'«élevage» jusqu'à la floraison de la plante varie d'une espèce à l'autre.

Des stolons qui s'enracinent facilement
Le chlorophytum, comme la saxifrage-araignée, développent des plantules à l'extrémité de longues tiges retombantes. Ces plantules peuvent être détachées et rempotées individuellement.

Les différents types de boutures
1 Les boutures terminales sont prélevées à l'extrémité de pousses de l'année, non fleuries. Une telle bouture doit porter 2 à 4 paires de feuilles, et être semi-ligneuse dans le cas des végétaux ligneux (arbres et arbustes). Couper juste sous le point d'attache d'une feuille, et supprimer les feuilles inférieures.
2 Les boutures de tige sont prélevées dans la partie médiane ou inférieure de la tige. Coupe et préparation de la bouture sont les mêmes que pour une bouture terminale.
3 Une bouture de feuille comprend une feuille et un morceau de pétiole.
4 Chez le bégonia et la sansevière, des segments de feuille (voir schéma p. 60) s'enracinent particulièrement bien.

La multiplication par rejets ou plantules
Un rejet est une jeune plante se formant directement sur la plante-mère. Les rejets peuvent se former sur les tiges, feuilles ou même racines. Ils possèdent le plus souvent des racines ou s'enracinent très facilement au moindre contact avec la terre.
En voici quelques exemples:
• plantules portées directement sur les feuilles de *Kalanchoe daigremontiana*, *Kalanchoe pinnata*, *Asplenium bulbiferum*, *Tolmiea menziesii* (photo p. 189), ou *Begonia hispida* var. *cucullifera* (voir schéma ci-contre);
• bulbilles se développant à la base du bulbe-parent, comme chez l'amaryllis ou l'haemanthus (voir schéma ci-contre);
• rejets des Broméliacées, se développant à la base de la plante-mère (voir schéma ci-contre);
• stolons, marcottes ou rejets de *Chlorophytum* (dessin ci-dessous, les stolons), clivia, certaines fougères, sansevière, saxifrage araignée, certaines cactées et plantes grasses;
• rejets d'orchidées comme *Phalaenopsis* et *Dendrobium*.
Séparer les plantules de la plante-mère lorsqu'elles sont assez développées. Les rempoter directement dans un mélange de multiplication si elles portent déjà des racines. Sinon, les faire raciner dans l'eau ou dans un mélange de multiplication. Attendre pour détacher les bulbilles qu'elles atteignent une taille d'environ la moitié de celle de la plante-mère. Chez les Broméliacées, les rejets doivent avoir déjà formé une rosette avec un entonnoir central. Les rejets des orchidées sont détachés avec une portion de tige et fixés en surface du mélange à l'aide d'un fil métallique recourbé.

La multiplication par bouturage
Les boutures sont des parties de la plante-mère, prélevées pour la multiplication.
Les boutures terminales (schéma 1 «les différents types de boutures») sont prélevées

sur des tiges ou pousses de l'année, de préférence non fleuries. En font partie également les touffes de feuilles comme les rosettes terminales des dracaenas (voir schémas «Multiplication par étêtage ou tronçons de tige») ou les ombelles des papyrus (schéma p. 60). Si les feuilles de la rosette terminale sont nombreuses, il est conseillé d'en supprimer quelques-unes ou de n'utiliser qu'une rosette s'il y a plusieurs rosettes groupées. Faire une coupe propre avec un outil tranchant, saupoudrer la plaie de poudre de charbon de bois puis rempoter la rosette.

Les boutures de tige («les différents types de boutures», schéma 2) sont les portions de tiges encore souples, munies de feuilles, sans bourgeon terminal.

Les deux types de boutures ci-dessus peuvent être, selon l'espèce considérée, herbacées, ligneuses, ou semi-ligneuses. Les boutures herbacées sont les plus fragiles, mais aussi celles qui s'enracinent le plus facilement. Les boutures ligneuses sont moins sensibles à la pourriture, mais plus longues à émettre des racines.

Ces boutures sont coupées à environ 1/2 cm sous un nœud (ou feuille). En règle générale, elles doivent mesurer 5 à 10 cm de long, porter 2 à 4 paires de feuilles. Supprimer les feuilles inférieures afin que seule la base de la tige soit en contact avec la terre.

Les boutures de feuilles («les différents types de boutures», schéma 3) sont constituées d'une feuille avec un morceau de pétiole. Les boutures de feuilles de saintpaulias, espèces de *Sedum*, de pépéromias et de bégonias s'enracinent sans difficulté. Pour l'enracinement dans l'eau, ajouter un morceau de charbon de bois afin de désinfecter l'eau.

Un tronçon de feuille («les différents types de boutures», schéma 4) suffit dans certains cas, les racines se formant au niveau de la nervure centrale. Chez les bégonias par exemple, la feuille est coupée en tronçons enfoncés dans le mélange, dans le sens de la croissance. Chez le streptocarpus, on peut couper la feuille en 2, perpendiculairement à la nervure centrale, et poser chaque moitié en surface du mélange.

Les segments ou tronçons de tige sont des portions de tiges charnues, pas trop lignifiées. Chaque segment doit porter au moins un œil ou bourgeon. Ils s'enracinent soit enfoncés verticalement dans le mélange, soit à l'horizontale («multiplication par étêtage ou tronçons de tige», schémas 2 à 4). Se prêtent à cette méthode les tiges des dieffenbachias, philodendrons, dracaenas ou yuccas.

Important : toujours respecter, lors du repiquage des boutures, la direction de la croissance. Les bourgeons doivent être orientés vers le haut ou la lumière.

Une mini-serre facile à réaliser

Cette technique favorise l'enracinement. Il s'agit de couvrir le pot contenant la bouture d'un dôme de plastique transparent. Le volume d'air réduit de cette mini-serre limite les pertes d'eau par évaporation de la bouture encore dépourvue de racines, et donc incapable de puiser l'eau dans le mélange. D'autres trucs pour faciliter la reprise des boutures : une bonne chaleur de fond (matelas chauffant sous les pots), l'utilisation de petits contenants.

Enracinement dans l'eau des boutures de feuille

1 Bocal rempli d'eau, avec un morceau de charbon de bois, et couvert d'un film transparent. Faire un trou et y insérer le pétiole. 2 Rempoter la jeune plante ayant formé des racines.

Enracinement dans un mélange terreux des boutures de feuille

1 Couper une feuille avec son pétiole. 2 Plonger la base de la bouture dans une poudre d'hormones d'enracinement. 3 Piquer la bouture dans un mélange humide et tasser légèrement. 4 Couvrir d'un plastique transparent (mais sans contact avec la feuille) et apporter si besoin une chaleur de fond. Enlever la couverture plastique dès que la bouture reprend sa croissance.

 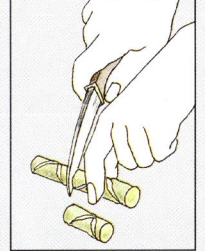 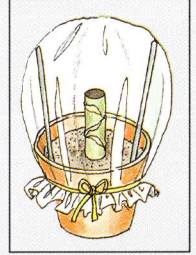 

Multiplication par étêtage ou tronçons de tige

1 Etêter la tige d'un yucca ou d'un dracaena et faire raciner la rosette de feuilles dans un mélange terreux, comme une bouture terminale. 2 Couper la tige en tronçons et saupoudrer les coupes de charbon de bois. 3 Enfoncer les tronçons verticalement (dans le sens de la croissance) ou... 4 ...les poser à plat en surface du mélange, avec au moins un œil ou bourgeon orienté vers le haut. Couvrir de plastique transparent et découvrir dès qu'apparaissent des signes de croissance.

PRATIQUE

Division des racines : séparer délicatement mais fermement la grosse motte en deux ou plusieurs petites mottes. Au besoin, couper au couteau les mottes comportant de nombreuses racines fibreuses. Éliminer le plus possible de mélange terreux ancien et rempoter les nouvelles touffes dans du mélange frais.

Les ombelles de feuilles des papyrus s'enracinent facilement au contact de l'eau, tête en bas ou dans le sens de la croissance.

Multiplication par semis et autres méthodes

Il est possible de marcotter les plantes à longues tiges comme le lierre, le figuier grimpant, *Columnea*. A l'aide d'un fil métallique recourbé, maintenir une jeune tige en surface du mélange dans un petit pot séparé, après l'avoir entaillée juste sous un nœud. Dès que la marcotte a émis des racines, elle peut être séparée de la plante-mère.

Quelques méthodes simples de multiplication

La division des racines (schéma de gauche) permet de rajeunir les plantes formant de grosses touffes aux nombreuses tiges.

La division des tubercules : il faut tout d'abord que les tubercules entrent en végétation, de façon à bien voir les yeux ou bourgeons. Ils sont ensuite coupés en segments comptant au moins un œil. Important : désinfecter au charbon de bois les surfaces de coupe assez larges.

La division des rhizomes (schéma de gauche) : chaque fragment de rhizome doit compter au moins deux yeux ou bourgeons.

L'enracinement des ombelles (schéma ci-contre, au centre) est spécifique des espèces de *Cyperus* (papyrus). Couper une ombelle de feuilles avec un morceau de tige d'environ 5 cm, raccourcir de moitié environ les feuilles rayonnantes, pour limiter l'évaporation, et poser cette ombelle sur de l'eau à température ambiante ou sur du sable humide. Une nouvelle tige se développe au centre de l'ombelle, ainsi que des racines au-dessous.

Les marcottes (schéma ci-contre) peuvent être comparées à des boutures terminales non séparées de la plante-mère.

La multiplication par graines

De nombreuses espèces et hybrides de plantes d'intérieur peuvent également être multipliés par semis. Plus les graines sont fraîches, meilleure est la germination. De ce fait, les graines vendues par correspondance sont souvent enfermées dans des sachets étanches, protecteurs. Respectez scrupuleusement les conseils figurant sur le sachet. Il est en particulier précisé s'il faut couvrir les graines (espèces germant à l'obscurité) ou non (espèces germant à la lumière), si elles doivent tremper avant le semis ou non. La température nécessaire à la germination, souvent comprise entre 18 et 28 °C, est également indiquée. Le mieux est de semer les graines fines en terrine, les grosses dans des godets individuels ou des mottes de tourbe compactée.

Comment procéder :
Semer dans des caissettes ou terrines de semis, ou bien individuellement dans des

Multiplication par graines

Les mini-mottes de tourbe compactée sont très pratiques pour les semis. Les jeunes racines colonisent rapidement la petite motte et le rempotage dans un pot plus grand est beaucoup plus facile avec une motte qui ne se délite pas.

 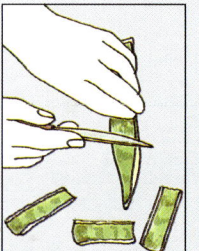 

Multiplication par segments de feuilles
Pour les bégonias, streptocarpus et sansevières.
1 Choisir et couper une feuille saine d'une plante vigoureuse.
2 Couper des tronçons de feuille de 5-8 cm dans la longueur de la feuille. Laisser un peu sécher les zones coupées.
3 Repiquer les morceaux de feuille dans un mélange sableux, toujours dans le sens de la croissance.

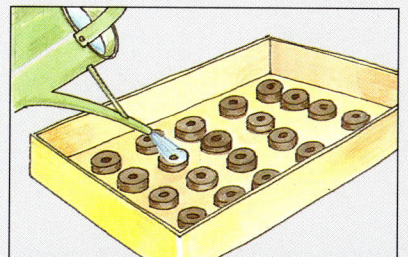 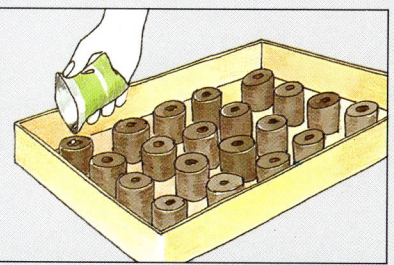 

Semis en mottes pressées
1 Répartir les mottes de tourbe pressées dans la mini-serre, les arroser à l'eau tiède jusqu'au volume voulu. Éliminer l'eau en excès.

2 Enfoncer de 1 cm environ une graine dans chaque petite motte. Recouvrir d'un peu de mélange de multiplication. Fermer la serre et l'installer au chaud et à la lumière, mais pas en plein soleil.

3 Dès que les graines germent, aérer fréquemment pour éliminer l'eau de condensation qui se forme sur les parois. Écarter au besoin les plantes trop proches.

mini-mottes de tourbe compactée. Commencer par étaler au fond des caissettes une couche de drainage de 2 cm d'épaisseur, gravillons ou billes d'argile expansée, puis remplir de mélange de multiplication jusqu'à 2-3 cm du bord supérieur. Égaliser la surface et tracer de fins sillons. Répartir les graines dans les sillons. Pour les espèces germant à l'obscurité, recouvrir d'une fine couche de mélange ou de sable et tasser légèrement. En règle générale, la couche recouvrant les graines doit être épaisse d'environ deux fois le diamètre des graines. Humidifier le mélange à l'eau tiède et douce, en pluie fine. Couvrir les récipients de semis de verre ou plastique transparent.

Mon conseil : les graines très fines sont plus faciles à répartir lorsqu'elles sont au préalable mélangées à du sable fin. Vous pouvez aussi former un cornet en papier et laisser les graines s'écouler lentement dans le sillon.

   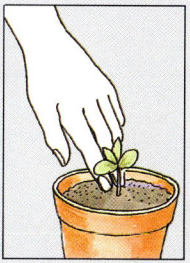

Le repiquage des jeunes plants
Les jeunes plants issus de semis sont en général repiqués après le développement des deux premières vraies feuilles (après les cotylédons).
1 Dégager le jeune plant avec le bout fin du bâtonnet de repiquage. 2 Raccourcir légèrement les pointes des racines. 3 Préparer un trou dans le nouveau pot avec le gros bout du bâtonnet de repiquage. 4 Planter délicatement le jeune plant, puis tasser légèrement.

Un cas particulier : le greffage des cactées
Le greffage est rarement utilisé comme méthode de multiplication des plantes d'intérieur, si ce n'est pour les cactus à croissance lente (voir les schémas «Greffage des cactées») car il permet d'obtenir rapidement des sujets aptes à fleurir. Le choix du porte-greffe est bien sûr très important. Les espèces les plus adaptées sont les espèces d'*Echinopsis*, *Eriocereus jusbertii*, *Hylocereus* hybrides, les espèces de *Selenicereus* et *Trichocereus*. La période idéale : avril à septembre. La plante greffée doit être gardée au chaud et à la lumière, mais pas en plein soleil, le mélange maintenu légèrement humide.

 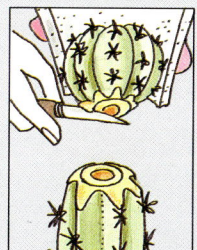  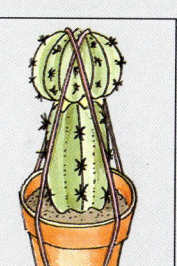

Le greffage des cactées
1 Recouper à plat l'extrémité du porte-greffe et bien aplanir la coupe avec un couteau aiguisé. 2 De la même façon, couper le greffon (partie à greffer) et aplanir la coupe. 3 Recouper encore une fine lamelle avant de mettre en contact les deux coupes. 4 Mettre les deux coupes parfaitement en contact et maintenir la greffe avec de grands élastiques.

Le marcottage aérien
Cette technique est utilisée pour les plantes se prêtant mal au bouturage, ou pour rajeunir des sujets âgés, de grande taille et dégarnis à la base. On fait dans ce cas émettre des racines à la partie supérieure de la tige. Se prêtent à cette méthode : caoutchouc, dracaena, philodendron, monstera, schefflera, fatsia, croton, cordyline et dizygotheca. La période idéale : le printemps, et juin-juillet pour le caoutchouc.

  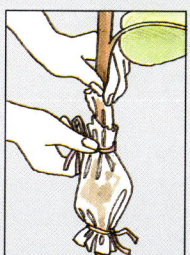 

Le marcottage aérien pour les plantes devenant trop grandes
1 Entailler la tige à l'endroit voulu pour l'enracinement, et saupoudrer la plaie de poudre d'hormones d'enracinement. 2 Fixer un manchon en plastique sous l'entaille et le remplir de mousse de sphaigne ou de tourbe fibreuse, bien humide. 3 Refermer le manchon de plastique au-dessus de l'entaille. 4 Quand les racines apparaissent au travers de la mousse ou de la tourbe, éliminer le plastique, couper la tige en dessous et rempoter cette «tête» enracinée.

Les soins aux jeunes plants

Jusqu'à la levée des graines, terme désignant la germination, veillez à ce que le mélange demeure humide et à chaleur constante.

Les temps de germination sont très variables, quelques jours pour certaines espèces, des mois pour d'autres (comme les palmiers). Ce sont surtout les grosses graines qui sont lentes à germer. Patientez si rien ne se passe !

La germination commence, selon les espèces, par l'apparition d'un ou deux cotylédons, feuilles embryonnaires différentes des feuilles typiques de l'espèce. Il faut alors aérer chaque jour la serre de multiplication et endurcir progressivement les jeunes plants.

Il est temps de repiquer quand se sont développées les premières feuilles vraies et que la plantule est assez grande pour être manipulée. Voir p. 61 comment procéder pour le repiquage.

La croissance ultérieure des jeunes plants demande beaucoup de lumière, mais pas de soleil direct. Si la luminosité est insuffisante, les plantes s'étiolent, c'est-à-dire que les entre-nœuds sont anormalement longs sur la tige. Au besoin, essayez de placer une plaque de polystyrène blanc derrière les pots pour mieux réfléchir la lumière.

Ne donnez pas encore d'engrais aux jeunes plants, les éléments nutritifs du mélange leur suffisent largement pendant les premières semaines. On ne commence les apports d'engrais au bout de 4 semaines que pour les annuelles à croissance rapide.

◀ **Ambiance exotique**
Ce superbe palmier aux lignes élégantes apparaît comme une véritable œuvre d'art dans ce coin-lecture. Toute autre plante à ses côtés diminuerait son impact décoratif.

Une expérience passionnante : la multiplication à partir des graines des fruits exotiques

Il est dommage de jeter les graines ou noyaux des fruits dits exotiques. Pour qui aime les expériences, c'est une façon amusante d'obtenir des plantes un peu originales. Qui plus est, ces graines sont très fraîches, ce qui est une condition indispensable à une bonne germination chez de nombreuses plantes tropicales. Les plantes qui donnent ces fruits tant appréciés nous viennent des mêmes régions du globe que nos plantes d'intérieur. La seule différence : elles ne sont en général pas cultivées et donc pas commercialisées comme plantes en pot chez nous. Les expériences et conseils en matière de culture en intérieur restent donc encore à compléter !

Des tropiques nous viennent par exemple papayes, mangues, goyaves, ananas, carambole, noix de coco, gingembre. Il s'agit donc là de plantes exigeantes en chaleur qui, même en hiver, demandent une température d'au moins 15 °C.

Des hauts plateaux tropicaux viennent l'annone et le coqueret du Pérou, des espèces qui demandent beaucoup de lumière, de la chaleur en été, en automne et, en hiver, plutôt des températures fraîches.

Les régions subtropicales et méditerranéennes nous donnent avocat, kaki, dattes, grenade, orange, citron et autres agrumes, litchi, figue, fruit de la passion. Ces plantes apprécient de passer l'été dehors, mais demandent en hiver une situation fraîche (10 °C environ) et lumineuse.

Comment obtenir des graines

Tout dépend de la période de commercialisation des fruits. Si l'on peut en trouver certains toute l'année sur le marché, voici tout de même les principales périodes de vente.

Vous pouvez trouver toute l'année : avocat (voir p. 64-65), tomate en arbre, datte (voir p. 64-65), goyave, carambole, noix de coco, mangue, fruit de la Passion (voir p. 64-65) et de nombreux agrumes (voir p. 64-65).

Ne sont souvent disponibles que quelques mois dans l'année : ananas (septembre à février), annone (septembre à février), goyave (mars à juillet), grenade (juin à décembre), coqueret du Pérou (janvier à juin), litchi (janvier à mars, mai à décembre). Le printemps est la meilleure époque pour la multiplication végétative des « têtes » d'ananas et des rhizomes de gingembre (voir p. 65).

Quelques précautions à prendre
• les graines de fruits achetés en hiver peuvent avoir gelé et ne pas germer ensuite.
• les graines abîmées (coups de couteau) ont toutes les chances de ne plus germer.
• les graines de fruits récoltés avant maturité ne sont elles-mêmes pas encore aptes à germer. Vous reconnaîtrez ces fruits à leur couleur différente de celle de fruits mûrs, à leur goût plus fade, à leurs graines souvent encore vertes.

Le semis

Il peut avoir lieu aussitôt après la « récolte » ou quelques jours après. Pour les fruits dont on ne mange de toutes façons pas les graines ou noyaux, ce sont des « déchets », mais pour les fruits dont on mange les graines, il faut tout d'abord les séparer de la chair du fruit. Après lavage, séchez les graines dans du papier absorbant puis laissez-les quelques heures à l'air. Vous pouvez ensuite les semer, de préférence dans une mini-serre de multiplication équipée d'un chauffage du sol.

Le temps de germination

Il est très variable. Les plantes qui sont de véritables arbres dans leur habitat naturel sont en général plus longues à germer que les espèces herbacées comme la passiflore (voir p. 64). Certaines graines, stériles et inhibées, ne germent pas du tout. Les graines de palmiers demandent souvent des mois pour germer. Ne perdez pas courage si vous n'obtenez pas de résultats, mais essayez à nouveau.

Fleurs et fruits

Rares sont les plantes exotiques cultivées en intérieur dont on puisse attendre des fleurs ou des fruits. Il ne faut pas oublier que ces plantes, souvent des arbres dans leur habitat naturel, demeurent en pot de jeunes sujets, n'atteignant pas la maturité suffisante. A partir d'un certain âge cependant, certaines espèces peuvent étonner par leur floraison en pot. Si des fruits se développent, ils ont rarement le même goût que ceux achetés car les arbres fruitiers sont souvent greffés et les conditions d'environnement bien différentes !

Les exotiques : culture et entretien

Les conseils suivants concernent la multiplication, les exigences et les soins pour quelques espèces connues.

Kumquat *(Fortunella margarita)*
Semer les pépins dans une serre de multiplication chauffée (20-22° C). Les

plantes obtenues par semis ne fleurissent qu'au bout de 8 à 10 ans.
Emplacement et entretien : installer les jeunes plants d'abord à la lumière vive, puis en plein soleil, de préférence en plein air à partir de courant mai. Arroser généreusement en été, avec un peu d'engrais tous les 15 jours. Réduire les arrosages en septembre, rentrer la plante en situation fraîche (10° C) et lumineuse pour l'hiver. Rempoter les jeunes sujets chaque année au printemps.

Fruit de la Passion *(Passiflora edulis)*
Laver, sécher et semer les graines. Ne pas les couvrir. Germination à la lumière en 2 à 4 semaines.

Emplacement et entretien : voir passiflore *(Passiflora),* page 124.

Avocat *(Persea americana)*
Éplucher le noyau et enfoncer la partie inférieure, élargie, de 2-3 cm dans le mélange de multiplication.
Emplacement et entretien : toute l'année à la lumière vive, au chaud en été, un peu plus au frais (15 °C) en

hiver. Maintenir le mélange modérément humide toute l'année.

Papaye *(Carica papaya)*
Laver et semer les graines en les couvrant d'une fine couche de mélange. Couvrir les semis de plastique transparent. Les graines germent en quelques jours.
Emplacement et entretien : à garder toute l'année en situation chaude, humide et lumineuse. Arroser modérément, sans excès.

Fruit de la Passion

Kumquat

Datte, Palmier-dattier *(Phoenix dactylifera)*
Laisser tremper 2-3 jours dans l'eau chaude les noyaux de dattes achetées en paquets. Les enfoncer de 2 cm environ dans le mélange. La germination demande 2 à 6 mois.
Emplacement et entretien : situation lumineuse à ensoleillée toute l'année, chaude en été, 10 °C environ en hiver. Arrosages modérés.

Papaye

Dattes

Rhizome de gingembre

Avocat

Citron

Gingembre
(*Zingiber officinale*)

Poser le fragment de rhizome à plat sur du mélange de rempotage ordinaire, les yeux orientés vers le haut, et recouvrir d'une fine couche de mélange. Garder le pot en situation chaude et ombragée. La plante entre en croissance au bout de 2 mois environ.

Emplacement et entretien : situation chaude et lumineuse du printemps à l'automne, mélange légèrement humide. Repos végétatif en automne (cesser les arrosages) pour une reprise de la croissance au printemps suivant.

Pour vivre mieux, vivez en vert !

De plus en plus souvent, des vérandas sont associées aux maisons, pour devenir un coin-séjour dans la verdure ou abriter une collection de plantes vertes et fleuries, rares ou plus communes. Les plantes s'y épanouissent mieux que sur un appui de fenêtre car elles reçoivent la lumière de toutes parts. Important : un système d'aération et d'ombrage est indispensable pour éviter que l'atmosphère confinée et surchauffée de la véranda en été n'oblige à la déserter.

Cette charmante association de plantes comprend notamment au premier plan deux beaux sujets de Crassula arborescens, un figuier-lyre (à gauche) de taille impressionnante, un cocotier avide de lumière surplombé par un philodendron aux formes curieuses (à droite). A l'arrière-plan : un petit oranger portant des fruits, une passiflore et un quatuor d'aspidistras faciles à vivre. Devant eux, les fleurs douces de deux lauriers-roses.

LES MOTS VERTS

Petit lexique technique et botanique

A

Acaricide
Produit phytosanitaire destiné à éliminer les acariens (araignées rouges par exemple). Cependant, il existe également des insecticides efficaces contre certains acariens (voir p. 74). Cette particularité est alors spécifiée par le fabricant, les acariens n'étant pas des insectes.

Acariens
Voir «Premiers secours pour vos plantes», p. 52-55.

Adoucir
Comment adoucir l'eau d'arrosage quand elle est calcaire (voir p. 42).

Aération
Mesure indispensable pour le renouvellement de l'air dans le cas de la culture en intérieur, surtout en hiver. Un air chaud et sec, non renouvelé, est propice au développement de maladies et de parasites. Il faut aérer fréquemment, tout en évitant les courants d'air et l'arrivée directe d'air froid sur les plantes.

Agrégat
Substrat se présentant sous forme d'éléments granulés plus ou moins fins.

Alcalin
Synonyme de basique, par opposition à acide. En termes de jardinage, on dit qu'une terre ou un mélange de culture est alcalin lorsqu'il est riche en calcaire et d'un pH supérieur à 7 (voir p. 78). Un substrat devient alcalin surtout par des arrosages avec une eau dure, calcaire. Peu de plantes d'intérieur supportent bien le calcaire. En termes d'analyse de sol, on parle de substrat faiblement alcalin quand le pH est compris entre 7,1 et 8.

Alcaloïde
Substance végétale riche en azote agissant sur le système nerveux humain (et animal). Quelques plantes aux tissus riches en alcaloïdes : le dieffenbachia, le caféier, *Gloriosa*, ainsi que toutes les Solanacées. Les alcaloïdes sont souvent mortels, même à très petites doses.

Aleurodes
Ou mouches blanches, voir «Premiers secours pour vos plantes», p. 52-55.

Alternes
Se dit de feuilles qui sont insérées de part et d'autre de la tige, isolément, contrairement aux feuilles opposées.

Angiospermes
Voir phanérogames, page 78.

Anguillules des feuilles
Voir «Premiers secours pour vos plantes», p. 52-55.

Anguillules des racines
Voir «Premiers secours pour vos plantes», p. 52-55.

Annuelle
Se dit d'une plante qui accomplit l'ensemble de son cycle végétatif, de la graine à la graine en passant par la floraison, dans une même année.

Araignées rouges
Voir «Premiers secours pour vos plantes», p. 52-55.

Arbuste
Plante à tiges lignifiées, ramifiée dès la base, c'est-à-dire sans tige principale distincte (par opposition aux arbres qui possèdent une tige principale non ramifiée à la base, le tronc).

Aréole
Organe spécifique des cactées formant un coussinet de poils ou aiguillons, et placé sur les mamelons ou le long des côtes. Les aiguillons sont issus des aréoles, ainsi que, en général, les tiges et fleurs. Chaque espèce peut être caractérisée par la disposition et la forme de ses aréoles.

Argile expansée
Support de culture classiquement utilisé en hydroculture ou comme matériau de drainage et surfaçage. Il s'agit d'argile expansée à très haute température (1 200 °C) : l'eau contenue dans les billes d'argile s'est évaporée, d'où la formation d'une structure poreuse. L'argile expansée est un matériau stable, c'est-à-dire qu'il ne se décompose pas ; il n'y a donc pas de risque de compactage, pourriture ou acidification comme pour un mélange terreux. La structure poreuse permet des échanges air-eau optimaux. Les racines trouvent en outre un excellent ancrage physique dans un tel matériau.

Autofécondation
Mode de pollinisation ou fécondation par lequel le stigmate d'une fleur reçoit le pollen de la même fleur. Il n'y a donc pas d'apport de gènes extérieurs dans la descendance de la plante, mais une recombinaison des caractères.

Azote (N)
L'un des trois éléments nutritifs minéraux principaux pour les plantes, présent dans tout engrais complet. L'azote est essentiellement utilisé dans les synthèses protéiques, et il est indispensable pour une croissance vigoureuse des feuilles et tiges.

B

Bactéries
Organismes unicellulaires très anciens, présents quasiment partout. Ils décomposent la matière organique. Certaines bactéries jouent un rôle très important dans l'absorption de l'azote du sol par les racines des plantes. D'autres sont à l'origine de maladies des plantes qui se traduisent en général par des flétrissements ou pourritures (bactériennes), sans véritable remède connu.

Bisannuelle
Se dit d'une plante qui accomplit son cycle végétatif sur deux ans, ne formant que des feuilles et tiges la première année, puis fleurissant et donnant des graines la deuxième année avant de disparaître, comme par exemple *Exacum affine*.

Bonsaï
Terme japonais désignant aussi bien l'art de cultiver de petits arbres en pot ressemblant à de vieux arbres dans la nature, que ces arbres miniatures eux-mêmes. Ce terme signifie textuellement «arbre en pot».

Botrytis
Voir pourriture grise, page 79.

Bouture
Terme horticole désignant une partie d'une plante que l'on incite à émettre des racines dans l'eau ou dans la terre. Ce peut être l'extrémité d'une tige, un tronçon de tige, une feuille ou morceau de feuille, voire un morceau de racine.

Bouture de tronçon de tige
Segment de tige, par exemple de dieffenbachia, de yucca ou de dracaena, utilisé pour la multiplication (voir p. 59).

Bouture terminale
Bouture prélevée à l'extrémité d'une pousse ou tige (voir schéma p. 58).

Bractée
Terme désignant une feuille modifiée, située plus haut sur la tige que les vraies feuilles et ayant pour rôle de protéger la fleur (en l'entourant) et d'attirer les insectes. Les bractées sont souvent très colorées, remplaçant parfois les pétales, comme chez le poinsettia, la bougainvillée ou l'anthurium.

Brûlures dues au soleil
Voir «Premiers secours pour vos plantes», p. 52-55.

Bulbe
Tige souterraine épaissie et très raccourcie, entourée d'écailles charnues formées à la base des feuilles ou représentant les feuilles inférieures. Le bulbe sert d'organe de réserve, riche en eau et éléments nutritifs, et d'organe de survie de la plante pendant la période de repos végétatif. Ex. : l'amaryllis. (voir schéma p. 14). A ne pas confondre avec les pseudo-bulbes des orchidées (voir p. 78).

Bulbille
Petit tubercule ou bulbe se formant en général à la base du bulbe ou tubercule parent, mais aussi dans certains cas à l'aisselle des feuilles ou dans l'inflorescence, et se prêtant bien à la multiplication.

C

Cal
Tissu cicatriciel formé par la plante à l'endroit d'une blessure ou coupe. Dans le cas des boutures, ce n'est qu'après la formation du cal que peuvent se développer les racines.

Calcifuge
Se dit d'une plante qui supporte mal ou pas du tout d'être cultivée dans un substrat calcaire ou arrosée avec une eau calcaire. Ainsi, les azalées, camélias ou orangers sont des plantes calcifuges, ou acidophiles, c'est-à-dire qui demandent une eau douce et un mélange à tendance acide.

Calcium (Ca)
Elément chimique constituant des tissus végétaux, indispensable à la plante tout au long de sa vie. Il fait donc partie des éléments nutritifs essentiels. Il renforce la résistance des tissus végétaux, favorise la photosynthèse (voir p. 69) et permet la fixation des éléments synthétisés par la plante.

Calice
Enveloppe externe de la fleur, en forme de clochette, tube, entonnoir ou autre, le plus souvent verte, composée des sépales.

Capillarité
Phénomène régi par des lois physiques, selon lequel l'eau circulant dans de fins tuyaux ou vaisseaux peut être «aspirée» vers le haut sur une distance plus ou moins longue. En pratique, on utilise la capillarité pour les arrosages de vacances (voir schémas p. 43).

Carence
Manque d'un ou plusieurs éléments nutritifs dans les tissus de la plante, ce qui se traduit par des manifestations pathologiques (voir «Premiers secours pour vos plantes», p. 52-55).
Les causes des carences chez les plantes en pot sont souvent liées à une mauvaise utilisation des engrais ou à des apports insuffisants.

Carnivore
Se dit des plantes capables de «digérer» de petits insectes utilisés comme nourriture. Ex. : *Nepenthes*, attrape-mouche de Vénus (voir p. 175).

Chaleur de fond
Température du sol ou mélange terreux, de préférence 20 °C et plus pour la plupart des plantes d'intérieur. Important pour les plantes habituées à des températures de sol élevées dans leur habitat naturel et indispensable à la germination de nombreuses plantes tropicales. Cette chaleur de fond peut être augmentée par l'installation d'une résistance ou matelas chauffant sous les pots.

Champignons
Organismes végétaux primitifs, non chlorophylliens, aux tissus organisés en mycéliums filiformes. Ils sont capables de dégrader la cellulose et la lignine. Ce sont soit des saprophytes, soit des parasites (à l'origine de maladies chez les êtres humains, animaux ou plantes) ou bien des organismes vivant en symbiose avec d'autres plantes, par exemple les orchidées.
Certains synthétisent des substances intéressantes pour l'homme (pénicilline) ou permettent la mise en route de certains processus (fermentations). Il leur faut pour se développer une forte humidité et une température assez précise, mais pH, concentration en oxygène et dioxyde de carbone peuvent également être déterminants.

Chaume
Tige des graminées. Elle peut se présenter soit sous forme cylindrique et en général creuse, soit sous forme de section triangulaire et riche en sève. Les très grandes graminées, comme les bambous, ont des chaumes (ou cannes) très longs, épais et robustes.

Chélates
Substances chimiques capables de libérer le fer présent dans le sol ou le mélange de culture mais sous forme non assimilable par les plantes, et donc de le rendre assimilable. On utilise en général pour le jardinage des chélates de fer se présentant sous la forme d'une poudre brun-rouge à dissoudre dans l'eau d'arrosage et à appliquer aux plantes souffrant de chlorose (excès de calcaire qui entraîne ce blocage du fer dans le sol).

Chlore (Cl)
Elément chimique gazeux, ajouté à l'eau du robinet pour sa désinfection, mais toxique pour les plantes. Le chlore s'évapore cependant lorsqu'on laisse reposer l'eau plusieurs heures avant utilisation. Sous forme d'ions chlorures, le chlore est un oligo-élément utile, présent surtout dans les engrais minéraux.

Chlorophylle
Pigment vert des plantes, indispensable à la réalisation de la photosynthèse (voir p. 78). Sa structure est proche de celle du sang humain. A la place du fer contenu dans les pigments sanguins, la chlorophylle contient du magnésium.

Chlorose
Carence en fer ou magnésium, en général due à un excès de calcaire dans le mélange de culture ou l'eau d'arrosage. Voir p. 52-55, 72.

Cochenilles
Voir «Premiers secours pour vos plantes», p. 52-55.

Cochenilles farineuses
Voir «Premiers secours pour vos plantes», p. 52-55.

Cochenilles des racines
Voir «Premiers secours pour vos plantes», p. 52-55.

Collemboles
Voir «Premiers secours pour vos plantes», p. 52-55.

Collet
Zone de transition entre le système racinaire de la plante et les organes aériens, très fragile chez certaines espèces.

Colonne de mousse
Par son humidité, support favorable au développement des plantes émettant des racines aériennes comme par exemple les espèces de *Philodendron* et *Syngonium* (voir schéma p. 44).

Contact (action par)
On dit d'un produit phytosanitaire (insecticide ou herbicide) qu'il agit par contact lorsque les ravageurs sont détruits par simple contact avec le produit. Il existe d'autres modes d'action des produits phytosanitaires comme par exemple les produits systémiques qui agissent après ingestion du produit par les insectes ou autres ennemis.

Conteneur
Contenant pour plante, en général en plastique (on parle plutôt de pot pour les récipients en terre cuite), à parois pleines ou ajourées (pour les plantes aquatiques par exemple).

Corolle
Enveloppe interne de la fleur, composée des pétales, souvent colorés et décoratifs, qui entourent les organes reproducteurs de la fleur.

Cotylédon
La ou les premières feuilles d'une plante lors de la germination. Dès que les cotylédons sont exposés à la lumière, ils forment ensuite de la chlorophylle, ce qui permet ensuite le démarrage de la photosynthèse et donc l'autonomie de la jeune plante. Certaines plantes, les monocotylédones (voir p. 72) ne possèdent qu'une feuille embryonnaire ou cotylédon ; d'autres, les dicotylédones (voir p. 83) en ont deux.

Couche cireuse
Enduit très fin, de texture cireuse, recouvrant le feuillage de certaines plantes et constituant une protection contre l'évaporation.

Cyme
Type d'inflorescence (voir schémas p. 15).

D

dH, ou dureté de l'eau
Unité de mesure de la teneur en calcaire de l'eau. 1 °dH correspond à 10 mg d'oxyde de calcium par litre d'eau. L'eau est considérée comme douce de 0 à 8 °dH, de faible dureté de 8 à 12 °dH, de forte dureté au delà de 13°dH. Il est possible de connaître la dureté de l'eau localement en se renseignant auprès de la mairie ou du service des Eaux. A partir de 10 °dH, il est conseillé d'adoucir l'eau d'arrosage (voir p. 42).

Dicotylédones
Terme botanique désignant l'ensemble des plantes dont les graines contiennent deux feuilles embryonnaires, ou cotylédons. Il s'agit souvent de plantes à racine principale pivotante, à formes de feuilles variées, mais toujours parcourues d'un fin réseau de nervures.

Dioïque
Se dit d'une espèce végétale dont les fleurs mâles et femelles sont portées par des plantes distinctes. Parmi les plantes d'intérieur, on peut citer la queue-de-chat *(Acalypha hispida)*, ainsi que les palmiers.

Dioxyde de carbone (CO_2)
Gaz incolore et inodore présent dans l'air et le sol. C'est un composé très important pour les plantes car il est utilisé dans la photosynthèse, pour la fabrication des hydrates de carbone.

Division
Méthode de multiplication des plantes indiquée pour les sujets formant des touffes à plusieurs tiges ou rosettes. Exemple : les Broméliacées, le calathea, *Nertera granadensis*, certaines fougères...

Dosage
Fait de mesurer avec précision une quantité d'engrais, eau ou produit de traitement nécessaire.

Double
Se dit d'une fleur présentant de nombreux pétales, par opposition à une fleur simple, avec une seule couronne de pétales. Il s'agit en général de fleurs dépourvues d'étamines, celles-ci étant transformées en pétales (comme chez de nombreuses roses).

Drainage
Mesure consistant à éliminer ou faire s'écouler l'eau. Dans le cas de la culture en pot, le drainage est nécessaire pour éviter l'humidité stagnante au niveau des racines, propice au développement de maladies. Sont utilisés comme matériau de drainage, c'est-à-dire étalés en couche au fond du récipient, des gravillons, des éclats de pots, des billes d'argile expansée, du sable grossier et autres matériaux divers. Pour éviter que le mélange terreux ne se mêle peu à peu à la couche de drainage, il est bon de poser entre les deux couches un morceau de film non-tissé, spécialement destiné à cet usage.

E

Ecailles absorbantes
Ecailles couvrant le feuillage des tillandsias gris, capables de capter l'humidité atmosphérique. Ces plantes peuvent donc être approvisionnées en eau et éléments nutritifs par des vaporisations et immersions dans l'eau.

Echangeur d'ions
Terme désignant un type d'engrais à action lente, constitué de petites billes de résine synthétique, en général brun doré, libérant progressivement dans le mélange ou la solution les éléments nutritifs nécessaires à la plante, sous forme d'ions. Lors d'échanges, l'engrais fixe d'autres ions non utilisés par la plante, comme le chlore et le calcaire. Ce type d'engrais est très utilisé en hydroculture. Lors de son utilisation, il faut cependant éviter d'employer une eau très calcaire.

Eclaircir
Opération qui consiste à éliminer une partie des plantules après la levée des graines, quand les jeunes plantes sont trop serrées. On arrache alors les moins vigoureuses pour que les autres disposent de plus d'espace.

Eléments nutritifs
Eléments minéraux bien définis, nécessaires aux plantes pour leur croissance. Font partie des éléments nutritifs essentiels l'azote (N), le phosphore (P), le potassium (K), ainsi que le calcium (Ca), le magnésium (Mg) et le soufre (S). Les oligo-éléments (voir p. 76) sont surtout des métaux lourds, indispensables également, mais en très petites quantités. La plante trouve ces éléments nutritifs dans le sol ou le mélange terreux, ainsi que les engrais (pour les plantes en pot).

Embryon
Future plante contenue dans la graine et issue des premières divisions de l'œuf. L'embryon est constitué d'une racine embryonnaire, d'une tige embryonnaire avec un ou plusieurs bourgeons, et des feuilles embryonnaires ou cotylédons. Son développement est bipolaire : vers le bas, à partir de la racine embryonnaire, se forme tout le système racinaire, tandis que vers le haut se forment les parties aériennes, à partir de la tige embryonnaire.

Endurcir
Habituer progressivement les plantes (souvent de jeunes plants) à de nouvelles conditions d'environnement, concernant surtout la température et la lumière. On parle également d'«acclimater» les plantes.

Engrais
Ensemble d'éléments nutritifs apportés artificiellement aux plantes cultivées. Les principaux éléments nutritifs apportés sous forme d'engrais aux plantes en pot sont l'azote (N), le phosphore (P) et le potassium (K). On distingue des engrais minéraux, organiques et organo-minéraux.

Engrais à action lente
Type d'engrais qui permet une mise à disposition progressive, étalée dans le temps, des éléments nutritifs minéraux nécessaires à la croissance de la plante.

Engrais complet
Engrais comprenant tous les éléments minéraux essentiels nécessaires à la croissance des plantes (voir ci-dessus), ainsi que des oligo-éléments.

Engrais minéral
Engrais non organique, dont les éléments nutritifs se présentent sous forme de sels minéraux directement assimilables par les plantes. Attention toutefois aux excès d'engrais, dangereux pour les plantes.
On distingue les engrais minéraux des engrais organiques (voir ci-dessous). Ces derniers nécessitent l'intervention de micro-organismes du sol pour transformer les substances organiques en sels minéraux assimilables par les plantes, ce qui demande plus de temps mais présente moins de risques de toxicité pour les plantes.

Engrais organique
Engrais à base de substances organiques, d'origine animale ou végétale, comme fumier, guano, sang séché, poudre d'os ou corne torréfiée. On peut les fabriquer soi-même ou les acheter sous forme conditionnée dans le commerce. Ces engrais organiques doivent tout d'abord être dégradés par les micro-organismes du sol de façon à être assimilables par les racines. Leur action est donc plus lente.
Ils sont surtout utilisés au jardin, en pleine terre car, dans le volume réduit d'un pot, l'action de la flore microbienne est beaucoup moins efficace.

Engrais organo-minéral
Engrais associant des éléments nutritifs sous forme minérale et organique.

Engrais pour cactées
Engrais complet faiblement dosé en azote, spécialement conçu pour répondre aux besoins des cactées et autres plantes grasses, excepté les espèces épiphytes. Disponible dans le commerce.

Entonnoir (des Broméliacées)
Formation particulière de la rosette centrale de certaines Broméliacées. Les feuilles centrales, disposées en rosette serrée, forment ainsi un entonnoir qui permet à la plante de capter et retenir l'eau de pluie, la rosée et la matière organique utilisée lors de la croissance.

Entrenœud
Segment de tige compris entre deux nœuds ou points d'insertion des feuilles et bourgeons. L'allongement de la tige se fait au niveau des entrenœuds.

Epi
Type d'inflorescence (voir schémas p. 15).

Epiderme
Couche de tissu protecteur le plus externe sur la plante. Chez certaines espèces, l'épiderme contient du calcaire ou de l'acide silicique pour une meilleure rigidité.

Epiphyte
Se dit d'une plante qui, dans son habitat naturel, est ancrée non pas dans la terre, mais sur l'écorce ou à l'intersection des branches d'un arbre, comme certaines fougères, des Broméliacées, ainsi que de nombreuses orchidées tropicales. Elles peuvent être cultivées en pot dans un mélange très poreux et léger ou bien fixées sur un morceau d'écorce (voir schéma p. 40).

Espèce
Terme désignant une partie de l'appellation botanique d'une plante. La description d'une espèce végétale repose sur ses caractères morphologiques. Le nom d'espèce fait souvent référence à un caractère morphologique ou à sa provenance. Ex. : *Clivia miniata*. Le nom d'espèce est ici *miniata* ; il indique qu'il s'agit d'un clivia de teinte rouge minium. Appartiennent à une même espèce des plantes présentant les mêmes caractéristiques essentielles.

Essence
On appelle essences, ou huiles essentielles, d'une plante des substances parfumées, volatiles, accumulées dans de petites glandes visibles au microscope, par exemple sur les pétales du gardénia, les feuilles des géraniums odorants, les racines du gingembre, l'écorce de cannelle, les grains de poivre ou les écorces des agrumes.

Ethylène
Hormone végétale se présentant sous forme gazeuse, libérée pendant la maturation des fruits (agrumes et pommes par exemple). Stimule la formation des fleurs chez les Broméliacées ; au contraire, orchidées et hibiscus réagissent au dégagement d'éthylène des fruits par une chute des fleurs et boutons floraux.

Etiolement
Terme horticole désignant l'allongement anormal des tiges (entrenœuds) qui pâlissent et ramollissent également, phénomène causé par un manque de lumière et une température trop élevée.

Evolution
Science étudiant le développement et l'évolution des espèces. Comme tous les organismes vivants, les plantes sont passées au cours de leur histoire de formes très primitives, aux structures simples, à des structures de plus en plus spécialisées. Organismes incapables de se déplacer, les plantes ont donc dû s'adapter à leur environnement pendant des millions d'années pour ne pas disparaître.

Excroissances liégeuses
Un tissu devient liégeux par accumulation de liège (subérine) dans les parois cellulaires, qui deviennent ainsi imperméables à l'eau et à l'air. Ces cellules ne peuvent plus assimiler, mais ne nuisent pas à la plante. Un tel phénomène se produit en cas d'humidité excessive de l'air et du sol, associée à un manque de lumière. Ces taches, ou excroissances liégeuses, peuvent se développer en hiver chez certaines Euphorbiacées ainsi que les bégonias, orchidées, cactées et pépéromias notamment (voir «Premiers secours pour vos plantes», p. 52-55).

F

Famille
En botanique, groupe de plusieurs genres présentant des caractéristiques communes. La plus grande famille végétale est celle des orchidées, qui représente à elle seule presque 10 % des plantes à fleurs. Le nom de famille désigne l'appartenance d'une plante à une famille donnée.
Ainsi, le sabot-de-Vénus appartient à la famille des Orchidacées, le saintpaulia aux Gesnériacées, le caoutchouc aux Moracées.

Fasciation
Croissance anormale d'une tige évoquant une crête (*cristata* en latin), chez certaines cactées et plantes grasses. L'extrémité s'élargit anormalement, formant une sorte d'excroissance difforme.

Fécondation
Fusion d'une cellule végétale mâle, le grain de pollen, avec une cellule reproductrice femelle, l'ovule, donnant naissance à un embryon.

Fenêtre-serre
Sorte de petite serre conçue à l'emplacement d'une fenêtre, fermée et équipée de systèmes d'aération, chauffage, humidification de l'air et ombrage. Environnement convenant parfaitement aux plantes tropicales ayant besoin d'une température et d'une humidité de l'air élevées.

Fer (Fe)
Oligo-élément important pour les plantes, nécessaire à la synthèse de la chlorophylle et des protides. Sur sol calcaire ou avec une eau d'arrosage très dure, le fer peut se fixer sur le calcaire, et n'être plus assimilable par les racines. Il s'ensuit une carence en fer ou chlorose (voir «Premiers secours pour vos plantes», p. 52-55). Cette carence peut être fatale à la plante, incapable de synthétiser la chlorophylle et de réaliser la photosynthèse.

Fertile
Contraire de stérile. Les fleurs possédant des organes sexués (pistil et étamines) sont fertiles, tandis que celles qui n'en possèdent pas sont des fleurs stériles, comme par exemple les fleurons externes des hortensias, aux inflorescences aplaties.

Feuille
Organe très important des plantes, lieu essentiel de la photosynthèse (voir p. 78), donc de la fabrication des substances énergétiques nécessaires à la croissance des plantes ; il permet également, par la respiration (voir p. 69), l'apport d'oxygène et, par la transpiration (voir p. 81), la régulation de la teneur en eau dans les tissus. Une feuille est en général constituée d'un pétiole et du limbe, partie élargie.
La feuille peut être fine, épaisse ou charnue, très large ou au contraire en aiguille.

Feuilles transformées en aiguillons
Chez certaines plantes, les épines ou aiguillons sont des feuilles transformées (comme chez les cactées) ou des stipules (situées à la base des feuilles) transformées, par exemple dans le genre *Robinia*.

Fleur
Partie de la plante renfermant les organes sexuels, destinés à la reproduction, et souvent très décorative (voir schémas p. 15).

Fongicide
Produit de traitement utilisé pour combattre les maladies cryptogamiques, causées par des champignons microscopiques (voir «Premiers secours pour vos plantes», p. 52-55).

Fonte des semis
Maladie cryptogamique fréquente chez les jeunes semis et boutures, notamment quand les jeunes plantes sont très serrées. Le développement des champignons responsables est favorisé par l'humidité du substrat. Les racines et le collet sont atteints les premiers, d'où un affaissement rapide des jeunes plants.

Forçage
Terme horticole désignant les techniques utilisées pour provoquer la floraison de certaines plantes à une période à laquelle elles ne fleurissent pas naturellement. Il s'agit le plus souvent d'avancer la floraison, en utilisant éclairages d'appoint et chauffage. On peut ainsi voir fleurir en intérieur des bulbes à floraison printanière, comme les jacinthes, les crocus ou les tulipes, dès la fin de l'automne.

Fruit
Stade de développement succédant à la fleur. Les fruits abritent en général les graines, destinées à assurer la survie de l'espèce.

Fumagine
Maladie cryptogamique causée par un champignon pathogène se développant sur le miellat sucré sécrété par certains insectes parasites (pucerons, cochenilles...). Voir «Premiers secours pour vos plantes», p. 52-55.

G

Genre
Groupe de plantes présentant un certain nombre de caractéristiques communes à l'intérieur d'une même famille. Un genre regroupe en général lui-même plusieurs espèces. Le nom de genre est le premier mot dans l'appellation botanique de la plante et commence par une majuscule. Ex. : *Aeschynanthus*, *Saintpaulia*, *Ficus*.

Godets de tourbe pressée
Petits pots en tourbe pressée, déshydratée, utilisés pour les semis ou repiquages de jeunes plants et boutures. Le godet contenant la jeune motte de racines peut ensuite être entièrement rempoté dans un pot plus grand, ce qui permet de préserver les racines.

Graine
Organe résultant de la fécondation de l'ovule chez les plantes à fleurs, apte à germer et à donner naissance à une nouvelle plante. La graine est souvent riche en substances de réserve et entourée d'enveloppes protectrices.

Grappe
Type d'inflorescence (voir schémas p. 15).

Greffage
Méthode de multiplication qui consiste à associer un bourgeon ou segment de tige d'une plante à la tige ou système racinaire d'une autre plante. Il y a fusion des tissus au niveau du point de greffe, le porte-greffe puisant eau et éléments minéraux dans le sol, tandis que le greffon donne en général la ou les tiges aériennes de l'aspect recherché. Méthode utilisée par exemple pour les espèces du genre *Citrus*, car les plantes issues de semis sont très longues à fleurir.

Gymnospermes
Voir phanérogames, page 78.

H

Hampe florale
Tige non ramifiée, dépourvue de feuilles, portant la fleur ou inflorescence, parfois entourée de bractées. Ex. : l'amaryllis, le strelitzia, l'arum d'Ethiopie.

Hormones
Substances synthétisées par les plantes et qui, même en petites quantités, stimulent ou au contraire bloquent la croissance et le développement de la plante. On appelle également phytohormones ces hormones végétales.

Huiles blanches
Produits de traitement huileux utilisés comme insecticides. Ils détruisent la couche cireuse protectrice des insectes et obstruent leurs organes respiratoires. Utilisés contre les cochenilles.

Humidité de l'air
Teneur de l'air en vapeur d'eau, exprimée en pourcentage. 0 % correspond à un air absolument sec, 100 % à une atmosphère saturée d'humidité. Selon leur origine, la plupart des plantes d'intérieur demandent une humidité de l'air, ou hygrométrie, de 50 à 70 %. L'air chauffé est toujours trop sec ; il est cependant possible d'augmenter l'humidité de l'air par diverses mesures (voir p. 43).

Humidité stagnante
A quelques exceptions près, l'humidité stagnante au niveau des racines est fatale pour les plantes (excepté les plantes de marécage ou aquatiques). Elle apparaît quand l'eau d'arrosage en excès ne peut s'écouler et que le mélange est saturé en eau. L'eau remplace alors l'oxygène dans le mélange et les racines asphyxiées pourrissent rapidement, c'est pourquoi il est très important de toujours veiller à un bon drainage des pots (voir p. 71).

Humus
Matière organique riche en éléments nutritifs pour les plantes, résultant de la décomposition de débris végétaux à la surface du sol.

Hybride
Terme désignant une plante issue d'un croisement entre espèces ou, plus rarement entre genres différents. La famille des orchidées présente de nombreux exemples d'hybrides interspécifiques (entre espèces différentes) et même intergénériques (entre genres différents).

Hydroculture
Mode de culture en pot ou bac, sans mélange terreux. Les racines sont ancrées dans un matériau inerte (argile expansée ou autre) et elles puisent eau et sels minéraux dans une solution nutritive spécialement conçue pour ce type de culture.

Hygromètre
Appareil de mesure de l'hygrométrie ou humidité de l'air.

Hygrométrie
Voir humidité de l'air ci-contre.

I

Inflorescence
Ensemble de fleurs disposées d'une certaine façon sur la tige, caractéristique de l'espèce (inflorescence en ombelle, grappe...). Voir schémas p. 15.

Insectes utiles
Dans le cadre de la lutte contre les ennemis des cultures, il s'agit d'insectes détruisant les insectes parasites des plantes. On parle également de prédateurs pour ces insectes et de lutte biologique pour ce mode de lutte. Ces méthodes ne sont guère utilisées que par les professionnels.

Insecticide
Produit phytosanitaire utilisé pour la lutte contre les insectes parasites.

L

Labelle
Pétale central de la fleur des orchidées, en général le plus décoratif et le plus remarquable. Plus développé, il sert de «piste d'atterrissage» aux insectes pollinisateurs.

Liane
Plante enracinée dans le sol, à tiges souples mais plus ou moins lignifiées, grimpant dans les arbres par l'intermédiaire de vrilles, racines aériennes ou autre moyen d'accrochage, pour parvenir jusqu'à la lumière. Ex. : le monstera, le philodendron, le pothos.

Lignification
Accumulation de lignine, substance constitutive du bois, dans les parois cellulaires, conférant une plus grande rigidité au tissu végétal concerné.

Limaces
Voir «Premiers secours pour vos plantes», p. 52-55.

Lithophyte
Plante se développant non pas sur le sol, mais sur des rochers ou pierres, comme certaines Broméliacées.

Lumière
Elément de l'environnement absolument indispensable au développement des plantes, nécessaire pour la réalisation de la photosynthèse, déterminant ainsi la croissance, la floraison, la germination, la coloration et la chute des feuilles.

Lutte biologique
Mode de lutte contre les ravageurs des plantes cultivées ne faisant pas appel aux produits chimiques. En font partie l'utilisation d'insectes utiles (voir p. 77), prédateurs des ravageurs ainsi que les traitements avec des préparations à base de plantes. Au sens large, on peut également y inclure la prévention sous forme de soins appropriés et le renforcement des capacités de résistance des plantes par des vaporisations d'huiles essentielles (voir p. 50) ou de préparations à base de plantes.

Lutte biotechnologique
Mode de lutte contre les ravageurs des plantes cultivées, par l'intermédiaire d'«appâts» naturels, chimiques ou physiques. Ex. : pièges remplis d'eau et peints en jaune (teinte attirant les insectes), ou bien tablettes collantes jaunes également, ou encore «pièges» répandant des hormones qui modifient le comportement sexuel des insectes visés, les détournant ainsi des plantes et les empêchant surtout de se multiplier. On peut y inclure également la lutte mécanique contre les ravageurs, par un grattage des insectes (cochenilles) ou le lavage du feuillage.

Lutte chimique
Mode de lutte contre les ravageurs des plantes cultivées, mais aussi action préventive, faisant appel à des produits chimiques qui peuvent se révéler toxiques en cas de mauvais usage. C'est pourquoi ces produits sont avant toute commercialisation soumis à homologation et classés en plusieurs degrés de toxicité. Seuls les moins dangereux sont autorisés pour le marché du jardinage amateur et, a fortiori, pour l'utilisation sur les plantes d'intérieur. Un symbole ou une mention concernant les dangers d'utilisation figure sur les emballages de ces produits. Font partie notamment de ce type de produits phytosanitaires les insecticides de synthèse (voir p. 74), fongicides (voir p. 72), acaricides (voir p. 68), nématicides ou produits de traitement contre les nématodes (voir p. 54) et les escargots ou limaces.

Luxmètre
Appareil de mesure de l'intensité lumineuse, comme les cellules d'appareil photographique (voir schéma p. 43).

M

Magnésium (Mg)
Elément chimique entrant dans la constitution des cellules végétales, et donc élément nutritif essentiel pour les plantes, nécessaire notamment pour la synthèse de la chlorophylle.

Maladies cryptogamiques
Maladies des plantes causées par des champignons microscopiques (voir «Premiers secours pour vos plantes», p. 52-55).

Maladie des taches foliaires
Terme regroupant en fait plusieurs maladies des plantes se traduisant par des taches bien délimitées sur le feuillage, qui peuvent être causées par des bactéries ou des champignons pathogènes selon les cas (voir «Premiers secours pour vos plantes», p. 52-55).

Maladies physiologiques
Maladies ou problèmes de développement des plantes, causés non par un agent pathogène mais par de mauvaises conditions de culture, environnement ou erreurs culturales (voir «Premiers secours pour vos plantes», p. 52-55).

Manque de lumière
Défavorable pour toutes les plantes puisque la photosynthèse est alors freinée ou stoppée. Un manque de lumière prolongé peut se traduire par l'étiolement de la plante (voir p. 82), un verdissement des feuilles panachées (voir p. 82), un arrêt de la croissance, voire par la chute des feuilles. C'est surtout en automne et hiver sous nos climats qu'une luminosité insuffisante est à craindre.

Marcottage aérien
Méthode de multiplication utilisée pour certaines plantes d'intérieur comme le caoutchouc, que l'on incite à rajeunir en émettant des racines à une certaine hauteur sur la tige, ce qui permet d'éter la plante et de rempoter l'extrémité, au feuillage plus fourni (voir p. 61).

Marcotte
Se dit d'une tige basse ou retombante utilisée pour la multiplication. L'extrémité de la tige est incisée dans sa partie inférieure (vers le sol) pour favoriser la formation de racines et maintenue en surface du mélange de culture jusqu'à ce qu'elle soit bien enracinée. La marcotte peut alors être séparée de la plante-mère. On utilise en général une tige de l'année ou de l'année précédente, les jeunes tiges s'enracinant plus facilement que le vieux bois.

Mélange de rempotage
Mélange de culture à base de terre ou de tourbe, utilisé pour le rempotage des plantes d'intérieur. Il peut être plus ou moins enrichi en engrais. On distingue dans le commerce différents types de mélanges, de composition adaptée à certaines catégories de plantes, outre les mélanges «tous usages» qui conviennent à la plupart des plantes : mélange pour plantes fleuries, pour plantes de terre de bruyère, pour cactées, pour orchidées, etc., et bien sûr les mélanges de multiplication ou mélanges de semis ou repiquage.

Méristème
Tissu végétal se caractérisant par des cellules indifférenciées, encore capables de se diviser. C'est donc un tissu d'extrémité en croissance, présent à l'extrémité des pousses et racines, mais qui apparaît également lors de la formation d'un cal de cicatrisation.

Métabolisme
Ensemble des réactions chimiques dont les êtres vivants, ici les plantes, sont le siège lors de l'absorption, la transformation et l'utilisation des éléments nutritifs nécessaires à leur développement.

Microclimat
Climat concernant un espace limité. Pour les plantes d'intérieur, on parle de microclimat créé autour d'une ou plusieurs plantes, par rapport à l'ensemble de la pièce, par l'introduction d'autres plantes ou modification des conditions de chauffage, d'hygrométrie, d'éclairement...

Miellat
Sécrétions collantes des pucerons et cochenilles, que l'on peut observer sur les feuillages attaqués, mais aussi au pied de la plante, sur les meubles ou le sol. Ce miellat attire les fourmis, mais favorise également le développement de la fumagine (voir p. 73) qui se manifeste sous forme d'un poudrage noirâtre. A éliminer par lavage.

Mildiou
Voir «Premiers secours pour vos plantes», p. 52-55.

Mimétisme
Parfaite adaptation ou imitation de l'environnement proche. Permet à certaines plantes de se reproduire en sécurité et d'échapper à certains animaux.

Monocotylédones
Groupe de plantes de la classification botanique ne possédant qu'une seule feuille embryonnaire ou cotylédon, comme les palmiers et les graminées, par exemple.

Monoïque
Se dit d'une plante dont les organes reproducteurs mâles et femelles (étamines et pistil) sont portés par des fleurs distinctes, mais présentes sur la même plante (à la différence des plantes dioïques – voir p. 83 – où fleurs mâles et femelles se trouvent sur des pieds distincts).

Monopodiale
Mode de croissance des plantes selon un axe unique. On parle de croissance monopodiale pour une tige principale non ramifiée, verticale, portant des tiges latérales ou ramifications secondaires. S'oppose à la croissance sympodiale (voir p. 83), simultanée sur plusieurs axes. Caractéristique de nombreuses orchidées.

Motte
Désigne une quantité de mélange terreux ou de tourbe colonisée par le système racinaire d'une plante (motte de racines), ou destinée à accueillir l'enracinement d'une plante.

Motte de tourbe pressée, ou mini-motte
Petite motte de tourbe compactée, se présentant sous forme de rondelle. Une fois humidifiées, ces mini-mottes gonflent et sont destinées tout particulièrement au semis pour l'élevage des jeunes plants. Elles permettent en effet un rempotage ultérieur préservant toute la motte de racines alors qu'il est toujours délicat d'extraire les racines d'un jeune plant d'une caissette de semis.

Motte de racines, ou motte racinaire
Expression désignant tout le volume de terre ou mélange de culture colonisé par une plante dans un pot ou dans le sol.

Mouches blanches
Appelées aussi aleurodes (voir «Premiers secours pour vos plantes», p. 52-55).

Mousse
Certaines mousses, végétaux inférieurs, peuvent se développer en surface du pot lorsque le mélange de culture est très humide et compacté. La mousse gêne les échanges gazeux entre air et mélange, et peut également nuire à la plante au niveau du collet, dans le cas des espèces supportant mal l'excès d'humidité. C'est pourquoi il faut supprimer cette mousse et aérer la couche supérieure du mélange, par exemple avec une fourchette, en prenant soin de ne pas blesser les racines.

Multiplication
Mode de reproduction des plantes, sexué (voir multiplication sexuée, par semis, p. 56, 73) ou non (voir multiplication végétative p. 56).

Multiplication sexuée
Mode de multiplication des plantes faisant intervenir les organes sexuels pour la fécondation et la formation des graines. La graine contient l'embryon végétal, issu de la fécondation de l'ovule par le grain de pollen et de la multiplication de la cellule-œuf. Il y a recombinaison des caractères héréditaires des deux sujets parents, et les jeunes plantes obtenues à partir des graines ne sont donc pas nécessairement identiques à la plante-mère.

Multiplication végétative
Mode de multiplication des plantes n'ayant pas recours aux organes sexuels, mais faisant appel à certaines parties de la plante comme pousse, feuille ou racine. Les nouvelles plantes obtenues sont rigoureusement identiques à la plante-mère, morphologiquement comme génétiquement.

Mutation
Modification soudaine du patrimoine héréditaire d'une plante, apparaissant spontanément ou à la suite de stimulations (exposition à des rayonnements de divers types – rayons UV – ou traitements avec un produit comme la colchicine, substance mutagène produite par la colchique), recherchée par l'homme dans le cadre de l'amélioration génétique des espèces végétales.

Mycélium
Tissu caractéristique des champignons, se présentant en général sous forme de fins filaments.

N

Nécrose
Dégradation de tissus vivants, ici de tissus végétaux, pouvant avoir diverses origines, comme un excès d'engrais, une exposition à un soleil trop intense, un manque ou un excès d'eau, mais aussi une maladie ou une attaque de parasites.

Nématodes
Synonyme : anguillules (voir «Premiers secours pour vos plantes», p. 52-55).

Nervures
Vaisseaux conducteurs des feuilles ou fleurs, servant à l'approvisionnement des organes végétaux en eau et éléments nutritifs.

Nœud
Point d'attache d'une feuille sur la tige, qui présente souvent un léger renflement à ce niveau.

Nom botanique, ou nom scientifique
Appellation scientifique internationalement reconnue pour une plante. Le nom botanique comprend plusieurs mots : le nom de genre, par exemple *Ficus*, suivi du nom d'espèce, par exemple *elastica*, parfois suivi du nom de la variété comme 'Decora'. Cette plante s'appelle donc *Ficus elastica* 'Decora', au nom commun ou vernaculaire moins précis (ne tenant pas compte de la variété) de caoutchouc.

Nom vernaculaire, ou nom commun
Appellation locale, nationale, voire régionale, d'une plante. Il peut s'agir d'un nom latin francisé, comme pépéromie pour *Peperomia* ou d'un nom plus descriptif, comme oiseau-de-paradis pour *Strelitzia*, mais de nombreuses plantes d'intérieur, d'origine lointaine et n'étant donc pas présentes dans notre flore, ne possèdent pas de nom commun en français.

NPK
Formule associant les trois principaux éléments nutritifs essentiels pour les plantes, azote (N), phosphore (P), et potassium (K). Cette formule apparaît sur les emballages des engrais pour indiquer leur dosage. Ainsi un engrais 14-7-14 correspond à un apport de 14 unités d'azote, 7 unités de phosphore et 14 unités de potassium.

O

Oïdium
Voir «Premiers secours pour vos plantes», p. 52-55.

Oligo-éléments
Eléments minéraux indispensables aux plantes pour leur croissance, mais en très petites quantités. Ex. : bore, fer, cuivre, manganèse, molybdène, zinc... Des carences peuvent causer des maladies physiologiques.

Ombelle
Type d'inflorescence (voir schémas p. 15).

Ombrage
Mesure culturale qui consiste à protéger les plantes d'un soleil trop ardent, surtout en milieu de journée, et au printemps, quand les plantes, au sortir de l'hiver, ne sont pas encore réhabituées à des intensités lumineuses élevées. L'ombrage peut être obtenu par des stores, rideaux ou voilages, mais aussi par la portée du feuillage de plantes proches.

Opposées
Se dit de feuilles insérées au même niveau sur la tige, à la différence des feuilles alternes, insérées à des hauteurs différentes.

Oxygène
Dans le processus de respiration (voir p. 69), la plante absorbe l'oxygène de l'air, utilisé pour la synthèse de matière organique. Le processus de photosynthèse, au contraire, libère dans l'atmosphère l'oxygène contenu dans l'eau puisée au niveau des racines. La teneur en oxygène de l'air est de 21 %.

P

Panachée
Se dit d'une feuille portant des taches ou traces, de teinte généralement blanche à jaune. Ces zones claires ne contiennent pas de chlorophylle et ne peuvent donc réaliser la photosynthèse. Ces plantes demandent en général, pour cette raison, une lumière vive, mais rarement le soleil direct. En situation sombre, les feuilles reverdissent par une synthèse de chlorophylle accrue, moyen trouvé par la plante pour compenser le manque de lumière, par une plus grande surface assimilatrice. Les plantes à feuillage panaché peuvent apparaître par mutation (voir p. 77), sélection (voir p. 83) ou encore sous l'effet de maladies à virus.

Panicule
Type d'inflorescence (voir schémas p. 15).

Pennée
Se dit d'une feuille composée de plusieurs folioles disposées de part et d'autre de l'axe central.

Période de croissance
Ou période de végétation. Période de l'année pendant laquelle la plante est en croissance active, par opposition à la période de repos végétatif ou vie ralentie. Sous nos climats, la période de croissance de la plupart des plantes d'intérieur commence en fin d'hiver ou début de printemps, quand les jours rallongent et que l'intensité lumineuse augmente, pour se terminer en automne avec les phénomènes inverses. Le démarrage de la croissance correspond à l'émission de nouvelles feuilles et pousses.

Perlite
Matériau d'origine volcanique préparé industriellement, présentant une bonne perméabilité à l'air et à l'eau, retenant peu les éléments minéraux et ne se dégradant pas. Utilisé dans la préparation des mélanges de culture pour orchidées et cactées, ainsi que pour les mélanges de multiplication.

Persistant

Se dit des végétaux qui ne perdent pas leurs feuilles en hiver. Ce type de plante n'en renouvelle pas moins son feuillage, mais le phénomène est plus ou moins continu, ne comportant pas de saison où la plante est totalement dénudée.

Pétale

Elément de la corolle, enveloppe interne de la fleur, en général coloré et décoratif.

pH

Le pH (ou potentiel hydrogène) exprime la teneur en ions hydrogène d'un milieu donné et, plus concrètement, mesure son acidité ou alcalinité (voir p. 68). L'échelle de pH va de 1 à 14, le 7 correspondant à la neutralité, les chiffres inférieurs à un milieu acide, les supérieurs à un milieu alcalin. La plupart des plantes d'intérieur apprécient un pH légèrement acide, de 5,5 à 6,5.
Le pH peut être mesuré par une sonde électronique enfoncée dans le sol ou mélange de culture ou, plus simplement, par colorimétrie, tablettes qui se colorent en fonction du pH.

Phanérogames

Groupe de végétaux supérieurs de la classification botanique, ayant pour caractéristique commune de posséder des organes reproducteurs apparents, les fleurs, d'où le nom plus courant de «plantes à fleurs» qui leur est donné. Les végétaux inférieurs comme algues, champignons, mousses, sont des cryptogames, aux organes reproducteurs non apparents.
On distingue en outre chez les phanérogames deux grandes catégories : les gymnospermes, ou plantes à graines nues, non contenues dans un fruit, telles que palmiers, conifères, et les angiospermes, plus évolués, aux graines contenues dans un fruit et aux fleurs typiques.

Phosphore (P)

L'un des trois principaux éléments minéraux indispensables à la croissance des plantes. Le phosphore joue un rôle important dans le bilan énergétique de la plante lors de la formation des racines, fleurs et fruits et favorise le processus de maturation des fruits.

Photopériodisme

Réaction des plantes à la durée de l'éclairement. En effet, les processus de formation des fleurs ou de formation des organes de réserve des plantes (bulbes, tubercules) sont souvent régis par la durée quotidienne d'éclairement, ou longueur du jour. Le photopériodisme est «utilisé» par les horticulteurs pour déclencher sous éclairage ou, au contraire, nuit artificielle la floraison de plantes comme chrysanthème et poinsettia (voir plantes de jours courts et plantes de jours longs, ci-contre).

Photosynthèse

Synthèse de matière organique (hydrates de carbone) réalisée par les plantes, à partir de matières minérales et eau puisées dans le sol et en présence de lumière (utilisation de l'énergie lumineuse). On parle également d'assimilation chlorophyllienne, car c'est la chlorophylle qui absorbe l'énergie lumineuse. Schématiquement, les feuilles captent par les stomates (voir p. 82) le dioxyde de carbone présent dans l'air et le transforment en hydrates de carbone, en utilisant par ailleurs eau et lumière. L'oxygène en excès est rejeté dans l'air. Sans les végétaux et leur capacité à utiliser l'énergie lumineuse et à rejeter de l'oxygène dans l'atmosphère, la vie animale serait impossible sur terre.

Phototropisme

Orientation des organes végétaux (tiges, feuilles) vers la source de lumière. Feuilles et jeunes tiges présentent en général l'aptitude à se diriger vers la lumière, tandis que les racines ne manifestent aucune réaction ou bien, au contraire, poussent dans la direction inverse.

Pincer

Opération qui consiste à couper entre les ongles du pouce et de l'index l'extrémité herbacée des tiges pour les inciter à se ramifier. En général effectuée sur de jeunes tiges (voir schéma p. 44).

Pistil

Organe femelle de la fleur, constitué de l'ovaire, du style et du stigmate (voir schéma p. 15).

Plantes à fleurs

Voir phanérogames, ci-contre.

Plantes de jours courts

Plantes qui doivent subir pour fleurir une période de jours courts, c'est-à-dire à durée d'éclairement (jour) plus courte que la durée quotidienne d'obscurité (nuit). Ex. : le chrysanthème, le poinsettia. Phénomène inverse pour les plantes de jours longs (voir ci-dessous).

Plantes de jours longs

Plantes qui doivent subir pour fleurir une période de jours longs et nuits courtes, à l'inverse des plantes de jours courts (voir ci-dessus).

Plantes d'orangerie ou plantes en bac

Plantes cultivées en pots ou bacs sous climat tempéré et qui atteignent assez rapidement une grande taille, demandant donc de grands contenants (bacs) et un espace en rapport. Typiquement, les plantes d'orangerie sont des plantes d'origine méditerranéenne qui apprécient de passer l'été dehors en situation ensoleillée et abritée, et demandent en hiver une situation claire et fraîche (5-10 °C en général) comme oranger, laurier-rose... Il ne s'agit donc pas à proprement parler de «plantes d'appartement», même si certaines se laissent acclimater à l'intérieur.

Plantes grasses, ou succulentes

Plantes à feuilles ou tiges épaissies, charnues, servant d'organes de réserve en eau. Agave, aloès sont par exemple des plantes à feuilles succulentes, tandis que chez les cactées, euphorbes candélabres ou stapelias, ce sont les tiges qui sont charnues et renflées.

Plante grimpante

Se dit d'une plante à longues tiges souples, capable de grimper sur d'autres tiges, branches, troncs d'arbres ou supports de type treillage, par l'intermédiaire d'organes spéciaux comme racines-crampons, pousses ou feuilles transformées en vrilles, aiguillons, épines, ou bien directement par les tiges souples s'enroulant autour du support. Dans ce dernier cas, on parle de plante volubile.

Plante-mère
Se dit d'une plante servant de base pour la multiplication végétative, par exemple la plante pricipale au pied de laquelle se développent des rejets, ou bien une plante sur laquelle sont prélevées des boutures terminales, ou encore une plante émettant des stolons. Terme désignant également la plante-parent femelle lors de la multiplication sexuée.

Plante rampante
Plante à croissance plus ou moins horizontale, dont des tiges s'enracinent souvent en plusieurs points au contact du substrat. On parle également de plante couvre-sol.
Ex. : la saxifrage-araignée, le figuier nain.

Plantes toxiques
Plantes contenant des substances plus ou moins toxiques, dangereuses, voire mortelles pour les humains et les animaux. Les membres des familles suivantes sont souvent des plantes toxiques : Aracées, Araliacées, Solanacées. Le caractère toxique éventuel des plantes d'intérieur est mentionné ici dans les fiches descriptives par espèces.

Pollen
Fine poussière, souvent jaune, constituée de grains de pollen ou cellules reproductrices mâles des fleurs, groupées à l'extrémité des étamines.

Pollinisation
Transport du pollen de l'étamine jusqu'au stigmate, où aura lieu la fécondation. Les agents pollinisateurs peuvent être le vent, l'eau, certains insectes ou oiseaux, mais la pollinisation peut également parfois être faite manuellement, dans un but de sélection, par exemple.

Pores
Terme désignant les ouvertures microscopiques des feuilles, ou stomates, en général situées à la face inférieure des feuilles. Ces ouvertures permettent les échanges gazeux nécessaires à la photosynthèse et à la respiration, ainsi que le rejet de l'eau en excès dans les tissus.

Pot à azalée
Pot relativement peu profond par rapport à son diamètre (comparé aux pots standards), destiné aux plantes à enracinement peu profond, comme les azalées.

Pot à palmier
Pot plus profond et plus étroit que les pots ordinaires, spécialement étudié pour les palmiers, dont les racines se développent plus en profondeur qu'en largeur et parviennent souvent à sortir du pot par le haut.

Potassium (K)
L'un des trois principaux éléments nutritifs essentiels pour les plantes. Il a une influence positive sur la teneur en eau des cellules et est important pour différents processus vitaux des plantes : le potassium permet aux plantes de mieux résister à la sécheresse, au gel et à certaines maladies. Tout engrais complet contient du potassium.

Poudre d'hormones d'enracinement ou de bouturage
Produit vendu dans le commerce sous forme de poudre, de pâte ou de liquide, contenant des hormones favorisant l'enracinement des boutures et dans lequel on trempe donc la base de celles-ci.

Pourriture du collet
Maladie pouvant être causée par différents champignons parasites (voir «Premiers secours pour vos plantes», p. 52-55).

Pourriture des racines
Maladie causée par des champignons parasites présents dans le sol ou mélange de culture (voir «Premiers secours pour vos plantes», p. 52-55).

Pourriture grise
Maladie causée par un champignon parasite, également appelée botrytis. Voir «Premiers secours pour vos plantes», p. 52-55.

Pousse
Jeune tige, en général composée d'un axe portant des feuilles et d'un bourgeon terminal.

Produit phytosanitaire
Terme générique désignant les produits chimiques, commercialisés après homologation, qui sont utilisés comme moyens de traitement dans la lutte contre maladies et ravageurs des cultures.

Produit systémique
Produit phytosanitaire à action systémique, c'est-à-dire absorbé par la plante lors du traitement, par les racines ou les feuilles, et véhiculé par la sève dans tous les organes de la plante. Les insectes suceurs de sève ou ceux qui dévorent les feuilles sont donc détruits dès qu'ils en absorbent.

Pruine
Enduit gris argenté d'aspect cireux, recouvrant les feuilles ou pousses de certaines plantes, comme *Cotyledon* ou *Sedum* chez les plantes grasses, *Cereus peruvianus* chez les cactées. Cette pruine est un moyen de protection contre une lumière intense et permet de limiter les pertes d'eau par évaporation.

Pseudo-bulbes
Tige épaissie des orchidées, servant d'organe de réserve en eau et éléments nutritifs, pour la survie de la plante en période sèche. A chaque saison de croissance se forme un nouveau pseudo-bulbe, lisse et renflé, ainsi qu'au moins deux feuilles, tandis que le pseudo-bulbe de l'année précédente se vide, perd ses feuilles tout en continuant à alimenter le nouveau pseudo-bulbe.

Pucerons
Voir «Premiers secours pour vos plantes», p. 52-55.

Pyréthrines
Substance insecticide naturelle extraite de certaines espèces de pyrèthre, ou chrysanthème. Cet insecticide, rapidement dégradé, est en outre inoffensif pour les abeilles. Il est également considéré comme non toxique pour les humains et mammifères, car il pénètre difficilement la peau. Il semble cependant qu'il puisse se révéler dangereux pour la santé en cas de contact sur des plaies ouvertes, car il peut atteindre le système nerveux par le biais de la circulation sanguine. Attention donc en cas de blessures, maladies de peau et allergies ! Comme pour tous les produits de traitement, opérez avec des gants et choisissez un jour sans vent pour traiter dehors. Il faut se méfier encore plus de la toxicité des pyréthrines de synthèse.

R

Rabattre
Opération de taille qui consiste à raccourcir nettement les tiges principales ou latérales pour rajeunir la plante et l'inciter à émettre de nouvelles pousses (voir p. 44).

Racines
Chez la plupart des plantes, les racines servent à l'ancrage de la plante dans le sol, à l'absorption d'eau et éléments minéraux et à leur transport vers les parties aériennes. Elles font également fonction d'organe de réserve pour certaines substances. Il existe des types de racines présentant des adaptations particulières, comme racines-crampons, racines aériennes ou racines adventives (voir schéma p. 14).

Racines adventives
Se dit de racines qui ne résultent pas du développement racinaire normal, mais apparaissent du fait d'une blessure sur la tige (par exemple coupe d'une bouture) ou sous l'influence de régulateurs de croissance.

Racines aériennes
Type de racines apparaissant surtout chez certaines plantes tropicales. Les racines aériennes peuvent absorber eau, air et sels minéraux. Lorsqu'elles atteignent le sol, elles se ramifient et s'ancrent solidement (comme chez le monstera). Les racines aériennes des orchidées sont recouvertes d'une fine membrane soyeuse. Important : ne supprimez jamais ces racines aériennes !

Racines tubérisées
Racines renflées, servant d'organe de réserve, comme par exemple chez les orchidées terrestres.

Radicelles
Les plus fines ramifications des racines, courtes et munies de poils absorbants. Ce sont elles qui absorbent l'eau et les sels minéraux présents dans le sol.

Raphides
Faisceaux de fines aiguilles d'oxalate de calcium, présents dans certaines cellules végétales. On en trouve notamment chez la plupart des Aracées, famille de l'arum, et surtout chez le dieffenbachia et le dracaena. Ces cristaux sont présents dans des cellules qui les libèrent à la moindre pression ou au toucher. Ils pénètrent facilement les muqueuses au niveau de la bouche et peuvent entraîner des réactions allergiques et des brûlures.

Régulateurs de croissance
Susbtances utilisées par les horticulteurs en arrosages ou pulvérisations pour stimuler la croissance des boutures et la formation de ramifications. Ces traitements permettent d'obtenir des plantes buissonnantes, compactes. Dès que les régulateurs de croissance ont été utilisés par la plante, celle-ci reprend une croissance normale. Certains régulateurs de croissance permettent également de déclencher la floraison.

Rempotage
Opération de jardinage qui consiste à changer une plante de pot, en général pour passer à un pot plus grand, avec du mélange terreux frais (voir p. 41).

Repiquage
Séparation de jeunes plants issus de semis, après germination en général en caissette, avec rempotage dans des godets ou pots individuels pour leur permettre de mieux se développer (voir schéma p. 61).

Repos végétatif
Période pendant laquelle la plante est en croissance très ralentie ou stoppée, sans formation de nouvelles feuilles ou allongement notable des tiges. Pour la plupart de nos plantes d'intérieur, la période de repos végétatif correspond aux mois d'automne et hiver, quand la luminosité baisse. Les plantes demandent alors des apports d'eau réduits, une température plus fraîche et pas d'engrais.

Résistance
Capacité d'une plante, acquise ou induite, à résister à des attaques de maladies ou parasites ou à des conditions d'environnement difficiles. Se dit également de la capacité de certains insectes à résister à certains produits de traitement. Pour les plantes, cette notion de résistance est très importante lors des travaux de sélection de nouvelles variétés ; on recherche bien sûr les espèces supportant le mieux possible les attaques des maladies et des ravageurs qui les affectent le plus fréquemment.

Respiration
La plante respire jour et nuit par tous ses organes aériens, absorbant l'oxygène de l'air et rejetant eau et dioxyde de carbone. Dans la journée, la photosynthèse inverse les échanges gazeux.

Rhizome
Tige souterraine se développant à l'horizontale, émettant à partir des yeux des tiges vers le haut, et des racines vers le bas. Le rhizome se distingue d'une racine par son anatomie, car il porte des bourgeons. Ainsi l'arum d'Ethiopie ainsi que certaines Gesnériacées possèdent un rhizome.

Rosette
Mode de disposition des feuilles, serrées et rayonnantes autour du collet de la plante ou en un point donné de la tige principale. La tige est en général très raccourcie. Ex. : les Broméliacées, les saintpaulias, la fougère nid-d'oiseau.

S

Sable siliceux
Sable de rivière non calcaire ou sable quartzique, additionné aux mélanges de culture pour en augmenter la perméabilité. C'est notamment un constituant important des mélanges de multiplication et mélanges pour cactées. Le sable de construction est par contre à proscrire pour la préparation des mélanges de culture.

Saison de végétation
Voir période de croissance, p. 77.

Salinité
De nombreuses plantes sont sensibles à une concentration élevée en sels minéraux dans le substrat. Cette caractéristique est spécifiée dans les fiches descriptives par espèces, car ces plantes demandent de ce fait des apports d'engrais plus dilués.

Sécheresse des racines
Humidité insuffisante au niveau de la motte de racines pour une plante en pot. Elle peut être repérée au fait que le pot est plus léger et que le mélange se rétracte et se décolle des bords du pot. La plupart des plantes ne supportent pas longtemps une telle sécheresse. Le premier remède : l'immersion du pot dans un seau d'eau tiède (voir p. 42).

Sélection
Dans le cadre de l'amélioration génétique et de la recherche variétale pour les plantes cultivées, opération qui consiste à ne conserver dans la descendance d'une plante que celles présentant les caractères recherchés. Mais il y a également sélection naturelle parmi les végétaux, ceux qui présentent la meilleure adaptation au milieu étant sélectionnés.

Sépales
Eléments du calice, enveloppe protectrice de la fleur, en général verts et plus petits que les pétales.

Serre chaude
Serre chauffée à une température moyenne de 20-25 °C, spécialement conçue pour la culture des plantes tropicales, ou plantes de serre chaude. Concernait à l'origine surtout les jardins botaniques.

Serre froide
Serre maintenue hors gel en hiver, mais avec une température de 2-10 °C environ, destinée aux plantes d'orangerie ou plantes de serre froide, qui demandent une situation fraîche en hiver.

Serre tempérée
Etape intermédiaire par rapport aux définitions ci-dessus : serre chauffée en hiver à 10-15 °C environ.

Silicium (Si)
Elément chimique entrant pour 80 % dans la composition de l'écorce terrestre. Présent chez les plantes, surtout chez les graminées et prêles. L'acide silicique renforce les parois cellulaires et accroît la résistance des plantes en cas d'attaque de maladie ou de parasites. La décoction de prêle (voir p. 42) constitue de ce fait un excellent fortifiant pour les plantes.

Simple
Se dit d'une fleur qui possède le nombre de pétales caractéristique de l'espèce, par rapport aux fleurs doubles ou pleines, aux nombreux pétales.

Soufre (S)
Elément chimique faisant partie des éléments nutritifs essentiels pour les plantes. Nécessaire à la plante pour la synthèse protidique, synthèse de vitamine B1 et certaines essences. Il est apporté par les engrais sous forme de sulfate de potassium, magnésium, ammonium ou calcium.

Sous-arbrisseau
Plante dont la base des tiges est lignifiée, tandis que le reste des tiges est herbacé. Les sous-arbrisseaux rustiques de nos jardins survivent en hiver sous forme de souche ligneuse et développent chaque année de nouvelles pousses herbacées. Exemples parmi les plantes d'intérieur : *Columnea*, espèces de *Pelargonium*, *Pentas lanceolata*.

Sous-espèce
Groupe de plantes formant une sous-division de l'espèce, c'est-à-dire différant de celle-ci par certains caractères mineurs. Dans la nomenclature botanique, le nom de la sous-espèce figure après l'abréviation *ssp. (subspecies)*.

Spadice
Type d'inflorescence, correspondant à un épi à axe central épaissi (voir schémas p. 15). Ex. : famille des Aracées.

Spathe
Bractée (voir p. 70) entourant l'inflorescence de l'arum d'Ethiopie, anthurium et d'autres Aracées, souvent colorée et décorative, destinée à attirer les insectes pollinisateurs.

Sphaigne
Mousse de marais ou tourbière (*Sphagnum squarrosum* et *Sphagnum cuspidatum*). Longtemps utilisée pour la préparation de mélanges de culture, notamment pour les orchidées, et maintenant moins utilisée du fait de sa raréfaction. Elle peut, par exemple, être remplacée par la perlite ou la laine de verre.

Sporanges
Capsules à l'intérieur desquelles se forment les spores (voir ci-dessous) des végétaux inférieurs, par exemple chez les fougères. Les sporanges ont en général une disposition caractéristique à la face inférieure des frondes de fougères.

Spores
Cellules reproductrices des plantes cryptogames, souvent non sexuées et dépourvues de réserves nutritives. Elles peuvent être regroupées dans les sporanges et disséminées à maturité.

ssp.
voir sous-espèce, p. 81.

Stérile
Se dit d'une plante incapable de se reproduire par graines. Contraire de fertile (voir p. 73).

Stériliser
Pour un substrat ou mélange de culture, éliminer tous germes et parasites éventuels. Industriellement, la stérilisation des terreaux se fait par fumigation ou traitement chimique. Particulièrement important pour la culture en pot, afin d'éviter le développement de maladies ou parasites à partir de germes ou de ravageurs présents dans le mélange.

Stigmate
Partie de la fleur, plus exactement du pistil, située en général à l'extrémité du style et où est déposé le pollen lors de la pollinisation. Il est couvert d'un enduit collant ou gluant de façon à ce que les grains de pollen restent collés à sa surface (voir schémas p. 15).

Stimulations sensorielles
De nombreuses plantes réagissent à des signaux extérieurs ou à des contacts. Ainsi, des variations de lumière ou de température, des produits chimiques peuvent entraîner des mouvements mécaniques ou même des lésions. La réaction la plus frappante est peut-être celle de la sensitive, *Mimosa pudica*, dont les pétioles et folioles s'affaissent au moindre contact physique ou courant d'air. Chez de nombreuses plantes, l'alternance jour-nuit déclenche des «mouvements de sommeil», comme les feuilles ou fleurs qui s'ouvrent le jour et se ferment ou se replient la nuit.

Stolon
Tige latérale rampante ou souterraine, issue de la base de la tige principale, de la base de la rosette ou de la plante-mère et capable de s'enraciner et de donner naissance à une ou plusieurs jeunes plantes. Ex. : la saxifrage-araignée, *Chlorophytum*.

Stomates
Voir pores, p 79.

Substrat
Terme technique désignant tout support de culture pour plante en pot, mélange terreux ou à base de tourbe, matériaux inertes...

Sympodiale
Mode de croissance selon plusieurs axes, par opposition à la croissance monopodiale (voir p. 76). Intervient sur une tige lorsque le bourgeon terminal ne peut plus remplir son rôle directeur ou est un bourgeon floral. Dans ce cas, les bourgeons situés à l'aisselle des feuilles supérieures prennent le relais de la croissance.

Systémique
Voir produit systémique, p 79.

T

Tarsonème
Voir «Premiers secours pour vos plantes», p. 52-55.

Température de germination
Température optimale de l'air et du sol pour la germination des graines d'une espèce donnée. Certaines plantes ont besoin de chaleur pour germer, d'autres réclamant au contraire une période de froid.

Terreau horticole
Mélange préparé industriellement pour la culture des plantes en pot et dont la composition peut varier selon le type d'utilisation : terreau pour plantes fleuries, terreau de multiplication... Synonyme de mélange de culture ou de mélange terreux.

Thermomètre mini-maxi
Thermomètre enregistrant la température la plus basse et la température la plus haute sur une période donnée, ce qui permet de connaître les écarts de température jour-nuit. Particulièrement utile pour la culture des orchidées par exemple, car une température nocturne plus fraîche est nécessaire pour la formation des fleurs.

Thrips
Voir «Premiers secours pour vos plantes», p. 52-55.

Tige
Organe aérien portant les feuilles, par opposition à la racine. Elle peut être herbacée ou ligneuse, ramifiée ou non...

Tige (formation en)
Mode de formation par taille de certaines plantes ornementales, qui consiste à éliminer toute ramification jusqu'à la hauteur voulue pour la tige, puis à stimuler ensuite la formation d'une couronne fournie (voir schéma p. 44).

Tourbe
Humus extrait des tourbières, formations végétales particulières, correspondant à des marais inondés. La tourbe est conditionnée et commercialisée pour l'amélioration du sol au jardin et la préparation de mélanges de culture ou terreaux pour les plantes en pot. Les ressources mondiales en tourbe s'épuisant progressivement, la tourbe est de plus en plus remplacée par des matériaux tels qu'écorce broyée ou terre compostée.

Transpiration
Rejet de vapeur d'eau dans l'atmosphère, également appelé évaporation. Toutes les plantes terrestres rejettent ainsi de l'eau, essentiellement au niveau des stomates (voir aussi pores, p. 79).
La transpiration est accrue à température élevée. Si l'eau évaporée par la plante n'est pas renouvelée au niveau des racines, la plante flétrit.

Tronc
Tige ligneuse des arbres, souvent très épaisse, en général non ramifiée dans sa partie inférieure et persistant en hiver.

Tubercule
Partie renflée, plus ou moins charnue, d'une tige ou racine. Tous les tubercules servent d'organes de réserves nutritives. Les tubercules des saintpaulias et des bégonias tubéreux sont des tiges souterraines renflées (voir schéma p. 14).

V

Vaisseaux conducteurs
Organes de transport de la sève chez les végétaux, constitués de cellules allongées. La sève brute – eau et éléments minéraux puisés dans le sol – circule de bas en haut tandis que la sève élaborée – contenant les éléments nutritifs synthétisés dans les feuilles surtout – se dirige vers le bas. Les vaisseaux conducteurs servent également au transport des produits systémiques (voir p. 79).

Variété
Abréviation : *var.*
Variante obtenue en culture d'une espèce végétale, différant de celle-ci par des caractères mineurs. Le nom de la variété horticole figure entre guillemets simples, comme par exemple *Campanula isophylla* 'Mayi'.

Verdissement
Réaction des feuilles panachées à un manque de lumière. Les taches non vertes ne possédant pas de chlorophylle, ne peuvent réaliser la photosynthèse. Pour compenser le manque de lumière, la plante accroît sa surface assimilatrice en redevenant entièrement verte.

Virose
Maladie des plantes causée par un virus. Voir «Premiers secours pour vos plantes», p. 52-55.

Vitrine
Construction vitrée spéciale pour la présentation de plantes d'intérieur demandant une hygrométrie élevée. On peut également parler de «serre d'appartement». Ces vitrines ou petites serres existaient déjà au siècle dernier. Il en existe aujourd'hui de très sophistiquées, parfaitement équipées avec système de chauffage, humidificateur d'air, éclairage d'appoint et ventilation.
L'infrastructure se compose en général d'aluminium ou de bois traité pour résister à l'humidité.

Vrille
Organe d'accrochage de certaines plantes grimpantes, en général filiformes. Les vrilles peuvent être des pousses modifiées, comme chez la vigne ou la passiflore, ou des feuilles modifiées, comme chez les pois et pois de senteur.

X

Xérophytes
Plantes capables de supporter de longues périodes de sécheresse.
Ex. : cactées et plantes grasses telles qu'euphorbe, agave, aloès ou orpin.

La fleur de la Passion – ou passiflore – vigoureuse plante grimpante, sait offrir en échange de soins attentionnés une éblouissante floraison, véritable merveille de la nature.

DESCRIPTION ET CONSEILS DE CULTURE

Entretenir, faire fleurir et parfois fructifier
ces plantes, voilà l'attrait essentiel de la culture
des plantes d'intérieur. Vous apprendrez,
au fil des pages suivantes, comment entretenir,
selon les exigences de l'espèce considérée,
vos pensionnaires préférées : plantes à fleurs
ou plantes vertes, fougères, palmiers,
orchidées, cactées...

Description et entretien des plus belles plantes d'intérieur

Apprenez à connaître toute la palette des plantes d'intérieur et les soins qu'elles réclament. Découvrez ici, avec le portrait individuel de chaque espèce, la variété des feuillages et des floraisons, qui ne manqueront pas de vous inspirer pour décorer votre intérieur.

Une présentation claire, facilitant les comparaisons

Style, structure et contenu du texte contribuent à une présentation sobre et claire qui vous permet d'appréhender d'un seul coup d'œil toute les informations essentielles. Toutes les fiches descriptives étant conçues sur le même modèle, la comparaison entre plantes est aussi facilitée. Et où allez-vous trouver les plantes que vous recherchez ?
Elles figurent selon les cas dans l'une des catégories présentées page ci-contre et sont classées dans chaque catégorie ou sous-chapitre selon l'ordre alphabétique du nom botanique – ou latin.
Le nom commun – ou vernaculaire – figure, lorsqu'il existe, en gros caractères au-dessus de l'illustration. C'est souvent le plus connu des amateurs de plantes. Si plusieurs noms sont possibles, ils figurent conjointement.
Le nom botanique, figurant juste au-dessus du nom commun, est internationalement reconnu, et c'est pour cette raison que ce classement a été retenu. Lorsque le nom botanique ne comprend que le nom du genre (comme par exemple *Echeveria*), c'est que les conseils de culture sont valables pour toutes les espèces du genre cultivées en intérieur.
Si au contraire le nom d'espèce est précisé après le nom de genre (comme par exemple *Ardisia crenata*), la description ne concerne alors que cette seule espèce. De plus, cela signifie souvent que c'est la seule espèce du genre couramment cultivée en intérieur.

Les symboles utilisés

Ils vous donnent aussitôt, sans avoir besoin de lire le texte, les principales informations concernant la situation et l'entretien courant, comme l'arrosage et les vaporisations d'eau, et vous indiquent si une plante se prête à l'hydroculture ou si elle est toxique.

 La plante supporte le plein soleil, même à la mi-journée.

 La plante se plaît en situation lumineuse, à proximité d'une fenêtre mais sans soleil direct.

 La plante se plaît à mi-ombre.

 La plante supporte ou apprécie l'ombre.

 Cette plante demande des arrosages généreux. Arroser de telle sorte que le mélange soit bien imbibé, jusqu'à ce que l'eau en excès coule dans la soucoupe.

 Arroser modérément cette plante. Il doit y avoir à peine un peu d'eau dans la soucoupe après arrosage.

 Arroser parcimonieusement la plante. La soucoupe doit rester sèche.

 Faire de fréquentes vaporisations d'eau.

 Cette plante se prête bien à l'hydroculture ou culture hydroponique.

 Attention, plante toxique.

Les mots clés

Les informations et conseils d'entretien sont toujours regroupés dans le même ordre, selon des rubriques dont l'intitulé est en gras.
Floraison. Elle figure en première place car de première importance, pour les plantes à fleurs, orchidées et Cactées.
Cette information est bien sûr importante en vue de l'achat d'une plante fleurie, ou lorsqu'on veut savoir quand fleurit une plante qui n'est pas encore épanouie.
Famille. Vous trouvez là l'appartenance botanique d'une plante.
Origine. Il s'agit de l'origine géographique ou aire de distribution de la plante.
Emplacement. C'est un point essentiel pour la culture d'une plante. Vous y apprendrez quels sont ses besoins en lumière et chaleur au fil des saisons.
Arrosage, engrais vous renseignent sur les quantités et fréquences des apports d'eau et d'engrais. Important : la recommandation «engrais faiblement dosé» indique qu'il faut utiliser une solution deux à trois fois plus diluée qu'à l'ordinaire.
Autres soins. Figurent ici les exigences particulières concernant hygrométrie, chaleur, vaporisations d'eau ou type de mélange de culture à utiliser.
Multiplication. Sont mentionnées les méthodes les plus simples, les mieux adaptées à ce type de plante. Quant aux modalités, vous les trouverez dans les pages de la rubrique «Pratique» (p. 58 à 61), concernant les diverses méthodes de multiplication.
Maladies et parasites. Sont mentionnés ceux auxquels la plante est particulièrement sujette, et, aussi souvent que possible, la cause principale de l'attaque. Les moyens de lutte à utiliser sont passés en revue dans le chapitre «Les premiers secours pour vos plantes», p. 50 à 55.
Mon conseil. L'auteur donne ici une information ou un conseil complémentaire.
Attention. Cette mention figure dans le cas de plantes toxiques ou pouvant provoquer des irritations de la peau. Les plantes signalées peuvent se révéler toxiques, voire mortelles lorsqu'elles sont accompagnées du symbole de la «tête de mort», pour les adultes, enfants ou animaux, en cas d'absorption ou de contact au niveau de la peau ou des muqueuses.

Les précautions à prendre

Tenez compte, pour le choix de vos plantes d'intérieur, des critères suivants, surtout si vous avez de jeunes enfants ou des animaux domestiques. Certaines plantes demandent en effet des précautions d'emploi !
Elles peuvent causer des allergies. Les exemples classiques sont les réactions allergiques cutanées que peuvent déclencher certaines primevères, ainsi que les cas de dermites de contact causées par des substances phototoxiques de certaines espèces de *Ficus* et *Citrus*. Quelques Composées, (chrysanthèmes) peuvent également causer des allergies cutanées.
Elles peuvent causer égratinures ou blessures, par les épines ou aiguillons, le bord coupant de certaines feuilles...
Elles peuvent donner des maux de tête. Il ne s'agit là que des plantes à parfum, fleurs ou feuillage, parfois «entêtant».

Le vert de ces plantes à feuillage décoratif est si vivant que les floraisons colorées ne font pas défaut dans cette composition.

Elles peuvent contenir des substances toxiques, dangereuses, parfois mortelles pour les humains et animaux en cas d'ingestion. Sont bien sûr particulièrement exposés les jeunes enfants qui mettent tout à la bouche, et, entre autres animaux domestiques, les chats, qui sont attirés par certaines plantes d'intérieur.

Certains champignons responsables de moisissures en surface du terreau *(Aspergillus)* peuvent entraîner des troubles de santé chez des personnes dont l'organisme est déjà affaibli.

Attention, toxique !

Les plantes des familles suivantes contiennent des substances toxiques en quantités assez importantes :

Les Aracées (famille de l'arum) ont une sève caustique et des raphides, faisceaux de cristaux d'oxalate contenus dans les cellules et qui pénètrent facilement sous la peau, y injectant des substances toxiques.

Les Liliacées peuvent renfermer de la saponine et des alcaloïdes, ainsi que des substances irritantes pour la peau.

Les Solanacées sont dangereuses à cause des alcaloïdes très actifs qu'elles renferment.

Les Apocynacées contiennent des substances parmi les plus toxiques qui soient, alcaloïdes et glycosides.

Les Euphorbiacées ont une sève corrosive, que ce soit par simple contact ou voie interne.

Où trouver rapidement un renseignement ?

Les plantes à fleurs : p. 88-135.
Les plantes fleuries du collectionneur : p. 136-137.
Les plantes de véranda : p. 138-141.
Les plantes vertes : p. 142-193.
Les plantes vertes du collectionneur : p. 194-195.
Les fougères : p. 196-205.
Les palmiers : p. 206-213.
Les orchidées : p. 214-221.
Les orchidées du collectionneur : p. 222-223.
Les cactées : p. 224-231.

LES PLANTES A FLEURS

Elles fascinent par l'éclat de leurs teintes, la diversité de leurs formes, et exhalent parfois un envoûtant parfum. Chez certaines, la floraison plutôt discrète se transforme en fruits colorés très décoratifs. Nombreuses sont celles qui refleurissent fidèlement chaque année, devenant ainsi des habituées de la maison dont on ne saurait se passer.

Les statistiques de vente le prouvent : les plantes fleuries sont les favorites parmi les plantes d'intérieur. Qui, en effet, pourrait résister à l'éclat des primevères annonciatrices du printemps, au charme du saintpaulia, à l'élégance des camélias ou des gardénias ? Les plantes fleuries sont autant de feux d'artifice colorés, éphémères sur le fond de verdure permanente assuré par les plantes vertes.

Vous retrouverez ou découvrirez dans les pages suivantes toutes les merveilles que recèle le marché des plantes fleuries, ainsi que des plantes à fruits décoratifs, puisqu'il ne s'agit là que de la «suite» de la floraison. Sont présentées ensuite des plantes peu courantes, récemment introduites sur le marché, ainsi qu'une sélection de plantes d'orangerie ou de véranda, qui peuvent souvent être cultivées dans la maison à l'état de jeunes sujets. Nombre de ces plantes fleuries sont considérées comme des plantes saisonnières – comme la calcéolaire ou l'exacum – c'est-à-dire dont on se débarrasse une fois la floraison terminée car ce sont des annuelles (ou du moins traitées comme telles). D'autres, comme le poinsettia, le chrysanthème et la cinéraire, sont certes des plantes pérennes, mais supportent mal la culture en intérieur pendant de longues périodes, ou refleurissent difficilement. Toutefois, il reste encore bien des espèces qui, avec les soins nécessaires, embellissent d'année en année, fleurissant toujours avec plus d'éclat. Il en va ainsi pour le clivia, le cyclamen, le gardénia ou le camélia. Ces plantes fleuries font sans cesse l'objet de recherches et d'améliorations de la part des sélectionneurs. Les objectifs visés sont une floraison plus longue, un port particulier selon les cas – très compact ou au contraire un grand développement –, de nouvelles teintes ou formes de feuilles, une floraison plus abondante, mais surtout une meilleure aptitude à la floraison.

Ce que vous devez savoir sur les plantes à fleurs

La plupart de nos plantes d'intérieur fleuries sont originaires des régions tropicales et subtropicales du globe. Les premiers représentants des plantes à fleurs ont d'ailleurs vu le jour dans les forêts tropicales humides, au climat constant toute l'année. Cet environnement stable a permis aux plantes tropicales de développer la plus grande diversité de formes et de teintes de fleurs.

La formation des fleurs est soumise à l'influence de nombreux facteurs, dont le principal est la lumière. En règle générale, les plantes refleurissent à chaque saison de végétation. Malgré tout, il existe des exceptions, comme les Broméliacées, qui fleurissent une fois, puis meurent après avoir assuré la pérennité de l'espèce par la formation de rejets, ou les plantes qui demandent des dizaines d'années, parfois presque un siècle avant de fleurir la première fois, comme certains bambous ou aloès.

Les fleurs peuvent être de véritables joyaux : il suffit de songer aux fleurs de medinilla (voir p. 122) ou de passiflore (voir p. 84-85). La période de floraison varie d'une espèce à l'autre. Pour certaines espèces, la date de floraison peut être provoquée par des techniques horticoles à l'occasion de la fête des Mères ou de Noël. Sans ce traitement, elles refleurissent l'année suivante à l'époque habituelle de floraison. Il peut également arriver qu'une plante donne des fleurs à un moment tout à fait inattendu dans l'année. Ceci peut résulter, par exemple, d'erreurs culturales ou survenir à la suite d'une importante attaque de parasites. Le processus de survie de l'espèce se déclenche et la plante essaie de se reproduire rapidement avant de mourir. Les plantes bien sûr ne fleurissent pas pour nous ! Nous ne sommes que les spectateurs d'un processus vital de renouvellement de l'espèce. Pour séduire le mieux possible les agents pollinisateurs, la nature jongle avec les couleurs, les formes, parfois les parfums, pièges raffinés pour les insectes !

Des soins appropriés selon l'espèce

Il est facile d'acheter une plante fleurie ; la soigner après la floraison et la faire refleurir l'année suivante est plus délicat et demande un minimum de connaissances. Les fiches descriptives et conseils d'entretien des pages suivantes devraient vous y aider. Les plus faciles à faire refleurir sont les plantes tropicales originaires de régions aux conditions climatiques constantes toute l'année. Si elles reçoivent assez de lumière en hiver, avec une hygrométrie suffisante, elles refleurissent en général sans demander de soins particuliers. Pour d'autres, l'essentiel est de respecter une période de repos végétatif, c'est-à-dire d'essayer de reproduire le mieux possible dans la maison les conditions naturelles de cette période de repos végétatif, période sèche ou de faible luminosité.

Dans leur habitat naturel, les poinsettias constituent des haies denses, hautes, comparables à celles de nos églantiers. Les oiseaux viennent volontiers s'y poser.

L'objectif vital des plantes à fleurs est la fécondation. Les longues fleurs recourbées, riches en nectar séduisent ici le colibri chargé de la pollinisation.

LES PLANTES À FLEURS

Acalypha hispida
Queue-de-chat, ricinelle

*Il existe aussi des variétés d'*Acalypha *aux épis blancs.*

Acalypha est un arbuste naturalisé dans la plupart des régions tropicales. On ne trouve en pot que des sujets femelles de cette espèce dioïque. Il doit son nom à ses longs épis floraux caractéristiques. Il en existe également des variétés à chatons blanc crème, comme 'Alba', ainsi que des formes retombantes très décoratives, mais plus rares, comme *Acalypha pendula*, aux feuilles en cœur, plus petites.
Floraison : avril à octobre.
Famille : Euphorbiacées.
Origine : régions tropicales du globe.
Emplacement : lumière vive, mais sans soleil direct. Chaleur toute l'année, avec un minimum de 16 °C en hiver. Eviter les courants d'air.
Arrosage, engrais : arroser modérément, avec une eau douce, à température de la pièce. Réduire les arrosages de novembre à janvier. Faire des apports d'engrais hebdomadaires de février à fin août.
Autres soins : faire de fréquentes vaporisations d'eau. Rempoter si besoin est au printemps, dans un pot plus grand et un terreau pour plantes fleuries. Rabattre les tiges auparavant. Pincer régulièrement les jeunes pousses pour obtenir une plante touffue.
Multiplication : par boutures terminales au printemps, si possible dans une serre de multiplication, car les boutures demandent une chaleur de fond d'au moins 20 °C et une hygrométrie élevée. Pincer régulièrement les jeunes sujets.
Maladies, parasites : araignées rouges, mouches blanches, cochenilles favorisées par un air sec en hiver.
Remarque : soigner de la même façon les beaux hybrides à feuillage coloré *Acalypha wilkesiana*.
Attention : espèces et variétés d'*Acalypha* sont des plantes dont tous les organes sont toxiques (en cas d'ingestion).

Achimenes hybrides
Achimène

Les achimènes hybrides offrent une floraison durable.

Cette Gesnériacée très florifère, proche des saintpaulias et des gloxinias, est proposée en été, avec des fleurs dans les tons de blanc, jaune, rose, violet et bleu. Il s'agit de variétés spécialement sélectionnées pour la culture en intérieur. Le rhizome écailleux, ressemblant à un petit cône d'épicéa, est tout à fait caractéristique. Les feuilles sont vertes à la face supérieure, teintées de rouge à la face inférieure.
Floraison : juillet à septembre.
Famille : Gesnériacées.
Origine : Amérique centrale et du Sud ; on ne trouve guère en vente que des variétés sélectionnées.
Emplacement : au chaud (20 à 25 °C) et à la lumière du printemps à l'automne, mais en évitant à tout prix le plein soleil !
Arrosage, engrais : ne jamais arroser à l'eau froide ! Arroser régulièrement et modérément pendant toute la période de croissance. Faire des apports d'engrais 6 semaines après l'entrée en croissance du rhizome et jusque fin juillet. Réduire ensuite les arrosages pour les suspendre à partir de septembre, quand les parties aériennes sèchent et que le rhizome entre en dormance.
Autres soins : couper à la base les tiges desséchées et laisser le rhizome dans son pot jusqu'au printemps (ou bien le conserver dans du sable ou de la tourbe sèche, à 20 °C). Rempoter les rhizomes en février, en les recouvrant de 2 cm de mélange terreux frais. Installer le pot à la lumière (mais sans soleil) et au chaud. Arroser à l'eau tiède, voire chaude et maintenir indirectement (voir p. 43) une hygrométrie élevée.
Multiplication : par division du rhizome au printemps ou boutures terminales, avec une chaleur de fond d'au moins 20 °C.
Maladies, parasites : taches foliaires dues à une eau d'arrosage trop froide ou à des éclaboussures ; plus rarement pucerons, tarsonèmes et viroses.
Remarque : *Gloxinia sylvatica* (syn. *Seemannia sylvatica*) demande exactement les mêmes soins.

Adenium
Adenium, rose du désert

Aechmea
Aechmea

Adenium obesum est ici greffé sur une tige de laurier-rose.

Les bractées de cette inflorescence sont d'un rose givré.

Cette plante doit sans doute son nom à la ville portuaire d'Aden, au sud du Yemen. On trouve dans le commerce *A. obesum*, plus rarement *A. swazicum*. La teinte des fleurs va du blanc rosé au violet en passant par le pourpre. La culture en intérieur de cette belle plante grasse n'est possible que grâce à son greffage par des horticulteurs sur le laurier-rose, plante proche de l'adenium et plus robuste. C'est pour cette raison que l'épaisseur de la tige varie.
Floraison : avril à août.
Famille : Apocynacées.
Origine : sud de l'Arabie Saoudite, Yemen, Ouganda, Kenya, Tanzanie.
Emplacement : plein soleil, chaleur toute l'année. A garder plus au frais en hiver (15 °C) si la luminosité est faible. Il est possible également de la sortir en été, en situation abritée et ensoleillée.
Arrosage, engrais : maintenir le mélange bien humide d'avril à octobre. De novembre à mars, n'arroser que pour éviter le dessèchement complet des racines. En période de croissance faire des apports d'engrais tous les 15 jours, en alternant engrais pour plantes fleuries et engrais pour cactées.
Floraison : rempoter au printemps si besoin est, dans un mélange standard. Les spécimens dégarnis peuvent être rabattus.
Multiplication : difficile, par boutures terminales que l'on greffe au printemps sur une tige de laurier rose de même épaisseur.
Maladies, parasites : araignées rouges, cochenilles farineuses
Attention : la sève de l'adenium est extrêmement toxique. Mettre des gants pour toute taille des tiges ou travaux de greffage. Mieux vaut renoncer à cette plante si vous avez de jeunes enfants ou des animaux domestiques.

Le genre *Aechmea* compte environ 150 espèces, la plupart épiphytes. L'espèce la plus fréquente en intérieur est *A. fasciata*, à inflorescence rose, mais on trouve également d'autres espèces comme *A. chantinii* au feuillage zébré, à inflorescence écarlate, *A. fulgens*, aux fleurs rouge corail, ou encore *A. miniata*, aux fleurs rouge et bleu. Le nom *Aechmea* vient du mot grec *aichme*, fer de lance, par allusion à la forme pointue des bractées. Les feuilles sont disposées en rosette formant un entonnoir central et sont en général épineuses. Il existe cependant un bel hybride obtenu en culture, 'Friederike', non épineux.
Floraison : mai à octobre, mais chaque rosette de feuilles fleurit une seule fois.
Famille : Broméliacées.
Origine : Brésil.
Emplacement : lumière vive, mais sans soleil direct. Température minimum de 18 °C toute l'année. Supporte l'air chauffé, sec.
Arrosage, engrais : toujours utiliser une eau douce. Arroser modérément d'avril à octobre, en versant l'eau au centre de la rosette. De novembre à mars, réduire les apports d'eau. Au printemps et en été, faire des apports d'engrais pour plantes fleuries tous les 15 jours.
Autres soins : vaporisations d'eau par temps chaud. Rempoter tous les deux ans dans un mélange de rempotage ordinaire. Supprimer les rosettes ayant fleuri.
Multiplication : par rejets (voir p. 58) ou semis.
Maladies, parasites : brunissement des feuilles, du fait d'une pourriture et d'une température insuffisante.
Mon conseil : les rejets ne fleurissent que s'ils reçoivent des soins adéquats et lorsqu'ils ont une maturité suffisante. Si malgré cela ils ne fleurissent toujours pas, essayez le «truc» de la pomme (voir p. 45).

Des variations d'humidité au niveau du mélange terreux peuvent se traduire par la chute des boutons floraux chez Aeschynanthus radicans.

Aeschynanthus speciosus (rouge orangé), *A. radicans* (syn. *A. pulcher*, jaune et écarlate), *A. hildebrandii* (rouge) et *A. tricolor* (rouge-brun), ainsi que toute une gamme d'hybrides très décoratifs. Toutes les espèces et variétés se prêtent à la culture en panier suspendu, qui les met particulièrement bien en valeur.

Aeschynanthus
Aeschynanthus

Cette plante étonne toujours par ses cascades de fleurs orangées ou pourpres. Les espèces les plus courantes sont

Origine : Java, Bornéo, Inde et régions himalayennes, jusqu'en Nouvelle-Guinée.
Emplacement : lumineux toute l'année, mais sans soleil direct, et chaud, 20 °C au minimum si possible. Le garder plus au frais (15 °C) et quasiment au sec pendant une période de 4 semaines environ en hiver. Cette courte période de repos favorise la formation des boutons floraux.
Arrosage, engrais : maintenir le mélange modérément humide, sans excès. Les feuilles charnues servent de réserve d'eau, ce qui indique donc que la plante ne demande pas d'arrosages abondants. De mars à fin août, faire des apports d'engrais faiblement dosé, tous les 15 jours.
Autres soins : fréquentes vaporisations d'eau sur le feuillage. Rempoter en février-mars ou après la floraison dans un mélange léger, bien drainant.
Multiplication : par bouturage de pousses non encore lignifiées en début d'été. On peut aussi simplement coucher la tige en surface du mélange de multiplication humide. La tige s'enracine au niveau des nœuds. Important : maintenir une bonne chaleur de fond.
Maladies, parasites : pucerons (rares). Chute des boutons floraux suite à un déplacement du pot, une chute de température ou un excès ou manque d'eau.
Mon conseil : en été, je suspends mes aeschynanthus dans un arbre au feuillage léger. Mi-ombre et chaleur estivale parfois humide leur conviennent tout à fait.
Floraison : été, mais les plantes sont souvent proposées déjà fleuries au printemps.
Famille : Gesnériacées.

Allamanda
Allamanda cathartica

Une vigoureuse plante grimpante – Allamanda cathartica.

En peu de temps, l'allamanda forme des tiges de plusieurs mètres de long. Par la suite, de grandes fleurs, de 8 à 12 cm de diamètre selon la variété, s'ouvrent en trompettes jaune orangé. Les variétés les plus courantes sont 'Hendersonii' (jaune orangé), 'Grandiflora'(jaune citron) et 'Schottii'(jaune), à croissance particulièrement vigoureuse. Pour s'épanouir pleinement, l'allamanda a besoin d'espace, comme dans une serre ou véranda, ou encore près d'une grande baie vitrée.
Les jeunes sujets sont en général vendus palissés sur un arceau et demandent par la suite un support de plus grande taille.
Floraison : mai à septembre, parfois jusqu'à Noël en situation très lumineuse.
Famille : Apocynacées.
Origine : nord-est de l'Amérique du Sud, surtout au Brésil.
Emplacement : plein soleil, chaleur toute l'année (pas moins de 18 °C dans la journée, 15 à 18 °C la nuit en période de repos hivernal). Cette plante apprécie également une bonne chaleur au niveau des racines.
Arrosage, engrais : arroser généreusement et faire de fréquentes vaporisations d'eau d'avril à octobre. Réduire ensuite arrosages et vaporisations. En été, faire des apports hebdomadaires d'engrais, en hiver toutes les 4 semaines si la plante est en situation très lumineuse.
Autres soins : rempoter en février-mars dans un mélange pour plantes fleuries, riche en terre argileuse et éléments nutritifs. Il est possible de rabattre les tiges d'environ 1/3 de leur longueur après la floraison ou au printemps avant le rempotage. Les fleurs se développeront sur les nouvelles pousses.
Multiplication : par boutures terminales au printemps ou à l'automne, avec une chaleur de fond d'environ 25 °C.
Maladies, parasites : jaunissement des feuilles du fait de carences en éléments nutritifs; parfois cochenilles ou cochenilles farineuses.
Attention : l'allamanda est une plante dont tous les organes sont toxiques.

Anthurium
Anthurium, flamant rose, langue-de-feu

Anthurium scherzerianum *hybride*.

La véritable fleur de l'anthurium n'est pas cette grande bractée colorée, ou spathe, mais le fin spadice, sorte d'épi qui se trouve en son centre. Les plus courantes comme plantes en pot sont les A. scherzerianum hybrides, aux spathes différemment colorées selon la variété, aux spadices en général rouge orangé, spiralé.
A. crystallinum est une espèce plus rare, remarquable par son très beau feuillage.
Floraison : les hybrides fleurissent quasiment toute l'année.
Famille : Aracées.
Origine : Amérique centrale et du Sud.
Emplacement : situation chaude et lumineuse toute l'année, mais pas de plein soleil. Maintenir en hiver une bonne chaleur de fond et une humidité de l'air élevée.
Arrosage, engrais : maintenir le mélange modérément humide en période de croissance. Ne jamais arroser avec une eau froide ou calcaire. Eviter l'humidité stagnante au niveau des racines. De mars à septembre, faire des apports hebdomadaires d'engrais dilué de moitié par rapport aux doses indiquées sur l'emballage.
Autres soins : vaporiser fréquemment le feuillage au printemps et en été. Rempoter au printemps, si les racines ont entièrement colonisé la motte de terre, dans un mélange de rempotage riche et léger.
Multiplication : par division des racines au printemps, ou par semis.
Maladies, parasites : enroulement des feuilles et araignées rouges en atmosphère sèche et au soleil. Maladie des taches foliaires, pourriture des racines, pucerons et cochenilles.
Mon conseil : protégez les fleurs quand vous faites des vaporisations d'eau pour éviter qu'elles ne portent ensuite de vilaines taches brunes.
Attention : les anthuriums contiennent des substances irritantes pour les muqueuses.

Aphelandra
Aphelandra, plante-zèbre

Aphelandra squarrosa *est originaire du Brésil*.

L'espèce la plus connue du genre est l'A. squarrosa, dont il existe également quelques hybrides cultivés. Cette plante à port compact atteint environ 30 cm de hauteur et porte de grandes feuilles vert foncé, veinées de blanc crème. Le bel épi floral jaune d'or est en fait constitué de bractées jaune d'or chevauchantes, persistant longtemps sur la plante et dissimulant des fleurs éphémères, tubulaires, jaune pâle. La culture d'espèces comme
A. sinclairiana ou
A. tetragona, toutes deux à floraison rouge, est plus délicate et demande une serre ou une fenêtre-serre.
Floraison : juin à octobre (pour A. squarrosa) ; la période de floraison peut cependant être modifiée par des techniques de culture, ce qui explique que l'on trouve ces plantes en fleurs à d'autres époques de l'année.
Famille : Acanthacées.
Origine : Amérique centrale et du Sud.
Emplacement : lumière vive sans soleil direct, toute l'année.
Température chaude, même en hiver : pas moins de 20 °C (exception : voir la rubrique «Mon conseil»). Entretenir une atmosphère humide (voir p. 43).
Arrosage, engrais : maintenir le mélange modérément humide en permanence. Toujours arroser à l'eau douce, à température ambiante. Faire des apports d'engrais tous les 15 jours de mars à août.
Autres soins : fréquentes vaporisations d'eau. Rempoter au printemps après avoir rabattu les tiges, dans un mélange ordinaire ou un mélange pour plantes fleuries.
Multiplication : par boutures terminales sous serre de multiplication chauffée.
Maladies, parasites : pucerons ou cochenilles en atmosphère trop chaude et sèche. Enroulement et chute des feuilles en cas d'air sec, courants d'air ou température trop froide.
Mon conseil : l'aphelandra ne refleurit l'année suivante que s'il observe une période de repos de 8 semaines en hiver, au frais (10 °C) et en situation très lumineuse (éventuellement sous éclairage artificiel).

LES PLANTES À FLEURS

Ardisia crenata
Ardisia, ardisie

Les baies rouges de l'ardisia persistent plusieurs mois.

Ce petit arbuste asiatique à feuillage persistant est très décoratif, notamment grâce à ses baies rouge vif. La floraison blanche ou rosée est plutôt insignifiante. Cette plante atteint environ 1 m de hauteur dans son habitat naturel. Les jeunes plantes qui se développent à partir des baies sont intéressantes d'un point de vue botanique : on pourrait qualifier cette plante de «vivipare» ! Autre singularité : les épaississements en forme de nœuds sur le bord des feuilles contiennent des bactéries vivant en symbiose avec la plante. Des études ont montré que les jeunes plants issus de graines ne contenant pas de bactéries étaient incapables de se développer. *A. crenata* est la seule espèce commercialisée.
Floraison : mai-juin. Les baies rouges, de la taille d'un pois, demeurent environ six mois sur la plante, parfois jusqu'à la floraison suivante.
Famille : Myrsinacées.
Origine : Japon, Corée, Taiwan, Chine, nord de l'Inde.
Emplacement : lumière vive et chaleur toute l'année, mais pas de plein soleil. Situation un peu plus fraîche en hiver. Sujet idéal pour une fenêtre donnant à l'est.
Arrosage, engrais : arroser modérément, avec des apports hebdomadaires d'engrais faiblement dosé de mars à août.
Autres soins : entretenir une bonne chaleur de fond et une hygrométrie élevée. Vaporiser fréquemment le feuillage. Rempoter au printemps dans un mélange ordinaire.
Multiplication : par semis avec une chaleur de fond de 25 °C au moins, ou par bouturage, mais les boutures s'enracinent difficilement.
Maladies, parasites : cochenilles et cochenilles farineuses en air chaud et sec.
Mon conseil : veiller à assurer une hygrométrie élevée avant la floraison, sans quoi floraison et fructification risquent d'être décevantes. On peut effectuer la pollinisation au pinceau, de fleur à fleur et ainsi favoriser la formation des fruits.

Begonia elatior hybrides
Bégonias à fleurs

Begonia elatior : de véritables bouquets de fleurs en pot !

Ces hybrides sont les plus courants des bégonias à fleurs et étaient autrefois appelés *Begonia* x *hiemalis*, car étant à l'origine des plantes à floraison hivernale. Ils figurent parmi les premiers au hit-parade des plantes fleuries, car ils offrent une très vaste palette de teintes de fleurs, sont vendus fleuris toute l'année et peuvent fleurir sans discontinuer pendant presque une année entière. Parmi les plus belles variétés figurent 'Alma', à fleurs doubles orangé vif, le rouge 'Renaissance', le célèbre 'Schwabenland', rouge vif, 'Susi', à fleurs roses et 'Gold Star', aux fleurs doubles jaune orangé, évoquant des fleurs d'hibiscus. Les variétés légèrement retombantes sont également très prisées, dans les tons blanc, rose ou rouge – comme la série 'Aphrodite' – et produisent beaucoup d'effet en suspension. On cultive en général ces bégonias comme des annuelles, qu'on ne garde pas après la floraison.
Floraison : quasiment toute l'année.
Famille : Bégoniacées.
Origine : Amérique du Sud. Les plantes commercialisées sont cependant toutes des variétés sélectionnées.
Emplacement : lumineux, mais sans soleil, à température assez chaude toute l'année, pas moins de 18 °C.
Arrosage, engrais : maintenir le mélange modérément humide en permanence en évitant aussi bien l'humidité stagnante que la sécheresse des racines. Faire des apports d'engrais tous les 15 jours.
Autres soins : le rempotage est inutile puisqu'on ne garde pas la plante après la floraison.
Multiplication : par boutures terminales en avril-mai (possible également à d'autres périodes de l'année), à prélever uniquement sur des plantes parfaitement saines. Les boutures s'enracinent mieux sous serre de multiplication chauffée.
Maladies, parasites : l'oïdium, souvent redouté chez les bégonias, se développe surtout en atmosphère très humide.

Begonia
Bégonias, bégonias arbustifs

Beloperone guttata
Plante-crevette

Begonia limmingheana fleurit de mars à mai.

On trouve également des sujets de Beloperone formés sur tige.

Ce groupe de bégonias comprend des plantes vivaces, arbustes ou sous-arbrisseaux qui fleurissent généreusement et peuvent être cultivés de nombreuses années en intérieur. La plupart des espèces possèdent également un feuillage très décoratif. Les espèces et hybrides les plus connus de ce groupe sont :
- Bégonias hybrides 'Corallina' ;
- B. limmingheana ;
- B. serratipetala ;
- B. metallica ;
- B. egregia ;
- B. coccinea et ses variétés comme 'Comte de Miribel'.
Floraison : variable d'une espèce ou variété à l'autre.
Famille : Bégoniacées.
Origine : Amérique tropicale.
Emplacement : lumière vive toute l'année. Les espèces à feuillage lisse supportent mieux le soleil que celles à feuillage velu ou duveteux. Température estivale de 20-22 °C, un peu moins en hiver (pas moins de 15 °C).
Arrosage, engrais : maintenir la motte légèrement humide en permanence. Eviter toute humidité stagnante ou au contraire toute sécheresse des racines. Faire des apports d'engrais tous les 8 ou 15 jours de mars à août.
Autres soins : rempotage entre mars et juillet, ou à d'autres périodes de l'année si nécessaire, dans un mélange léger, par exemple à base de tourbe, ou dans un mélange pour plantes de terre de bruyère. Rabattre les tiges au printemps avant le rempotage, et tailler à nouveau en été si besoin est pour rectifier la silhouette. Pincer régulièrement les tiges pour éviter qu'elles ne se dénudent à la base.
Multiplication : par boutures terminales, qui s'enracinent facilement dans l'eau ou dans la terre.
Maladies, parasites : risque d'oïdium, chute des feuilles et fleurs en cas d'humidité ou sécheresse excessive des racines.
Mon conseil : il existe de nombreuses espèces et variétés fascinantes de ces bégonias à fleurs et feuillage décoratifs. Recherchez dans les catalogues des spécialistes (voir adresses p. 238) pour vous constituer une petite collection.

Cette plante-crevette à la floraison originale est souvent considérée comme une plante d'intérieur éphémère. Ce charmant sous-arbrisseau originaire du Mexique peut pourtant vivre et fleurir pendant de longues années dans la maison. Ses feuilles ovales sont légèrement duveteuses. Les épis floraux, ressemblant au houblon, sont constitués de bractées emboîtées, brun orangé ou rosé, entre lesquelles émergent les vraies fleurs, tubulaires, blanches.
Floraison : la plante porte presque toute l'année ces épis de bractées. Les vraies fleurs sont cependant éphémères.
Famille : Acanthacées.
Origine : Mexique.
Emplacement : situation très lumineuse, mais sans soleil direct, à l'intérieur comme à l'extérieur en été. Température ambiante en été ; 12 à 16 °C lui suffisent en hiver, mais la plante supporte également l'atmosphère d'une pièce chauffée.
Arrosage, engrais : arroser abondamment en été, puis réduire les arrosages à partir d'août et garder la motte plus au sec en hiver. Faire des apports hebdomadaires d'engrais de mars à août.
Autres soins : rempoter au printemps si besoin est, dans un mélange ordinaire ou terreau pour plantes fleuries. Rabattre les tiges d'1/3 à 1/2 auparavant. La taille stimule la formation de nouvelles tiges et donc favorise un port buissonnant et compact. Pour les mêmes raisons, pincer fréquemment l'extrémité des tiges en été.
Multiplication : par bouturage sous serre chauffée, au printemps.
Maladies, parasites : attaques de pucerons en fin de période de chauffage ; chute des feuilles en cas de situation trop humide et sombre en hiver.
Mon conseil : essayez de former en tige de jeunes boutures enracinées (voir p. 44). Les plantes obtenues sont particulièrement décoratives.
Remarque : *Pachystachys lutea* (voir photo p. 21), parfois appelé bélopérone jaune, demande les mêmes soins mais est plus sensible au froid.

Cela vaut la peine de poursuivre la culture de *Beloperone* quand cesse la floraison, car c'est un sous-arbrisseau vigoureux qui peut fleurir pendant des années.

LES PLANTES A FLEURS

Billbergia nutans
Billbergia

Cette robuste Broméliacée produit une floraison très décorative.

Cette Broméliacée est l'une des plus attachantes des plantes d'intérieur fleuries, car elle fleurit généreusement et donne de nombreux rejets. Les feuilles étroites, rubanées, sont groupées en rosettes, et les inflorescences retombantes (*nutans* signifie retombant) sont constituées de bractées rose soutenu entourant des fleurs vertes et violettes. Il existe également dans le commerce des hybrides à bractées orangées, ainsi que d'autres espèces de *Billbergia*.
Floraison : en fin d'été si la plante passe l'hiver en situation fraîche, en fin d'hiver si elle le passe en situation chaude.
Famille : Broméliacées.
Origine : sud du Brésil, Uruguay, Paraguay, nord de l'Argentine.
Emplacement : très lumineux, mais non ensoleillé. Cette plante peut passer l'été dehors en situation abritée, mais peut également passer l'année dans une pièce normalement chauffée. *B. nutans* supporte la fraîcheur en hiver, mais les autres espèces et hybrides demandent une situation assez chaude.
Arrosage, engrais : arroser généreusement en été, moins en hiver à température fraîche, un peu plus dans une pièce bien chauffée. Apports hebdomadaires d'engrais de mars à août.
Autres soins : vaporiser fréquemment le feuillage en été et rempoter si besoin est dans un contenant large et peu profond, rempli de mélange ordinaire ou pour plantes fleuries.
Multiplication : par les rejets.
Maladies, parasites : rares.
Mon conseil : le billbergia est une excellente plante à recommander aux débutants ; en outre, il supporte bien l'air chauffé, sec.

Browallia
Browallie, browalle, violette bleue

La floraison de Browallia speciosa *perdure toute l'année.*

Des six espèces connues de browallies, *B. speciosa* est la plus courante en intérieur. Ce sous-arbrisseau de 30 à 50 cm de hauteur a des feuilles vert foncé et porte tout au long de l'année de nombreuses fleurs bleues, violettes et blanches, qui se forment à l'aisselle des feuilles. *B. viscosa* et *B. grandiflora* sont d'autres espèces cultivées, parfois utilisées comme plantes à massif en été. Leur période de floraison dépend de la date de semis. Celui-ci a lieu en février pour une culture en plein air, en août pour une culture en pot.
Floraison : toute l'année pour *B. speciosa*, de novembre à janvier pour *B. grandiflora* et *B. viscosa*.
Famille : Solanacées.
Origine : Amérique tropicale.
Emplacement : lumière vive, voire un peu de soleil direct. Prévoir un ombrage entre 11 h et 15 h l'été en cas de situation ensoleillée. Température chaude (20 °C au moins) en été, un peu moins en hiver.
Arrosage, engrais : arroser généreusement en été, modérément en hiver (risque de pourriture). Faire des apports d'engrais hebdomadaires tant que la plante est en croissance.
Autres soins : le rempotage est rarement nécessaire puisque la plante est en général cultivée comme une annuelle.
Multiplication : par bouturage ou semis. Semer en février sans couvrir les graines et installer la terrine sur un appui de fenêtre bien éclairé. A 20-25 °C, la germination a lieu en deux semaines environ. Grouper 5 ou 6 jeunes plants par pot de façon à obtenir rapidement une belle potée fleurie.
Maladies, parasites : mouches blanches en air sec.
Attention : comme toutes les Solanacées, les browallies sont des plantes toxiques.

Brunfelsia
Brunfelsia

Brunfelsia pauciflora var. calycina

Le genre *Brunfelsia* compte environ 30 espèces de petits arbres et arbustes. La seule cultivée en intérieur est *B. pauciflora* var. calycina, dont les tiges assez espacées se ramifient difficilement. Les grandes fleurs blanches, jaunes, plus souvent mauves à violet foncé selon la variété, ne durent que quelques jours, mais se renouvellent durant toute la période de floraison.
Floraison : janvier à août. Il existe également une variété à floraison hivernale, à fleurs bleu-violet à œil blanc.
Famille : Solanacées.
Origine : Brésil.
Emplacement : toute l'année, chaleur, lumière vive à mi-ombre. De novembre à janvier, l'installer au frais (10-12 °C), ce qui favorise la formation des fleurs.
Arrosage, engrais : arroser à l'eau douce, tiède. Maintenir la motte bien humide de mars à septembre et faire des apports d'engrais tous les 15 jours. Cesser ensuite les apports d'engrais et réduire les arrosages. L'air chaud et sec est à proscrire. Vaporiser fréquemment le feuillage.
Autres soins : rempoter dans un mélange ordinaire faiblement dosé en engrais ou un mélange à base de tourbe, après la floraison principale, en début d'été. Rabattre à cette occasion les tiges trop longues.
Multiplication : par boutures terminales ou de tige, avec 25 °C de chaleur de fond. Difficile.
Maladies, parasites : jaunissement des feuilles (chlorose) en cas d'eau calcaire ; pucerons.
Attention : comme toutes les Solanacées, le brunfelsia est une plante toxique.

Calceolaria hybrides
Calcéolaire, petite pantoufle

Les fleurs renflées des calcéolaires sont souvent joliment tigrées.

Calceolus est un mot latin qui signifie petite pantoufle ou chaussure. Les quelque 500 espèces du genre et les nombreux hybrides obtenus en culture ont en commun une fleur à lèvre inférieure renflée, dans les tons jaune, rouge ou orangé, unicolore, bicolore, ou encore tigrée. Il ne faut pas confondre ces hybrides, vendus au printemps comme plantes d'intérieur fleuries et colorées, avec *C. integrifolia*, sous-arbrisseau planté en jardinière ou en massif l'été, bien que toutes soient traitées comme des annuelles et supprimées après la floraison. Si vous possédez une serre alpine, froide, vous pouvez y cultiver de superbes espèces botaniques comme *C. darwinii*.
Floraison : janvier à mai.
Famille : Scrophulariacées.
Origine : Amérique du Sud ; les plantes commercialisées sont toutes des variétés sélectionnées.
Emplacement : très lumineux, mais sans plein soleil, plutôt frais (15-20 °C) et bien aéré. Un appui de fenêtre exposé au nord convient tout à fait.
Arrosage, engrais : arroser abondamment, mais éliminer l'eau en excès dans la soucoupe une demi-heure après l'arrosage. Faire des apports d'engrais hebdomadaires.
Multiplication : délicate. Par semis en été ; température de germination : 18 °C. Ne pas couvrir les graines. Un éclairage d'appoint est indispensable en automne et hiver pour assurer la floraison ultérieure des jeunes plants.
Maladies, parasites : mouches blanches et pucerons en atmosphère trop chaude, avec un air non renouvelé.

LES PLANTES À FLEURS

Camellia
Camélia

Camellia japonica *'Chandleri Elegans'*.

Camellia japonica *'Alba Simplex'*.

Les boutons floraux vont-ils tomber ou non ? C'est bien la question que se posent tous ceux qui tentent la culture du camélia en véranda. Les camélias ont en effet la réputation de réagir à la moindre erreur culturale ou facteur d'environnement défavorable, par la chute des boutons floraux. Il n'en va cependant pas tout à fait ainsi. Si l'on veille à leur assurer une humidité de l'air élevée, une eau d'arrosage non calcaire, une certaine fraîcheur et qu'on leur évite aussi bien la proximité d'un appareil de chauffage que les brusques variations de température, ils offrent fidèlement chaque année leur superbe floraison. Il en existe plus de 10 000 variétés aux coloris allant du blanc pur au rouge le plus intense, en passant par de nombreuses nuances douces de rose et saumon, sans compter les fleurs bicolores. On note également une infinie diversité dans les formes des fleurs et le nombre de pétales (fleurs simples à doubles). Il serait bien sûr impossible d'énumérer et de décrire ici toutes ces variétés, d'autant plus que la palette des variétés couramment proposées dans les points de vente est beaucoup plus restreinte. Certains pépiniéristes spécialisés proposent cependant un très grand choix de variétés.

Floraison : octobre à mars.
Famille : Théacées.
Origine : Est asiatique.

Les variétés illustrées :
Ci-dessus : Camellia japonica *'Hatsu Warei'* ; au centre (ci-contre) : Camellia japonica *'Rubescens Major'* ; à droite : Camellia japonica *'Oki no Numi'*.

Emplacement : frais, lumineux et bien aéré toute l'année. Pas de plein soleil. Température hivernale de 6-8 °C, si possible pas plus de 12 °C. Des températures élevées (20-25 °C) sont cependant nécessaires à la formation des boutons floraux, mais pendant la maturation des fleurs, la température ne doit pas dépasser 15° C afin d'éviter leur chute. Le mieux est de sortir les plantes fin mai en situation abritée et ombragée.

Arrosage, engrais : jamais d'eau calcaire. Maintenir la motte de racines modérément humide en permanence. Faire des apports d'engrais pour azalées du départ de la végétation jusque fin juillet. Réduire ensuite les arrosages, ce qui favorise la formation des boutons floraux.

Autres soins : en hiver, vaporiser quotidiennement le feuillage et les boutons floraux, mais sans mouiller les fleurs épanouies ! Toujours rempoter après la floraison, au plus tard fin juillet, dans un mélange à base de tourbe faiblement dosé en engrais ou un mélange pour plantes de terre de bruyère.

Multiplication : par boutures terminales ne portant pas de boutons floraux, en août. Les tiges de teinte vert olive sont les plus aptes à s'enraciner. L'enracinement des boutures demande environ 8 semaines.

Maladies, parasites : pucerons, fumagine, chute des feuilles après un hivernage trop chaud ou des soins inappropriés en été. Chute des boutons floraux à température trop élevée, après avoir tourné le pot une fois que les boutons sont formés, en cas de sécheresse des racines ou au contraire d'humidité stagnante, ou encore à cause d'une eau trop dure.

Mon conseil : les variétés les plus indiquées pour la culture en intérieur, ou plutôt en serre ou véranda, sont celles issues de *Camellia sasanqua*. Elles ont une croissance lente, donnent de belles tiges légèrement retombantes et fleurissent souvent dès octobre. Les variétés à fleurs simples de *Camellia japonica* conviennent bien également, comme 'Apollo', 'Silver Waves', 'Apple Blossom' ou 'Maiden's Blush'.

Une splendeur remarquée dans le jardin d'hiver ▶
Ce camélia hybride 'Barbara Clark' est magnifique, tant par son port équilibré que par sa floraison généreuse.

LES PLANTES À FLEURS

Campanula
Campanule, étoile de Marie, étoile de Bethléem

La plus populaire, Campanula isophylla *'Mayi'.*

Cette plante supporte bien – chose rare chez les plantes d'intérieur – l'eau calcaire. L'espèce de campanule la plus fréquemment proposée en pot est l'étoile de Marie ou étoile de Bethléem, *Campanula isophylla* et ses variétés 'Alba', blanche et 'Mayi', bleu-violet. Les espèces *C. fragilis* et *C. pyramidalis* requièrent les mêmes soins.
Floraison : mars à octobre.
Famille : Campanulacées.
Origine : bassin méditerranéen.
Emplacement : situation lumineuse à ensoleillée, mais à l'abri du soleil brûlant de la mi-journée en été. En été, installer la plante en situation abritée dehors ou assurer une bonne aération dans la maison. Un endroit frais (10 °C environ) suffit pour la période de repos hivernal.
Arrosage, engrais : arroser généreusement en période de croissance, surtout par temps chaud et faire des apports d'engrais pour plantes fleuries de mai à août, tous les 15 jours. Arroser très parcimonieusement en hiver.
Autres soins : rabattre les tiges après la floraison, en automne, et rempoter au printemps dans du terreau frais.
Multiplication : par boutures, qui s'enracinent sans difficulté dans un mélange à parts égales de tourbe et de sable grossier.
Maladies, parasites : araignées rouges en air sec et trop chauffé en hiver. Pourriture grise (botrytis) et taches foliaires en cas d'humidité excessive.
Mon conseil : l'écoulement de sève blanche qui se produit lorsqu'on coupe les boutures peut être stoppé en plongeant la base des tiges dans l'eau tiède.

Les variétés illustrées :
Ci-dessus : Campanula porscharskyana ; ci-contre à droite :, Campanula isophylla *'Alba'*.

Capsicum annuum
Piment d'ornement, piment annuel, piment commun

Une charmante décoration pour l'appui de fenêtre de la cuisine.

Le piment d'ornement est surtout vendu en automne et à Noël, garni de ses petits fruits arrondis, pointus ou cylindriques selon la variété, dans des tons lumineux comme le violet, le rouge, l'orange ou le jaune. On ne sait pas toujours que ces variétés ornementales sont très proches des variétés légumières de piment et poivron. Les parties vertes de la plante sont toxiques, mais non les petits fruits, comestibles mais très pimentés. La plante contient un alcaloïde irritant pour la peau, la capsicine. Comme l'indique le nom d'espèce *annuum*, il s'agit d'une plante annuelle, dont on se débarrasse quand les fruits flétrissent et tombent.
Floraison : printemps-été, mais ce sont les fruits qui se développent après la floraison qui constituent le véritable caractère décoratif de la plante.
Famille : Solanacées.
Origine : Est asiatique ; Amérique centrale et du Sud.
Emplacement : lumineux à ensoleillé, bien aéré, si possible pas plus de 20 °C. Conserver au frais les plantes achetées en hiver, les fruits tiendront plus longtemps.
Arrosage, engrais : arroser modérément, en évitant tout excès. Faire des apports hebdomadaires d'engrais en période de croissance.
Autres soins : le rempotage est inutile, puisque la plante n'est pas conservée plus d'une saison.
Multiplication : par semis au printemps. Exposer les plantes à une lumière vive pendant la floraison et si possible dehors en situation abritée pour favoriser la formation des fruits.
Maladies, parasites : pucerons et araignées rouges en atmosphère chaude et sèche, avec un air insuffisamment renouvelé.
Attention : comme toutes les Solanacées, ce piment est une plante toxique. Les fruits colorés attirent particulièrement les enfants, mais ils sont si forts qu'ils les recrachent rapidement !

Catharanthus roseus
Pervenche de Madagascar

Cette charmante plante fleurie se bonifie au fil des années.

La pervenche de Madagascar est une cousine exotique de notre pervenche à fleurs bleu-violet *(Vinca minor)* et était autrefois appelée *Vinca rosea*. Cette plante tropicale cosmopolite, qui est en fait une plante vivace, est plutôt considérée comme une annuelle pour la culture en pot et peut même être plantée en été dans un massif ensoleillé et abrité. Ses feuilles vert foncé, de 2,5 à 7 cm de long, sont soulignées par une nervure centrale blanche. Les fleurs d'environ 3 cm de diamètre sont roses ou blanches, à gorge teintée de rouge ou de jaune. La pervenche de Madagascar, cultivée depuis 1757, est toujours très appréciée !
Floraison : mai à octobre.
Famille : Apocynacées.
Origine : pays tropicaux.
Emplacement : dans une pièce chaude et lumineuse, mais sans soleil direct. Plus au frais en hiver (15 °C environ) si on poursuit sa culture après floraison. A l'extérieur, trouver un emplacement chaud, abrité et lumineux. Ne se plaît guère dans les régions fraîches et humides.
Arrosage, engrais : arroser abondamment en été, mais en évitant toute humidité stagnante. De mars à août, faire des apports d'engrais tous les 15 jours. Réduire les apports d'eau en hiver.
Autres soins : pour garder la plante plusieurs saisons, la rempoter à chaque printemps dans un mélange à base de tourbe ou un mélange pour plantes fleuries.
Multiplication : par bouturage en mars ou semis sous châssis ou serre chauffée en février. Grouper 3 jeunes plants par pot et pincer les tiges pour obtenir rapidement une potée bien touffue.
Maladies, parasites : rares.
Mon conseil : si vous conservez la plante en hiver, procurez-lui une certaine fraîcheur ; toutefois son support ne doit pas être trop froid.
Attention : tous les organes de cette plante sont toxiques.

Chrysanthemum indicum hybrides
Chrysanthème des fleuristes

Les chrysanthèmes apprécient une situation fraîche.

C'est bien sûr au moment de la Toussaint que l'on trouve le plus vaste choix de chrysanthèmes en pot. La palette des teintes s'étend du blanc pur au pourpre et au violet pâle, en passant par des coloris jaune citron, jaune d'or, bronze, rose, lie-de-vin. Formes des fleurs et ports (buissonnant, retombant, formé en tige...) offrent également beaucoup de diversité. Les chrysanthèmes ont été longtemps des plantes fleuries très populaires en intérieur, du moins tant qu'ils trouvaient un emplacement assez frais, près d'une fenêtre, même dans un séjour chauffé.
Floraison : juillet à décembre à l'origine ; toute l'année maintenant, grâce aux techniques de forçage.
Famille : Composées.
Origine : Chine et Japon ; les plantes cultivées sont cependant des hybrides et variétés sélectionnées.
Emplacement : frais et lumineux. Dans une pièce chaude, la floraison est assez éphémère. Sortir en mai les plantes conservées en hiver dans la maison ou les jeunes boutures racinées.
Arrosage, engrais : maintenir la motte de racines modérément humide en permanence. La plante s'affaisse rapidement si elle manque d'eau. Faire des apports d'engrais hebdomadaires aux plantes achetées fleuries, ainsi qu'aux jeunes sujets ou plantes conservées en hiver, pendant la saison de croissance active, c'est-à-dire du printemps à l'automne.
Autres soins : rabattre les tiges après la floraison. En hiver, réduire les arrosages et garder la plante à 3-5 °C. Rempoter en mars dans un mélange riche en éléments nutritifs. Pincer régulièrement les jeunes pousses.
Autre possibilité pour l'hivernage : après les avoir rabattus, planter les chrysanthèmes au jardin en situation lumineuse et abritée. Avant les gelées, appliquer un paillis protecteur de branchages. Ce type de protection se révèle cependant insuffisant en cas de fortes gelées.
Multiplication : par bouturage au printemps.
Maladies, parasites : pucerons et araignées rouges en situation chaude, mineuses des feuilles.

Un bel exemple de chrysanthème formé en tige.

LES PLANTES A FLEURS

Citrus
Oranger, oranger nain, oranger calamondin, kumquat

A gauche, oranger calamondin ; à droite, kumquat.

Un port décoratif, des fruits comestibles, des fleurs blanches délicieusement parfumées, un feuillage brillant et persistant : telles sont les qualités qui font que les orangers ou espèces proches sont actuellement très appréciés en tant que plantes d'intérieur ou plutôt de véranda.
Bien sûr, ne se prêtent à la culture en intérieur ou dans l'espace limité d'une véranda que les sujets de relativement petite taille, 1 à 2 m environ, comme *Citrus microcarpa* (syn. *C. mitis*), l'oranger calamondin, *Fortunella japonica*, le kumquat et l'hybride x *Citrofortunella mitis*, hybride entre *Citrus* et *Fortunella*.
Floraison : fleurs et fruits peuvent se succéder ou coïncider sur la plante quasiment tout au long de l'année. Les fruits restent accrochés de plusieurs semaines à plusieurs mois.
Famille : Rutacées.
Origine : Sud-Est asiatique.
Emplacement : lumière vive ou soleil toute l'année. Situation chaude et abritée en été – dehors de préférence – ; 15-18 °C en hiver.
Arrosage, engrais : arroser généreusement du printemps à l'automne, peu en hiver, ne pas arroser avec une eau calcaire. De mars à août, faire des apports hebdomadaires d'engrais faiblement dosé.
Autres soins : fréquentes vaporisations d'eau. Lorsque les racines ont colonisé toute la motte, rempoter dans un mélange ordinaire ou un mélange à base de tourbe riche en éléments nutritifs, ou encore dans un terreau pour plantes fleuries additionné de bonne terre végétale argileuse. Rabattre le moins possible les tiges.
Multiplication : par bouturage sous serre chauffée ; difficile.
Maladies, parasites : cochenilles, cochenilles farineuses, araignées rouges. Jaunissement du feuillage (chlorose) avec une eau d'arrosage trop dure ou calcaire.
Mon conseil : les plantes ne séjournant pas dehors, et donc non pollinisées par les insectes, doivent être fécondées au pinceau, en transportant le pollen sur le stigmate. La mi-journée est le meilleur moment pour opérer une pollinisation réussie.

Clerodendrum
Arbre de la chance, clerodendron

L'arbre de la chance est une vigoureuse plante grimpante.

Seules quelques-unes des 400 espèces du genre *Clerodendrum* sont cultivées. La seule cultivée en intérieur est *C. thomsoniae*, récemment baptisée «arbre de la chance» (d'après son nom allemand). C'est un vigoureux arbuste grimpant, dont les tiges atteignent environ 4 m de longueur dans son habitat naturel, en Afrique.
Les petites fleurs écarlates, entourées d'un calice blanc renflé, groupées en bouquets denses, apparaissent à partir de mars et constituent dans les jardins d'Afrique un éblouissant spectacle. Chez nous, la plante est en général traitée avec des nanifiants ou des régulateurs de croissance, et vendue sous forme compacte, buissonnante.
Floraison : mars à septembre.
Famille : Verbénacées.
Origine : Afrique de l'Ouest, Cameroun.
Emplacement : très lumineux, mais sans soleil brûlant. Toute l'année, chaleur et humidité de l'air élevée.
Arrosage, engrais : toujours arroser avec une eau douce, à température ambiante. Maintenir la motte légèrement humide. Faire des apports d'engrais hebdomadaires de mars à août.
Autres soins : maintenir une hygrométrie élevée, notamment par de fréquentes vaporisations d'eau. Rempoter au printemps si besoin est.
Multiplication : par bouturage en mai. Les boutures demandent une serre de multiplication chauffée pour s'enraciner.
Maladies, parasites : chute des fleurs et boutons floraux en air sec ; taches foliaires en cas de chaleur insuffisante au niveau des racines.
Mon conseil : comme cette plante ne supporte pas du tout l'air chauffé et sec, je la garde au frais, à 12 °C environ, entre mi-décembre et mi-février, lui faisant ainsi observer une sorte de période de repos. Elle perd alors son feuillage. Au printemps, je rabats les tiges, je la rempote si besoin est et je la réinstalle au chaud. De nouvelles pousses se développent rapidement, accompagnées de boutons floraux.

Clivia
Clivia, clivie

Le clivia devient de plus en plus beau et florifère avec l'âge.

Dans son habitat naturel, le clivia pousse dans des endroits humides, à l'ombre, entre des rochers ou en forêt. De la courte tige tubérisée sont issues des feuilles rubanées, disposées en éventail et, au printemps, une inflorescence portée par une longue hampe.
Floraison : février à mai, parfois dès Noël en situation fraîche.
Famille : Amaryllidacées.
Origine : Afrique du Sud.
Emplacement : d'octobre à fin février, frais (pas plus de 12 °C) et lumineux, mais sans soleil direct. Dès qu'apparaît la hampe florale, situation ombragée et plus chaude (18-20 °C). La plante peut passer l'été dehors. Faire un repère sur le pot (voir p. 45) pour le placer toujours selon la même orientation par rapport à la lumière.
Arrosage, engrais : arroser abondamment en été, mais en évitant toute humidité stagnante.
Il lui faut absolument une période de repos végétatif d'octobre à fin février, quasiment au sec et à 8-10 °C. Faire des apports d'engrais tous les 15 jours de mars à juillet.
Autres soins : faire des vaporisations d'eau quand se développent les feuilles et la hampe florale. Nettoyer les feuilles de temps à autre avec un chiffon propre et humide. Rempoter les jeunes sujets chaque année dans un mélange standard. Mieux vaut laisser dans le même pot, sans rempotage, les sujets plus âgés. Couper l'inflorescence fanée.
Multiplication : par rejets au printemps ou en été. Les séparer délicatement de la plante-mère. Il faut compter 3 à 6 ans de culture avant la première floraison.
Maladies, parasites : cochenilles, cochenilles farineuses en cas de situation trop chaude en hiver.
Mon conseil : si votre clivia ne fleurit pas ou que la floraison est stoppée, c'est parce qu'il n'a pas observé de repos végétatif, ou que les arrosages ont été repris trop tôt au printemps (la hampe doit atteindre au moins 15 cm) ou encore qu'il n'a pas reçu assez d'eau quand l'inflorescence était en plein développement.
Attention : le clivia contient des alcaloïdes toxiques.

Columnea
Columnéa

Personne ne résiste au charme des cascades de fleurs rouge écarlate des columnéas ! Plusieurs espèces et variétés sont couramment cultivées comme plantes d'intérieur ou de serre, comme *Columnea hirta*, *C.* x *banksii*, *C. gloriosa* et sa variété 'Purpurea', *C. microphylla*, dont il existe également des variétés à feuillage panaché ou encore des hybrides comme 'Stavanger'.
Floraison : les fleurs tubulaires, d'un rouge orangé allant jusqu'à l'écarlate apparaissent à différentes saisons selon les espèces ou variétés.
La formation des fleurs est favorisée par une période fraîche de 4 à 6 semaines en hiver, à 15 °C environ.
Famille : Gesnériacées.
Origine : Amérique centrale, surtout Costa Rica.
Emplacement : lumière vive ou mi-ombre. Situation chaude toute l'année, exceptée la phase de repos végétatif au frais.
Arrosage, engrais : en période de croissance, maintenir le mélange modérément humide et faire des apports hebdomadaires d'engrais faiblement dosé. Éviter l'eau calcaire et les engrais contenant du calcaire. En période de repos végétatif en hiver, n'arroser que pour éviter le dessèchement de la motte. Dès que les boutons floraux atteignent environ 0,5 cm de diamètre, augmenter les arrosages et ramener la plante en situation plus chaude.
Autres soins : la plante apprécie des vaporisations d'eau (mais ni au soleil, ni sur les fleurs) avec une eau à température ambiante. Rabattre les tiges après la floraison et rempoter la plante dans un pot peu profond, dans un mélange ordinaire riche en éléments nutritifs.
Multiplication : par boutures terminales avec une chaleur de fond de 25 °C.
Maladies, parasites : chute des feuilles causée par des courants d'air froid ; en air chaud et sec, les tiges se dénudent.
Mon conseil : les columnéas peuvent être accrochés dans un arbre à partir de juin, et passer l'été en plein air.

Un magnifique sujet pour une suspension, le columnéa hybride 'Stavanger'.

LES PLANTES À FLEURS

Crassula coccinea
Crassula

Ces fleurs rouges évoquent de véritables feux d'artifice.

Cette plante, autrefois appelée *Rochea coccinea,* est maintenant rattachée au grand genre de plantes grasses, *Crassula* (voir p. 155), qui compte environ 300 espèces. C'est un sous-arbrisseau (seule la base des tiges est ligneuse) qui atteint 30 à 60 cm de hauteur et porte des fleurs parfumées d'un rouge éclatant. Les tiges vertes, dressées, sont couvertes de petites feuilles pointues, d'environ 2 cm de longueur, disposées en croix.
Floraison : mai-juin.
Famille : Crassulacées.
Origine : Afrique du Sud.
Emplacement : très lumineux à ensoleillé ; bien aéré, mais pas de soleil brûlant ! Cette plante peut passer l'été dehors, à l'abri de la pluie cependant. La rentrer en septembre et la garder en hiver au frais (10 °C environ) et à la lumière jusqu'à ce qu'apparaissent les boutons floraux.
Arrosage, engrais : maintenir le mélange modérément humide en été, arroser très parcimonieusement en hiver. En été, faire des apports d'engrais pour cactées toutes les 4 semaines.
Autres soins : après la floraison, rabattre les tiges d'environ 10 cm. Cette taille favorise la formation de nouvelles tiges florales.
Multiplication : par boutures terminales non fleuries, en juin, dans un mélange sableux. Laisser sécher la base des boutures quelques jours à l'air avant de les repiquer dans le mélange d'enracinement.
Maladies, parasites : pucerons, cochenilles, cochenilles farineuses, tarsonèmes, anguillules des tiges et croissance en longueur des tiges en situation trop chaude et trop sombre. Attaque d'oïdium possible en atmosphère humide.

Crossandra infundibuliformis
Crossandra

La variété la plus courante en culture, 'Mona Wallhed'.

Des quelque 50 espèces du genre, *Crossandra infundibuliformis* est la seule cultivée. Originaire de l'Inde, elle fut introduite en Europe en 1817, puis tomba dans l'oubli jusqu'à ce qu'un horticulteur suédois la remette au goût du jour dans les années cinquante, après des travaux de sélection. La variété 'Mona Wallhed' est toujours cultivée aujourd'hui. Elle a un port beaucoup plus compact et bas que l'espèce d'origine, qui peut atteindre 1 m de hauteur dans son habitat naturel. Les fleurs en entonnoir, jaunes, saumon ou orangées, se developpent en épis sur de longues tiges qui apparaissent à l'aisselle des feuilles.
Floraison : mai à septembre.
Famille : Acanthacées.
Origine : Inde, Sri Lanka.
Emplacement : lumineux (en hiver surtout) ou légèrement ombragé, pas de soleil direct. Chaleur toute l'année, pas moins de 18 °C en hiver.
Arrosage, engrais : arroser abondamment en période de croissance et floraison, avec une eau douce, à température ambiante. Réduire les arrosages d'octobre à février. De mars à août, faire des apports d'engrais pour plantes fleuries tous les 15 jours.
Autres soins : veiller à maintenir une humidité de l'air élevée autour du pot, par de fréquentes vaporisations d'eau notamment, mais sans mouiller les fleurs ! Rempoter au printemps dans un mélange ordinaire ou un terreau plantes fleuries, léger et riche en éléments nutritifs.
Attention : le crossandra n'aime pas le froid, surtout au niveau des racines : lui assurer une bonne chaleur de fond et éviter tout support froid.
Multiplication : par boutures terminales en février. Elles s'enracinent facilement sous serre de multiplication chauffée. Pincer régulièrement les jeunes sujets pour les inciter à une croissance buissonnante.
Maladies, parasites : pucerons, araignées rouges, chute et enroulement des feuilles en atmosphère chaude et sèche, ou au contraire froide et humide autour des racines.

Cyclamen persicum
Cyclamen des fleuristes, cyclamen de Perse

Une teinte classique dans la palette des fleurs de cyclamen.

Une variété à fleurs blanches à œil rose soutenu.

Fraîcheur et humidité modérée sont les facteurs essentiels pour la réussite de la culture du cyclamen. Cette espèce est originaire de régions montagneuses boisées, où elle pousse sur des sols ou éboulis calcaires en situation légèrement ombragée. De ce fait, elle est plus à son aise dans une chambre à coucher fraîche que dans un séjour chauffé. En ce qui concerne le sol, il ne faut cependant pas reproduire dans le mélange de culture les conditions naturelles du développement du cyclamen. En effet, dans son habitat méditerranéen, l'espèce d'origine connaît des conditions sèches en été sur un terrain calcaire.

Le cyclamen est l'une des plantes fleuries les plus populaires. Cette culture concerne chaque année des millions de plantes : variétés à petites ou grandes fleurs, à bord entier ou frangé, dans les tons blanc, rouge, rose, saumon ou violet, avec un feuillage uni ou marbré, sans parler des mini-cyclamens, introduction récente sur le marché et dont le charme fait le succès. Ces mini-cyclamens sont très florifères et leur floraison est durable, pour peu qu'on ne laisse jamais sécher le mélange. Il est dommage que les cyclamens soient dans leur très grande majorité, considérés comme des plantes dont on se débarrasse après la floraison. C'est en effet au fil des années, quand ils sont bien soignés, qu'ils révèlent leurs qualités, devenant de plus en plus vigoureux et florifères.

Floraison : septembre à avril.
Famille : Primulacées.
Origine : est du bassin méditerranéen.
Emplacement : lumineux, mais sans soleil direct, bien aéré. En été, sortir le pot en situation légèrement ombragée ; en hiver, lui éviter la chaleur (température optimale 15 °C).
Arrosage, engrais : en été, maintenir le mélange modérément humide, mais jamais détrempé. Les cyclamens sont particulièrement sensibles à l'humidité stagnante ! Arroser en surface du mélange, jamais sur le tubercule. Faire des apports d'engrais hebdomadaires avant et pendant la floraison.
Autres soins : rempoter à l'automne dans un mélange à base de tourbe ou un mélange pour plantes fleuries. Le tubercule doit émerger d'environ 1/3 au-dessus du mélange. Seuls les jeunes sujets peuvent être rempotés un peu plus profondément.
Multiplication : par semis sous serre de multiplication chauffée, avec 18-20 °C de chaleur de fond ; possible en toute saison. Couvrir les graines. Les jeunes plants demandent une lumière vive pour bien se développer. De ce fait, il est préférable de semer en début d'année, car les jeunes plants commencent alors leur croissance pendant les mois où l'éclairement est le plus fort.
Maladies, parasites : brunissement des racines et pourriture du tubercule en cas d'humidité excessive du mélange; pucerons, araignées rouges, tarsonèmes surtout en cas de chaleur excessive. Pourriture grise (botrytis) en cas d'humidité de l'air élevée.
Mon conseil : arrachez d'un coup sec les feuilles jaunies ou fleurs fanées plutôt que de les couper, car la base pourrit facilement, ce qui peut entraîner le développement de maladies. A titre de précaution, saupoudrez le point d'arrachage avec de la poudre de charbon de bois.

Les mini-cyclamens supportent mieux une atmosphère chaude que les classiques variétés à grandes fleurs. Leur petite taille leur confère en outre un attrait supplémentaire.

LES PLANTES A FLEURS

Dipladenia
Dipladénia

Dipladenia boliviensis, *une espèce à fleurs blanches.*

Le dipladénia séduit surtout par ses fleurs en trompette rouge pourpré, rose foncé ou blanches, qui se succèdent tout l'été sur de fines tiges. On cultive surtout des hybrides entre *D. sanderi* et *D. splendens*, comme 'Rosea', très florifère, à fleurs rose saumoné, ou 'Rubiniana', d'un beau rouge rosé, mais moins florifère. *D. boliviensis* à fleurs blanches et gorge orangée est une nouveauté sur le marché. Les tiges volubiles demandent un bon support pour s'accrocher.
Floraison : mai à octobre.
Famille : Apocynacées.
Origine : Amérique tropicale.
Emplacement : très lumineux toute l'année, mais sans soleil direct en été. Atmosphère chaude et humide, surtout au moment du démarrage de la croissance ; 15 °C suffisent en hiver.
Arrosage, engrais : l'eau du robinet, froide et calcaire, est à proscrire. Arroser généreusement de mars à août et faire des apports d'engrais tous les 8 à 15 jours. Réduire les arrosages après la floraison. Période de repos végétatif : septembre-octobre à mars.
Autres soins : faire de fréquentes vaporisations d'eau ou augmenter indirectement l'humidité de l'air (voir p. 43). Rempoter les jeunes sujets chaque printemps dans un mélange léger, riche en éléments nutritifs, les sujets plus âgés dans un mélange à base de tourbe enrichi de bonne terre de jardin argileuse.
Multiplication : par boutures latérales au printemps, sous serre de multiplication chauffée.
Maladies, parasites : enroulement des feuilles en atmosphère sèche ; dégâts sur feuilles et racines en cas d'humidité stagnante ; cochenilles, cochenilles farineuses, araignées rouges.
Attention : tous les organes du dipladénia sont toxiques.

Dipteracanthus
Dipteracanthus, ruellia

Les ruellias ont également un feuillage très décoratif.

Parmi les 250 espèces du genre, seules *D. devosianus* (syn. *Ruellia devosiana*) à fleurs blanches rayées de violet, *D. makoyanus* (syn. *R. makoyana*), à fleurs rose foncé et *D. portellae* (syn. *R. portellae*), à fleurs roses, sont parfois cultivées en pot. Toutes ont par ailleurs un feuillage décoratif, à nervures claires et texture soyeuse, et prennent la forme de sous-arbrisseaux bas, presque rampants. De ce fait, ils conviennent bien par exemple comme couvre-sol dans une fenêtre-serre ou bien en suspensions.
Floraison : septembre à décembre.
Famille : Acanthacées.
Origine : Brésil.
Emplacement : lumineux ou légèrement ombragé, mais sans soleil direct. Atmosphère chaude et humide toute l'année. Lui éviter l'air chaud et sec ainsi que la fraîcheur humide au niveau des racines, ces deux situations peuvent être fatales à la plante.
Arrosage, engrais : utiliser une eau douce, à température ambiante. Maintenir le mélange modérément humide en permanence, et faire des apports d'engrais faiblement dosé tous les 15 jours de mars à août.
Autres soins : veiller à entretenir une hygrométrie élevée et une bonne chaleur de fond. Prévoir un isolant à placer sous le pot en hiver si le support est froid. Rempoter chaque année au printemps dans un contenant peu profond, dans un mélange à base de tourbe ou un terreau plantes fleuries, éventuellement allégé.
Multiplication : par boutures terminales au printemps, sous serre de multiplication, avec une chaleur de fond d'au moins 22 °C. Après enracinement, pincer plusieurs fois les jeunes tiges pour qu'elles se ramifient bien.
Maladies, parasites : enroulement des feuilles en air sec, croissance stoppée et pourriture des racines quand le mélange est trop froid et humide ; mouches blanches.

Echeveria, dame-peinte

Echeveria derenbergii, *originaire du Mexique.*

Echeveria pumila *fleurit d'avril à juin.*

Les echeverias sont de petites plantes grasses très décoratives, de culture facile, qui demandent peu d'espace et offrent une grande diversité d'espèces pour les collectionneurs. Environ 100 espèces sont présentes du Texas à l'Amérique du Sud. Presque toutes ont en commun des rosettes spiralées de feuilles charnues. Certaines sont des plantes vivaces acaules, d'autres forment des arbustes ou sous-arbrisseaux à tiges courtes, ramifiées. Les inflorescences jaune orangé à rouge se développent toujours sur le côté de la rosette. On en trouve de nombreuses espèces et variétés sélectionnées dans le commerce, à feuilles vertes allant jusqu'au brun-rouge, souvent velues ou pruineuses. Les plus courantes sont :
– *E. agavoides*, à feuilles soulignées de rouille, en particulier chez la variété 'Red Edge' ;
– *E. carnicolor*, de teinte carnée, à port lâche et émettant des stolons, ce qui en fait un bon sujet pour une suspension ;
– *E. derenbergii*, la dame-peinte, aux feuilles vertes, lustrées et fleurs orangées ;
– *E. gibbiflora* aux rosettes grisâtres teintées de pourpre sur de petits «troncs» de 30 à 50 cm. Elle donne des fleurs rouge clair à pruine blanche, groupées en longues inflorescences à l'automne ;
– *E. harmsii*, charmante espèce arbustive aux rosettes lâches et aux fleurs de teinte rouille en été ;
– *E. nodulosa*, aux feuilles joliment parcourues de rayures violettes ; ne dépassant pas 20 cm de hauteur et offrant à partir de mars des fleurs brun-rouge à pointes jaunes ;
– *E. pulvinata* portant, comme son nom l'indique, des feuilles d'aspect poudré. Le duvet blanc signale que cette plante est habituée à une forte luminosité. La variété 'Ruby' se distingue par le bord des feuilles teinté de rouge, teinte qui disparaît en situation trop sombre ;
– *E. setosa* forme des rosettes aplaties et fleurit au printemps.
C'est en groupe de plusieurs espèces ou variétés différentes que les echeverias font le plus d'effet.

Floraison : hiver, printemps ou été selon l'espèce ou la variété. La formation des fleurs dépend de la longueur du jour et de la température, mais ces critères sont variables selon l'espèce.
Famille : Crassulacées.
Origine : sud des Etats-Unis, Amérique centrale et du Sud.
Emplacement : plein soleil toute l'année, chaleur en été, de préférence dehors au soleil. Situation fraîche (5-10 °C) en hiver pendant la période de repos végétatif, excepté pour les plantes fleuries.
Arrosage, engrais : arroser parcimonieusement en été, quasiment pas en hiver pour toutes les espèces qui ne fleurissent pas à cette époque. L'humidité peut leur être fatale. Faire des apports d'engrais pour cactées toutes les semaines de mars à août.
Autres soins : rempoter les jeunes sujets chaque année dans un mélange pour cactées et plantes grasses ou un mélange ordinaire faiblement enrichi en engrais ; les sujets plus âgés seront rempotés uniquement quand le besoin s'en fera sentir.
Multiplication : par division des rosettes latérales ou boutures de feuilles après la floraison. Laisser un peu sécher les boutures à l'air avant de les repiquer dans un mélange sableux et de les faire raciner avec une chaleur de fond de 20 °C.
Maladies, parasites : pourriture des racines et oïdium après des arrosages excessifs. Cochenilles farineuses et cochenilles des racines, souvent favorisées par une situation trop chaude en hiver.
Remarque : *Graptopetalum bellum* est une plante grasse proche qui peut être soignée de la même façon ; elle fleurit en mai-juin en bouquets étoilés rose vif.

LES PLANTES A FLEURS

Euphorbia milii
Couronne d'épines, épine du Christ

La forme la plus courante d'épine du Christ, Euphorbia milii.

Euphorbia milii *hybride à fleurs blanches, 'Marathon'.*

Ci-dessus : *variété à bractées de teinte crème* ;
A droite, ci-contre : Euphorbia keysii.

La couronne d'épines est l'une des espèces cultivées en intérieur appartenant au genre *Euphorbia*, qui compte plus de 2 000 espèces très variables dans leur aspect, allant des plantes grasses ressemblant fort à des cactus, jusqu'aux arbres, en passant par des plantes herbacées et des arbustes. Toutes les euphorbes ont en commun leur sève laiteuse, ou latex, irritante et parfois toxique, ainsi que leurs fleurs unisexuées ou bisexuées, dépourvues de pétales et entourées de bractées. L'épine du Christ est une espèce facile à cultiver en intérieur, à la floraison assidue, et qui supporte bien l'air chauffé et sec, le plein soleil. Dans son habitat naturel, dans le centre et le sud de Madagascar, cette espèce pousse sur des collines granitiques ou gneissiques et forme un arbuste caduc de plusieurs mètres de hauteur. Elle était autrefois répertoriée sous le nom de *E. splendens*. Cultivée en pot, cette plante donne des tiges épineuses, de l'épaisseur d'un crayon environ, que l'on peut palisser sur un arceau ou autre support. Les variétés récentes ont un port dressé et compact et ne dépassent guère 60 cm de hauteur. La teinte des fleurs varie selon les variétés, des tons rose et rouge au jaune et blanc. *E. lophogona* est une autre espèce originaire de Madagascar, à feuillage persistant et fleurs blanches ou roses toute l'année, qui pousse en sous-bois.
Il existe des hybrides entre ces deux espèces, plantes particulièrement vigoureuses, florifères et décoratives, qui ont tendance à remplacer l'espèce d'origine. Ces hybrides baptisés *E. lomi* fleurissent presque toute l'année, dans des tons jaune, rose, rouge et violet, ne perdent pas leur feuillage et demandent un peu plus d'humidité au niveau des racines. Ces nouvelles variétés sont par ailleurs assez sensibles à l'oïdium.

Floraison : octobre à mars.
Famille : Euphorbiacées.
Origine : Madagascar.
Emplacement : toute l'année, lumière vive ou soleil, température chaude. Peut passer l'été dehors en situation ensoleillée, à l'abri du vent.
Arrosage, engrais : arroser modérément, surtout en hiver. Après la floraison, pendant un mois, n'arroser que pour éviter le dessèchement du mélange. De mars à août, arroser un peu plus et faire des apports d'engrais pour cactées toutes les 2 semaines.
Autres soins : rempoter les jeunes sujets tous les deux ans dans un mélange pour cactées et plantes grasses additionné d'un peu de terre argileuse. La plante peut être rabattue ou pincée avant la reprise de la croissance en début d'été.
Multiplication : par bouturage au printemps (on peut utiliser les extrémités taillées !). Plonger la coupe dans l'eau tiède pour stopper l'écoulement de latex, puis laisser sécher la bouture 24 heures avant de la repiquer dans un mélange tourbe et sable à parts égales.
Maladies, parasites : chute des feuilles à température fraîche ou en cas d'arrosage excessif, ou les deux.
Attention : cette plante est entièrement toxique. La sève laiteuse contient des substances irritantes pour la peau et les muqueuses et les épines sont acérées. Cette plante doit donc être placée hors de portée des enfants.

Euphorbia pulcherrima
Poinsettia, étoile de Noël

Comme le montre cet échantillonnage, les poinsettias ne sont pas tous rouges.

Dans son habitat naturel, au Mexique, le poinsettia a une croissance aussi vigoureuse que le sureau chez nous. Il peut atteindre 3 m de hauteur et est très remarqué dans les jardins tropicaux pendant la floraison, en décembre. Chez nous, cette Euphorbiacée éclatante est considérée comme une plante dont on se débarrasse une fois défleurie, vendue en grand nombre en fin d'année et en hiver. Essayez pour une fois de la conserver, cela en vaut la peine. Le poinsettia, d'aspect d'abord herbacé, se lignifie peu à peu et devient bientôt un bel arbuste ramifié. Comme chez l'épine du Christ (voir p. précédente), les vraies fleurs sont à peine visibles. Ce sont les grandes bractées blanc crème, rose saumon, rose, jaune ou rouge vif qui sont décoratives. Les sujets vendus en pot sont le plus souvent des plantes buissonnantes, compactes, mais on trouve parfois des sujets en suspension ou formés sur tige. Les variétés sélectionnées les plus populaires ont été obtenues aux Etats-Unis ou en Europe. 'Gropom' est une variété française à bractées de teinte abricot ; 'Regina' de teinte crème, tandis que 'Dorothea' donne des plantes buissonnantes, se développant en largeur, à bractées rose vif.
Floraison : novembre à janvier, mais possible également toute l'année après traitement spécial (plantes de jours courts).
Famille : Euphorbiacées.
Origine : Mexique, Amérique centrale.
Emplacement : lumineux toute l'année (mais sans soleil direct) et chaud. Un peu plus de fraîcheur prolonge la floraison. La plante peut passer l'été dehors en situation abritée.
Arrosage, engrais : arroser généreusement de mai à novembre, avant la floraison. Réduire les apports d'eau après la floraison, de février à mai. Faire des apports d'engrais hebdomadaires de juin à octobre.
Autres soins : pour poursuivre la culture, rabattre la plante après la chute des vraies fleurs (pas des bractées), à 10 cm pour les plantes en pot, à 5 cm de longueur de tige pour les suspensions. Après la taille, garder la plante à 18-20 °C, presque au sec. Le rempotage n'aura lieu que vers la fin mai, dans un mélange à base de tourbe riche en éléments nutritifs, ou un mélange pour plantes fleuries. Reprendre ensuite des arrosages et apports d'engrais réguliers. Pincer les jeunes pousses pour que la plante prenne un port bien buissonnant.
Multiplication : par boutures terminales en été. On peut utiliser les pousses taillées. Stopper l'écoulement de latex en passant la tige sous l'eau tiède. Planter fermement les boutures dans de petits pots.
Maladies, parasites : cochenilles, cochenilles farineuses, ainsi que mouches blanches, en atmosphère sèche.
Mon conseil : pour la formation des fleurs et la coloration des bractées, le poinsettia a besoin d'environ 2 mois de jours courts, soit seulement 10 à 12 heures de jour selon la variété, à partir de septembre. L'éclairage artificiel apporte des heures de jour supplémentaires, aussi est-il préférable de retourner chaque soir un carton au dessus du pot et de l'enlever au bout de 12 à 14 heures.
Attention : le latex peut provoquer des irritations de la peau et des muqueuses.

LES PLANTES A FLEURS

Eustoma grandiflorum
Gentiane des prairies

Cette plante est cultivée comme une annuelle.

Cette gentiane des prairies (syn. *Lisianthus russelianus*) était auparavant proposée uniquement en fleur coupée. On s'est maintenant rendu compte que cette bisannuelle qui offre en été ses clochettes parfumées dans des tons crème, roses et violets, constitue également une plante d'intérieur très décorative et d'entretien facile. Comme pour le gerbera, la fleur coupée a précédé la plante en pot. L'utilisation de régulateurs de croissance permet d'obtenir des plantes à port compact alors que les tiges des fleurs coupées peuvent atteindre 90 cm de longueur. Les sujets en pot, buissonnants, sont très jolis dans des récipients en forme de coupe. Cette plante a des feuilles ovales à oblongues, d'un vert bleuâtre. On ne la garde pas après la floraison.
Floraison : juillet-août.
Famille : Gentianacées.
Origine : Colorado, Nebraska, Texas, nord du Mexique.
Emplacement : chaud, lumineux, mais sans soleil direct.
Arrosage, engrais : arroser modérément et faire des apports d'engrais hebdomadaires.
Autres soins : le rempotage est inutile puisqu'il s'agit d'une espèce bisannuelle.
Multiplication : par semis. Difficile pour les néophytes, mais très intéressante. Semer les fines graines en juin-juillet sous châssis de multiplication. Couvrir à peine les graines. Garder les jeunes plants à la lumière, à une température de 15-18 °C. Les garder à 10 °C en hiver. Les rempoter début mars en les groupant à 3 par pot. Important : la rosette de feuilles doit se former avant l'hiver ! La floraison commence 10 à 12 mois après le semis.
Maladies, parasites : sans grande importance puisqu'il s'agit d'une culture éphémère. Une humidité excessive du substrat peut favoriser le développement de la pourriture grise.

Exacum affine
Exacum

Exacum affine, véritable bouquet en pot.

Cette espèce bisannuelle est originaire de l'île de Socotra, située au débouché du golfe d'Aden. Cultivée en pot, cette petite plante buissonnante de 15 à 20 cm de hauteur, très ramifiée, est traitée comme une annuelle. Elle porte de petites feuilles et, de l'été à l'automne, une multitude de petites fleurs légèrement parfumées, violet pâle ou blanches, soulignées par des étamines jaune vif. Les variétés les plus courantes sont 'Atrocoeruleum', à fleurs violet foncé, et 'Album', à fleurs blanches. On se débarrasse de la plante une fois défleurie. On peut cependant, en gardant la plante au frais pendant l'hiver (15 °C environ), la multiplier par bouturage au printemps suivant.
Floraison : juillet à septembre.
Famille : Gentianacées.
Origine : île Socotra.
Emplacement : très lumineux, mais sans soleil direct ; température moyenne. La plante aime l'air frais : l'idéal est de lui offrir un emplacement abrité de la pluie sur un balcon ou une terrasse.
Arrosage, engrais : maintenir le mélange modérément humide en été. Les fleurs flétrissent dès que le mélange sèche. Faire des apports d'engrais tous les 15 jours en été.
Autres soins : aucun.
Multiplication : par bouturage au printemps, ou semis. Semis en février sur un appui de fenêtre. Ne pas couvrir les graines, car elles germent à la lumière. Repiquer les jeunes plantes dans des godets remplis de mélange à base de tourbe, riche en éléments nutritifs, ou de terreau pour plantes fleuries.
Maladies, parasites : sans importance puisqu'on ne conserve pas la plante après la floraison.

Gardenia
Gardénia

G. jasminoides et ses variétés à fleurs doubles peuvent dépasser 1 m de hauteur. Les fleurs blanc crème sont délicieusement parfumées. Le port de la plante est buissonnant, les feuilles persistantes d'un vert brillant, lustré.

Floraison : juillet à octobre.
Famille : Rubiacées.
Origine : îles Ryukyu, Japon, Chine.
Emplacement : très lumineux à ensoleillé; chaud en été, 15-18 °C en hiver.
Arrosage, engrais : ne jamais arroser avec une eau froide et calcaire ! En été, maintenir le mélange modérément humide et faire des apports d'engrais hebdomadaires de mars à août, avec un engrais ne contenant pas de calcaire et dilué de moitié. Réduire les arrosages en hiver.
Autres soins : quand apparaissent les boutons floraux, augmenter l'humidité de l'air (voir p. 43) et faire de fréquentes vaporisations d'eau (sauf quand les fleurs sont ouvertes). Rempoter en février dans un mélange ordinaire, riche en éléments nutritifs, en ayant pris soin de rabattre auparavant les tiges des sujets âgés.
Multiplication : par bouturage au printemps ou en fin d'été sous serre de multiplication.
Maladies, parasites : les boutons floraux et des fleurs tombent en cas de chute brutale de la température ou de chaleur excessive. Humidité et froid au niveau des racines, ainsi qu'arrosages à l'eau calcaire peuvent entraîner un arrêt de la croissance et un jaunissement du feuillage.

Parfum et élégance
des gardénias, quelle que soit leur présentation.

Gloriosa rotschildiana
Gloriosa, lis de Malabar

Le gloriosa est une plante grimpante aux grandes fleurs extraordinaires, d'un rouge éclatant ourlé de jaune, pouvant atteindre 10 cm de diamètre.
Floraison : juin à août.
Famille : Liliacées.
Origine : Asie tropicale, Afrique, Madagascar.
Emplacement : chaud et très lumineux pendant toute la période de végétation, dès la phase de démarrage des tubercules.
Arrosage, engrais : de mars à août, arroser régulièrement et faire des apports hebdomadaires d'engrais. Réduire ensuite les apports d'eau et laisser les parties aériennes sécher progressivement.
Autres soins : en hiver, garder les tubercules au sec dans leur pot, à 15 °C environ. Les rempoter en mars dans un terreau ordinaire, arroser et maintenir une chaleur de fond de 25 à 30 °C pour stimuler l'entrée en croissance. Palisser les tiges sur un tuteur ou un treillage. Fréquentes vaporisations d'eau jusqu'à ce qu'apparaissent les boutons floraux.
Multiplication : au printemps par séparation des tubercules latéraux, chacun ne portant qu'un unique bourgeon.
Maladies, parasites : pucerons, araignées rouges. Pourriture des fleurs en cas de luminosité insuffisante et chaleur excessive au printemps.
Mon conseil : vérifiez si vous achetez des tubercules qu'ils ont bien une petite pousse verte annonçant le départ de la végétation.
Attention : les tubercules renferment de la colchicine, très toxique.

Fleurs exotiques sur un arceau
Après l'indispensable repos végétatif, le gloriosa refleurit généreusement.

Haemanthus
Fleur-de-sang, oreille-d'éléphant

Hibiscus rosa-sinensis
Hibiscus, rose de Chine

Haemanthus multiflorus, *parfois appelée fleur-de-sang.*

Même en pot ou en bac, l'hibiscus peut atteindre 3 m de hauteur.

Fleur-de-sang et oreille-d'éléphant sont les noms communs de deux espèces différentes d'*Haemanthus*. L'oreille-d'éléphant, *H. albiflos*, aux feuilles charnues et à la floraison blanche, est une robuste plante d'intérieur à floraison estivale. Sont appelées fleur-de-sang deux espèces d'aspect très exotique, à floraison rouge bien sûr, *H. katharinae* et *H. multiflorus*.
Floraison : juillet à octobre pour *H. albiflos*, avril-mai pour *H. multiflorus*, juillet pour *H. katharinae*.
Famille : Amaryllidacées.
Origine : Afrique du Sud, Afrique de l'Est tropicale.
Emplacement : lumière vive à plein soleil toute l'année pour l'oreille-d'éléphant ; température chaude en été, fraîche (10-15 °C) en hiver. Lumière vive mais sans soleil pour la fleur-de-sang, pas moins de 12 °C en hiver.
Arrosage, engrais : arroser modérément l'oreille-d'éléphant en été ; en hiver, ne réduire les arrosages que si la plante est à température fraîche. Faire des apports d'engrais toutes les 4 semaines et rempoter quand nécessaire. Arroser abondamment la fleur-de-sang en été et faire des apports hebdomadaires d'engrais. Réduire les apports d'eau à partir de septembre, de façon à ce que le feuillage sèche.
Autres soins : supprimer les feuilles desséchées de la fleur-de-sang et conserver les bulbes en hiver à 12-14 °C, sans laisser le mélange se dessécher complètement. En février, renouveler la couche supérieure du mélange et augmenter à nouveau les arrosages.
Multiplication : par rejets.

Les fleurs en entonnoir de l'hibiscus, remarquables par le bouquet d'étamines jaunes qui s'en détache, peuvent mesurer jusqu'à 15 cm de diamètre. Il existe des variétés à fleurs simples ou doubles, dans les tons jaunes, saumon, orange, roses ou rouges. L'espèce d'origine fleurit rouge rosé. La variété 'Cooperi', particulièrement décorative, allie à des fleurs rose foncé de petites feuilles panachées de blanc, de rose et de rouge.
Floraison : mars à octobre.
Famille : Malvacées.
Origine : Asie tropicale, vraisemblablement sud de la Chine.
Emplacement : lumière vive, voire plein soleil et température chaude. Une température fraîche en hiver, 15°C environ, favorise la formation des fleurs. Peut passer l'été dehors en situation chaude et ensoleillée. L'acclimater progressivement au soleil auparavant, pour éviter des brûlures du feuillage.
Arrosage, engrais : arroser abondamment jusqu'en septembre, puis réduire les apports. Apports d'engrais une fois par semaine, du départ de la végétation jusqu'en août, avec un engrais pour plantes fleuries. Une fois par mois en hiver si la plante demeure en situation chaude et lumineuse. L'hibiscus demande d'importants apports en éléments nutritifs pour bien fleurir.
Autres soins : augmenter l'humidité de l'air autour du pot dans les pièces chauffées. Rempoter les jeunes sujets chaque année au printemps, les sujets plus âgés quand besoin est, dans un mélange à base de tourbe, enrichi en éléments nutritifs, ou dans un terreau pour plantes fleuries additionné de terre argileuse. Rabattre les tiges trop longues avant le rempotage.
Multiplication : par boutures terminales semi-ligneuses en mai, avec une bonne chaleur de fond pour l'enracinement.
Maladies, parasites : pucerons, cochenilles farineuses et araignées rouges en atmosphère chaude et sèche. La chute des fleurs et des boutons floraux peut être causée par un déplacement du pot, une luminosité insuffisante, une sécheresse des racines ou, au contraire, humidité et froid au niveau des racines.

LES PLANTES À FLEURS

Hippeastrum hybrides
Amaryllis

'Trixie' porte trois fleurs à l'extrémité de la hampe florale.

'Apple Blossom', à gauche et 'Fantastica', à droite.

C'est à partir de Noël et en début d'année que l'on trouve dans le commerce de gros bulbes d'amaryllis entrant en croissance. Il en existe de très nombreuses variétés, dans une palette de teintes qui va du blanc pur à tous les tons de rouges, en passant par le saumon, l'orangé, et le rose. On trouve également certains spécimens à fleurs blanches bordées de rouge qui évoquent les tutus des danseuses, à fleurs bicolores ou avec des rayures de deux teintes différentes. Les formes sélectionnées les plus connues sont les hybrides Ludwig, de Hollande, comme par exemple 'Fantastica', à fleurs rayées rouge et blanc, 'Dutch Bell', rose soutenu, 'Ludwigs Goliath', rouge feu, ou 'Fairyland', rose. Les variétés blanches, comme 'Maria Goretti', 'Ludwigs Dazzler', 'Picotée' et 'Early White' ont également beaucoup de succès. Il faut également signaler la variété 'Apple Blossom', à fleurs blanches teintées de rose, délicatement parfumées. Les fournisseurs spécialisés dans la vente par correspondance proposent en général une vaste gamme de variétés en fin d'année. Pour ceux qui n'ont pas la patience de suivre le processus de développement du bulbe, il existe maintenant des bulbes forcés qui fleurissent plus rapidement, au bout de 5 à 6 semaines.

Floraison : janvier à avril.
Famille : Amaryllidacées.
Origine : Amérique tropicale et subtropicale.
Emplacement : installer à la chaleur et à la lumière vive les bulbes récemment achetés ou conservés pendant l'hiver, après les avoir rempotés dans un pot de taille suffisante, dans un terreau pour plantes fleuries ou un mélange ordinaire riche en éléments nutritifs. Lors de la plantation, le bulbe doit émerger de près de moitié au-dessus du mélange.

Arrosage, engrais : arroser à peine pour commencer. Augmenter progressivement les arrosages quand se manifestent des signes de croissance. C'est en général la hampe qui apparaît avant les feuilles, mais ce peut être également l'inverse. Après la floraison, couper la hampe florale à la base et continuer à arroser généreusement, en faisant des apports d'engrais hebdomadaires jusqu'en août. Le feuillage doit se développer généreusement afin que le bulbe puisse reconstituer ses réserves pour la floraison suivante. A partir d'août, réduire progressivement les arrosages et laisser le feuillage jaunir.
Autres soins : supprimer les feuilles desséchées et conserver le bulbe dans de la tourbe sèche, à 15 °C environ jusqu'au redémarrage de la croissance.
Multiplication : par les bulbilles, qui doivent avoir la taille d'une pomme pour être séparées du bulbe parent. Autre possibilité : par semis, mais les jeunes plants ne fleurissent qu'au bout de plusieurs années de culture.
Maladies, parasites : il existe une maladie causée par un champignon, spécifique à l'amaryllis, et favorisée par un environnement trop frais et humide. Tant que le champignon aux filaments rougeâtres n'a pas pénétré trop loin dans les tissus, on peut découper les endroits atteints et saupoudrer les plaies de charbon de bois, ce qui permet souvent de sauver la plante.
Mon conseil : *Hippeastralia*, hybride intergénérique entre *Hippeastrum* et *Sprekelia*, de taille plus petite et à floraison très décorative également, se soigne de la même façon.
Attention : l'amaryllis renferme des substances toxiques.

Hoya
Fleur de cire, fleur de porcelaine

Bel Hoya bella, *qu'il soit palissé sur un treillage...*

... ou bien utilisé comme plante retombante.

Ce genre doit son nom à Thomas Hoy, chef jardinier du duc de Northumberland, en Angleterre, de 1788 à 1809. Les deux espèces les plus courantes comme plantes d'intérieur ou de véranda sont *H. bella*, originaire de Birmanie, et *H. carnosa*, l'hoya charnu, présent de la Chine centrale à l'Australie. *H. bella* est une espèce qui n'est pas réellement grimpante (il faut la palisser sur un support) et qui demeure en général plus petite et plus compacte que *H. carnosa*, vigoureuse plante grimpante à feuilles charnues. Toutes deux fleurissent en été, en ombelles de fleurs blanches à cœur rouge, délicatement parfumées et ayant l'aspect de la cire ou de la porcelaine. *H. bella* se plaît dans l'atmosphère chaude et humide d'une serre ou fenêtre-serre, dans un panier à orchidée (pot ajouré) ou en suspension. La variété 'Variegata' d'*H. carnosa* mérite d'être signalée pour son feuillage vert panaché de jaune. Sa croissance est moins vigoureuse que celle de l'espèce type. *H. lacunosa* est une espèce plus rare, à feuilles lancéolées-elliptiques et fleurs ressemblant à de petits boutons blanc et vert, groupées en ombelles de mars à juin. Cette élégante plante pour panier suspendu se plaît en situation légèrement ombragée et apprécie une température chaude toute l'année. Rare également, *H. linearis* est une espèce himalayenne qui apprécie aussi la chaleur. Ses fines tiges retombantes portent des inflorescences blanches. Les fleurs d'*H. multiflora* ressemblent à autant de petites flèches blanches prêtes à être décochées. Les inflorescences retombantes de cette espèce originaire de Malaisie sont rouge foncé à l'intérieur, blanc verdâtre à l'extérieur. Elle a les mêmes exigences qu'*H. bella*.

Floraison : mai à septembre.
Famille : Asclépiadacées.
Origine : Birmanie, Chine centrale à Australie.
Emplacement : très lumineux à ensoleillé (mais sans soleil brûlant de la mi-journée). Température chaude en été (18-23 °C), un peu plus fraîche en hiver (14-18 °C). Les valeurs les plus élevées conviennent mieux à *H. bella*.
Arrosage, engrais : arroser modérément en été, moins en hiver. En période de croissance, faire des apports d'engrais tous les 15 jours. Lorsque la plante reçoit des quantités importantes d'engrais, il s'ensuit une croissance vigoureuse des tiges et des feuilles, souvent au détriment de la floraison. Espacer ou suspendre les apports d'engrais pour les plantes trop luxuriantes. J'ai vu les hoyas les plus florifères chez ceux qui leur prodiguaient le minimum de soins et ne les changeait jamais de place. Ces plantes réagissent en effet à des variations de luminosité ou de direction de la lumière par une chute des fleurs et boutons floraux.
Autres soins : les deux espèces supportent assez bien l'air sec des intérieurs chauffés. De fréquentes vaporisations d'eau sont cependant nécessaires lors de la reprise de la croissance. Rempoter au printemps si besoin est, dans un mélange à base de tourbe enrichi en éléments nutritifs ou un mélange pour plantes fleuries, additionné de sable grossier pour l'alléger. Rabattre les tiges trop longues.
Multiplication : par boutures terminales ou de tiges, sous serre de multiplication chauffée.
Maladies, parasites : pucerons en situation chaude en hiver. Humidité stagnante et/ou fraîcheur excessive peuvent entraîner la chute des feuilles, voire la mort de la plante. Risque de chute des fleurs en situation trop sombre ou après un changement d'emplacement.
Mon conseil : ne coupez pas le court pédoncule des inflorescences d'*H. carnosa* : il portera ainsi de nouvelles ombelles.

LES PLANTES À FLEURS

Hydrangea macrophylla
Hortensia

Il existe des hortensias en pot à croissance très compacte.

Les grandes inflorescences en boules, blanches, roses, rouges ou bleues des hortensias en pot sont constituées de fleurs stériles rabougries, décoratives par leurs sépales colorés. Les formes à inflorescences aplaties, qui reviennent actuellement à la mode, portent au centre des fleurs fertiles insignifiantes, entourées d'une rangée de grandes fleurs stériles. La coloration bleue ne peut être obtenue qu'avec certaines variétés roses ou rouges, arrosées avec une solution de sulfate d'aluminium ou de séquestrène.
Floraison : les hortensias en pot sont généralement vendus fleuris de mars à mai, mais leur véritable période de floraison est juin-juillet.
Famille : Saxifragacées.
Origine : Japon.
Emplacement : lumineux à légèrement ombragé, sans soleil direct. Température moyenne, de préférence dehors l'été, en situation fraîche ou ombragée ; 4 à 8 °C suffisent en hiver, il peut être placé dans la pénombre durant cette période. Le ramener à la chaleur et à la lumière en février.
Arrosage, engrais : arroser généreusement au printemps, en été et en automne. En hiver, n'arroser que pour éviter le dessèchement du mélange. En été, jusqu'à fin août, faire tous les 15 jours des apports d'engrais pour rhododendrons et azalées.
Autres soins : on peut rabattre les tiges après la floraison. Rempoter au printemps, dans un mélange légèrement acide pour les variétés blanches, roses et rouges, ou dans un mélange très acide (terre de bruyère) pour les formes à fleurs bleues.
Multiplication : par boutures terminales.
Maladies, parasites : araignées rouges et pucerons en situation trop chaude et air sec.

Hypocyrta
Hypocirta

Hypocyrta glabra prend progressivement un port retombant.

Cette plante dont les feuilles ressemblent à celles du buis est surtout décorative par ses petites fleurs orangées, à corolle renflée, qui se succèdent quasiment toute l'année.
C'est un sous-arbrisseau bas, à feuilles coriaces, presque succulentes, qui indiquent que la plante supporte mieux l'air sec que la plupart de ses congénères d'origine tropicale. Outre l'espèce la plus courante, *H. glabra*, on peut parfois trouver une espèce proche, d'aspect assez semblable, *H. strigillosa*, récemment rattachée au genre *Nematanthus*.
Toutes deux font de jolis sujets pour un panier suspendu.
Floraison : on trouve ces plantes fleuries dans le commerce de la fin de l'été jusqu'au printemps.
Famille : Gesnériacées.
Origine : Brésil.
Emplacement : très lumineux, mais sans soleil direct. La plante peut être suspendue en été dans un arbre au feuillage léger. La garder de décembre à février à 12-15 °C, ce qui favorise la formation des boutons floraux.
Arrosage, engrais : arroser parcimonieusement du printemps à l'automne, à peine en hiver. De mars à août, faire tous les 15 jours des apports d'engrais faiblement dosé.
Autres soins : rempoter au printemps dans un terreau pour plantes fleuries ou un mélange ordinaire. Rabattre légèrement les tiges après la floraison, pour stimuler la formation de nouvelles tiges.
Multiplication : par division ou boutures terminales, avec une chaleur de fond de 20 °C environ. Réussit bien en été.
Maladies, parasites : attaques de pucerons quand la température est trop chaude en hiver.

Impatiens
Impatience, balsamine, impatiente

Superbes en groupes, les impatiences de Nouvelle-Guinée dans des tons de rose.

Qui ne connaît pas l'impatiente de nos sous-bois humides ?
I. walleriana en est une proche parente, très populaire aussi bien comme plante à massif estivale que comme plante en pot, pour la maison ou le balcon. Ses fleurs peuvent prendre de multiples teintes, du blanc au mauve ou rouge cyclamen, en passant par le rose tendre, le rose saumoné, l'orangé et le rouge écarlate. Il existe également des formes naines, ne dépassant pas 15 cm de hauteur, des formes à fleurs roses à œil blanc comme 'Accent Bright Eyes', ou encore à fleurs rayées de rouge et blanc. Les hybrides de Nouvelle-Guinée sont plus récents, groupe issu de l'espèce
I. hawkeri. Il en existe également de très belles variétés, comme 'Tango', à feuillage vert bronze et fleurs rouge écarlate, ou 'Exotica', à feuillage panaché. *I. repens* est une espèce originaire de Ceylan, rampante, à fleurs jaunes et tiges rougeâtres, qui produit beaucoup d'effet en panier suspendu.
Floraison : toutes fleurissent en été et automne, *I. walleriana* produit sa floraison toute l'année sans faillir.
Famille : Balsaminacées.
Origine : Afrique de l'Est tropicale, Sri-Lanka, Inde, Nouvelle-Guinée. Les plantes commercialisées sont pour la plupart des variétés sélectionnées.
Emplacement : lumineux à légèrement ombragé, éventuellement ensoleillé pour les hybrides de Nouvelle-Guinée. Température ordinaire d'un intérieur toute l'année.
I. walleriana apprécie également la fraîcheur en hiver (12 à 15 °C). Plus la luminosité est faible, plus ces plantes demandent de la fraîcheur.
Arrosage, engrais : arroser abondamment en été, moins en hiver pour éviter la pourriture des tiges. De mars à août-septembre, faire des apports hebdomadaires d'engrais dilué de moitié.
Autres soins : pincer ou rabattre de temps à autre les tiges d'*I. walleriana* pour éviter qu'elles ne se dénudent trop. Rempoter au printemps dans un terreau ordinaire ou pour plantes fleuries.
Mieux encore, vous pouvez faire raciner des boutures et renouveler ainsi les plantes chaque année car les sujets âgés ont souvent une croissance désordonnée.

Multiplication : très facile par boutures terminales.
I. walleriana peut également être multipliée par semis au printemps.
Maladies, parasites : araignées rouges, pucerons en atmosphère trop chaude et sèche en hiver.

Impatiens walleriana *'Belizzy Rotstern'*.

Ci-dessus : Impatiens walleriana *'Belizzy Weiss'* ; ci-dessous : Impatiens walleriana *'Belizzy Lachspastell'*.

Impatiens walleriana *'Orange'*.

LES PLANTES À FLEURS

Ixora coccinea
Ixora

Ixora hybride, dans une belle teinte orange saumoné.

L'ixora est un arbuste à feuillage persistant et floraison écarlate, qui se plaît dans une ambiance chaude et humide, par exemple dans une serre ou une fenêtre-serre. Ses feuilles coriaces, vert brillant, mesurent 5 à 10 cm de long. En été, les fleurs sont groupées en corymbes à l'extrémité des tiges. Bien soignée, la plante peut atteindre 1 m de hauteur en pot. Il existe des hybrides de teintes différentes, par exemple orange foncé, rouge corail, ou orangé teinté de rouge.
Floraison : mai à septembre.
Famille : Rubiacées.
Origine : Inde.
Emplacement : lumineux à légèrement ombragé, chaud et humide toute l'année. Important : une bonne chaleur au niveau des racines.
Arrosage, engrais : comme le caféier et le gardénia, de la même famille, cette plante en supporte pas l'eau froide et calcaire. Maintenir le mélange modérément humide en été, réduire les arrosages en hiver. De mars à août, faire des apports d'engrais faiblement dosé toutes les 2 semaines.
Autres soins : faire de fréquentes vaporisations d'eau sur le feuillage. Rabattre les tiges après la floraison, en automne, puis ne plus tailler car les fleurs se forment à l'extrémité des pousses de l'année. Rempoter au printemps si besoin est dans un mélange standard ou un mélange à base de tourbe.
Multiplication : par boutures terminales au printemps, avec une humidité de l'air élevée et une chaleur de fond d'au moins 25 °C (les boutures s'enracinent difficilement). Pincer les jeunes sujets pour qu'ils se ramifient.
Maladies, parasites : feuilles enroulées après une exposition au soleil. Feuilles décolorées (chlorose) en cas d'arrosages à l'eau calcaire, ou lors d'une association de fraîcheur et d'humidité excessives au niveau des racines. Chute des fleurs ou des feuilles possibles en cas de brutales variations de la température ou des conditions d'environnement. Cochenilles en atmosphère sèche.

Jacobinia
Jacobinia

Jacobinia carnea, une beauté tropicale.

Parmi les 50 espèces du genre *Jacobinia*, seules sont cultivées comme plantes en pot *J. carnea*, une plante de serre chaude, et *J. pauciflora*, une plante de serre froide. *J. carnea* porte des inflorescences denses, oblongues à arrondies, de fleurs rouge rosé, duveteuses. Cette plante se prête à la culture en intérieur et peut, au bout de plusieurs années, dépasser 1 m de hauteur. Pour une véranda fraîche, l'espèce idéale est *J. pauciflora*, arbuste buissonnant, à feuillage persistant, qui atteint 30 à 60 cm de hauteur et porte de nombreuses fleurs, rouges à la base et teintées de jaune orangé à leur extrémité.
Floraison : juin à août pour *J. carnea* ; décembre à février pour *J. pauciflora*.
Famille : Acanthacées.
Origine : Brésil.
Emplacement : lumière vive sans soleil toute l'année pour *J. carnea*, avec une température chaude en été et au moins 16 °C en hiver. Cette espèce apprécie une hygrométrie élevée et se plaît de ce fait dans une fenêtre-serre. Situation lumineuse à ensoleillée toute l'année pour *J. pauciflora*, de préférence dehors l'été et au frais l'hiver (15 °C environ).
Arrosage, engrais : arroser modérément les deux espèces, sans jamais laisser sécher la motte. Réduire les arrosages en hiver. Faire des apports d'engrais tous les 15 jours de mars à août.
Autres soins : au printemps, rabattre les tiges de moitié environ et rempoter la plante dans un mélange ordinaire.
Multiplication : par boutures herbacées sous serre de multiplication, à 20 ou 22 °C. Pincer à 2 ou 3 reprises les jeunes sujets.
Maladies, parasites : araignées rouges, pucerons et enroulement des feuilles en atmosphère sèche. La sécheresse du mélange terreux peut entraîner la chute des feuilles.
Remarque : *Whitfieldia*, plante proche à fleurs blanches, a les mêmes exigences que *J. carnea*.

Jasminum
Jasmin

Jasminum officinale, à l'incomparable parfum.

Jatropha podagrica
Jatropha, plante-bouteille

Jatropha, au tronc court renflé comme une bouteille.

L'espèce la plus couramment cultivée en intérieur est le jasmin officinal, *J. officinale* et surtout la variété 'Grandiflorum', à grandes fleurs. *J. polyanthum* a également des fleurs parfumées blanches, teintées de rose à l'extérieur. Toutes les espèces possèdent de longues tiges plus ou moins grimpantes, à palisser sur un treillage ou un arceau.
Floraison : juin à septembre pour les deux espèces citées.
Famille : Oléacées.
Origine : Chine, Iran et jusqu'au Cachemire, Sri-Lanka et l'Inde.
Emplacement : très lumineux, frais et bien aéré toute l'année pour *J. officinale* et *J. Polyanthum*. Si possible moins de 10 °C en hiver pour favoriser la formation des boutons floraux.
Arrosage, engrais : ne jamais arroser avec une eau froide calcaire ! Arroser régulièrement en été ; en hiver, garder le mélange à peine humide. En été, faire des apports d'engrais tous les 15 jours.
Autres soins : rempoter quand besoin est dans un mélange ordinaire ou à base de tourbe, riche en éléments nutritifs. Rabattre les tiges si elles se dénudent à la base. L'année suivant la taille, cependant, la floraison est très faible.
Multiplication : au printemps ou en été, par boutures semi-ligneuses, avec 20 °C de chaleur de fond. Pincer à plusieurs reprises les jeunes plantes.
Maladies, parasites : pucerons en situation hivernale trop chaude. La chute des feuilles de *J. officinale* est caractéristique de l'espèce, les nouvelles feuilles apparaissant au printemps.
Mon conseil : en atmosphère trop chaude en hiver, le jasmin entre tôt en croissance, donnant tiges et feuilles en abondance, mais pas de fleurs. Il est donc important de bien aérer au printemps pour éviter que la température ne monte rapidement par temps ensoleillé et pour limiter les risques d'attaques de pucerons.
Attention : le parfum entêtant du jasmin peut parfois provoquer maux de tête et migraines.

Cette plante est originaire de régions connaissant des périodes de sécheresse et possède donc toujours sa propre réserve d'eau. C'est la plante idéale pour ceux qui ont souvent tendance à oublier l'arrosage ! Cette plante grasse d'aspect original est originaire d'Amérique centrale et porte de grandes feuilles en forme de bouclier, possédant 3 à 5 lobes. Les inflorescences rouge minium se forment souvent avant les feuilles mais peuvent aussi apparaître en même temps, en début d'été.
Floraison : mars à juillet, presque toute l'année avec des soins appropriées.
Famille : Euphorbiacées.
Origine : Nicaragua, Guatemala, Costa Rica.
Emplacement : plein soleil et chaleur toute l'année, pas moins de 16 °C en hiver.
Arrosage, engrais : arroser parcimonieusement. Cesser quasiment les arrosages à l'automne, quand les feuilles tombent d'elles-mêmes, ce qui est caractéristique de l'espèce. Augmenter à nouveau progressivement les apports d'eau au début du printemps, dès que se développent de nouvelles fleurs et feuilles. En été, donner une fois par mois de l'engrais pour cactées.
Autres soins : rempoter quand besoin est, dans un mélange ordinaire additionné d'1/3 de gravillons volcaniques ou bien dans un terreau pour cactées et plantes grasses.
Multiplication : par semis de graines fraîches, prélevées sur les plantes défleuries, les fleurs ayant été pollinisées manuellement auparavant. La température de germination idéale se situe autour de 20 à 25 °C.
Maladies, parasites : rares.
Attention : tous les organes de cette Euphorbiacée sont toxiques.

Ne vous inquiétez pas si les feuilles tombent : c'est pour la plante-bouteille une façon de signaler qu'elle souhaite rester quasiment au sec.

LES PLANTES A FLEURS

Kalanchoe
Kalanchoe

Qu'il s'agisse de variétés naines ou de grands spécimens, c'est en groupe que les teintes des kalanchoes sont les plus éclatantes.

Le kalanchoe de Blossfeld (*K. blossfeldiana*) est très bien placé au hit-parade des plantes fleuries, des millions de plantes étant vendues chaque année. Les sélectionneurs se sont intéressés à cette espèce de culture facile qui offre maintenant une vaste palette de teintes, du jaune, orangé, au violet en passant par le rose et le rouge. Qui plus est, cette petite plante grasse est proposée fleurie quasiment tout au long de l'année. Les horticulteurs obtiennent la floraison en soumettant les plantes à une période de jours courts artificiels, de façon à provoquer la formation des fleurs. Chez l'espèce d'origine, qui pousse dans les montagnes du nord de Madagascar, sous forme de sous-arbrisseau de 30 cm de hauteur, les fleurs rouge minium apparaissent en janvier. Le kalanchoe fut découvert par un Français, Perrier de la Bathie, qui le ramena de la montagne de Tsaratanana jusqu'à Paris, où il ne fleurit pour la première fois qu'en 1927. Le nom du genre, *kalanchoe*, serait d'origine chinoise. Quant au nom d'espèce, il se rapporte au nom d'un marchand grainier de Potsdam, Blossfeld. Parmi plus de 200 espèces du genre, on cultive également parfois en intérieur *K. manginii,* lui aussi originaire de Madagascar (voir photos p. 30 et ci-dessous), ainsi que *K. pinnata, K. daigremontiana* et *K. tubiflora* qui donnent souvent sur le bord des feuilles de petites plantes munies de racines. Ces petites plantes tombent et s'enracinent là où elles trouvent un peu de terre.

K. manginii, une floraison en délicates clochettes pour une suspension.

Floraison : février à mai pour *K. blossfeldiana*, février à mars pour *K. manginii*.
Famille : Crassulacées.
Origine : Madagascar.
Emplacement : lumineux et ensoleillé, chaud en été, plus frais en hiver : 15 °C minimum pour *K. blossfeldiana*, 10 à 14 °C pour les autres espèces.
Arrosage, engrais : arroser modérément en été, très parcimonieusement en hiver. De mars à août, faire des apports d'engrais pour cactées toutes les 4 semaines ; pour *K. blossfeldiana* tous les 15 jours avec un engrais pour plantes fleuries.
Autres soins : rempoter quand besoin est dans un mélange ordinaire. Tous les kalanchoes sont des plantes de jours courts, c'est-à-dire que les fleurs se forment après une période de 4 à 6 semaines de jours courts (8 à 10 heures de lumière par jour).
Multiplication : au printemps ou en été, par bouturage ou séparation des plantules qui se forment au bord des feuilles.
Maladies, parasites : pucerons, cochenilles farineuses. Oïdium en cas de chaleur et d'humidité excessives.

Leptospermum scoparium
Leptospermum, myrte des mers du Sud

Sa ressemblance avec la myrte méditerranéenne est frappante.

Cette espèce australienne de la famille des Myrtacées, parfois appelée myrte des mers du Sud, est une introduction récente en tant que plante d'intérieur ou de véranda. Elle est proposée soit sous forme buissonnante, soit formée en tige. Cette espèce est la plus courante en culture parmi les 50 espèces du genre. Dans son habitat naturel, la plante est aussi bien un petit arbuste de 30 cm de hauteur qu'un arbre de près de 10 m. Ceci illustre bien la variabilité de l'espèce, qui fleurit très précocement. Les formes sélectionnées offrent des fleurs simples ou doubles, carmin, rouges ou rosées. Les feuilles persistantes sont vertes ou de teinte bronze et très variables également dans leur forme, bien qu'en général étroites et pointues au bout.
Floraison : mai-juin.
Famille : Myrtacées.
Origine : Australie, Nouvelle-Zélande.
Emplacement : très lumineux à ensoleillé toute l'année, chaud en été, frais en hiver (4 à 10 °C).
Arrosage, engrais : en été, arroser abondamment avec une eau douce, non calcaire. La plante perd ses feuilles en cas de sécheresse des racines. Comme toutes les Myrtacées, elle ne supporte pas le calcaire ! En hiver, n'arroser que pour éviter le dessèchement du mélange. De mars à août, faire des apports d'engrais tous les 15 jours.
Autres soins : rempoter au printemps dans un mélange ordinaire. Après la floraison, ou bien en automne ou au début de printemps, rabattre légèrement les tiges pour que la plante soit bien buissonnante et conserve sa silhouette.
Multiplication : par boutures herbacées (par exemple pousses taillées) au printemps ou boutures semi-ligneuses en août. Les boutures s'enracinent en 4 à 6 semaines dans du sable ou un mélange de sable et de tourbe, dans une atmosphère humide (voir p. 59).
Maladies, parasites : rares.

Lotus berthelotii
Lotier

Le dessèchement des racines est souvent fatal au lotier.

Peu courante, cette plante fait pourtant un superbe sujet pour panier suspendu. C'est une plante vivace qui donne des tiges lignifiées à la base, rampantes ou retombantes, portant de petites feuilles de près de 2 cm de long, à poils argentés. Les fleurs d'environ 3 cm de longueur, en général écarlates (voir photo p. 31), sont groupées à l'extrémité des tiges. La variété 'Gold Flush' possède des fleurs jaunes.
Floraison : mars-avril.
Famille : Légumineuses.
Origine : îles du Cap-Vert et îles Canaries.
Emplacement : lumineux à ensoleillé toute l'année, 20 °C en été, pas plus de 10 °C en hiver. Peut passer l'été dehors en situation abritée. Rentrer la plante avant les premières gelées d'automne.
Arrosage, engrais : arroser modérément, en évitant toute humidité stagnante. Réduire les arrosages en hiver. Une sécheresse des racines se traduit aussitôt par la chute des feuilles.
Faire des apports d'engrais tous les 15 jours de mars à octobre car cette plante a besoin d'une grande quantité d'éléments nutritifs.
Autres soins : rempoter après la floraison, dans un mélange ordinaire ou à base de tourbe, riche en éléments nutritifs, ou encore dans un terreau pour plantes fleuries. On peut rabattre les tiges à cette occasion.
Multiplication : par boutures, qui s'enracinent facilement avec une chaleur de fond de 20 à 25 °C.
Maladies, parasites : pucerons en situation trop chaude et insuffisamment aérée, en hiver surtout.

Medinilla magnifica
Medinilla

Cette plante n'est pas seulement la plus belle espèce d'un genre qui en compte environ 400, mais tout simplement l'une des plus belles plantes fleuries. Dans son habitat naturel, les forêts tropicales des Philippines, elle forme un arbuste de plus de 2 m de hauteur, à tiges épaisses, quadrangulaires et à grandes feuilles de près de 30 cm de long. Les élégantes inflorescences retombantes, rouge rosé, sont constituées de nombreuses petites fleurs entourées de plusieurs étages de bractées rose pâle. L'inflorescence peut mesurer jusqu'à 40 cm de longueur. Cette plante est difficile à multiplier, même pour des professionnels.
Floraison : avril à juillet.
Famille : Mélastomatacées.
Origine : îles Luçon, Philippines.
Emplacement : lumineux, mais sans soleil direct, à plus de 20 °C. L'idéal est l'ambiance chaude et humide d'une serre chaude ou fenêtre-serre. Période de repos en hiver pendant 2 mois, au frais (16 °C), pour encourager la floraison.
Arrosage, engrais : maintenir le mélange modérément humide. Ne jamais arroser à l'eau froide et calcaire. Réduire les arrosages en période de repos. Augmenter à nouveau les arrosages et la température dès qu'apparaissent les boutons floraux. Faire des apports hebdomadaires d'engrais de mars à août.
Autres soins : maintenir une hygrométrie élevée (voir p. 43), entre autres par de fréquentes vaporisations d'eau. Rempoter au printemps si nécessaire, dans un mélange ordinaire. Rabattre jusqu'au vieux bois les plantes à croissance désordonnée.
Multiplication : difficile. Par boutures terminales avec 25 à 30 °C de chaleur de fond.
Maladies, parasites : croissance stoppée en atmosphère sèche et en cas de température insuffisante au niveau des racines.
Mon conseil : ne déplacez plus cette plante une fois que les boutons floraux sont formés.
Remarque : les possesseurs d'une fenêtre-serre ou d'une serre chaude et humide peuvent y cultiver, outre cette espèce, deux plantes proches : *Bertolonia* et *Sonerila*.
– Les *Bertolonia* sont de petites plantes rampantes originaires d'Amérique du Sud, précieuses comme couvre-sol. Le feuillage vert olive à nervures rose pourpré de x *Bertolonia houtteana*, par exemple, est très décoratif. Les bertolonias ont besoin toute l'année d'un minimum de 20 °C dans l'air comme au niveau des racines, ne supportant pas l'eau froide et dure ni les vaporisations d'eau.
– *Sonerila* est le pendant asiatique de cette petite plante et serait même l'un des parents de l'hybride x *Bertolonia houtteana*. On trouve parfois comme plante en pot *Sonerila margaritacea* 'Argentea'. Ce sous-arbrisseau de 30 cm de hauteur est très ramifié. Les feuilles sont marquées de blanc argenté à la face supérieure, et les petites fleurs roses constituées de trois sépales et trois étamines. Soins identiques à ceux prodigués à *Bertolonia*.

◀ **Beauté suprême**
Cette plante porte bien son nom, Medinilla magnifica, *car les sujets fleuris sont réellement magnifiques.*

Nertera granadensis
Baies-de-corail

Les baies décoratives du Nertera *persistent plusieurs mois.*

Nerteros est le synonyme de « bas » en grec. Cette petite plante en effet ne dépasse guère quelques centimètres de hauteur, tapissant le sol. Les baies rouge orangé de la taille d'un pois, le principal élément décoratif de la plante, se forment après les fleurs verdâtres, assez insignifiantes. Cette petite plante vivace rampante peut être conservée sans difficulté plusieurs années.
Floraison : au printemps. Les baies persistent sur la plante du mois d'août jusqu'à l'hiver.
Famille : Rubiacées.
Origine : régions montagneuses d'Amérique centrale et du Sud, Nouvelle-Zélande et Tasmanie.
Emplacement : lumineux toute l'année, mais sans soleil direct, et aussi frais et aéré que possible, avec un minimum de 12 °C en hiver, un peu plus à partir de mars.
Arrosage, engrais : maintenir le mélange bien humide en été, puis réduire les arrosages de l'automne au printemps.
De mars à août, faire toutes les 4 semaines des apports d'engrais faiblement dosé, à défaut la croissance du feuillage se fait au détriment des baies.
Autres soins : vaporisations d'eau de temps à autre, excepté pendant la floraison. Rempoter quand besoin est dans un mélange ordinaire ou à base de tourbe, riche en éléments nutritifs.
Multiplication : par division de la touffe après la chute des baies.
Maladies, parasites : pucerons en situation trop chaude en hiver.

LES PLANTES A FLEURS

Passiflora
Passiflore, fleur de la Passion

Passiflora caerulea *demande à passer l'hiver au frais...*

...tandis que Passiflora violacea *a besoin de plus de chaleur.*

Parmi plus de 400 espèces de passiflores, la plus courante en tant que plante d'intérieur ou de véranda est la robuste passiflore bleue, *P. caerulea*. Dans les régions connaissant des hivers doux, elle peut même être cultivée dehors en situation abritée. *P. edulis, P. racemosa, P. violacea* et *P. quadrangularis* sont plus exigeantes en chaleur. Toutes ont en commun de superbes fleurs, à structure complexe, qui peuvent évoquer les symboles de la Passion du Christ, d'où leur nom. Ainsi, selon la description d'un missionnaire, également botaniste, du XVIIe siècle, «les feuilles terminées par trois pointes représentent la lance, les vrilles les branchages de la flagellation, les trois anthères les clous de la croix, les stigmates l'éponge, les filaments de corolle la couronne d'épines, la colonne centrale le poteau auquel était attaché le Christ pendant la flagellation». De ce fait, des jésuites baptisèrent le genre *Passiflora*. Toutes les espèces sont de vigoureuses plantes grimpantes aux tiges de plusieurs mètres de long, à palisser sur un treillage ou tout autre support. Ces plantes sont souvent vendues palissées sur un arceau et, dans ce cas, sont fréquemment attaquées par les araignées rouges ou mouches blanches, car le feuillage est trop dense et l'air y circule mal.

Floraison : juin à août-septembre pour *P. caerulea* et *P. edulis* ; mai à juillet pour *P. quadrangularis* ; mai à septembre pour *P. racemosa* ; août-septembre pour *P. violacea*.
Famille : Passifloracées.
Origine : Amérique tropicale.

Emplacement : lumineux à ensoleillé toute l'année, et bien aéré. Température chaude en été, plus fraîche en hiver : 10 °C environ pour *P. caerulea* et *P. edulis*, 15 °C environ pour *P. violacea*. Cette période de repos végétatif est nécessaire à la formation des fleurs. *P. racemosa* et *P. quadrangularis* peuvent être conservées toute l'année en situation chaude et humide (fenêtre-serre). *P. caerulea, P. violacea* et *P. edulis* peuvent également passer l'été dehors.

Arrosage, engrais : arroser abondamment en été, mais juste assez en hiver pour éviter le dessèchement de la motte. Faire des apports d'engrais hebdomadaires de mars à août.
Autres soins : tailler au printemps, avant le rempotage dans un terreau ordinaire ou pour plantes fleuries, en ne conservant que deux ou trois tiges. Rempoter les jeunes sujets chaque année, les autres plus rarement.
Multiplication : par boutures terminales commençant à se lignifier, avec 22 °C de chaleur de fond. La première année, garder les jeunes boutures racinées à la lumière et à la chaleur, même pendant l'hiver, à la différence des sujets plus âgés. Les passiflores sont également faciles à obtenir par semis, par exemple à partir des graines de fruits achetés pour *P. edulis* (voir p. 64) ou *P. mollissima*.
Maladies, parasites : pourriture des fleurs à cause d'une température insuffisante ou d'une carence en éléments nutritifs. Araignées rouges, thrips. Cochenilles farineuses en situation trop chaude en hiver.
Mon conseil : ne vous inquiétez pas si votre *P. caerulea* perd ses feuilles en hiver : elle reprendra son développement au printemps.

Pelargonium grandiflorum hybrides
Pélargoniums hybrides, géraniums à grandes fleurs

Pentas lanceolata
Pentas

On trouve des pélargoniums en fleur toute l'année.

Il existe des variétés de pentas roses, saumon et rouge carmin.

Les fleurs de ces pélargoniums, joliment tachetées ou tigrées, peuvent atteindre 5 cm de diamètre. Elles sont groupées en ombelles denses, dans des tons allant du blanc au rose, du rouge au violet. Les feuilles vert franc, à bord denté, sont souvent plus grandes que celles des géraniums des balcons. Ces géraniums ont en général une unique tige principale, qui se lignifie et ne dépasse guère 40 cm de hauteur. Il en existe également de plus petites variétés à très jolies fleurs et feuilles.
Floraison : avril à juin. En jouant sur la température et la longueur du jour, on peut cependant décaler la floraison, ce qui permet d'avoir toute l'année des plantes fleuries dans le commerce.
Famille : Géraniacées.
Origine : Afrique du Sud. Les plantes que l'on achète sont cependant des variétés sélectionnées.
Emplacement : très lumineux à ensoleillé et bien aéré, toute l'année. Ces plantes peuvent passer l'été sur le balcon en situation abritée. Chaleur en été, 10 à 15 °C si possible en hiver.
Arrosage, engrais : arroser abondamment de mars à août, mais en évitant toute humidité stagnante ! Faire des apports hebdomadaires d'engrais. Réduire ensuite les arrosages pour n'arroser que très peu en hiver.
Autres soins : au printemps, rabattre les tiges et rempoter dans un terreau ordinaire additionné de sable grossier. Dès qu'apparaissent de nouvelles pousses, augmenter température et arrosages.
Multiplication : par boutures terminales, de préférence en août, à faire enraciner dans un mélange tourbe et sable. Rempoter et pincer les boutures enracinées dès que la motte de racines s'étoffe.
Maladies, parasites : mouches blanches et pucerons. Pourriture grise et autres maladies causées par des champignons en situation trop humide et trop sombre, mal aérée.

Parmi les 50 espèces de ce genre, originaires d'Afrique tropicale et subtropicale et de Madagascar, seule celle-ci, *P. lanceolata* est cultivée en tant que plante d'intérieur. Plante ornementale très appréciée dans les pays tropicaux, elle est cultivée chez nous sous serre depuis plus de 100 ans. Ce sous-arbrisseau, au port dressé à étalé, atteint 30 à 60 cm de hauteur en intérieur. Il porte des inflorescences terminales de fleurs étoilées blanches, saumon, roses ou rouges. Les petites fleurs individuelles sont tubulaires, d'environ 3 cm de long, et les feuilles velues ovoïdes à oblongues-elliptiques.
Floraison : septembre à janvier.
Famille : Rubiacées.
Origine : Afrique tropicale, Arabie.
Emplacement : très lumineux, mais sans soleil direct, toute l'année. Situation chaude et aérée en été, éventuellement dehors ; fraîcheur en hiver (12 à 15 °C).
Arrosage, engrais : toujours arroser à l'eau tiède, douce. Eviter toute humidité stagnante ! Arroser modérément, moins après la floraison et jusqu'à la reprise de la croissance. Faire tous les 15 jours des apports d'engrais faiblement dosé.
Autres soins : rempoter au printemps dans un mélange riche en éléments nutritifs, ordinaire ou à base de tourbe.
Multiplication : par boutures terminales sous serre chauffée. Pincer les jeunes plantes à plusieurs reprises pour qu'elles se ramifient bien, les rempoter à deux reprises dans des pots plus grands ; ensuite seulement, commencer les apports d'engrais tous les 15 jours.
Maladies, parasites : jaunissement des feuilles en cas d'humidité stagnante, de froid et d'humidité au niveau des racines, ou encore d'eau trop calcaire.
Mon conseil : les pentas sont en général traités par les horticulteurs avec des régulateurs de croissance, afin d'adopter un port bien compact. Cet effet étant cependant de courte durée, il est utile de pincer souvent la plante pour qu'elle buissonne, et ceci tant qu'elle ne porte pas de boutons floraux.

Froid et humidité stagnante peuvent être fatals à cette beauté tropicale qui vit au pied du Kilimandjaro, en Arabie et en Abyssinie.

LES PLANTES À FLEURS

Primula
Primevère

A gauche, P. malacoides ; *à droite,* P. obconica.

Parmi les quelque 500 espèces de primevères, sont surtout cultivées en pot :
– *P. malacoides*, la primevère malacoïde, plante annuelle dont on se débarrasse après la floraison ;
– *P. obconica*, qui atteint 25 cm de hauteur et fleurit en ombelles denses blanches, roses, rouges ou violet pâle et dont on peut poursuivre ensuite la culture ;
– *P. vulgaris* (syn. *P. acaulis*), primevère acaule ou primevère à grandes fleurs, qui offre toute une gamme de teintes : blanc, crème, jaune, rose, rouge, pourpre, violet et bleu.
Floraison : hiver et printemps, toute l'année pour *P. obconica*.
Famille : Primulacées.
Origine : Europe occidentale et méridionale pour *P. vulgaris* ; les autres espèces sont originaires de Chine, mais ce sont des formes sélectionnées qui vous sont proposées dans le commerce.
Emplacement : lumineux, mais sans soleil, frais, surtout pendant la floraison (10 à 15 °C si possible). Ces plantes ne supportent que pendant une courte période d'être dans une pièce chauffée. *P. obconica* est l'espèce supportant le mieux la chaleur.
Arrosage, engrais : maintenir en permanence le mélange légèrement humide, mais éviter toute humidité stagnante. Faire des apports d'engrais faiblement dosé tous les 15 jours pendant la floraison.
Autres soins : après la floraison, planter *P. vulgaris* en pleine terre dans le jardin pour qu'elle refleurisse au printemps suivant. *P. obconica* peut être rempotée après la floraison.
Multiplication : par semis, en général en été, mais délicat pour les néophytes.
Maladies, parasites : brunissement des racines et jaunissement du feuillage causés par une situation trop chaude, un excès d'engrais, la sécheresse ou au contraire l'asphyxie des racines, ou encore par une eau trop dure.
Attention : chez certains sujets sensibles, le contact avec la primevère malacoïde peut déclencher des réactions allergiques.

Les primevères à grandes fleurs - un délicieux petit air de printemps.

Reinwardtia indica
Reinwardtia

La reinwardtia porte des fleurs jaune d'or en plein hiver.

Cette plante fait partie des nouveautés dans la palette des plantes d'intérieur. Elle est précieuse pour sa floraison hivernale dans les pièces peu chauffées ou les vérandas. Le signe distinctif de ce sous-arbrisseau, qui peut atteindre 1 m de hauteur, sont ses fleurs en trompette d'un jaune très lumineux, qui s'ouvrent en quantité. Cette cousine tropicale de notre lin à fleurs bleues doit son nom à un botaniste hollandais, Caspar G. C. Reinwardt, qui fonda au siècle dernier le jardin botanique de Bogor, près de Djakarta en Indonésie, et écrivit un ouvrage sur la végétation de l'archipel indonésien.
Floraison : novembre à mars.
Famille : Linacées.
Origine : régions montagneuses du nord de l'Inde.
Emplacement : très lumineux et aéré, mais sans plein soleil. Peut passer l'été dehors, à mi-ombre. Température de 10 à 12 °C en hiver.
Arrosage, engrais : maintenir le mélange modérément humide en période de croissance, et faire des apports d'engrais faiblement dosé tous les 15 jours. Réduire les arrosages en hiver.
Autres soins : pincer régulièrement les tiges en été pour que la plante adopte un port bien buissonnant et émette de nombreuses pousses sur lesquelles se formeront les fleurs en hiver.
Multiplication : par boutures terminales au printemps, à faire raciner au frais.
Maladies, parasites : attaques de pucerons en hiver, quand la température est trop élevée.

Rhododendron
Azalée, azalée de l'Inde, azalée du Japon

Rhododendron simsii, *à fleurs simples.*

Une variété à fleurs doubles.

Parmi les plus de 800 espèces du genre *Rhododendron*, seules sont cultivées comme plantes d'intérieur les hybrides à grandes fleurs de *R. simsii*, l'azalée de l'Inde et les azalées du Japon, à petites fleurs (*R. obtusum* var. *japonicum*).
Floraison : hiver ou printemps selon les variétés pour les hybrides de *R. simsii* ; avril, et parfois dès Noël, pour *R. obtusum*.
Famille : Éricacées.
Origine : Chine, Japon.
Emplacement : lumineux à légèrement ombragé, mais sans soleil direct, frais et bien aéré. Sortir la plante vers la fin du mois de mai, en situation abritée et à mi-ombre. En automne et hiver, conserver les hybrides de *R. simsii* à 5-12 °C, à 5 °C environ les azalées du Japon (pour permettre la maturation des boutons floraux). Dès que les boutons floraux gonflent, ramener la plante en situation plus chaude (18 °C environ).
Arrosage, engrais : toujours arroser à l'eau douce, les azalées ne supportent pas le calcaire. Sécheresse comme saturation en eau des racines sont absolument à éviter. Arroser abondamment en été, puis réduire légèrement les arrosages lors de la formation des boutons floraux en automne. Après la floraison et jusqu'en août, donner tous les 15 jours de l'engrais pour plantes de terre de bruyère, faiblement dosé.
Autres soins : supprimer les fleurs fanées au fur et à mesure. Rempoter la plante tous les deux ans, après la floraison, dans un terreau pour azalées ou plantes de terre de bruyère. Pincer les tiges à plusieurs reprises en début d'été pour stimuler une croissance buissonnante. Il faut éliminer les jeunes pousses qui se développent avant le mois d'avril ou pendant la floraison.
Multiplication : par boutures terminales avec 20-25 °C de chaleur de fond ; difficile.

Maladies, parasites : feuilles enroulées ou rabougries peuvent être le signe d'une attaque de tarsonèmes ou araignées rouges, favorisée en atmosphère chaude et sèche ; en plein air, dégâts possibles par les charançons.
Mon conseil : les azalées d'intérieur se prêtent particulièrement à la formation en bonsaï. Elles sont taillées à plusieurs reprises dans les pépinières qui les produisent et possèdent donc un port très ramifié. Le sujet de départ idéal est une azalée en pot, ayant passé l'été dans le jardin en situation ombragée et humide, et qui sera formée et rempotée dans un plat à bonsaï en automne. Le seul inconvénient est que le bois d'azalée est assez cassant : on recommande, pour courber le tronc par ligature, de le soutenir fermement avec les pouces bien appuyés. Recherchez, dans un ouvrage consacré aux bonsaïs ou auprès d'un spécialiste, quels sont les styles de taille qui conviennent le mieux aux azalées. Les ouvrages sur le sujet présentent en général des exemples de réalisations étape par étape qui constituent une aide précieuse (voir bibliographie p. 238). Le style en demi-cascade est souvent choisi pour les azalées, ainsi que la forme en balai, cette dernière respectant bien le port et les exigences de la plante. D'autres formes classiques, comme la cascade ou les racines apparentes conviennent beaucoup moins bien à ce type de plante. Les racines des azalées sont en effet fragiles et si le flux de sève dans la plante est ralenti, celle-ci est bien sûr insuffisamment alimentée en eau et en éléments nutritifs.

LES PLANTES À FLEURS

Rosa chinensis
Rosier de Chine, rosier miniature, rosier nain

Variétés modernes de rosiers en pot, de différentes tailles.

Les rosiers figurent bien sûr parmi les plus populaires des arbustes à fleurs. Les nombreuses variétés miniatures sélectionnées par les rosiéristes permettent maintenant à ceux qui ne disposent pas d'un jardin de profiter, malgré tout, de leur généreuse floraison. Les plus connus furent d'abord les descendants du rosier de Chine (*R. chinensis*), comme 'Minima', à fleurs rouges. Ils atteignent 25 à 40 cm de hauteur et portent des fleurs simples ou doubles selon la variété, dans toute la palette des teintes de roses. Quelques variétés bien connues : 'Zwergkönig' (rose), 'Baby Mascarade' (jaune orange), 'Colibri' (rouge) et toute la série des 'Meillandina', dans de nombreuses teintes. Comme tous les rosiers, ce sont des arbustes à floraison estivale qui perdent leur feuillage à l'automne et doivent passer l'hiver en situation très fraîche, mais à l'abri du gel.
Floraison : été, automne.
Famille : Rosacées.
Origine : Chine. Les variétés proposées sont cependant toutes des formes sélectionnées.
Emplacement : très lumineux à ensoleillé et aéré, de préférence dehors en été, en situation abritée du soleil brûlant de la mi-journée. A garder au frais en hiver (pas plus de 10 °C).
Arrosage, engrais : maintenir le mélange bien humide du printemps à l'automne. En hiver, n'arroser que pour éviter le dessèchement complet du mélange. De mars à fin juillet, faire tous les 15 jours des apports d'engrais. Les suspendre ensuite pour permettre la lignification des tiges.
Autres soins : garder ces rosiers au frais mais hors gel en hiver. Rempoter au printemps, rabattre les tiges puis leur donner plus de lumière tout en les laissant au frais.
Multiplication : par bouturage, semis, greffage ; délicate pour les néophytes.
Maladies, parasites : pucerons, araignées rouges, oïdium.
Mon conseil : supprimez régulièrement les roses fanées : ce geste stimule la poursuite de la floraison.

Saintpaulia ionantha hybrides
Saintpaulia, violette africaine, violette du Cap

Des fleurs de rêve : Saintpaulia ionantha *hybride.*

Les violettes africaines existent en fleurs simples, doubles, ondulées ou frangées, dans de nombreux tons de blanc, de rose, de rouge, de violet et de bleu, sans compter les variétés bicolores et les mini-saintpaulias.
Floraison : janvier à décembre, selon l'âge de la plante. Ces plantes fleurissent à plusieurs reprises dans l'année, avec quelques semaines de repos entre les floraisons.
Famille : Gesnériacées.
Emplacement : lumineux à légèrement ombragé, sans soleil direct. Température normale d'un intérieur, 20 °C et plus en été, pas moins de 18 °C en hiver. Cette plante supporte mal fraîcheur et humidité stagnante au niveau des racines.
Arrosage, engrais : arroser modérément, à l'eau douce, à température ambiante, toute l'année. Ne pas mouiller le feuillage ni la base des tiges en arrosant, et préférer l'arrosage dans la soucoupe : l'eau tache en effet feuilles et fleurs. Eliminer l'eau en excès dans la soucoupe. En période de chauffage, augmenter indirectement l'humidité de l'air (voir p. 43). Au printemps et en été, faire des apports hebdomadaires d'engrais faiblement dosé.
Autres soins : éliminer régulièrement les fleurs fanées avec leurs tiges, en tirant d'un coup sec. Rempoter au printemps dans un mélange ordinaire ou à base de tourbe.
Multiplication : par boutures de feuilles avec une chaleur de fond d'au moins 20 °C.
Maladies, parasites : pucerons, cochenilles farineuses en atmosphère sèche. Tarsonèmes, thrips, pourriture grise en cas de fraîcheur et d'humidité combinées. Oïdium.

Mini-saintpaulias à fleurs simples.

Schizanthus wisetonensis hybrides
Schizanthus

Scutellaria
Scutellaire

Cette belle plante annuelle peut être cultivée à partir de semis.

Cette espèce tropicale de scutellaire est avide de lumière.

Les fleurs du schizanthus sont groupées en véritables bouquets très colorés. Elles sont blanches, roses, jaunes, saumon, rouge carmin ou violettes, tigrées ou mouchetées d'autres teintes, ce qui les fait souvent ressembler aux fleurs d'orchidées. Cette plante constitue jusqu'à l'automne une superbe potée fleurie, pour le balcon ou pour un appui de fenêtre. On ne conserve pas la plante après la floraison, car c'est une espèce annuelle, facile à cultiver chaque année à partir d'un semis.
Floraison : juillet à octobre.
Famille : Solanacées.
Origine : Chili. Les variétés proposées sont cependant des formes sélectionnées.
Emplacement : très lumineux, chaud et aéré pour les sujets fleuris. En hiver, élever les jeunes plants en situation ensoleillée, fraîche (10 °C environ) et aérée.
Arrosage, engrais : maintenir le mélange modérément humide et faire des apports hebdomadaires d'engrais.
Autres soins : aucun.
Multiplication : par semis entre novembre et avril. Température de germination : 16 à 18 °C. Repiquer ensuite plusieurs jeunes plants ensemble par pots de 12 cm de diamètre, dans un terreau ordinaire ou pour plantes fleuries, et poursuivre la culture en situation fraîche et lumineuse.
Maladies, parasites : rares et sans grande importance puisqu'on ne garde pas la plante. Le plein soleil derrière une vitre peut brûler le feuillage.
Mon conseil : un semis d'automne permet d'obtenir une floraison dès le printemps, tandis que les semis de mai ne fleurissent pas avant l'été.

Comme notre scutellaire des Alpes (*S. alpina*), celle-ci, *S. costaricana*, bien que d'origine tropicale, est également une espèce de montagne, habituée à une luminosité intense. Pour éviter qu'elle ne pousse trop en hauteur sur un appui de fenêtre, les horticulteurs utilisent des nanifiants ou des régulateurs de croissance. Cette belle plante, en partie ligneuse, atteint environ 50 cm de hauteur et porte en été de lumineux épis de fleurs tubulaires écarlates. Cette espèce fut introduite en Europe en 1863.
Floraison : mai à juillet.
Famille : Labiées.
Origine : Costa Rica.
Emplacement : très lumineux et aéré toute l'année, mais sans soleil direct. 20 °C environ en été ; 15 °C au moins en hiver. Important : la température au niveau des racines ne devrait jamais être inférieure à la température de l'air. Il faut donc éviter les supports froids.
Arrosage, engrais : maintenir le mélange modérément humide. De mars à août, faire des apports hebdomadaires d'engrais faiblement dosé.
Autres soins : rempoter tous les deux ans à l'automne dans un terreau ordinaire après avoir rabattu les tiges, ou mieux encore, renouveler la plante par bouturage à l'automne pour obtenir des plantes fleuries dès la saison suivante.
Multiplication : par boutures terminales ou latérales en automne, qui s'enracinent rapidement avec 20 à 25 °C de chaleur de fond. Grouper plusieurs boutures racinées par pot pour avoir une potée plus touffue. Ne pas pincer les tiges, car les inflorescences se forment à l'extrémité de celles-ci uniquement !
Maladies, parasites : araignées rouges et situation trop chaude et sèche en hiver.

Les plantes des régions montagneuses tropicales comme celle-ci n'ont souvent pas le même port que dans la nature lorsqu'elles sont cultivées en intérieur : elles poussent en hauteur pour mieux atteindre la lumière.

LES PLANTES À FLEURS

Senecio cruentus hybrides
Cinéraire

Des plantes fleuries éphémères, mais qui assurent une floraison soutenue pendant plusieurs semaines.

Les cinéraires représentent l'une des 2 000 à 3 000 espèces du genre le plus vaste et le plus varié de la famille des Composées. Les cinéraires sont très populaires comme plantes en pot, essentiellement du fait de la grande diversité de teintes qu'elles offrent. Leurs fleurs de marguerites peuvent être, selon les variétés, unies ou bicolores, et mesurer de 3 à près de 8 cm de diamètre. Elles sont proposées fleuries au printemps, puis éliminées après la floraison car la poursuite de la culture est sans intérêt.

Floraison : mars-avril.
Famille : Composées.
Origine : forêts fraîches et humides des zones montagneuses des îles Canaries. Les formes cultivées ont cependant été obtenues par des sélectionneurs.
Emplacement : lumineux, bien aéré, plutôt frais (16 à 18 °C) afin que la floraison soit durable. Dans le cas d'une disposition en groupe, ne serrez pas trop les plantes !
Arrosage, engrais : arroser abondamment. Augmenter si possible l'humidité de l'air de façon indirecte (voir p. 43).

Ces deux mesures prolongent la floraison et limitent les risques d'attaques de pucerons, très fréquents sur les cinéraires. Faire des apports hebdomadaires d'engrais pendant la floraison. Dans l'optique de la multiplication uniquement, donner de l'engrais tous les 15 jours de novembre à mars.
Autres soins : il est inutile de rempoter puisqu'on ne conserve pas la plante après la floraison.
Multiplication : par semis en juillet-août. Elever les jeunes plants en situation fraîche (9 à 12 °C) et lumineuse en hiver.
Maladies, parasites : pucerons. Ils s'agglutinent notamment à la base des fleurs. A titre préventif, enfoncer des bâtonnets insecticides dans le mélange.
Mon conseil : les serres abritant cactées et autres plantes grasses dans les jardins botaniques renferment en général de nombreuses espèces du genre *Senecio*. En les observant, vous serez étonné de la diversité de ce genre et du peu de ressemblance de ces plantes avec la cinéraire ! On trouve dans ce genre des exemples de plantes, comme chez les euphorbes et les cactées, qui assurent leur survie exactement de la même façon qu'une autre plante issue d'une famille botanique éloignée. Ainsi, *S. stapeliiformis* ressemble étonnamment à certains *Stapelia*. Les fleurs permettent cependant de distinguer les familles. On retrouve en effet chez *Senecio* les fleurs orangées, typiques des Composées, tandis que *Stapelia* porte ses curieuses fleurs étoilées dégageant une odeur de pourriture. *S. macroglossus*, ou lierre du Cap, offre un exemple de développement parallèle avec le lierre, *Hedera*, dont il ne se distingue que par des feuilles épaisses. Comme pour le lierre, il en existe d'ailleurs une forme à feuilles panachées.

Cinéraire à fleurs bicolores, bleu-violet et blanc.

Sinningia hybrides
Gloxinia, gloxinia des fleuristes

Une présentation élégante : deux variétés de gloxinias réunies dans un cache-pot neutre.

Les espèces botaniques de *Sinningia* sont originaires d'Amérique centrale et du Sud. Il en existe environ 50 espèces, toutes pourvues de tubercules – excepté deux espèces rhizomateuses – à floraison colorée. L'ancêtre des hybrides que nous connaissons est l'espèce *S. speciosa*. Cette plante pousse dans le sud du Brésil sur des parois rocheuses humides et y fleurit en ravissantes clochettes d'un bleu-violet. Cette espèce fut introduite en Angleterre en 1815. Les premières variétés à grandes fleurs furent obtenues à partir de croisements avec l'espèce *S. regina*, introduite en 1903 en Europe et très appréciée pour ses feuilles soyeuses, brun-rouge, parcourues de nervures blanches. Ses fleurs penchées sont violettes, parcourues d'une bande centrale jaune pâle tachetée de mauve. De nombreux hybrides furent ainsi obtenus à partir de ces deux espèces, ainsi qu'à partir d'autres croisements, avec par exemple *S. guttata*, *S. helleri* ou *S. villosa*. Les nouvelles variétés ont des feuilles plus petites et moins fragiles, moins cassantes que les plantes d'origine.

Après une période de teintes considérées comme classiques pour les gloxinias, surtout dans les tons blancs et rouge velouté profond, les sélectionneurs ont élargi la gamme de couleurs et de formes de fleurs. Outre le rouge sont donc apparus des tons roses et violets, des fleurs bicolores, des formes parfumées, des textures soyeuses ou duveteuses… Il faut également mentionner les formes à fleurs doubles, moins courantes, qui évoquent les roses anciennes. A l'achat, choisissez des plantes présentant le plus possible de tiges florales avec des boutons. La poursuite de la culture des nouvelles variétés, plus florifères, n'en vaut pas la peine, car les tubercules sont en général trop petits pour bien refleurir l'année suivante et ils dépérissent souvent pendant la conservation en hiver.

Floraison : mars à août.
Famille : Gesnériacées.
Origine : les espèces botaniques sont originaires du Brésil mais on ne trouve guère dans le commerce que des formes obtenues en culture.
Emplacement : lumineux, mais sans soleil direct, chaud et avec une hygrométrie élevée.
Arrosage, engrais : maintenir le mélange modérément humide, avec une eau douce et tiède. Faire des apports hebdomadaires d'engrais si la poursuite de la culture est envisagée.
Autres soins : ne pas vaporiser le feuillage, mais augmenter indirectement l'humidité de l'air (voir p. 43). Après la floraison, laisser les tubercules entrer progressivement en repos. Eliminer les feuilles sèches, laisser sécher les tubercules puis les conserver dans le mélange au frais (15 °C) et au sec. Rempoter au printemps dans un mélange frais puis reprendre la culture à la chaleur, en situation humide et lumineuse.
Multiplication : par semis ; hors de portée de l'amateur car elle exige un éclairage artificiel de novembre à février.
Maladies, parasites : enroulement des feuilles, pucerons en atmosphère sèche. Affaissement des tiges et pourriture en situation trop froide et humide, ou bien en cas de rempotage du tubercule trop en profondeur.
Remarque : l'espèce à fleurs rouges, *S. cardinalis* (syn. *Rechsteineria cardinalis*) a les mêmes exigences. Il est cependant plus facile de faire refleurir les tubercules.

LES PLANTES A FLEURS

Solanum
Solanum

L'arbre à œufs, curieuse variété d'aubergine à fruits blancs.

Le pommier d'amour, Solanum pseudocapsicum.

Trois espèces du genre *Solanum* sont cultivées en intérieur comme plantes en pot : le pommier d'amour, ou cerisier d'amour (*S. pseudocapsicum*), l'arbre-à-œufs *(S. melongena),* une variété blanche de l'aubergine cultivée, annuelle, tout comme *S. capsicastrum,* qui ressemble beaucoup au pommier d'amour et dont il existe une forme à feuillage panaché. Les fleurs blanc verdâtre ressemblent à celles de la pomme de terre. Les baies jaunes, orangées ou rouge vif du pommier d'amour persistent sur la plante tout l'automne et même l'hiver si la plante n'est pas trop au chaud. On se débarrasse souvent de la plante quand les fruits sont tombés. C'est dommage, car avec des soins appropriés, on peut conserver ce petit arbuste à feuillage persistant et le faire à nouveau fleurir et fructifier.
Floraison : mai-juin. Les fruits persistent de septembre à février.
Famille : Solanacées.
Origine : Madère, Brésil, Uruguay.
Emplacement : lumineux à ensoleillé, bien aéré. Peut passer l'été dehors.
Température de 10 à 15 °C en hiver.
Arrosage, engrais : arroser abondamment au printemps et en été. N'arroser que pour éviter le dessèchement du mélange en automne et hiver. De mars à août, faire des apports d'engrais tous les 15 jours.
Autres soins : faire de fréquentes vaporisations d'eau en hiver si la plante est en situation chaude. Pour poursuivre la culture, rempoter au printemps dans un mélange riche en éléments nutritifs, à base de tourbe ou de type terreau pour plantes fleuries, dans un pot à peine plus grand. A cette occasion, retailler légèrement la motte de racines et rabattre les tiges.
Multiplication : par semis des graines récoltées. Dégager les graines de la pulpe, les laisser sécher et les semer au printemps. Pincer les jeunes plants à deux reprises pour les inciter à buissonner.
Maladies, parasites : pucerons, araignées rouges et mouches blanches en atmosphère chaude et sèche.

Mon conseil : les horticulteurs producteurs de plantes de véranda ou plantes méditerranéennes (voir adresses p. 238) proposent parfois d'autres espèces, moins courantes, du genre *Solanum,* comme par exemple :
– *S. aviculare*, arbuste originaire d'Australie et Nouvelle-Zélande, à floraison violet pâle en août-septembre ;
– *S. jasminoides*, plante grimpante à croissance rapide pour les vérandas fraîches. Elle fleurit de la fin de l'hiver jusqu'en été en fleurs bleu pâle. Ses tiges peuvent atteindre 10 m de longueur ;
– *S. laciniatum*, sous-arbrisseau d'origine tropicale, qui peut atteindre 3 m de hauteur cultivé en bac. Ses superbes fleurs violettes se succèdent du printemps à l'automne. Après pollinisation, cette plante peut donner des fruits gros comme des œufs de pigeon, orangés à maturité ;
– *S. rantonnetii*, donne de juillet à octobre (presque toute l'année en conditions d'environnement favorables) des fleurs bleu-violet de 3 cm de diamètre. Ce vigoureux arbuste originaire d'Amérique du Sud peut adopter, par taille et palissage, toutes sortes de formes différentes ;
– *S. wendlandii*, est une magnifique plante grimpante à feuillage persistant, originaire du Costa Rica, qui aime la chaleur, et porte des épines acérées. Les fleurs violettes de 6 cm de diamètre se succèdent de l'été à la fin de l'automne. Les feuilles peuvent atteindre 25 cm de long.
Attention : comme toutes les espèces de *Solanum* citées ci-dessus, le pommier d'amour est une plante dont tous les organes sont toxiques.

Spathiphyllum
Spathiphyllum

Il existe des variétés naines de spathiphyllum.

Parmi quelque 40 espèces du genre, surtout présentes en Amérique tropicale, les plus couramment cultivées comme plantes en pot sont *S. floribundum*, de 30-40 cm de hauteur, et *S. wallisii*, en général plus développé.
Il existe une variété à fleurs parfumées de cette dernière espèce, 'Mauna Loa'. Cette plante, qui se prête à merveille à l'hydroculture, a des feuilles persistantes d'un beau vert lustré, émergeant en touffes d'une tige très courte. Elle porte en été des inflorescences typiques de la famille des Aracées, avec un spadice blanc crème entouré d'une spathe ovale, blanche ou blanc verdâtre.
Floraison : mars à septembre.
Famille : Aracées.
Origine : Colombie, Venezuela.
Emplacement : lumineux à légèrement ombragé ; cette plante présente vis-à-vis de la luminosité une capacité d'adaptation étonnante. Température normale d'un intérieur toute l'année, soit 18-25 °C, pas moins de 16 °C en hiver.
Arrosage, engrais : au printemps et en été, arroser modérément, à l'eau douce, à température ambiante. Réduire les apports en période de repos végétatif, d'octobre à janvier. De mars à août, donner tous les 15 jours de l'engrais très dilué.
Autres soins : en période chaude, bassiner le feuillage ou augmenter indirectement l'humidité de l'air (voir p. 43). Rempoter en février-mars dans un mélange ordinaire, allégé avec du sable grossier ou du polystyrène expansé.
Multiplication : par semis ou division lors du rempotage.
Maladies, parasites : cochenilles et araignées rouges en air sec.
Attention : le spathiphyllum renferme des substances irritantes pour la peau et les muqueuses.

Stephanotis floribunda
Jasmin de Madagascar

Le jasmin de Madagascar n'apprécie pas d'être déplacé.

Dans son habitat naturel, le jasmin de Madagascar est un arbuste grimpant à feuillage persistant, muni de longues vrilles. C'est une plante d'intérieur très appréciée pour son feuillage coriace, vert foncé brillant, et surtout pour sa floraison estivale en bouquets de fleurs étoilées, cireuses, blanches et parfumées. Des fruits se forment parfois à la suite des fleurs.
Dans la maison, cette plante peut être fixée sur un arceau, mais là où l'espace le permet, dans une véranda par exemple, un treillage ou autre grand support sera plus approprié.
Floraison : juin à septembre, mais en jouant sur la température et l'intensité lumineuse, les horticulteurs le font également fleurir en hiver.
Famille : Asclépiadacées.
Origine : Madagascar.
Emplacement : très lumineux mais non ensoleillé, bien aéré. 20 à 25 °C en été, 12 à 14 °C si possible en hiver. Ne supporte pas d'être déplacé, surtout une fois que les boutons floraux sont formés. Faire un repère sur le pot (voir p. 45).
Arrosage, engrais : arroser abondamment de mars à août, avec une eau tiède et douce et faire des apports hebdomadaires d'engrais. Ne jamais laisser sécher la motte de racines. Réduire les arrosages en fin d'été pour permettre aux tiges de se lignifier. N'arroser que modérément d'octobre à janvier.
Autres soins : faire de fréquentes vaporisations d'eau en été. Rempoter au printemps si besoin est, dans un mélange riche en éléments nutritifs, à base de terre végétale ou de tourbe. Rabattre les tiges dégarnies.
Multiplication : par boutures terminales ou latérales, à prélever au printemps ou en été, et à faire raciner sous serre de multiplication.
Maladies, parasites : araignées rouges, cochenilles et pucerons en atmosphère chaude et sèche en hiver. Jaunissement du feuillage causé par une eau d'arrosage trop dure ou un manque de lumière. Des courants d'air ou un changement d'emplacement peuvent entraîner la chute des boutons et des fleurs.

Les fleurs étoilées et parfumées du jasmin de Madagascar constituent ses signes distinctifs. Son parfum n'a rien à envier à celui du véritable jasmin.

LES PLANTES À FLEURS

Streptocarpus
Oreille-d'éléphant, primevère du Cap

Une floraison en bouquet charmant, Streptocarpus *hybride.*

C'est en 1824 que le premier *Streptocarpus* fut introduit en Europe. Depuis, de très nombreux hybrides aux fleurs élégantes ont été obtenus, ces derniers évoquant les orchidées, dans des tons blancs, roses, rouges, violets et bleus, parfois à gorge tigrée ou à bord frangé. On trouve depuis peu des espèces moins courantes, à petites fleurs, comme *Streptocarpus saxorum* (voir photo p. 30), qui fait un beau sujet pour une suspension.

Floraison : mai à septembre.
Famille : Gesnériacées.
Origine : Afrique du Sud, Afrique tropicale, Madagascar, Thaïlande et Birmanie.
Emplacement : lumineux à légèrement ombragé, mais sans soleil ; température ambiante toute l'année. Les hybrides à petites fleurs supportent un peu plus de fraîcheur, jusqu'à 15 °C en hiver.
Arrosage, engrais : utiliser une eau douce, à température ambiante. Maintenir le mélange modérément humide ; un peu moins en hiver. De mars à août, faire tous les 15 jours des apports d'engrais faiblement dosé, mais jamais sur une motte sèche (risque de brûlures des racines).
Autres soins : maintenir une hygrométrie élevée. Rempoter au printemps dans un mélange riche, à base de terre ou de tourbe.
Multiplication : par boutures de feuilles (moitiés de feuilles ou portions de feuilles entaillées jusqu'à la nervure centrale) pour les hybrides, avec une chaleur de fond de 20 °C sous serre de multiplication. Possible toute l'année, même si le printemps est la meilleure époque. De nouvelles plantes se forment au niveau des nervures. Les espèces botaniques sont multipliées par semis au printemps.
Maladies, parasites : pucerons, araignées rouges, thrips en atmosphère sèche. Brunissement du bord des feuilles en cas d'excès ou de manque d'eau.

Streptocarpus wendlandii possède une unique feuille, de très grande taille, à face inférieure rouge pourpré.

Tillandsia
Tillandsia, fille de l'air

Tillandsia cyanea *fait partie des espèces à feuilles vertes.*

Avec plus de 400 espèces, le genre *Tillandsia* est le plus important de la famille des Broméliacées. Ces plantes sont en général des épiphytes, vivant sur les arbres, rochers ou autres supports. Il existe des espèces à feuillage gris et d'autres à feuillage vert. Les feuilles grises, étroites à linéaires, sont couvertes d'écailles absorbantes gris argenté, qui permettent à la plante de capter l'humidité atmosphérique, d'où le nom de fille de l'air qu'on lui donne parfois. La plupart des tillandsias demandent peu d'espace. On en trouve des spécimens fixés sur des branches ou bien collés sur des pierres poreuses, ce dernier mode de culture n'ayant rien de naturel !

Floraison : printemps ou été selon les espèces.
Famille : Broméliacées.
Origine : Amérique tropicale et subtropicale.
Emplacement : pour les tillandsias gris, lumière vive toute l'année, situation chaude et ensoleillée en été, de préférence à l'extérieur. 10-15 °C en hiver. Pour les tillandsias verts, situation chaude et lumineuse toute l'année, mais sans soleil direct. L'emplacement idéal est une fenêtre-serre chaude et humide.
Arrosage, engrais : en été, faire quotidiennement de fines vaporisations d'eau non calcaire ; en hiver, faire cette opération une ou deux fois par semaine. En été, ajouter tous les 15 jours à l'eau d'aspersion un engrais faiblement dosé.
Autres soins : entretenir une hygrométrie élevée (voir p. 43).
Multiplication : par rejets, à ne séparer de la plante-mère que lorsqu'ils atteignent une taille d'environ moitié de celle-ci, à fixer sur une branche.
Maladies, parasites : rares ; cochenilles et cochenilles farineuses.
Mon conseil : du fait d'une collecte massive de ces plantes dans leur habitat naturel, dans le but de leur exportation pour la culture en intérieur, de nombreuses espèces de tillandsias sont menacées. Pour essayer de les sauver, préférez les sujets multipliés chez les horticulteurs à ceux importés directement.

Vriesea
Vriesea

Vriesea splendens est l'espèce la plus connue du genre.

Les vrieseas proposés comme plantes d'intérieur sont le plus souvent des hybrides. On distingue des formes à feuillage vert uni, d'autres à feuillage panaché.
Le plus connu est
V. splendens, qui forme des rosettes de feuilles d'environ 50 cm de longueur, à rayures transversales brun-rouge, et qui porte un long épi floral orangé écarlate.
Il existe des hybrides à inflorescences rouge foncé et à feuillage vert, ainsi que des croisements entre *V. carinata* et *V. psittacina,* aux inflorescences multicolores.
Les vrieseas peuvent être cultivés sur un tronc à épiphytes ou dans un pot de taille moyenne, rempli d'un mélange léger.
Floraison : on trouve toute l'année dans le commerce des hybrides fleuris, qui se dessèchent progressivement et meurent après la floraison.
Famille : Broméliacées.
Origine : Brésil.
Emplacement : lumineux à légèrement ombragé ; chaud et humide toute l'année, de préférence dans une serre ou une fenêtre-serre climatisée.
Important : la température du sol doit être d'au moins 18 °C.
Arrosage, engrais : maintenir le mélange modérément humide en permanence, avec une eau douce et tiède. Verser l'eau sur le mélange et dans l'entonnoir central de la rosette. En été, apporter tous les 15 jours de l'engrais faiblement dosé.
Autres soins : faire de fréquentes vaporisations d'eau et augmenter indirectement l'humidité de l'air (voir p. 43). Le rempotage est inutile puisque la plante meurt après la floraison.
Multiplication : par rejets, qui doivent atteindre une taille d'environ la moitié de celle de la plante-mère. Ils se forment cependant assez difficilement chez les vrieseas. Les fixer sur une branche ou les rempoter dans de petits pots remplis d'un mélange léger.
Maladies, parasites : une température insuffisante, un excès d'eau au niveau des racines ou l'air chauffé, sec, peuvent entraîner un arrêt de la croissance et des dégâts sur les feuilles.

Zantedeschia
Calla, arum d'Ethiopie

Le calla ne fleurit qu'après une période de repos végétatif.

L'espèce de zantedeschia la plus courante en intérieur, *Z. aethiopica*, est originaire d'une zone de marais, à sec en été, située en Afrique du Sud. C'est une plante vivace dans son milieu, possédant un rhizome charnu et atteignant environ 80 cm de hauteur. Les grandes feuilles lisses, vertes, sont portées par un pétiole dressé. L'inflorescence est constituée d'une grande bractée blanche également appelée spathe, entourant le spadice jaune crème.
Les espèces *Z. rehmannii*, à floraison rose, et *Z. elliottiana*, à floraison jaune, sont moins courantes, et surtout utilisées en fleurs coupées.
Floraison : printemps et début d'été.
Famille : Aracées.
Origine : Afrique tropicale, Afrique du sud.
Emplacement : ensoleillé à légèrement ombragé ; chaud en été, frais en hiver. Sortir de préférence la plante courant mai pour la rentrer au début de l'automne.
Arrosage, engrais : après la floraison, garder la plante tout à fait au sec (pour reproduire la sécheresse estivale de son habitat naturel) pendant deux mois (mai-juin). Secouer ensuite la terre sèche de la motte, rempoter la plante et reprendre progressivement les arrosages. Ces plantes demandent beaucoup d'humidité en période de croissance. Avant la formation des fleurs, réduire légèrement les arrosages pour arroser à nouveau abondamment dès la floraison. De juillet à la floraison suivante, apporter hebdomadairement de l'engrais.
Autres soins : aucun.
Multiplication : par division du rhizome après la période de repos au sec, vers la mi-juillet.
Maladies, parasites : araignées rouges et pucerons en situation trop chaude en hiver.
Mon conseil : dans les régions à climat doux, le calla peut être cultivé en pleine terre dans le jardin, en situation abritée.

LA PAGE DU COLLECTIONNEUR

Voici quelques plantes fleuries peu courantes, une courte sélection de belles nouveautés ou de plantes rares dont la curieuse floraison charmera les amateurs de plantes à fleurs.

Pavonia multiflora
Pavonia

Petit arbuste à feuillage persistant. Les fleurs sont constituées d'un calice renflé rouge pourpré, d'une corolle un peu plus foncée, tandis que les étamines sont bleues et les stigmates roses.

Floraison : de l'automne au printemps.
Famille : Malvacées. **Origine :** Brésil.
Emplacement : chaud et lumineux toute l'année, pas moins de 15 °C en hiver.
Arrosage, engrais : arroser modérément, à l'eau douce et faire des apports hebdomadaires d'engrais faiblement dosé, de mars à août.
Autres soins : cette plante demande une humidité de l'air élevée ; faire de fréquentes vaporisations d'eau. Rempoter au printemps. Rabattre après la floraison. **Multiplication :** par boutures terminales, difficile. **Remarque :** *Goethea cauliflora* est une plante très originale dont les fleurs écarlates s'ouvrent de juillet à octobre et qui demande les mêmes soins.

Une fleur de pavonia à peine ouverte, avec son calice écarlate, ses stigmates roses et ses anthères bleues.

Globba winitii
Globba

Plante ressemblant au gingembre par ses racines tubérisées à grandes feuilles lancéolées et inflorescences retombantes. Il existe environ 100 espèces du genre, mais on ne peut guère en admirer que quelques-unes dans les jardins botaniques. Outre *G. winitii*, les plus courantes sont *G. atrosanguinea* de Bornéo, *G. bulbifera* et *G. marantina*, originaires des îles des mers du Sud.
Floraison : juillet à novembre. **Famille :** Zingiberacées. **Origine :** Thaïlande.
Emplacement : très lumineux mais sans soleil direct ; 20 à 23 °C toute l'année.
Arrosage, engrais : arroser modérément et faire des apports hebdomadaires d'engrais faiblement dosé de mars à août. **Autres soins :** entretenir une hygrométrie élevée. Le feuillage flétrit en décembre-janvier, mais ne pas laisser complètement sécher

le tubercule. Rempoter au printemps dans un mélange ordinaire, puis reprendre l'entretien habituel en période de croissance. **Multiplication :** par les bulbilles ou par division des sujets âgés.

Eranthemum pulchellum
Eranthemum

Petit arbuste à feuilles vert foncé et aux épis de fleurs bleu violacé. En général cultivé comme une annuelle. Superbe floraison hivernale pour la véranda.

Floraison : décembre à février. **Famille :** Acanthacées. **Origine :** Inde. **Emplacement :** lumineux, mais non ensoleillé ; 18 à 23 °C en été, pas moins de 16 °C en hiver. **Arrosage, engrais :** maintenir le mélange modérément humide toute l'année et faire des apports d'engrais toutes les 3 semaines de mars à août. **Autres soins :** pour poursuivre la culture, rempoter en mars dans un mélange enrichi à base de tourbe ou un terreau pour plantes fleuries. **Multiplication :** par boutures terminales après la floraison, avec 20 à 25 °C de chaleur de fond pour l'enracinement.

Oxalis adenophylla
Oxalis

Plante vivace à feuilles gris-vert se repliant la nuit. Fleurs rose vif sur un pédoncule d'environ 5 cm.

Floraison : avril. **Famille :** Oxalidacées. **Origine :** Chili, Argentine. **Emplacement :** lumineux à ensoleillé et frais toute l'année. **Arrosage, engrais :** maintenir le mélange modérément humide en période de croissance et faire des apports hebdomadaires d'engrais. **Autres soins :** les parties aériennes sèchent à l'automne, puis la croissance reprend après une période de dormance. **Multiplication :** par bulbilles.

Smithiantha hybrides
Smithiantha

Cette plante, baptisée ainsi en l'honneur de l'anglaise Matilde Smith (vers 1840), dessinatrice de plantes, était également connue autrefois sous le nom de *Naegelia multiflora*. Les variétés modernes sont issues de croisements entre *S. multiflora* et *S. zebrina*. Elles ont des feuilles souples, marquées de taches brunes et des fleurs rouge orangé. Ces petites plantes se renouvellent par leur rhizome écailleux.

Floraison : juillet à septembre. **Famille :** Gesnériacées. **Origine :** sud du Mexique. **Emplacement :** chaud et lumineux. **Arrosage, engrais :** de mars à octobre, maintenir le mélange légèrement humide, en arrosant à l'eau douce, et faire tous les 15 jours des apports d'engrais faiblement dosé. En hiver, garder la plante complètement au sec (période de repos). **Autres soins :** augmenter indirectement l'humidité de l'air (voir p. 43). Laisser le feuillage flétrir à partir d'octobre. En hiver, garder les rhizomes au frais (12 °C) et au sec dans le vieux pot. Rempoter au printemps dans un mélange faiblement enrichi et reprendre les arrosages. Couvrir d'une feuille en plastique transparent (voir p. 59) pour stimuler la reprise de la croissance. **Multiplication :** par semis ou division du rhizome. **Mon conseil :** les plantes conservées ou obtenues en intérieur à partir d'éclats de rhizomes sont moins dépendantes de conditions d'environnement tropicales que les plantes achetées, élevées en serre chaude.

Anigozanthos flavidus
Anigozanthos

Plante buissonnante à feuilles lancéolées, qui donne en été de curieuses fleurs de texture laineuse, aussi appelées pattes-de-kangourou.

Floraison : mai à août. **Famille :** Haemodoracées. **Origine :** Sud-Est australien. **Emplacement :** très lumineux toute l'année ; chaud en été (de préférence dehors), frais en hiver (10-15 °C). **Arrosage, engrais :** arroser abondamment en été et faire des apports hebdomadaires d'engrais faiblement dosé de mars à août. Réduire les arrosages en hiver. **Autres soins :** rempoter au printemps si besoin est, dans un mélange à base de tourbe additionné de bonne terre argileuse. **Multiplication :** par division des sujets âgés, ou semis. **Mon conseil :** cette plante est avide de lumière et fleurit mal lorsque l'été n'est pas beau. Par ailleurs, elle perd, en situation trop sombre surtout, son port compact, car celui-ci est obtenu à l'origine par des traitements avec des régulateurs de croissance chez les horticulteurs. Si vous ne trouvez pas cette espèce rare dans le commerce, essayez de vous procurer des graines d'une espèce proche, *A. manglesii* chez un fournisseur spécialisé.

PLANTES DE VÉRANDA

Voici de superbes plantes fleuries pouvant atteindre de grandes dimensions. Elles se plaisent en plein air l'été, et demandent en hiver un local frais et bien éclairé.

Abutilon hybrides
Abutilon, érable à fleurs

Arbuste à feuillage vert ou panaché de jaune d'or. Les hybrides du commerce sont issus de croisements entre plusieurs espèces. Les principales espèces cultivées sont *A. megapotamicum* et *A. pictum*.

Floraison : toute l'année. **Famille :** Malvacées. **Origine :** Amérique centrale et du Sud. **Emplacement :** dehors en été, au soleil ou à mi-ombre. Le rentrer en septembre dans une pièce fraîche (12-14 °C) et lumineuse. **Arrosage, engrais :** arroser généreusement de mars à août et faire des apports d'engrais deux fois par semaine. De septembre à février, maintenir le mélange de culture à peine humide. **Autres soins :** rempoter au printemps dans un mélange de rempotage ordinaire, après avoir rabattu les tiges aux 2/3. **Multiplication :** boutures herbacées au printemps ou semi-ligneuses en août.

Chamelaucium uncinatum
Chamelaucium

Petit arbuste à feuillage persistant en aiguilles et petites fleurs rose foncé ou blanches.
Floraison : mars-avril. **Famille :** Myrtacées. **Origine :** ouest de l'Australie. **Emplacement :** l'été, situation chaude et aérée, en plein soleil ; hivernage au frais (10 °C environ) et à la lumière à partir de septembre. **Arrosage, engrais :** arroser modérément en période de croissance, très peu en hiver. L'excès d'eau entraîne la chute des fleurs ! Faire des apports d'engrais tous les 15 jours de mars à août. **Autres soins :** rabattre les tiges après la floraison. Rempoter au printemps si besoin est dans un mélange ordinaire. **Multiplication :** boutures herbacées avec une chaleur de fond de 25 °C.

Cytisus x racemosus
Genêt

Arbuste à petites feuilles persistantes composées, à 3 folioles, et introduisant des grappes de fleurs jaune vif. On trouve dans le commerce des plantes buissonnantes assez hautes, mais qui peuvent s'étoffer et atteindre 1 m de hauteur si elles sont bien soignées. Il existe également des sujets formés en tige. Comme la campanule (voir p. 100), ce genêt compte parmi les rares plantes d'intérieur qui apprécient l'eau calcaire et pour lesquelles il est donc inutile d'adoucir l'eau d'arrosage.
Floraison : février à mai. **Famille :** Légumineuses. **Origine :** îles Canaries, Madère. **Emplacement :** en plein air en été, en situation chaude et ensoleillée ; à rentrer en septembre-octobre en situation fraîche (8-10 °C) et lumineuse, afin que de nouvelles fleurs puissent se former. **Arrosage, engrais :** maintenir le mélange légèrement humide toute l'année ; arroser un peu plus en été, un peu moins en hiver. Faire des apports d'engrais chaque semaine de mars à août, une fois par mois environ en hiver. **Autres soins :** rempoter les jeunes plantes chaque année au printemps dans un mélange ordinaire. Rabattre les tiges après la floraison pour éviter la chute des feuilles. **Mon conseil :** pendant la floraison, placer cette plante en situation fraîche et lumineuse, mais sans soleil direct. Attention, comme les autres espèces du genre *Cytisus*, celle-ci contient des substances toxiques.

Bougainvillea
Bougainvillée

Plante grimpante aux bractées décoratives, brillamment colorées allant du blanc au crème, du saumon au rose, du rouge au violet. On la trouve sous forme de plante en pot palissée sur des arceaux, buissonnante ou encore formée sur tige. L'espèce la plus courante est *Bougainvillea glabra* et ses variétés, tandis que *Bougainvillea spectabilis*, épineuse, très vigoureuse, doit être cultivée en serre ou véranda pour disposer de l'espace nécessaire.
Floraison : avril à juin. **Famille :** Nyctaginacées. **Origine :** Brésil. **Emplacement :** dehors en été, en situation chaude, abritée et très lumineuse ou ensoleillée. Rentrer la plante en septembre et la garder pour l'hiver au frais (10-14 °C) et à la lumière. **Arrosage, engrais :** de l'entrée en végétation au mois d'août, arroser généreusement et faire des apports hebdomadaires d'engrais. Réduire ensuite les arrosages. Diminuer encore les apports d'eau à partir de novembre, puis cesser les arrosages à la chute des feuilles.
Autres soins : rabattre les tiges en mars et rempoter dans un mélange riche en tourbe. Par temps chaud, vaporiser le feuillage.
Multiplication : délicate.

Callistemon citrinus
Callistemon, rince-bouteille

Arbuste à feuilles persistantes lancéolées gris-vert, et aux épis floraux cylindriques d'environ 10 cm de longueur en forme de goupillon, aux étamines rouges proéminentes. L'espèce la plus courante, *C. citrinus* (syn. *Metrosideros citrina* ou *C. lanceolatus*) peut atteindre 3 m de hauteur dans son habitat naturel. Les sujets cultivés en pot ont une croissance assez rapide et peuvent atteindre également de belles dimensions.
Floraison : juin-juillet. **Famille :** Myrtacées. **Origine :** Sud-Est australien, Nouvelle-Calédonie. **Emplacement :** dehors l'été, en situation chaude et ensoleillée, ou du moins très lumineuse. A rentrer en septembre et garder au frais (6-8 °C) et à la lumière en hiver. **Arrosage, engrais :** en été, arroser à l'eau non calcaire et faire des apports d'engrais hebdomadaires. **Autres soins :** rempoter au printemps dans un mélange de rempotage ordinaire ou dans un mélange pour azalées. **Multiplication :** boutures terminales, avec une chaleur de fond de 20-25 °C, entre août et octobre. **Remarque :** les mêmes soins conviennent à l'espèce *Metrosideros excelsa*.

Cette petite plante vivace souvent plantée dans les rocailles ou les murets fleuris, Campanula porscharskyana, *constitue également un superbe sujet pour les suspensions.*

Campanula porscharskyana
Campanule à petites fleurs

Plante vivace tapissante, à végétation dense, d'environ 15 cm de hauteur, à feuilles en cœur, portant de nombreuses petites fleurs de campanule bleu ciel, en grappes courtes. La plante émet des stolons. Beau sujet pour les suspensions.
Floraison : juin-juillet et plus. **Famille :** Campanulacées. **Origine :** Dalmatie. **Emplacement :** mi-ombre. **Arrosage, engrais :** arroser généreusement en été et faire des apports hebdomadaires d'engrais. L'eau calcaire convient tout à fait à cette plante. **Autres soins :** à planter au jardin après la floraison (la campanule reprend sa croissance au printemps suivant) ou bien à garder au frais et à la lumière, avec des arrosages réduits, pour l'hiver.
Multiplication : au jardin, par séparation des stolons en été.

PLANTES DE VÉRANDA

Acacia armata
Mimosa

Espèce arbustive de mimosa, à port évasé, se prêtant bien à la culture en pot ou bac. Rameaux épineux et feuillage persistant. Les feuilles ondulées, vert foncé, sont en fait des pétioles élargis, ou phyllodes. Floraison en petites boules solitaires, jaune vif, caractéristiques des mimosas, à l'aisselle des feuilles supérieures.
Floraison : mars-avril. **Famille** : Légumineuses. **Origine** : Australie.
Emplacement : très lumineux, voire ensoleillé, toute l'année. Apprécie de passer l'été dehors en situation ensoleillée. Le rentrer en septembre et le garder à 5-10 °C en hiver. **Arrosage, engrais** : arroser à l'eau douce, abondamment au printemps et en été, parcimonieusement en automne et hiver. D'avril à août, faire tous les 15 jours des apports d'engrais. **Autres soins** : rempoter au printemps dans un grand pot ou bac, dans un mélange à base de terre ou tourbe, riche en éléments nutritifs, non calcaire.
Multiplication : par boutures semi-ligneuses en juillet-août, à faire raciner dans un mélange tourbe et sable.

Coffea arabica
Caféier, caféier d'Arabie

Petit arbuste d'abord non ramifié, puis donnant des branches latérales. Feuilles opposées d'un vert foncé lustré. Au bout de quelques années de culture, floraison parfumée en étoiles blanches, suivies de baies passant du vert au rouge, puis rouge sombre à maturité et dont on extrait les graines, futurs grains de café. Il en existe une variété à feuillage panaché, ainsi qu'une forme naine à floraison plus rapide.
Floraison : été ou automne. **Famille** : Rubiacées. **Origine** : Afrique tropicale.
Emplacement : lumineux mais sans soleil direct, température chaude en été, plus fraîche en hiver (15-18 °C). Apprécie une hygrométrie élevée. **Arrosage, engrais** : arroser généreusement en période de croissance, parcimonieusement en hiver. Faire des apports d'engrais tous les 15 jours d'avril à août. **Autres soins** : faire de fréquentes vaporisations d'eau par temps chaud. Rempoter au printemps dans un mélange ordinaire à base de terre. **Multiplication** : par semis de graines fraîches au printemps.

Nerium oleander
Laurier-rose

Arbuste touffu, à feuillage persistant vert foncé. Feuilles étroites et coriaces. Fleurs en bouquets, tubulées et terminées par 5 lobes étalés, dans les tons de blanc à rouge pourpré, en passant par jaune et rouge, selon la variété. Il existe des variétés à feuillage panaché, d'autres à fleurs simples ou doubles.
Floraison : été. **Famille** : Apocynacées. **Origine** : bassin méditerranéen, Afrique du Nord. **Emplacement** : très lumineux. En été, situation chaude et ensoleillée dehors; en hiver, lumière vive et température fraîche (avec un minimum de 5 à 10 °C). **Arrosage, engrais** : arroser généreusement au printemps et en été, en évitant humidité stagnante comme sécheresse des racines, et donner de l'engrais tous les 15 jours de mars à août. Arroser parcimonieusement en hiver.
Autres soins : rempoter au printemps si nécessaire, dans un mélange à base de terre ou tourbe, riche en éléments nutritifs. Après la floraison, rabattre de moitié environ les rameaux ayant fleuri. **Multiplication** : par boutures terminales en début d'été.
Attention : tous les organes du laurier-rose sont toxiques.

Plumbago auriculata
Plumbago, plumbago du Cap

Sous-arbrisseau grimpant ou buissonnant, à feuilles persistantes ovales, vert moyen. Belle floraison bleu ciel, en épis courts et denses. Il existe une variété à fleurs blanches, 'Alba'.

Floraison : du printemps à l'automne. **Famille** : Plumbaginacées. **Origine** : Afrique du Sud. **Emplacement** : lumière vive, voire plein soleil. Se plaît dehors l'été, en situation abritée et ensoleillée. Situation fraîche (jusque 8-10 °C) en hiver, sous serre ou véranda peu chauffée. **Arrosage, engrais** : maintenir le mélange modérément humide en période de croissance et donner tous les 15 jours de l'engrais ordinaire. Arroser parcimonieusement en hiver. **Autres soins** : rabattre sévèrement les tiges à l'automne ou en fin d'hiver. Rempoter en mars si nécessaire, dans un mélange ordinaire à base de terre ou tourbe. **Multiplication** : par bouturage au printemps ou en été.

Punica granatum 'Nana'
Grenadier nain

Forme naine du grenadier cultivée comme arbuste d'ornement, en pot ou bac. Petites feuilles caduques, lancéolées, coriaces, vert brillant, et jolies fleurs rouge orangé à l'extrémité des pousses latérales, suivies de fruits globuleux jaunes ou orangés.

Floraison : été. **Famille** : Punicacées. **Origine** : Asie du Sud, mais naturalisé depuis fort longtemps dans le bassin méditerranéen et en Amérique du Sud. **Emplacement** : chaud et lumineux, de préférence dehors l'été en situation abritée

et ensoleillée. Situation claire, fraîche (minimum 5-8 °C) et bien aérée en hiver. **Arrosage, engrais** : maintenir le mélange modérément humide en période de croissance et donner tous les 15 jours de l'engrais ordinaire. N'arroser en hiver que pour éviter le dessèchement complet du mélange. **Autres soins** : rempoter dans un terreau ordinaire, uniquement quand les racines ont colonisé tout le pot. Si besoin est, rabattre légèrement les tiges fin août. **Multiplication** : par boutures terminales sous serre de multiplication chauffée. Remarque : les fruits, comestibles, présentent toutefois peu d'intérêt gustatif.

Thunbergia alata
Suzanne-aux-yeux-noirs, sourire de Zanzibar

Plante vivace à tiges volubiles, en général cultivée comme une annuelle à floraison décorative, sous serre ou à l'extérieur en été. Feuilles dentées presque triangulaires, vert brillant. Fleurs orangées à œil noir. Il existe aussi des variétés à fleurs blanches ou jaunes.
Floraison : du début de l'été à la fin de l'automne. **Famille** : Acanthacées. **Origine** : Afrique tropicale, naturalisée dans de nombreuses régions tropicales. **Emplacement** : très lumineux, voire ensoleillé, de préférence dehors l'été, à l'abri du vent. On se débarrasse en général de la plante après la floraison. Température ambiante ; en hiver, 10 °C minimum. **Arrosage, engrais** : arroser généreusement en période de croissance et faire des apports d'engrais tous les 15 jours pendant la floraison. **Autres soins** : éliminer régulièrement les fleurs fanées pour prolonger la floraison. A cultiver dans un mélange ordinaire à base de terre ou de tourbe. **Multiplication** : par semis en fin d'hiver ou début de printemps, en situation chaude et lumineuse.

Tibouchina urvilleana
Tibouchina

Bel arbuste, également connu sous le nom de *T. semidecandra*, à feuilles ovales, persistantes, duveteuses, vert soutenu à nervures marquées au dessus, plus pâles en dessous. Grandes fleurs pourprées à violettes, de 5 à 8 cm de diamètre, à l'extrémité des rameaux. Beau sujet pour une orangerie ou une serre froide.
Floraison : été-automne ou hiver. **Famille** : Mélastomacées. **Origine** : Brésil. **Emplacement** : très lumineux, de préférence dehors l'été. Le rentrer en hiver en situation fraîche (10 °C environ) et lumineuse. **Arrosage, engrais** : maintenir le mélange modérément humide en période de croissance et faire tous les 15 jours des apports d'engrais. Arroser parcimonieusement en hiver. **Autres soins** : rempoter les jeunes sujets chaque année, les autres quand besoin est seulement, dans un mélange ordinaire à base de terre ou tourbe. Rabattre les tiges en fin d'hiver pour que la plante garde un port compact. **Multiplication** : par boutures terminales au printemps, sous serre de multiplication chauffée.

LES PLANTES VERTES

Les plantes vertes sont indispensables dans tout jardin d'intérieur et offrent le cadre ou l'arrière-plan le plus naturel qui soit à leurs congénères à fleurs.

Toutes les plantes vertes, ou plantes à feuillage décoratif, sont en fait des plantes à fleurs qui, dans leur habitat naturel, produisent régulièrement fleurs et fruits. Il existe des exceptions, comme l'araucaria et le cycas, qui sont des plantes plus anciennes dans l'évolution des espèces et étaient déjà présentes sur terre des millions d'années avant l'apparition des plantes à fleurs. La distinction entre plantes vertes et plantes fleuries parmi les plantes d'intérieur relève donc essentiellement d'une question d'aspect. Nombre de plantes dites « vertes » ne fleurissent en effet jamais ou très rarement en intérieur ; en effet ce sont de grands arbustes ou des arbres dans leur environnement naturel qui, en pot, demeurent à l'état de jeunes sujets, n'atteignant pas la maturité requise pour fleurir.

D'autres sont considérées comme plantes vertes parce que leur feuillage est plus décoratif que leurs fleurs, insignifiantes ou éphémères. La sélection de plantes vertes des pages 144 à 193 vous présente les plus belles et les plus connues des espèces et variétés de ce type, mais aussi quelques plantes rares ou de récentes introductions. Fougères et palmiers, qui sont bien sûr également des plantes à feuillage décoratif, sont volontairement présentées plus loin, du fait de leur spécificité botanique et de leurs exigences culturales particulières.

Par la diversité de leur port, de la taille, de la texture et de la teinte de leurs feuilles, les plantes vertes se prêtent à merveille à une mise en valeur dans un intérieur. Elles peuvent retomber en cascade d'un guéridon ou d'un piédestal, constituer une cloison de verdure dans la pièce ou arrêter les regards des curieux derrière la fenêtre.

Les sujets les plus remarqués sont bien sûr ceux qui, bien soignés, deviennent de véritables « arbres » dans la maison. Il ne faut pas oublier non plus l'influence positive des plantes vertes sur notre environnement. Le vert est en effet la couleur dont nous avons le plus besoin, celle qui nous apaise et nous réconforte.

Ces gigantesques feuilles d'anthurium sont de véritables panneaux solaires. La plante s'efforce de capter le plus possible de lumière par le biais de cette grande surface foliaire, car elle vit dans une faible luminosité, la lumière étant filtrée par la voûte de feuillage des arbres de la forêt tropicale humide.

Ce fait n'est plus étonnant lorsqu'on sait que le cristallin de notre œil n'a pas besoin de s'adapter pour percevoir le vert comme il le fait pour les autres couleurs. D'après les statistiques, viennent en tête, au hit-parade des plantes vertes, yucca et caoutchouc, puis figuier pleureur, lierre, philodendron, cissus, dracaena, dieffenbachia. Si vous recherchez plus d'originalité, vous trouverez sans doute votre bonheur parmi des plantes beaucoup moins courantes, comme l'espèce du genre *Senecio,* évoquant un chapelet de petits pois (voir p. 195), *Alocasia* (photo de gauche) ou *Anthurium* (photo ci-dessus), aux feuilles extraordinaires.

Ce que vous devez savoir concernant les plantes vertes

Les plantes vertes sont issues de toutes les familles botaniques possibles. Quelques-unes cependant sont particulièrement riches en représentants à feuillage décoratif : Aracées, Bégoniacées, Araliacées, Broméliacées, Marantacées (voir photo p. 33) et Vitacées. Le kaléidoscope des ports et modes de croissance est étonnant : plantes vertes, graminées, épiphytes, plantes grasses ou plantes carnivores ; à port dressé, rampant ou grimpant, herbacées, arbustives ou à port d'arbre ; à feuillage persistant ou caduc... La taille des feuilles peut varier, présentant de fines aiguilles ou des feuilles grandes comme un violon alto. Selon l'espèce, ces feuilles sont fines ou charnues, coriaces ou soyeuses, duveteuses ou cireuses. Les teintes et motifs spectaculaires qui ornent des feuilles donnent également une idée de la diversité qu'offre la nature ! Certains de ces motifs ont cependant été obtenus en culture, par des sélectionneurs.

Des soins appropriés

Les feuilles sont les poumons de la plante, l'endroit où ont lieu photosynthèse (voir p. 79) et respiration (voir p. 69). Prenez le temps de les observer, de les surveiller. C'est là que se déclarent maladies et attaques de parasites.

Pensez aussi lors de l'arrosage – indépendamment des besoins individuels des espèces – qu'un sujet très feuillu demande plus d'eau qu'une

Qui reconnaît dans cet arbre majestueux son figuier pleureur ? Dans son habitat naturel, Ficus benjamina *émet d'épaisses racines aériennes qui vont s'ancrer dans le sol comme de robustes cordages.*

plante plutôt dégarnie, car la surface d'évaporation est plus importante. Chez de nombreuses plantes vertes, on peut deviner les besoins en eau et en lumière par la simple observation des feuilles (voir p. 16 et 26).

LES PLANTES VERTES

Acorus gramineus
Acore, lis des marais

Variété à feuillage rayé de jaune, 'Argenteostriatus'.

Comme l'indique le nom d'espèce *gramineus*, cette petite plante de marécage ressemble à une graminée. Elle appartient cependant à la même famille que *Monstera* (voir p. 174) et *Philodendron* (voir p. 180-181) et est un proche parent d'*A. calamus*, plante médicinale naturalisée en Europe. On en trouve des variétés à feuillage rayé de blanc ou jaune, à feuilles linéaires d'environ 50 cm de long, comme 'Argenteostriatus' ou 'Aureovariegatus'. La variété 'Pusillus', ne dépassant pas 10 cm de hauteur, est particulièrement décorative. Toutes possèdent un rhizome rampant. Ce sont de jolis sujets pour la véranda ou pour des compositions aquatiques dans la maison.
Famille : Aracées.
Origine : Japon, Chine, Thaïlande, Inde.
Emplacement : lumineux à légèrement ombragé, mais sans soleil et bien aéré. Frais en hiver (jusqu'à 0 °C, et si possible pas plus de 16 °C). Cette plante apprécie de passer l'été dehors en situation fraîche, claire et humide, par exemple dans un massif marécageux à proximité d'une pièce d'eau. Enfoncer le pot dans la terre et le rentrer à l'automne.
Arrosage, engrais : arroser abondamment, car cette plante de marais ne doit jamais sécher. Le mieux est de poser le pot dans une soucoupe remplie d'eau. Faire des apports d'engrais tous les 15 jours du printemps à l'automne, toutes les 6 à 8 semaines en hiver.
Autres soins : rempoter au printemps, si besoin est, dans un mélange à base de tourbe.
Multiplication : par division du rhizome au printemps.
Maladies, parasites : araignées rouges et thrips ; croissance rabougrie, feuilles abîmées en cas de situation trop chaude, avec un air sec, en hiver.

Aeonium
Æonium

Aeonium arboreum, aux rosettes de feuilles brillantes.

Le nom *Aeonium* vient du grec *aionios* qui signifie « éternel », « pérenne », par allusion à la résistance de ces plantes grasses à la sécheresse. Dans leur habitat naturel, les æoniums utilisent en effet leur feuilles charnues comme réserve d'eau, pour survivre pendant les périodes sèches. Les feuilles sont groupées en rosettes, à l'extrémité de longues tiges glabres de près de 1 m de long chez l'espèce la plus connue, *A. arboreum*, d'où son aspect d'arbre miniature. La variété 'Atropurpureum' a des feuilles teintées de pourpre en été, qui reverdissent en cas de luminosité insuffisante en hiver. *A. tabuliforme* est une espèce d'aspect très original, avec ses rosettes aplaties de 15 à 30 cm de diamètre, posées presque sur le sol et constituées de 100 à 200 feuilles étroitement imbriquées en rosace. Les æoniums fleurissent rarement dans la maison, plus souvent sous serre.
Famille : Crassulacées.
Origine : Canaries, Maroc.
Emplacement : lumineux à ensoleillé ; peut passer l'été dehors en situation abritée de la pluie. Le garder à 10-16 °C en hiver.
Arrosage, engrais : arroser parcimonieusement, sans pour autant laisser les feuilles dessécher et flétrir par manque d'eau. Arroser très peu en hiver. De mai à septembre, faire tous les 15 jours des apports d'engrais pour cactées et plantes grasses.
Autres soins : rempoter au printemps si besoin est dans un terreau pour cactées ou un mélange ordinaire faiblement enrichi, additionné de sable grossier.
Multiplication : par les rosettes de feuilles ou les feuilles individuelles. Laisser sécher la surface de coupe avant de les repiquer. Par semis uniquement pour *A. tabuliforme*.
Maladies, parasites : araignées rouges en situation trop chaude en hiver.

Aglaonema
Aglaonema

La variété 'Silver King', presque dépourvue de chlorophylle.

Les panachures argentées sont le signe distinctif de l'aglaonema. Le plus courant est A. *commutatum*, aux variétés à feuillage rayé, tacheté ou moucheté de vert argenté, comme 'Silver King', 'Silver Queen', 'San Remo' et 'Pseudobracteatum'. Ces plantes forment un tronc court de 50 cm de hauteur, terminé par une touffe de feuilles souples, larges et ovales. Elles peuvent fleurir et donner ensuite des baies rouges. A. *costatum* est une espèce plus petite, dont les tiges se ramifient à la base.
Famille : Aracées.
Origine : Sud-Est asiatique.
Emplacement : ombragé ou légèrement ombragé ; chaud toute l'année, pas moins de 16 °C.
Arrosage, engrais : arroser avec une eau douce, à température ambiante, plus au printemps et en été, un peu moins en automne et hiver. De mars à août, faire tous les 15 jours des apports d'engrais faiblement dosé.
Autres soins : maintenir une bonne chaleur au niveau des racines et une humidité de l'air élevée (voir p. 43), mais sans vaporisations d'eau, qui peuvent tacher le feuillage. Rempoter les jeunes sujets chaque année au printemps, les autres moins souvent, dans des récipients peu profonds, dans un mélange riche en éléments nutritifs à base de terre ou de tourbe. Alléger le mélange en y ajoutant sable grossier ou vermiculite.
Multiplication : par division lors du rempotage au printemps, ou par boutures terminales en été, à faire raciner sous serre de multiplication (difficile).
Maladies, parasites : araignées rouges, pucerons, cochenilles, cochenilles farineuses, favorisés par une atmosphère sèche. Une eau trop dure et froide, une humidité stagnante au niveau des racines peuvent entraîner un arrêt de la croissance et un brunissement du bord des feuilles.
Attention : cette plante renferme des substances irritantes pour la peau et les muqueuses, et ses baies sont toxiques.

Alocasia
Alocasia

Alocasia, une beauté tropicale de serre chaude.

L'alocasia passe pour être l'une des plus belles plantes à feuillage décoratif. Parmi les 70 espèces du genre, seules quelques-unes sont cultivées en Europe. A. *lowii*, originaire de Bornéo, a des feuilles de près de 40 cm de long, vert olive foncé, à nervures blanches. Chez A. *sanderiana*, originaire des Philippines, les feuilles vert olive ont des reflets métalliques, avec des nervures et un bord blanc argenté. De nombreuses variétés horticoles de ces belles plantes ont été obtenues aux Etats-Unis. C'est dans une serre chaude ou une fenêtre-serre fermée qu'elles trouveront la température et l'humidité de l'air élevées qu'elles réclament, ainsi que l'espace qui leur est nécessaire.
Famille : Aracées.
Origine : Sud-Est asiatique.
Emplacement : légèrement ombragé à ombragé ; plus de 20 °C toute l'année, ou au moins 17 °C en hiver.
Arrosage, engrais : arroser uniquement à l'eau douce et tiède. Maintenir le mélange bien humide du printemps à l'automne, mais en évitant toute humidité stagnante. Arroser parcimonieusement en hiver (période de repos végétatif). De mars à août, faire tous les 15 jours des apports d'engrais faiblement dosé.
Autres soins : entretenir une hygrométrie élevée. Rempoter tous les deux ans en février dans un mélange ordinaire allégé avec de la vermiculite ou de billes de polystyrène.
Multiplication : par division du rhizome lors du rempotage. Désinfecter la coupe avec de la poudre de charbon de bois et faire entrer en végétation les fragments de rhizome sous serre de multiplication chauffée.
Maladies, parasites : pourriture du rhizome en situation trop fraîche et humide.
Attention : cette plante contient des substances irritantes pour la peau et certaines espèces renferment de l'acide cyanhydrique.

LES PLANTES VERTES

Aloe
Aloès

Connu et apprécié pour son feuillage panaché, Aloe variegata.

L'aloès panaché, cultivé dans le monde entier, est sans doute l'espèce la plus connue du genre. Il porte des feuilles charnues, triangulaires et pointues, ponctuées de blanc argenté, imbriquées les unes dans les autres et ne dépasse guère 30 cm de hauteur. L'aloès arborescent, *A. arborescens*, est une autre plante d'intérieur ou de véranda de culture facile. Sa sève était autrefois connue pour ses vertus cicatrisantes. Cette espèce plus grande forme une tige souvent ramifiée, qui se dénude à la base, et porte des feuilles vertes, à bord épineux. L'espèce *A. barbadensis* (syn. *A. vera*), l'aloès vrai, possède également des propriétés cicatrisantes et est depuis peu utilisée en cosmétique. Toutes les espèces d'aloès fleurissent après avoir atteint un certain stade de maturité.
Famille : Liliacées.
Origine : Afrique du Sud.
Emplacement : plein soleil. Chaleur en été, fraîcheur en hiver (6 à 10 °C). Se plaît dehors en été, au soleil et à l'abri de la pluie.
Arrosage, engrais : maintenir le mélange à peine humide du printemps à l'automne, et n'arroser que rarement en hiver. Eviter à tout prix l'humidité stagnante ! Pendant l'été, faire des apports d'engrais pour cactées, faiblement dosé, toutes les 2 à 3 semaines.
Autres soins : rempoter au printemps si besoin est, dans un mélange ordinaire additionné de sable ou dans une bonne terre végétale.
Multiplication : par les pousses latérales ; les détacher, les laisser sécher puis les repiquer dans un mélange sableux.
Maladies, parasites : cochenilles farineuses, cochenilles des racines.

Ampelopsis brevipedunculata
Fausse vigne, vigne vierge, vigne d'intérieur

Cette espèce de vigne vierge aime passer l'été en plein air.

On appelle parfois cette plante fausse vigne du fait de la ressemblance de ses feuilles avec celles de la vigne, d'où une autre appellation botanique, *Vitis heterophylla variegata*, mais qui n'est plus valable. La plus courante comme plante d'intérieur est une variété à petites feuilles, *A. brevipedunculata* var. *maximowiczii* 'Elegans'. C'est une très jolie plante grimpante ou retombante, à tiges rouges et feuilles vertes marbrées de blanc ou rose. Ces feuilles tombent à l'automne si la luminosité est faible ou la température trop basse. Une véranda lumineuse est l'endroit idéal pour cette plante à croissance vigoureuse. Elle peut y couvrir rapidement un mur ou un espalier.
Famille : Vitacées.
Origine : est de la Chine.
Emplacement : lumière vive (mais sans soleil direct) à mi-ombre ; le plus possible de lumière en hiver. Température modérée toute l'année, si possible 5 à 12 °C en hiver. Se plaît dehors l'été.
Arrosage, engrais : arroser abondamment en été, moins en hiver. Dans le cas d'un hivernage au frais, après la chute des feuilles, garder la plante quasiment au sec. De mars à septembre, faire tous les 15 jours des apports d'engrais ordinaire.
Autres soins : rempoter chaque année au printemps dans un mélange à base de terre ou tourbe riche en éléments nutritifs, et rabattre sévèrement les tiges à cette occasion.
Multiplication : par boutures terminales ou latérales en été.
Maladies, parasites : araignées rouges et thrips sont fréquents quand la situation hivernale est trop chaude.

Ananas
Ananas, ananas panaché

Cet ananas panaché demande de l'espace.

Il existe plusieurs formes ornementales d'ananas, comme *A. comosus* var. *variegatus*, à feuilles rayées de vert, blanc et jaune, *A. comosus* var. *aureovariegatus*, aux feuilles teintées de rose et *A. bracteatus*, qui porte au-dessus des fruits des touffes de bractées rouge vif. Toutes forment les rosettes typiques des Broméliacées, composées de feuilles pouvant atteindre 1 m de longueur, bordées de dents épineuses. Il faut compter un espace d'environ 1m^2 pour cette plante. Il existe par contre une espèce naine, *A. nanus*, dont la rosette ne dépasse guère 20 cm de diamètre, ainsi que des formes naines d'*A. bracteatus*, à feuilles à bord lisse.
Important : comme chez toutes les Broméliacées, les rosettes de feuilles meurent après avoir fleuri et fructifié.
Famille : Broméliacées.
Origine : Amérique tropicale, centrale et du Sud.
Emplacement : lumineux, même ensoleillé en hiver. Température chaude toute l'année (plus de 20 °C), 18 °C au moins en hiver.
Arrosage, engrais : arroser abondamment à l'eau douce et tiède en été, moins en hiver. De mai à septembre, donner de l'engrais tous les 15 jours.
Autres soins : l'ananas panaché supporte l'air sec. Rempoter tous les deux ans en été dans un mélange ordinaire à base de terre ou tourbe.
Multiplication : par rejets. Ne les détacher de la plante-mère que lorsqu'ils atteignent une taille d'environ la moitié de celle-ci, ou bien couper la touffe de feuilles coiffant un fruit d'ananas et la faire raciner dans un mélange de semis additionné de sable grossier. Couvrir d'une feuille de plastique transparent (voir p. 59) et garder le pot au chaud et à la lumière.
Maladies, parasites : rares.
Attention : le bord des feuilles est très épineux et acéré ; en tenir compte dans le choix de l'emplacement !

Araucaria heterophylla
Araucaria, pin de Norfolk

L'araucaria est très apprécié en tant qu'arbre d'intérieur.

C'est le célèbre capitaine Cook, accompagné d'un botaniste non moins réputé, sir Joseph Banks, qui découvrit cet arbre. Des quelque 18 espèces du genre, seule celle-ci se prête à la culture en intérieur. Dans son habitat naturel du Pacifique sud, c'est un arbre qui atteint 60 m de hauteur, étonnant surtout par sa silhouette très symétrique, avec des branches disposées en étages horizontaux superposés.
Famille : Araucariacées.
Origine : île de Norfolk.
Emplacement : lumineux, mais sans soleil ; dans un coin sombre, il pousse vers la lumière et non verticalement ! 18 à 22 °C en été, éventuellement dehors en situation légèrement ombragée ; situation fraîche en hiver, avec un minimum de 5 °C.
Arrosage, engrais : arroser à l'eau douce uniquement. Maintenir le mélange modérément humide du printemps à l'automne ; réduire les arrosages en hiver. De mars à août, faire des apports d'engrais faiblement dosé.
Autres soins : entretenir une hygrométrie élevée par de fréquentes vaporisations d'eau. Rempoter tous les deux à trois ans tout au plus, dans un mélange légèrement acide, par exemple un mélange à parts égales de tourbe, de terreau de feuilles et de sable grossier.
Multiplication : très difficile, par boutures terminales (prélevées sur les rameaux) en décembre ou janvier. L'enracinement exige une forte chaleur de fond et un apport d'hormones d'enracinement en poudre.
Maladies, parasites : rameaux pendants, chute des aiguilles en atmosphère trop chaude et sèche ou bien après des arrosages excessifs en hiver ou au contraire un manque d'eau en phase de croissance active. De ce fait, la tige se dénude progressivement à la base car la formation de jeunes pousses est stoppée.
Mon conseil : j'utilise pour mon araucaria un engrais pour azalées.

Une brise côtière, humide et fraîche, est un véritable bain de jouvence pour l'araucaria : c'est pourquoi il appréciera énormément de fréquentes et fines brumisations d'eau.

Asparagus
Asparagus

Le genre *Asparagus*, auquel appartient notamment l'asperge comestible, comprend environ 300 espèces, plantes herbacées ou sous-arbrisseaux en général très ramifiés. Ce que nous appelons les feuilles ou aiguilles sont en fait des pousses latérales modifiées, ou cladodes. Les vraies feuilles sont souvent transformées en épines.
Famille : Liliacées.
Origine : Afrique, Asie.
Emplacement : très lumineux mais sans soleil, si ce n'est pour la variété 'Sprengeri'. Température normale d'une pièce chauffée toute l'année, pas moins de 10 °C en hiver.
Arrosage, engrais : maintenir le mélange modérément humide en été, mais réduire les arrosages en hiver. Faire des apports hebdomadaires d'engrais de mars à août.
Autres soins : rempoter quand les racines ont entièrement colonisé la motte de terre, dans un mélange ordinaire à base de terre ou tourbe, additionné de terre argileuse.
Multiplication : par division ou semis au printemps, avec 20-25 °C de chaleur de fond. Recouvrir légèrement les graines de mélange ou sable, elles germent à l'obscurité.
Maladies, parasites : pucerons, araignées rouges et cochenilles sont fréquents en situation hivernale trop chaude et sèche.
Important : ces plantes sont très sensibles aux produits de traitement phytosanitaires. Attention : les baies sont toxiques.

Toute une palette d'*Asparagus*
De haut en bas : A. setaceus *'Pyramidalis'*, A. acutifolius, A. densiflorus *'Meyeri'*, A. densiflorus, A. falcatus.

Aspidistra elatior
Plante de belle-mère, plante en fer forgé

Aspidistra est une plante robuste en toutes situations.

Les noms communs de cette plante font allusion à son ancienneté parmi les plantes d'intérieur et à sa robustesse. C'est en effet une plante remarquablement robuste, se contentant de peu de lumière. Elle est originaire de forêts fraîches et ombragées des régions montagneuses du Japon, atteint près de 1 m de hauteur et gagne régulièrement en largeur par son rhizome se développant à l'horizontale. Les feuilles persistantes mesurent 70 à 80 cm de long, 10 cm de large. Elles sont directement issues du rhizome, se présentant tout d'abord enroulées puis se déployant ensuite. Elles sont rayées de jaune ou de blanc chez la variété 'Variegata'. Les fleurs insignifiantes, gris violet, apparaissent à même le sol.
Famille : Liliacées.
Origine : Chine, Japon.
Emplacement : lumineux à ombragé, mais jamais de soleil direct. Situation fraîche toute l'année, avec un minimum de 10 °C en hiver. Mais la plante supporte également des températures plus chaudes et un air sec. En règle générale, les variétés panachées demandent plus de chaleur et de lumière. *Aspidistra* apprécie de passer l'été dehors.
Arrosage, engrais : maintenir le mélange modérément humide, presque sec en hiver. Eviter toute humidité stagnante. De mars à août, faire tous les 15 jours des apports d'engrais.
Autres soins : rempoter au printemps, seulement si les racines ont colonisé tout le pot, dans un mélange ordinaire à base de terre ou tourbe.
Multiplication : par division du rhizome (avec délicatesse), de préférence en mars-avril à l'occasion du rempotage.
Maladies, parasites : pourriture des racines en cas d'humidité stagnante; brûlures des feuilles en plein soleil. Une situation hivernale trop chaude peut favoriser l'apparition de cochenilles ou araignées rouges.
Mon conseil : réduire les apports d'engrais pour la variété panachée. Si la plante est trop bien nourrie, les feuilles reverdissent.

Beaucarnea recurvata
Pied d'éléphant

Sa tige renflée lui sert de réserve d'eau en période sèche.

On ne peut manquer d'être impressionné lorsqu'on découvre le pied d'éléphant dans son habitat naturel, au Mexique. C'est un arbuste très ramifié, de 8 à 10 m de hauteur, aux feuilles linéaires gris-vert retombantes de près de 2 m de longueur. Mais le plus étonnant est la base du tronc : renflée, quasi sphérique, elle peut atteindre 1 m de diamètre et évoque bien un pied d'éléphant par sa texture rugueuse et crevassée ! Cet extraordinaire renflement sert de réserve d'eau à la plante en période sèche. Cultivée en pot en intérieur, *Beaucarnea* n'atteint certes pas la même taille. Toutefois, bien soigné il peut dépasser 1 m de hauteur, avec des feuilles de 60 cm de long.
Famille : Agavacées.
Origine : Mexique.
Emplacement : lumineux à ensoleillé, bien aéré. Peut passer l'été dehors à l'abri de la pluie. En hiver, situation fraîche et lumineuse, avec un minimum de 10 °C cependant.
Arrosage, engrais : maintenir le mélange légèrement humide en été, presque tout à fait sec en hiver. Eviter toute humidité stagnante, fatale à cette plante ! De mai à octobre, lui donner de l'engrais toutes les 4 semaines.
Autres soins : rempoter tous les deux ou trois ans dans un mélange ordinaire, en veillant à ce que le pot soit bien drainé.
Multiplication : par semis ou pousses latérales, qui apparaissent parfois sur le tronc.
Maladies, parasites : araignées rouges et cochenilles peuvent apparaître en situation trop chaude en hiver.

Begonia
Bégonias à feuillage décoratif

De gauche à droite, *B. masoniana* 'Croix de Fer', *B. boweri* hybrides et *B.* 'Cleopatra'.

Les plus classiques des bégonias à feuillage décoratif sont les *B. rex* hybrides avec toute leur diversité. Leur origine remonte à l'année 1858, quand l'espèce *B. rex* fut introduite en Europe et servit de point de départ à de nombreux travaux de sélection et ce jusqu'à nos jours. Cette espèce se prête en effet à merveille aux croisements, notamment avec *B. diadema*. Les hybrides issus de ce croisement se reconnaissent à leurs feuilles oblongues profondément lobées, dentées, tandis que les classiques *B. rex* ont des feuilles plus arrondies, à bord presque entier. Parmi les curiosités de ce groupe d'hybrides figurent 'Comtesse Louise Erdody', aux feuilles enroulées à la base comme des coquilles d'escargots et 'Bettina Rotschild', aux feuilles bordées de rouge pourpré, puis d'une teinte rouge feu lorsqu'elles se développent. Outre *B. rex*, les formes les plus courantes de bégonias à feuillage sont le groupe d'hybrides à feuilles tachetées issues de *B. boweri*, ainsi que le *B. masoniana* 'Croix-de-Fer' dont les feuilles d'un vert frais portent en leur centre un dessin évoquant une croix de fer noire. Ces bégonias produisent beaucoup d'effet dans un panier suspendu. Pour les collectionneurs, il existe bien d'autres espèces botaniques de bégonias, ainsi que de multiples variétés au feuillage très décoratif (voir adresses p. 238).
A recommander :
B. imperialis 'Speculata' à feuilles vertes irrégulièrement bordées de brun, *B. heracleifolia* var. *nigricans* à feuilles palmées relevées de noir et à poils clairs sur la face inférieure. Citons encore *B.* 'Halina', à feuillage rouge noirâtre, *B. foliosa* dont le feuillage évoque celui des fougères, ou *B. goegoensis* aux feuilles en bouclier arrondis vert foncé, rouge vif à la face inférieure. La variété 'Sabi' séduit par son feuillage argenté, 'Trush' par ses perles roses à la face supérieure des feuilles.

Famille : Bégoniacées.
Origine : régions tropicales et subtropicales d'Asie, Amérique et Afrique.
Emplacement : lumineux, mais sans soleil direct, chaud toute l'année, avec un minimum de 16 °C en hiver.
Arrosage, engrais : toujours arroser avec une eau douce, à température ambiante. Maintenir le mélange modérément humide en permanence, sans le laisser sécher. Humidité stagnante comme sécheresse des racines sont à éviter absolument. De mars à septembre, faire tous les 15 jours des apports d'engrais faiblement dosé.
Autres soins : entretenir une hygrométrie élevée de façon indirecte (voir p. 43). Ne jamais vaporiser d'eau sur le feuillage (risque de taches foliaires). Ne rempoter que quand les racines ont entièrement colonisé le mélange, au printemps, dans un mélange à base de tourbe ou un terreau pour plantes fleuries. Réduire éventuellement la motte de racines. Choisir des récipients peu profonds.
Multiplication : par boutures de tige, de feuille ou de racine, ou encore fragment de rhizome, à faire raciner sous serre de multiplication avec 24 °C de chaleur de fond.
Maladies, parasites : nématodes, pourriture des racines en conditions d'environnement défavorables ou erreurs culturales. La chute des feuilles à l'automne est en général compensée par une nouvelle croissance au printemps suivant.
Mon conseil : chez *B. rex*, les feuilles seront plus petites si l'on ne prend pas soin de supprimer les fleurs qui se forment.

Brachychiton rupestris
Brachychiton

Noueux comme un vieux bonsaï, Brachychiton rupestris.

Cet arbre appartient à la même famille que le cacaoyer et le colatier (qui donne la noix de cola). Cette espèce originaire du Queensland australien est la plus connue des quelque 11 du genre. Dans son habitat naturel, c'est un arbre de 6 à 15 m de hauteur, remarquable par son tronc renflé qui peut dépasser 3 m de diamètre avec l'âge. Sur une même plante, les feuilles gris-vert peuvent aussi bien être entières que divisées. En pot, la base du tronc, renflée et contournée, prenant les formes les plus curieuses, est particulièrement bien mise en valeur. Comme pour le *Beaucarnea* (voir photo p. 149), ce renflement de la tige constitue une réserve d'eau dans les tissus pour les périodes de sécheresse. *B. rupestris* est également proposé comme bonsaï d'intérieur.
Famille : Sterculiacées.
Origine : est de l'Australie.
Emplacement : très lumineux à ensoleillé ; 18-20 °C en été, voire dehors à l'abri de la pluie à partir de juin. Pas moins de 10 °C en hiver.
Arrosage, engrais : arroser parcimonieusement, en évitant toute humidité excessive. De mars à septembre, faire des apports d'engrais faiblement dosé toutes les 4 semaines.
Autres soins : rempoter au printemps si les racines ont entièrement colonisé le pot, dans un mélange ordinaire, à base de terre ou de tourbe, additionné de sable grossier pour en améliorer le drainage.
Multiplication : par boutures terminales ou semis.
Maladies, parasites : une situation trop chaude et insuffisamment lumineuse en hiver favorise l'apparition d'araignées rouges et de cochenilles. Dépérissement de la plante après des arrosages trop copieux.

Caladium
Caladium

Il existe aussi des variétés à feuillage panaché rose et rouge.

Les caladiums les plus courants en pot sont des hybrides appelés *C. bicolor* ou *C. hortulanum*. Il en existe à feuillage marbré ou taché de blanc, rose ou rouge. Ces feuillages extraordinaires sont issus de tubercules noueux qui donnent en été des feuilles très colorées. Le feuillage disparaît à l'automne, et on conserve alors les tubercules au sec.
Famille : Aracées.
Origine : Amérique tropicale, essentiellement Brésil.
Emplacement : lumineux à légèrement ombragé, sans soleil direct. Température chaude et constante du sol comme de l'air, de plus de 20 °C.
Arrosage, engrais : arroser modérément les plantes en végétation du printemps au mois d'août, puis cesser les arrosages pour que le feuillage sèche. Faire des apports hebdomadaires d'engrais de mars à juillet.
Autres soins : entretenir une hygrométrie élevée, mais sans vaporiser d'eau sur le feuillage (voir p. 43) pour ne pas le tacher. En hiver, conserver les tubercules dans le mélange (ou bien dans de la tourbe sèche) à 18 °C. Rempoter les tubercules en janvier-février dans un mélange ordinaire riche en éléments nutritifs et installer le pot en situation chaude (25-26 °C température de l'air et du mélange) et lumineuse, avec une bonne humidité. Une fois le feuillage développé, ramener progressivement la température à 22 °C.
Multiplication : par séparation des tubercules latéraux lorsqu'ils forment à leur tour des feuilles, ou bien par division des tubercules des grands sujets, après la phase de repos hivernal, quand ils ont des pousses d'environ 15 cm.
Maladies, parasites : pucerons lors du départ de la croissance en atmosphère trop sèche.
Attention : les caladiums contiennent des substances pouvant provoquer des irritations de la peau et des muqueuses.

La règle d'or de la multiplication de cette belle plante panachée est d'attendre l'entrée en croissance pour procéder à la division des touffes. En effet, les yeux ou bourgeons des tubercules dormants sont difficiles à localiser : on risquerait donc, en les coupant, de détruire les yeux.

LES PLANTES VERTES

Calathea
Plante-paon

Calathea zebrina, l'une des nombreuses espèces cultivées.

Les lieux de prédilection de ces plantes de la forêt tropicale humide sont bien sûr les serres chaudes et humides ou les fenêtres-serres. Toutefois, il existe également des espèces qui s'accommodent bien d'une culture dans une pièce normale, comme C. makoyana. C'est une plante d'environ 30 cm de hauteur, à feuilles ovales, de teinte crème, régulièrement ornées de taches vert olive. C. lancifolia a des feuilles oblongues, de 30 cm de long, portées par un pétiole de 10 à 30 cm. Le feuillage de C. picturata 'Argentea' est constitué d'un limbe blanc argenté bordé de vert, tandis que C. ornata 'Roseo-lineata' se caractérise par de doubles rayures claires parallèles aux nervures latérales, C. zebrina par des zébrures vert clair.
Famille : Marantacées.
Origine : Amérique tropicale.
Emplacement : lumineux à légèrement ombragé toute l'année, mais sans soleil. Température de 20 °C environ dans la journée, 16 °C au moins la nuit. Une température insuffisante du sol peut entraîner un arrêt de la croissance, et une situation trop sombre se traduit par une mauvaise coloration des feuilles.
Arrosage, engrais : maintenir le mélange modérément humide en arrosant avec une eau douce et tiède. De mars à août, faire tous les 15 jours des apports d'engrais faiblement dosé.
Autres soins : entretenir une hygrométrie élevée par de fréquentes vaporisations d'eau. Rempoter chaque été dans un mélange léger et riche en éléments nutritifs, à base de tourbe par exemple.
Multiplication : par division du rhizome lors du rempotage.
Maladies, parasites : araignées rouges, cochenilles et enroulement des feuilles en air chaud et sec.
Mon conseil : C. crocata est une nouveauté intéressante, tant par son feuillage que par sa floraison jaune safran.

Ceropegia woodii
Chaîne-des-cœurs

Une petite plante décorative et peu exigeante.

Des 160 espèces connues de ce genre, C. woodii est la seule couramment cultivée en intérieur. C'est une petite plante grasse, résistante à la sécheresse, à feuilles charnues et au rhizome noueux. Ses tiges filiformes peuvent atteindre 2 m de longueur et portent des chapelets de petites feuilles en cœur, à motifs argentés. Ce port retombant en fait bien sûr un excellent sujet de suspension. De petites bulbilles rondes se forment à l'aisselle des feuilles en été et s'enracinent rapidement au contact de la terre. Les petites fleurs sont constituées d'une corolle tubulaire rose terminée en cinq lobes bruns, qui donnent à la fleur l'aspect d'un minuscule parapluie refermé.
Famille : Asclépiadacées.
Origine : Rhodésie, Afrique du Sud (Natal).
Emplacement : très lumineux à ensoleillé ; chaud en été, plus frais en hiver, mais avec un minimum de 12 °C. Supporte également la température normale d'une pièce chauffée.
Arrosage, engrais : maintenir le mélange légèrement humide en permanence, arroser très parcimonieusement en cas de situation hivernale fraîche. De mars à août, faire des apports d'engrais faiblement dosé toutes les 4 semaines.
Autres soins : rempoter tous les deux ou trois ans au printemps dans un mélange ordinaire additionné de 1/3 de sable grossier.
Multiplication : par boutures ou bulbilles. Laisser sécher la coupe des boutures avant de les repiquer.
Maladies, parasites : rares.
Mon conseil : plusieurs chaînes-des-cœurs suspendues derrière une fenêtre donnant au sud forment un ravissant rideau végétal facile d'entretien.

Chlorophytum comosum
Phalangère

Cette plante, aussi appelée plante-araignée, forme une large touffe de feuilles en rosette et émet de nombreuses tiges ou stolons qui portent de petites fleurs blanches, puis des plantules. Facile à vivre, cette plante très courante se plaît partout. La forme d'origine est à feuillage vert, mais on trouve le plus souvent des variétés à feuillage panaché, rayé de blanc ou crème.
Famille : Liliacées.
Origine : Afrique du Sud.
Emplacement : ensoleillé à légèrement ombragé ; température normale d'une pièce toute l'année. Peut également passer l'été dehors à partir de juin.
Arrosage, engrais : maintenir le mélange modérément humide toute l'année, sans jamais le laisser sécher, mais en évitant également l'humidité stagnante, en effet les racines pourrissent facilement. Apports hebdomadaires d'engrais de mars à août.
Autres soins : en situation chaude et sèche, faire des vaporisations d'eau de temps à autre. Dès que les racines débordent du pot, rempoter dans un mélange ordinaire. Choisir un pot assez grand car la croissance du système racinaire est rapide.
Multiplication : en toute saison par les rejets.
Maladies, parasites : risque d'attaque de pucerons en situation hivernale chaude, avec un air sec. Brunissement de la pointe des feuilles en cas d'excès ou manque d'eau. Cassure des feuilles en situation trop chaude et insuffisamment lumineuse.

Du stolon à la jeune plante racinée en un clin d'œil

Chlorophytum est aussi facile à cultiver qu'à multiplier par les nombreuses plantules qu'il forme à l'extrémité des stolons.

LES PLANTES VERTES

Cissus
Cissus, vigne d'appartement

Une superbe variété, C. rhombifolia *'Ellen Danica'*.

Plusieurs espèces du genre *Cissus* se prêtent à la culture en intérieur : *C. antarctica*, parfois appelée vigne des kangourous, plante grimpante à croissance vigoureuse qui forme des tiges de plus de 3 m de long, à feuilles raides, non divisées, à bord denté, d'un vert brillant ;
C. rhombifolia, ou vigne du Natal, l'espèce la plus courante, a des feuilles composées de 3 folioles lustrées, dentées, de forme rhomboïdale. 'Ellen Danica' en est une très belle variété à folioles échancrées et port plus compact. Les deux espèces font de beaux sujets à palisser ou cultiver en suspension et qui peuvent par leur vigueur former une véritable cloison végétale dans une pièce. *C. discolor* et *C. amazonica* sont des espèces moins courantes, plus fragiles, à cultiver en serre chaude et humide ou en fenêtre-serre.
Famille : Vitacées.
Origine : Tropiques.
Emplacement : lumineux à légèrement ombragé, sans soleil direct. Des températures de 16 à 20 °C toute l'année, jusque 10 °C en hiver, conviennent à *C. antarctica* et *C. rhombifolia*, mais il faut plus de 20 °C en permanence à *C. discolor* et *C. amazonica*.
Arrosage, engrais : maintenir le mélange modérément humide. Arroser moins en situation fraîche. Faire des apports hebdomadaires d'engrais de mars à août.
Autres soins : rempoter les jeunes sujets chaque printemps, les sujets plus âgés quand besoin est seulement, dans un mélange ordinaire enrichi en éléments nutritifs, à base de terre ou tourbe. Les tiges dégarnies peuvent être rabattues à tout moment.
Multiplication : par boutures terminales ou portions de tige sous serre de multiplication chauffée.
Maladies, parasites : chute des feuilles ou taches foliaires sont le signe de mauvaises conditions de culture ou d'erreurs d'entretien. L'humidité excessive au niveau des racines en hiver favorise le développement de maladies cryptogamiques.

Clusia rosea
Clusia

Le clusia appartient à la même famille que notre millepertuis.

S'il semble que le clusia ait été introduit en Europe dès 1692, ce n'est que depuis peu qu'on le trouve en tant que plante d'intérieur en pot. Il fait partie d'un genre d'arbres ou arbustes épiphytes, et pousse souvent sur ou entre des rochers dans la nature. Ses tiges sont épaisses et ses feuilles ovoïdes persistantes et coriaces peuvent atteindre 20 à 30 cm de long. Les fleurs roses, parfumées évoquent de grandes fleurs de camélia. Elles ont des étamines jaune d'or, et donnent ensuite des capsules grosses comme des balles de golf. Elles sont malheureusement très rares en intérieur. Mais le feuillage du clusia est décoratif en lui-même et évoque celui du caoutchouc.
Famille : Guttifères.
Origine : Amérique tropicale et subtropicale.
Emplacement : lumineux à légèrement ombragé, mais sans soleil direct. Chaleur toute l'année, avec un minimum de 18 °C en hiver. Peut passer l'été dehors à partir de juin, en situation chaude et abritée du plein soleil.
Arrosage, engrais : maintenir le mélange modérément humide, avec une eau douce, à température ambiante. En période de croissance, faire tous les 15 jours des apports d'engrais faiblement dosé.
Autres soins : fréquentes vaporisations d'eau. Rempoter au printemps si besoin est dans un mélange ordinaire.
Multiplication : par boutures terminales sous serre de multiplication chauffée, avec une chaleur de fond de 25 à 30 °C.
Maladies, parasites : rares.

Codiaeum
Croton

Ses feuilles colorées sont avides de lumière.

Le croton est un arbuste originaire des Moluques, très populaire comme plante d'intérieur et contrastant par ses couleurs vives avec de nombreuses plantes vertes. Il existe de multiples formes de la seule espèce cultivée, *C. variegatum pictum*. Les feuilles coriaces peuvent être grandes, à bord entier ou denté, petites, rubanées ou oblongues. La palette des teintes s'étend du vert au jaune, à l'orangé, au rouge, voire au pourpre et au vert sombre, presque noir. Enfin les panachures sur les feuilles peuvent être des taches, des réseaux de nervures, des rayures... La feuille ne prenant sa coloration définitive qu'avec l'âge, on observe souvent un feuillage différemment coloré sur une même plante.
Famille : Euphorbiacées.
Origine : Sud-Est asiatique.
Emplacement : lumineux, mais sans soleil. Les teintes vives s'atténuent si la luminosité est insuffisante. Chaleur et, si possible, hygrométrie élevée toute l'année. Eviter les courants d'air, l'humidité stagnante et les températures hivernales inférieures à 16 °C.
Arrosage, engrais : arroser modérément au printemps et en été, puis réduire les apports d'eau de septembre à mars. De mars à août, apports hebdomadaires d'engrais faiblement dosé.
Autres soins : faire de fréquentes vaporisations d'eau ou entretenir une atmosphère humide (voir p. 43). Rempoter les jeunes sujets tous les deux ans, les autres quand besoin est, dans un mélange ordinaire à base de tourbe ou terre.
Multiplication : par boutures terminales ou de tige entre janvier et mars, à 25-30 °C. Saupoudrer la coupe de la bouture de charbon de bois pour stopper l'écoulement de latex. Le marcottage aérien est une autre possibilité de multiplication.
Maladies, parasites : cochenilles, araignées rouges en air trop sec ; chute des feuilles due à des erreurs culturales.
Attention : plante toxique ; la sève, notamment, est irritante pour la peau et les muqueuses.

Codonanthe crassifolia
Codonanthe

Cette plante possède des tiges retombantes, teintées de rouge, qui se lignifient. Les feuilles opposées sont coriaces, un peu succulentes, d'où le nom d'espèce *crassifolia* qui signifie « à feuilles grasses ». Les petites fleurs en trompette sont blanches, teintées de rouge à l'intérieur. Le codonanthe fait un beau sujet pour panier suspendu, et se plaît tout particulièrement dans une serre ou une fenêtre-serre.
Famille : Gesnériacées.
Origine : Amérique tropicale.
Emplacement : très lumineux, mais non ensoleillé, toute l'année ; et chaud, avec plus de 20 °C si possible. En hiver, garder la plante pendant 4 semaines au frais (15 °C environ) et quasiment au sec, pour favoriser la formation des fleurs.
Arrosage, engrais : maintenir le mélange légèrement humide en permanence, mais sans excès. De mars à août, faire tous les 15 jours des apports d'engrais faiblement dosé.
Autres soins : faire de fréquentes vaporisations d'eau. Rempoter en février-mars ou après la floraison dans un mélange léger, à base de tourbe par exemple.
Multiplication : par bouturage de pousses non encore lignifiées, avec au moins 3 paires de feuilles, en début d'été. Les repiquer simplement dans un mélange de multiplication humide, avec une bonne chaleur de fond. Il est également possible de diviser les plantes bien développées.
Maladies, parasites : pucerons, chute des boutons floraux en cas de variations de température, changement d'emplacement, ou encore manque ou excès d'eau.

Le codonanthe demande une hygrométrie importante.

LES PLANTES VERTES

Coleus blumei hybrides
Coléus

En situation ensoleillée, les feuilles sont de couleur éclatante.

Avec le croton, le coléus est l'une des plantes d'intérieur les plus colorées qui soient ; de surcroît, le coléus est facile à vivre... Les plantes cultivées sont des hybrides qui offrent une extraordinaire diversité. Avec des tons blancs, crème, verts, rouges, roses et violets, les feuilles portent des panachures sous forme de bordures, nervures, marbrures, rayures ou autres motifs. La plante est un sous-arbrisseau aux tiges anguleuses, comme notre ortie commune (et qui appartient d'ailleurs à la même famille), et atteint environ 50 cm de hauteur. Les petites fleurs bleues, assez insignifiantes, ressemblent à celles de la sauge. *C. pumilus* est une jolie forme à petites feuilles ; on peut faire retomber ses feuilles blanches et rouges bordées de vert d'une suspension.
Famille : Labiées.
Origine : Asie et Afrique tropicale, mais les formes cultivées sont des variétés sélectionnées.
Emplacement : plein soleil toute l'année sans quoi les feuilles se décolorent et les tiges s'étiolent. Température ambiante, avec un minimum de 8 °C en hiver.
Arrosage, engrais : arroser abondamment en été, sans quoi le feuillage s'affaisse. En hiver, arroser modérément. Apports d'engrais tous les 8 à 15 jours de mars à août.
Autres soins : rabattre sévèrement les tiges au printemps et rempoter dans un mélange ordinaire.
Multiplication : par boutures terminales (qui s'enracinent facilement dans l'eau ou dans la terre) ou semis. Pincer les jeunes plants à plusieurs reprises pour qu'ils se ramifient bien.
Maladies, parasites : araignées rouges en situation hivernale trop chaude et sèche ; mouches blanches.
Mon conseil : la formation des fleurs demande de l'énergie à la plante, ce qui se traduit par une diminution de la taille des feuilles : il est donc préférable de les supprimer dès qu'elles apparaissent.

Cordyline
Cordyline, dragonnier

Avec le temps, C. fruticosa *forme un tronc court.*

Les différentes espèces de cordyline ont en commun des racines blanches et épaisses. Les plus courantes en intérieur sont *C. fruticosa* (syn. *C. terminalis*) et ses variétés, à feuilles larges lancéolées, à long pétiole, rayées de différentes teintes et atteignant environ 1 m de hauteur ; *C. australis* et *C. indivisa* ont au contraire des feuilles étroites, rayées de rouge chez certaines variétés.
Famille : Agavacées.
Origine : Asie tropicale, Australie, Nouvelle-Zélande.
Emplacement : lumière vive, mais sans soleil ; chaleur et hygrométrie élevée toute l'année pour *C. fruticosa*, l'emplacement idéal étant une serre chaude ou fenêtre-serre. Plein soleil pour *C. australis* et *C. indivisa*. Dehors l'été, fraîcheur en hiver avec un minimum de 5 à 10 °C.
Arrosage, engrais : maintenir le mélange légèrement humide en permanence pour *C. fruticosa*. Eviter toute humidité stagnante, sans quoi les racines charnues pourrissent. Pour les autres espèces, arroser modérément en été et parcimonieusement en hiver. De mars à août, faire tous les 15 jours des apports d'engrais faiblement dosé.
Autres soins : faire de fréquentes vaporisations d'eau ou augmenter indirectement l'hygrométrie (voir p. 43). Rempoter au printemps si besoin est dans un mélange à base de terre ou tourbe, faiblement enrichi en engrais.
Multiplication : par boutures terminales pour *C. fruticosa*, munies de 6 à 10 feuilles ; ou bien par tronçons de tige portant 3 à 6 cicatrices foliaires, à poser horizontalement sur le mélange et qui peuvent être divisés après entrée en croissance. Semis en janvier-février pour *C. australis* et *C. indivisa*.
Maladies, parasites : araignées rouges, cochenilles, thrips, en atmosphère trop sèche, ou bien situation hivernale trop chaude pour les espèces préférant la fraîcheur.

Corynocarpus laevigatus
Corynocarpus, laurier de Nouvelle-Zélande

Son aspect évoque celui du caoutchouc.

Avec ses feuilles vert foncé, arrondies-ovales, cet arbuste fait un beau sujet pour une pièce lumineuse et tempérée. Des 4 ou 5 espèces du genre, seule *C. laevigatus* est cultivée. Le nom d'espèce, *laevigatus,* fait allusion à la texture lisse des feuilles lustrées. Le nom du genre au contraire, *Corynocarpus,* fait référence à la forme des fruits (du grec *koryne,* qui signifie «en forme de massue», et *karpos,* «fruit»). La plante porte en effet dans la nature des fruits oblongs orangés, dont les graines sont très toxiques. Fleurs et graines n'apparaissent cependant pas en culture en pot, à l'intérieur
Famille : Corynocarpacées.
Origine : Nouvelle-Zélande.
Emplacement : très lumineux toute l'année ; 20 °C environ en été, 5 à 10 °C en hiver et au printemps. Cette plante apprécie de passer l'été dehors.
Arrosage, engrais : maintenir le mélange modérément humide toute l'année. Réduire les arrosages en situation hivernale fraîche. Faire des apports d'engrais tous les 15 jours de mars à août.
Autres soins : rempoter au printemps si besoin est dans un mélange à base de terre ou tourbe.
Multiplication : en janvier-février ou août-septembre par boutures terminales, avec une chaleur de fond d'environ 20 °C. Pincer les jeunes plantes à plusieurs reprises pour qu'elles se ramifient bien.
Maladies, parasites : cochenilles et araignées rouges en situation hivernale trop chaude, avec un air sec.
Attention : les graines de cet arbuste sont très toxiques.

Crassula arborescens
Crassula, dollar d'argent

Crassula ovata se prête à la formation en bonsaï.

Parmi plus de 300 espèces connues du genre *Crassula,* les plus courantes comme plantes d'intérieur, et se ressemblant beaucoup, sont *C. arborescens* et *C. ovata.* Toutes deux ont un port ramifié à arborescent, avec des feuilles arrondies, charnues, gris argenté ou vert brillant. Leur croissance est assez rapide et elles deviennent avec le temps de magnifiques sujets au tronc noueux, pouvant dépasser 1 m, en hauteur comme en étalement. La plante devient alors très lourde. Bien soigné, *C. arborescens* peut vivre des années dans la maison et produire, rarement avant une dizaine d'années, de petites fleurs roses ou blanches.
Famille : Crassulacées.
Origine : Afrique du Sud.
Emplacement : lumineux à ensoleillé, mais pas forcément derrière une fenêtre recevant le soleil de midi. Situation chaude en été, éventuellement dehors, à l'abri de la pluie et du plein soleil. Situation fraîche en hiver si possible (10 °C). Risque de chute des feuilles et étiolement en situation trop chaude en hiver.
Arrosage, engrais : arroser modérément en été, un peu plus si la plante est dehors; garder le mélange presque sec en hiver. En été, donner de l'engrais pour cactées une fois par mois.
Autres soins : rempoter au printemps ou en été si besoin est, dans un mélange ordinaire additionné de terre argileuse et de sable grossier. Utiliser un pot lourd ayant une bonne stabilité.
Multiplication : par boutures terminales qui s'enracinent facilement dans un mélange de tourbe et de sable. Laisser sécher la coupe des boutures pendant quelques jours avant de les repiquer.
Maladies, parasites : cochenilles farineuses en conditions hivernales trop chaudes; cochenilles des racines.
Mon conseil : les autres espèces de *Crassula,* comme *C. falcata,* ont les mêmes exigences.

Les pots des crassulas déjà bien développés doivent être stables et lourds. Renforcez la stabilité de l'ensemble, si besoin est, en posant des galets en surface du mélange.

LES PLANTES VERTES

Cryptanthus
Cryptanthe

Les cryptanthes sont des Broméliacées terrestres.

Les cryptanthes poussent dans les forêts sèches du Brésil. Ces plantes ont des feuilles coriaces, aptes à résister en air sec. A la différence de la majorité des Broméliacées, qui sont épiphytes, les cryptanthes s'enracinent dans le sol. La culture en pot, dans un mélange terreux convient donc tout à fait à cette plante. On la trouve parfois fixée sur un tronc à épiphytes, mais les racines sèchent bien souvent, car ce mode de culture ne correspond pas aux besoins de la plante. Les espèces les plus fréquentes sont *C. bivittatus*, à feuilles ondulées rayées de blanc ou rose, et *C. acaulis*, à feuilles vertes, roses ou brunâtres à écailles grises, de 8 à 20 cm de long. Les feuilles sont groupées en rosettes aplaties, en étoile, au centre desquelles se dissimulent des fleurs blanches insignifiantes, d'où le nom de cryptanthe, du grec *cryptos*, «caché», et *anthos*, «fleur».
Famille : Broméliacées.
Origine : Brésil.
Emplacement : lumineux à légèrement ombragé, éventuellement ensoleillé en hiver. Température de 20-22 °C toute l'année. Serre d'appartement, fenêtre-serre ou jardin en bouteille sont parfaits pour ce type de plante.
Arrosage, engrais : maintenir le mélange modérément humide et donner de l'engrais faiblement dosé tous les 15 jours de mars à août.
Autres soins : entretenir une hygrométrie élevée. Faire de fréquentes vaporisations d'eau en été. Rempoter quand besoin est dans un mélange ordinaire à base de terre ou de tourbe, allégé par des apports de sable grossier ou de vermiculite.
Multiplication : par séparation des rejets lorsqu'ils atteignent une taille d'environ la moitié de celle de la plante-mère.
Maladies, parasites : rares. Cochenilles en atmosphère chaude et sèche; cochenilles des racines.
Attention : le cryptanthe renferme des substances irritantes pour la peau.

Ctenanthe
Ctenanthe

Ctenanthe oppenheimiana 'Variegata'.

Parmi les quelque 10 espèces de ce genre, toutes originaires de la forêt tropicale humide brésilienne, les plus indiquées pour la culture en intérieur sont *C. oppenheimiana* et *C. lubbersiana*. Il n'en demeure pas moins que c'est dans l'ambiance chaude et humide d'une serre ou d'une fenêtre-serre que ces Marantacées s'épanouissent pleinement. Les grandes feuilles décoratives, tachées ou rayées sur la face supérieure, peuvent atteindre 40 cm de long. On reconnaît *C. oppenheimiana* et ses variétés, 'Variegata' et 'Tricolor', à leurs pétioles et à la face inférieure des feuilles, de teinte rouge. Toutes atteignent près de 1 m de hauteur et d'étalement car elles émettent des rejets. *C. lubbersiana* atteint 60 à 80 cm de hauteur.
Famille : Marantacées.
Origine : Brésil.
Emplacement : très lumineux mais sans soleil ; en situation trop sombre, les motifs des feuilles s'effacent. Température chaude, plus de 20°C toute l'année, jamais moins de 18°C en hiver. Une bonne chaleur au niveau des racines est également indispensable.
Autres soins : faire de fréquentes vaporisations d'eau et augmenter indirectement l'humidité de l'air (voir p. 43). Rempoter au printemps ou en début d'été dans un mélange léger.
Multiplication : par division pour *C. oppenheimiana*, par séparation des touffes de feuilles se développant à l'extrémité de la tige pour *C. lubbersiana*. Chaleur de fond et hygrométrie élevée sont indispensables pour l'enracinement.
Maladies, parasites : les feuilles s'enroulent quand l'air est trop sec et en cas d'exposition au soleil.

Cupressus macrocarpa
Cyprès d'intérieur, cyprès de Monterey

Le cyprès d'intérieur a une croissance très rapide.

Ce cyprès dit «d'intérieur» est en fait un conifère originaire de Californie, peu rustique en région froide, mais qui connaît un succès grandissant comme petit arbre d'intérieur. L'une des raisons du succès de ce conifère à port pyramidal est son aptitude à prendre d'autres formes décoratives grâce à une taille appropriée. En intérieur, une taille est indispensable car la croissance est très rapide. La variété la plus courante est 'Goldcrest', au beau feuillage doré.
Famille : Cupressacées.
Origine : sud de la Californie.
Emplacement : lumineux à légèrement ombragé. De préférence dehors l'été, à la lumière vive, mais sans soleil direct. Des températures chaudes en été et fraîches en hiver (5-10 °C) sont idéales, par exemple dans une véranda juste maintenue hors gel en hiver.
Arrosage, engrais : arroser modérément en été, parcimonieusement en hiver à température fraîche, mais un peu plus dans une pièce chauffée. Eviter aussi bien sécheresse des racines qu'humidité stagnante ! Faire des apports d'engrais de mars à septembre, une fois par mois tout au plus, sans quoi la croissance est encore plus rapide.
Autres soins : rempoter au printemps ou à l'automne si nécessaire, dans un mélange ordinaire.
Multiplication : difficile ; par boutures terminales en été, sous serre de multiplication ou châssis chauffé.
Maladies, parasites : araignées rouges en situation hivernale trop chaude.

Cycas revoluta
Cycas, sagoutier

Beau specimen de cycas, bien développé.

Cette belle plante, souvent prise pour un palmier, fait partie des plus anciens végétaux de notre planète et n'a en commun avec les palmiers, beaucoup plus récents dans l'évolution des espèces, que des critères morphologiques. Le cycas croît très lentement (une nouvelle feuille tous les 1 à 2 ans !) ce qui explique le coût très élevé des grands sujets. Les palmes coriaces, issues d'un tronc court ayant la forme d'un ananas, sont très élégantes. On ne trouve dans le commerce que de jeunes sujets de *C. revoluta*, également proposés comme bonsaïs d'intérieur.
Famille : Cycadacées.
Origine : Sud-Est asiatique, Japon.
Emplacement : lumineux mais sans soleil. Situation chaude en été - voire dehors pour les sujets bien développés - fraîche en hiver (12 à 15 °C environ).
Arrosage, engrais : arroser modérément en été, parcimonieusement en hiver. Ne jamais laisser sécher complètement le mélange avant d'arroser à nouveau. Cependant, éviter à tout prix l'humidité stagnante au niveau des racines ! Faire des apports d'engrais faiblement dosé de mars à août. Certains spécialistes recommandent comme engrais du guano ou de la corne séchée.
Autres soins : rempoter tous les 2 à 5 ans dans un mélange ordinaire additionné de sable grossier.
Multiplication : difficile et très long, par semis, avec une chaleur de fond de 30 °C.
Maladies, parasites : cochenilles farineuses en situation hivernale trop chaude et mal aérée ; cochenilles.
Attention : quelques cas d'empoisonnement d'animaux sont connus.

Cyperus
Papyrus, plante-ombrelle

Une tige gracieuse de C. alternifolius.

Cyperus albostriatus *n'apprécie pas l'humidité stagnante.*

Dans leur habitat naturel, les papyrus vivent sur sol humide ou marécageux. Aussi aiment-ils, à l'intérieur également, être cultivés dans un mélange terreux saturé d'eau. Les signes distinctifs de la plupart des papyrus sont leurs ombelles de feuilles terminales. Des ombelles de petites fleurs insignifiantes se succèdent presque toute l'année. Il existe quelque 600 espèces de ce genre, les principales cultivées en intérieur étant *C. alternifolius*, et sa variété à feuilles rayées de blanc 'Variegatus', ainsi que la sous-espèce ssp. *flabelliformis*, *C. albostriatus*, *C. gracilis* et *C. haspan*.

- *C. alternifolius* dépasse 1 m de hauteur et possède des tiges finement cannelées, couronnées de touffes denses de feuilles (en réalité des bractées, les vraies feuilles engainant la base des tiges) de près de 25 cm de longueur. Entre ces bractées se développent des fleurs brunes insignifiantes. La variété rayée de blanc verdit avec l'âge et en cas d'apports d'engrais trop fréquents ;
- *C. albostriatus* a des tiges plus courtes et des feuilles plus larges, à bord coupant. On le trouve souvent sous le nom de *C. diffusus* ;
- *C. gracilis*, ou papyrus nain, ne dépasse pas 30 cm de hauteur ;
- *C. haspan* atteint 30 à 50 cm de hauteur ;
- *C. papyrus*, le véritable papyrus, est une plante d'allure très exotique. Elle dépasse 2 m de hauteur et forme d'élégantes touffes de feuilles très fines, retombantes, autour d'une grande ombelle très ramifiée. Cette espèce est assez rare en culture, mais on peut également l'obtenir à partir de graines. Toutes sont de proches parentes de cette espèce vivrière qu'est le souchet comestible ou amande de terre, *C. esculentus*, dont les tubercules sont comestibles.

Famille : Cypéracées.
Origine : tropiques, régions subtropicales et tempérées du globe.

Emplacement : lumineux à ensoleillé, chaud toute l'année. A l'exception de *C. albostriatus*, tous apprécient de passer l'été dehors. Un peu plus de fraîcheur leur convient très bien en hiver.

Arrosage, engrais : maintenir le mélange très humide en permanence en situation chaude et lumineuse. La soucoupe peut rester remplie d'eau.

Exception : *C. albostriatus*, espèce à feuilles un peu plus larges, ne demande pas de «bain de pieds» ! Il suffit de maintenir la motte modérément humide. Réduire également l'humidité du mélange pour les autres espèces si elles sont en situation fraîche (12-15 °C) en hiver. Faire des apports d'engrais faiblement dosé d'avril à août, toutes les 1 à 2 semaines.

Autres soins : en hiver, augmenter indirectement l'humidité de l'air dans une pièce chauffée et doucher fréquemment la plante. Si besoin est, rempoter au printemps dans un mélange à base de terre ou tourbe additionné d'un peu de terre argileuse et sable.

Multiplication : par division ou enracinement des ombelles de bractées coupées avec 5 cm de tige. Raccourcir les feuilles d'1/3 à 1/2 de leur longueur et les faire raciner dans de l'eau à température ambiante (voir p. 60). Le semis est une autre possibilité. On trouve chez les fournisseurs spécialisés (voir adresses p. 238) des graines de *C. alternifolius*, *C. esculentus* et *C. papyrus*. Ne pas couvrir les graines et les exposer à une lumière vive car elles germent à la lumière !

Maladies, parasites : brunissement de la pointe des feuilles en atmosphère sèche ou en cas d'eau trop dure ou trop acide, araignées rouges et thrips en atmosphère sèche.

Mon conseil : pour les sujets plantés dans des récipients en verre ou dans des aquariums, limiter les apports d'engrais, en fréquence et en concentration pour éviter que l'eau ne soit trop concentrée en sels minéraux.

Dieffenbachia
Dieffenbachia

L'un des nombreux hybrides de Dieffenbachia.

Les dieffenbachias sont des plantes d'intérieur très appréciées, leur feuillage panaché produisant beaucoup d'effet. Les variétés les plus courantes sont l'hybride de *D. amoena* 'Tropic Snow', à grandes feuilles de 60 cm de long, marbrées de blanc crème ; *D. bowmannii* 'Camilla' à feuilles de 75 cm de long, marquées de vert clair, ainsi que les variétés à croissance plus compacte de *D. maculata*, tachées de vert et blanc. Les formes à feuilles blanches bordées de vert sont particulièrement spectaculaires.
Famille : Aracées.
Origine : Amérique tropicale, centrale et du Sud.
Emplacement : lumineux à légèrement ombragé, sans soleil direct. Les feuilles panachées verdissent en situation trop sombre. Chaleur toute l'année, avec un minimum de 8 à 10 °C en hiver. Eviter courants d'air et variations brutales de la température.
Arrosage, engrais : maintenir le mélange humide toute l'année, en utilisant une eau douce, à température ambiante. Réduire les arrosages en hiver. En été, apports hebdomadaires d'engrais faiblement dosé.
Autres soins : augmenter indirectement l'humidité de l'air (voir p. 43) ou faire de fréquentes vaporisations d'eau. Rempoter tous les deux ans au printemps dans un mélange ordinaire additionné de sable ou de vermiculite pour l'alléger. Rabattre les vieux sujets dégarnis, ils émettront de nouvelles pousses.
Multiplication : par boutures terminales ou tronçons de tige avec une chaleur de fond de 25 °C. Poser les tronçons de tige horizontalement en surface du mélange, avec un œil ou bourgeon orienté vers le haut.
Maladies, parasites : araignées rouges, thrips, et pucerons en air chauffé, sec. Un environnement trop humide, mal aéré peut provoquer la pourriture des racines et le développement de maladies cryptogamiques (causées par des champignons).
Attention : les dieffenbachias sont des plantes entièrement toxiques. La sève, notamment, peut provoquer des irritations de la peau et des muqueuses.

Dizygotheca
Faux-aralia

Léger et élégant, Dizygotheca elegantissima.

Dans son habitat naturel des îles des mers du Sud, le faux-aralia forme un arbuste ou petit arbre à feuillage persistant. Comme l'indique son nom d'espèce, *D. elegantissima* possède un port très élégant que lui confère son feuillage finement denté. Cette espèce à tige en général unique peut atteindre près de 2 m de hauteur, même en intérieur. Les feuilles sont composées de 7 à 11 folioles rayonnantes, étroites. Celles-ci sont fines et rougeâtres à l'état jeune, puis se teintent de vert olive foncé et s'élargissent un peu. Plus récent en culture : *D. veitchii* 'Castor'.
Famille : Araliacées.
Origine : Nouvelle-Calédonie.
Emplacement : lumineux mais sans soleil, avec toute l'année une température de plus de 20 °C, au niveau des racines également. L'ambiance chaude et humide d'une fenêtre-serre est idéale. Eviter les courants d'air qui entraîneraient la chute des feuilles.
Arrosage, engrais : maintenir le mélange modérément humide grâce à une eau non calcaire, à température ambiante. Ni humidité stagnante, ni sécheresse des racines car toutes deux peuvent être fatales. Réduire les arrosages en hiver. De mars à août, donner de l'engrais tous les 15 jours.
Autres soins : faire de fréquentes vaporisations d'eau. Rempoter les jeunes sujets tous les deux ans dans un mélange ordinaire, à base de terre ou tourbe, les sujets âgés quand besoin est seulement. Si le port est trop raide, il est possible de rabattre la plante. Cette taille nuit cependant à la silhouette caractéristique de l'espèce.
Multiplication : difficile, par semis de graines très fraîches, ou boutures terminales.
Maladies, parasites : araignées rouges et cochenilles en situation hivernale trop sombre et sèche ; la chute des feuilles peut être causée par une humidité ou une fraîcheur excessive des racines, le dessèchement de la pointe des feuilles par une hygrométrie insuffisante ou la sécheresse des racines.

Dizygotheca veitchii *'Castor'.*

161

Dracaena
Dracæna, dragonnier

Un port buissonnant, D. surculosa 'Florida Beauty'.

Une espèce à floraison parfumée, D. fragrans 'Massangeana'.

Si avec l'âge et dans leur habitat naturel, les dracænas ressemblent fort à des palmiers, ils n'ont aucun lien de parenté avec ceux-ci. On confond souvent dracænas et cordylines (voir p. 156) : les racines sont le meilleur critère pour les distinguer. Celles des dracænas sont jaune orangé, lisses, tandis que celles des cordylines sont blanches et renflées, en forme de massue. Les dracænas figurent aujourd'hui parmi les plantes vertes les plus prisées, faciles à cultiver et à multiplier. On dispose de nombreuses espèces et de variétés différentes.
- *D. marginata* est peut-être le plus connu, avec ses touffes de fines feuilles arquées, vertes ou rayées de vert, rose et crème chez la variété 'Tricolor' ;
- *D. fragrans*, le dragonnier parfumé, est très cultivé également – bien que fleurissant très rarement en intérieur – mais décoratif par ses larges feuilles rubanées rayées de jaune-vert ou de blanc-vert ;
- *D. deremensis* a des feuilles vert bleuté joliment soulignées de blanc ;
- *D. sanderiana*, le dragonnier de Sander, est rayé de jaune crème ou de gris argenté ;
- *D. reflexa* a des feuilles vert olive bordées de crème. La plus belle variété est 'Song of India' ;
- *D. surculosa* (syn. *D. godseffiana*) est une beauté tropicale à réserver plutôt à une fenêtre-serre ou à une serre chaude.

Famille : Agavacées.
Origine : îles Canaries, Afrique tropicale et subtropicale, Madagascar, Asie et îles du Sud-Est asiatique.
Emplacement : lumineux à légèrement ombragé, sans soleil direct. Lumière vive pour les formes panachées, sans quoi le feuillage verdit. Température de 18 à 25 °C toute l'année.
Arrosage, engrais : maintenir le mélange légèrement humide en permanence. Eviter l'humidité stagnante comme la sécheresse des racines, qui se traduisent aussitôt par la chute des feuilles. Faire des apports d'engrais tous les 15 jours de mars à août.
Autres soins : fréquentes vaporisations d'eau. Rempoter tous les deux ans dans un mélange ordinaire à base de terre ou tourbe, enrichi en éléments nutritifs. Rabattre la tige quand besoin est.

Multiplication : les variétés panachées doivent être multipliées par voie végétative, c'est-à-dire par tronçons de tiges, boutures terminales ou latérales avec 25 °C de chaleur de fond. Les autres espèces, comme *D. surculosa*, ou le dragonnier *D. draco* par exemple, peuvent également être multipliées par semis.
Maladies, parasites : brunissement du bord des feuilles, cochenilles et araignées rouges en air chauffé et sec. Dessèchement de la pointe des feuilles en cas d'arrosages inappropriés. Pourriture des racines en situation trop fraîche et trop humide.
Mon conseil : les dracænas ne supportent pas les produits lustrants pour le feuillage !

Charme et diversité des dragonniers

1 *D. draco* ;
2 *D. sanderiana* ;
3 *D. surculosa* 'Florida Beauty' ;
4 *D. fragrans* 'Massangeana' ;
5 *D. deremensis* 'Warneckii' ;
6 *D. marginata* 'Tricolor' ;
7 *D. congesta* ;
8 *D. marginata* ;
9 *D. glauca* ;
10 *D. sanderiana* ;
11 *D. fragrans* 'Victoria'.

L'arum grimpant est aussi décoratif que facile à vivre.

Epipremnum pinnatum
Pothos, arum grimpant

Euonymus japonica et sa variété 'Aureovariegata', à gauche.

Euonymus japonica
Fusain du Japon

Avec ses tiges pouvant atteindre 10 m de longueur, le pothos peut aussi bien être cultivé en suspension que palissé sur un mur ou un treillage dans la maison ou la véranda. La variété 'Aureum' est la forme la plus fréquemment cultivée. Les jeunes feuilles en cœur, panachées de vert et de doré, peuvent devenir beaucoup plus grandes et échancrées avec l'âge. On trouve encore souvent cette plante sous son ancien nom botanique de *Scindapsus aureus*.
Famille : Aracées.
Origine : îles Salomon, dans l'océan Pacifique.
Emplacement : lumineux à ombragé, mais en situation trop sombre cependant, les entre-nœuds allongent, les feuilles demeurent petites et verdissent. Température ambiante toute l'année, avec un minimum de 16 °C en hiver.
Arrosage, engrais : maintenir le mélange modérément humide et faire des apports d'engrais hebdomadaires de mars à août.
Autres soins : rempoter tous les deux ans dans un mélange ordinaire, riche en éléments nutritifs. Rabattre les tiges quand nécessaire, en toute saison.
Multiplication : par boutures terminales ou portions de tiges, qui peuvent aussi s'enraciner dans l'eau. Grouper plusieurs jeunes sujets par pot.
Maladies, parasites : pourriture des racines et chute des feuilles en cas d'humidité excessive des racines ou lumière insuffisante.
Mon conseil : si vous comptez palisser un pothos sur un grand treillage ou un mur, mieux vaut choisir un sujet cultivé en hydroculture, car le rempotage est alors très rare.
Attention : contient des substances pouvant entraîner des irritations de la peau et des muqueuses.

Le fusain d'Europe, *E. europaea*, espèce très rustique, est un arbuste de jardin fréquemment planté. Seule l'espèce japonaise, *E. japonica*, peut être cultivée en intérieur, dans la maison ou dans une véranda fraîche. Dans son habitat naturel, cet arbuste peut atteindre 8 m de haut, mais ne dépasse guère 1 m en culture en pot. Les feuilles persistantes, coriaces, ovales, sont légèrement dentées et d'un vert brillant. Les variétés panachées sont très appréciées, comme 'Aureomarginata', 'Argenteovariegata', 'Macrophylla', 'Pyramidata', ainsi que la variété à petites feuilles 'Microphylla'. Les jeunes sujets cultivés en pot en intérieur ne demeurent cependant vraiment décoratifs au fil des années que s'ils sont traités comme des plantes d'orangerie, c'est-à-dire sortis en été et gardés en hiver en situation très fraîche et non à la chaleur.
Famille : Célastracées.
Origine : Japon, Corée, îles Riukiu.
Emplacement : lumineux à légèrement ombragé, voire ensoleillé en hiver pour que le feuillage reste coloré. 18 °C environ de mars à août, pas plus de 10 °C d'octobre à février. Augmenter l'hygrométrie en situation chaude. Sortir la plante à l'extérieur en été.
Arrosage, engrais : arroser abondamment de mars à septembre et donner de l'engrais tous les 15 jours. Réduire ensuite les arrosages et cesser les apports d'engrais.
Autres soins : rempoter au printemps si besoin est dans un terreau ordinaire riche en éléments nutritifs. Il est possible de tailler le fusain à cette occasion.
Multiplication : par boutures terminales d'août à octobre sous serre de multiplication avec une chaleur de fond de 20-25 °C.
Maladies, parasites : cochenilles, chute des feuilles, oïdium en situation hivernale trop chaude.

Euphorbia
Euphorbe

Une allure de cactus, Euphorbia pseudocactus.

Les Euphorbiacées, quatrième famille de plantes à fleurs par ordre d'importance, comptent aussi des plantes grasses sans feuilles ressemblant à des cactées.

Elles font des plantes d'appartement tout à fait originales, de culture aisée, dont certaines seraient facilement confondues avec des cactus. Les plus courantes sont : *E. pseudocactus, E. tirucalli, E. erythraeae, E. balsamifera* et *E. grandicornis.*
Famille : Euphorbiacées.
Origine : Afrique.
Emplacement : lumineux à ensoleillé ; chaud en été, 15 à 18 °C en hiver. Ces plantes peuvent aussi passer l'été dehors à l'abri de la pluie.
Arrosage, engrais : arroser parcimonieusement au printemps et en été, rarement en hiver, en versant de préférence l'eau dans la soucoupe. Faire quelques apports d'engrais pour cactées faiblement dosé entre avril et septembre.
Autres soins : rempoter au printemps si besoin est dans un terreau pour cactées additionné de 1/4 de terre argileuse.

Multiplication : par semis ou bouturage, selon l'espèce. Passer la partie entaillée sous l'eau tiède pour stopper l'écoulement de latex et éviter qu'il n'obstrue la plaie, puis laisser un peu sécher la coupe avant de repiquer les boutures.
Maladies, parasites : rares.
Attention : les euphorbes sont des plantes toxiques. Le latex notamment renferme des susbtances irritantes pour la peau et les muqueuses. Eviter donc tout contact, surtout avec les yeux ou sur une plaie ! Certaines espèces sont par ailleurs redoutables par leurs épines.

Euphorbia tirucalli *peut être cultivée en hydroculture.*

Fatshedera lizei
Aralia-lierre, lierre arborescent

L'aralia-lierre est un amateur d'ombre.

Cette espèce est le résultat d'un croisement entre l'aralia *(Fatsia japonica)* et le lierre commun *(Hedera helix).* Atteignant environ 1,5 m de hauteur, cette plante porte des tiges dressées à grandes feuilles lustrées vert vif, ayant en général 3 ou 5 lobes. La forme 'Variegata' adopte un port plus compact et possède de belles feuilles panachées de blanc.
Famille : Araliacées.
Origine : croisement réalisé en culture.
Emplacement : lumineux à légèrement ombragé, avec un peu plus de lumière pour la variété 'Variegata', à défaut de quoi les feuilles verdissent. Température ambiante toute l'année, un peu plus de fraîcheur si possible pour les sujets ayant tendance à pousser en hauteur. En hiver, garder la plante au frais, avec un minimum de 10 °C ; augmenter l'hygrométrie en situation chaude.
Arrosage, engrais : maintenir le mélange modérément humide du printemps à l'automne. En situation hivernale fraîche, réduire les arrosages ; en situation plus chaude, faire de fréquentes vaporisations d'eau. Apports d'engrais tous les 15 jours de mars à août.
Autres soins : rempoter les jeunes sujets tous les ans, les autres seulement quand les racines ont entièrement colonisé le mélange, dans un terreau ordinaire. Rabattre les tiges d'environ 1/4, ou plus, pour que la plante demeure buissonnante.
Multiplication : en août, par boutures terminales s'enracinant facilement dans l'eau ou dans un mélange terreux, ou bien par marcottage aérien.
Maladies, parasites : araignées rouges et cochenilles en situation hivernale trop chaude et sèche.
Remarque : l'aralia *(Fatsia japonica),* à développement en général plus important que l'aralia-lierre, a les mêmes exigences, si ce n'est qu'il réclame un peu plus d'eau.

Ficus
Figuier pleureur, caoutchouc, figuier nain et autres

Variété panachée de blanc du figuier rampant.

Ficus pumila émet des racines aériennes.

L'espèce de *Ficus* la plus en vogue actuellement est le figuier pleureur, *F. benjamina*. Comme le caoutchouc, plus ancien dans les intérieurs, il forme un petit arbre et existe dans de nombreuses variétés à feuillage vert ou panaché.

Caoutchouc et autres espèces proches
1 *F. deltoidea* ;
2 *F. elastica* 'Doescheri' ;
3 *F. benghalensis* ;
4 *F. pumila* ;
5 *F. pumila* 'Sonny' ;
6 *F. benjamina* 'Exotica' ;
7 *F. sagittata* ;
8 *F. benjamina* ;
9 *F. lyrata*.

- *F. lyrata*, le figuier-lyre, avec ses grandes feuilles ondulées en forme de lyre, est destiné à long terme aux grandes et hautes pièces (halls d'accueil) du fait de sa taille ;
- *F. retusa* possède des feuilles ressemblant à celles du figuier pleureur et se prête bien à la formation en bonsaï ;
- *F. deltoidea*, de croissance lente, reste de petite taille. Il est également très apprécié en tant que bonsaï d'intérieur ;
- *F. pumila*, le figuier nain, ou figuier rampant, et la forme panachée de blanc de *F. sagittata* 'Variegata' conviennent à merveille aux suspensions ;
- *F. buxifolia*, le figuier (ou caoutchouc) à feuilles de buis, est un arbuste à croissance rapide, aux feuilles presque triangulaires et aux tiges de teinte cuivrée ;
- *F. aspera* 'Parcelli', petit arbuste originaire de Polynésie et amateur de chaleur, est moins courant. Ses tiges ramifiées et écartées portent de grandes feuilles à pétiole court, marbrées de vert et de blanc ;
- *F. benghalensis*, le banyan indien, atteint une grande taille et porte de belles feuilles lustrées ;

- *F. rubiginosa*, ou caoutchouc brun-rouge, aime la fraîcheur. Dans son habitat australien, c'est un arbuste ramifié d'environ 4 m de hauteur. Ses ramifications s'inclinent vers le sol, émettent des racines et de nouvelles tiges : il colonise ainsi de grandes surfaces. La variété 'Variegata' est fréquente en culture. La croissance de *F. rubiginosa* est lente, et il apprécie en hiver une situation fraîche et lumineuse.

Famille : Moracées.
Origine : régions tropicales et subtropicales du globe.
Emplacement : très lumineux, mais sans soleil direct. Température ambiante toute l'année. Les espèces ou variétés à feuilles vertes apprécient un peu de fraîcheur. Important : une bonne chaleur de fond et une hygrométrie élevée sont requises.
Arrosage, engrais : arroser modérément au printemps et en été, parcimonieusement en hiver. Eviter l'humidité stagnante, qui entraîne la chute des feuilles. En été, apports d'engrais tous les 15 jours.
Autres soins : faire de fréquentes vaporisations d'eau. Rempoter au printemps si besoin est dans un mélange ordinaire à base de terre ou de tourbe. Chez la plupart des espèces, on peut tailler ou rabattre les tiges pour stimuler la ramification.
Multiplication : par boutures sous serre de multiplication chauffée (avec 25 à 30 °C de chaleur de fond) ou par marcottage aérien.
Maladies, parasites : cochenilles, araignées rouges, thrips en atmosphère chaude et sèche. Une situation fraîche et trop humide au niveau des racines en hiver peut causer la chute des feuilles.

LES PLANTES VERTES

Fittonia verschaffeltii
Fittonia

Une variété de fittonia à nervures argentées, 'Argyroneura'.

Le nom botanique de cette ravissante petite plante à feuillage décoratif est dédié aux anglaises Elizabeth et Mary Fitton. Plusieurs variétés sont couramment cultivées, comme 'Argyroneura', à nervures argentées, ou 'Pearcei', à nervures rouges. Toutes deux possèdent des feuilles d'environ 7 cm de long et font d'excellentes plantes couvre-sol dans les serres d'appartement, fenêtres-serres, serres chaudes, ou dans toute autre ambiance chaude et humide. La variété 'Minima' à petites feuilles vert argenté est toute indiquée pour les jardins en bouteille ou les mini-serres. Sans structure particulière, il faut prévoir un humidificateur d'air pour cette plante originaire des forêts tropicales humides d'Amérique du Sud.
Famille : Acanthacées.
Origine : Colombie à Bolivie.
Emplacement : lumineux à ombragé, jamais de soleil direct. Température ambiante toute l'année, voire plus, avec un minimum de 18 °C en hiver. Eviter les courants d'air, qui peuvent entraîner la chute des feuilles.
Arrosage, engrais : arroser régulièrement à l'eau douce, à température de la pièce. D'avril à octobre, faire tous les 15 jours des apports d'engrais faiblement dosé.
Autres soins : entretenir une humidité de l'air élevée ; faire de fréquentes vaporisations d'eau. Rempoter au printemps si besoin est, dans un récipient peu profond, avec un mélange léger, à base de tourbe par exemple.
Multiplication : au printemps, par boutures terminales sous serre chauffée. Pincer fréquemment les jeunes plantes pour les inciter à buissonner.
Maladies, parasites : limaces pouvant s'introduire surtout dans la serre ou la véranda.

Grevillea robusta
Grevillea

Grevillea robusta fait un bel arbre d'intérieur.

Cette plante de culture facile, possédant de grandes feuilles vert argenté très découpées, n'est pas sans évoquer les fougères. Dans son habitat naturel en Australie, le grevillea est un arbre de près de 50 m de hauteur, planté comme arbre d'alignement ! Comme son nom l'indique, c'est une plante vigoureuse et robuste qui, cultivée en bac chez nous, peut atteindre 2 m de hauteur et plus. Elle est alors plus indiquée pour une serre ou véranda. La floraison typique des Protéacées ne se produit malheureusement jamais en intérieur.
Famille : Protéacées.
Origine : Australie.
Emplacement : très lumineux, voire ensoleillé en hiver. Toute l'année, situation bien aérée, plutôt fraîche que chaude.
Le grevillea peut passer l'été dehors en situation ombragée. Le garder en hiver à moins de 15 °C si possible, pour éviter une croissance en longueur disgracieuse.
Arrosage, engrais : arroser abondamment en été, parcimonieusement en hiver. Apports hebdomadaires d'engrais de mars à octobre.
Autres soins : rempoter au printemps si besoin est dans un mélange ordinaire, à base de terre ou de tourbe. Les sujets trop grands peuvent être sévèrement rabattus au printemps mais ils perdent alors le port qui les fait ressembler à des arbres pour adopter une silhouette plus arbustive.
Multiplication : par semis de graines fraîches, mais la germination est délicate. Les professionnels sèment souvent ces graines dans de la sciure maintenue à bonne température. On peut également prélever en août des boutures de tiges semi-ligneuses, mais elles ne s'enracinent qu'au bout de plusieurs mois.
Maladies, parasites : le jaunissement du feuillage indique en général des apports d'engrais excessifs ou inappropriés. Pucerons, mouches blanches.

Guzmania
Guzmania

L'un des nombreux guzmanias hybrides.

Ce genre, dont on connaît environ 100 espèces, doit son nom à un pharmacien espagnol, Guzman. Certaines de ces espèces sont couramment cultivées et ont donné de nombreux hybrides et variétés sélectionnées. Les guzmanias sont surtout décoratifs par leurs bractées colorées. L'espèce la plus connue est *G. lingulata*, dont il existe de nombreuses formes cultivées. Elle forme une rosette de feuilles vertes d'environ 50 cm de diamètre, au centre de laquelle se développent des bractées rouge vif, brillantes comme du satin. Les fleurs elles-mêmes sont moins spectaculaires que chez d'autres espèces ou variétés de guzmania. Ces plantes peuvent être cultivées en pot ou fixées sur un tronc à épiphytes.
Famille : Broméliacées.
Origine : Amérique centrale et du Sud.
Emplacement : lumineux à légèrement ombragé. Plus de 20 °C toute l'année, avec une hygrométrie élevée. Se plaît particulièrement dans une serre ou fenêtre-serre.
Arrosage, engrais : verser l'eau douce et tiède sur le mélange et au centre de la rosette. Maintenir le réservoir plein en été, mais arroser moins en hiver. De mars à août, faire tous les 15 jours des apports d'engrais faiblement dosé, en pulvérisation ou ajouté à l'eau d'arrosage.
Autres soins : en été, vaporisations quotidiennes avec une eau douce et tiède ; augmenter également l'humidité de l'air de façon indirecte (voir p. 43). Le rempotage est inutile puisque la plante meurt après la floraison.
Multiplication : par rejets, à séparer de la plante-mère lorsqu'ils atteignent une taille d'environ moitié de celle-ci. Les rempoter dans un pot rempli de mélange pour orchidées. Le semis est également possible.
Maladies, parasites : cochenilles et araignées rouges en atmosphère sèche. Cochenilles des racines.

Gynura
Gynura

Les reflets rose pourpré du gynura sont uniques.

Le duvet pourpré qui recouvre les feuilles de *G. aurantiaca* fait tout l'attrait de ce sous-arbrisseau d'origine tropicale. Il pousse dans les forêts des montagnes de Java, adoptant tout d'abord un port dressé puis grimpant, et pouvant atteindre près de 1 m de hauteur dans son habitat naturel. *G. aurantiaca* fut introduit en 1880 en Belgique, tandis que *G. scandens* est une espèce d'introduction plus récente, originaire d'Afrique tropicale. Comme l'espèce indonésienne, les feuilles portent un duvet violacé, mais elles sont plus profondément dentées. Toutes deux sont des plantes d'intérieur peu courantes, mais très décoratives en suspension par exemple. Mieux vaut supprimer les petites fleurs orangées qui peuvent se former en été, car elles exhalent une odeur désagréable et ne présentent guère d'intérêt.
Famille : Composées.
Origine : Java, Est africain.
Emplacement : très lumineux, voire ensoleillé en hiver, mais pas de soleil brûlant. Les feuilles perdent leur coloration à l'ombre et les entre-nœuds s'allongent. Température ambiante toute l'année, 18 à 20 °C ou plus en été.
Arrosage, engrais : arroser modérément au printemps et en été, parcimonieusement en automne et hiver. Faire des apports hebdomadaires d'engrais faiblement dosé, en été seulement.
Autres soins : augmenter indirectement l'humidité de l'air (voir p. 43), mais ne pas vaporiser d'eau sur le feuillage. Rempoter au printemps dans un terreau ordinaire, à base de terre ou tourbe. Renouveler la plante tous les deux ans environ par des boutures racinées, car elle devient moins décorative avec l'âge. Pincer fréquemment les tiges pour qu'elles se ramifient bien.
Multiplication : facile, au printemps ou à l'automne par bouturage.
Maladies, parasites : attaques fréquentes de pucerons.

Les jeunes sujets de gynura supportent mieux les conditions hivernales que les sujets plus âgés. Si vous ne pouvez lui offrir un environnement favorable en hiver, renouvelez la plante à l'automne par bouturage.

LES PLANTES VERTES

Haworthia
Haworthie, haworthia

Les haworthias sont de petits bijoux.

Les haworthias sont de petites plantes grasses à feuillage décoratif, actuellement en vogue tout comme les petits cactus. Elles sont originaires d'Afrique du Sud, où elles se protègent du soleil dans des buissons ou sous des rochers. *H. truncata* s'enfonce même dans le sol jusqu'à l'extrémité des feuilles. Les plus cultivées sont *H. fasciata*, aux rosettes de feuilles rayées transversalement, et *H. glabrata*, dont les feuilles portent de nombreuses protubérances blanches comme autant de petites perles. Les fleurs, souvent insignifiantes, apparaissent à l'extrémité de longues tiges. *H. attenuata*, *H. limifolia* et *H. reinwardtii* sont d'autres espèces que l'on trouve chez les producteurs spécialistes de cactées et plantes grasses (voir adresses p. 238).
Famille : Liliacées.
Origine : Afrique du Sud.
Emplacement : lumineux, mais sans soleil direct. Cette plante apprécie de passer l'été dehors à l'abri de la pluie. Situation chaude en été, 10-15 °C de préférence en hiver, mais supporte également la température normale d'un intérieur chauffé.
Arrosage, engrais : arroser parcimonieusement au printemps et en été, de temps à autre seulement en automne et hiver. Eviter à tout prix l'humidité stagnante ! Donner de l'engrais pour cactées toutes les 4 semaines de mars à août.
Autres soins : rempoter tous les deux ans au printemps ou en été, dans un mélange ordinaire additionné de sable grossier et de terre argileuse.
Multiplication : par semis ou pousses latérales, qui se développent à l'aisselle des feuilles basales. Détacher les pousses latérales et les laisser sécher avant de les faire raciner.
Maladies, parasites : rares.
Remarque : les gasterias, d'aspect similaire, ont les mêmes exigences que les haworthias, mais supportent un ensoleillement plus important.

Hedera helix
Lierre

Le lierre était dédié à Osiris dans l'ancienne Egypte, et à Dionysos dans la Grèce antique. C'est de nos jours l'une des plantes favorites des jardiniers, et il en existe de multiples variétés destinées à la culture ornementale, en intérieur comme en extérieur. La variété panachée la plus connue est sans doute la variété de lierre des Canaries, 'Gloire de Marengo'. Toutefois, de nombreuses autres variétés de *H. helix* ssp. *canariensis* et *H. colchica* se prêtent bien à la culture en appartement. Toutes présentent des feuilles de lierre typiques, à 3 ou 5 lobes, entièrement vertes ou panachées de blanc, crème ou jaune selon les cas. Le lierre est une plante qui s'accroche par elle-même à tout support mis à sa disposition. Toutes les variétés peuvent également être cultivées en panier suspendu.
Famille : Araliacées.
Origine : Europe, Asie, Afrique du Nord. Les variétés sont toutes issues de travaux de sélection.
Emplacement : lumineux à légèrement ombragé. Température ambiante toute l'année, éventuellement plus fraîche en hiver, mais avec un minimum de 15 °C pour les variétés panachées. Une règle d'or : les variétés vertes aiment ombre et fraîcheur, tandis que les panachées recherchent lumière et chaleur.
Arrosage, engrais : utiliser une eau à température ambiante. Maintenir le mélange légèrement humide en permanence du printemps à l'automne, réduire les arrosages en hiver. De mars à août, faire des apports hebdomadaires d'engrais faiblement dosé.
Autres soins : dans une pièce chauffée, faire de fréquentes vaporisations d'eau et entretenir une atmosphère humide (voir p. 43). Rempoter chaque année dans un terreau ordinaire.
Multiplication : par boutures terminales, qui s'enracinent facilement dans la terre comme dans l'eau, ou bien par marcottage (voir p. 60). Toujours grouper plusieurs jeunes sujets par pot pour obtenir une potée bien buissonnante.
Maladies, parasites : cochenilles en air chauffé et sec ; araignées rouges en situation hivernale trop chaude.
Mon conseil : en situation hivernale à la fois trop chaude et trop sombre, le lierre émet des tiges peu vigoureuses qu'il est préférable de rabattre au printemps.
Attention : les baies du lierre sont très toxiques ; elles ne se forment cependant que chez les sujets âgés, en plein air ou sous une véranda.

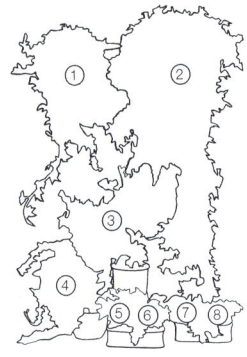

Quelques belles variétés
1 'Ingrid' ;
2 'Eva' ;
3 'Gold Child' ;
4 'Gertrud Stauss' ;
5 Nouveauté danoise, obtenue à partir de 'Gold Child' ;
6 'Typ Schäfer III' ;
7 'Königers Auslese' ;
8 'Calico'.

LES PLANTES VERTES

Hypoestes phyllostachya
Hypoestes, plante-aux-éphélides

Les hypoestes font de superbes couvre-sol.

Le nom latin de ces jolies petites plantes tropicales est issu des mots grecs *hypo*, «dessous», et *hestenai*, «placer», évoquant peut-être leurs capacités à faire office de couvre-sol. Dans son habitat naturel, à Madagascar, l'hypoestes est un bel arbuste de 50 cm de hauteur. Les feuilles sont ponctuées de taches plus ou moins grandes, rouges, roses ou blanches. En intérieur, la plante demeure herbacée et est souvent traitée comme une annuelle : en effet, avec le temps, le feuillage pâlit et les entre-nœuds s'allongent, surtout en situation insuffisamment lumineuse.
Famille : Acanthacées.
Origine : Madagascar.
Emplacement : très lumineux mais sans soleil. Chaleur et humidité de l'air importante toute l'année, 20 à 23 °C en été, pas moins de 18 °C en hiver. C'est dans une serre d'appartement ou une fenêtre-serre qu'elle se plaît le plus.
Arrosage, engrais : maintenir la motte modérément humide toute l'année. Faire des apports d'engrais faiblement dosé tous les 15 jours de mars à août.
Autres soins : entretenir une bonne chaleur au niveau des racines, une hygrométrie élevée. Rempoter la plante au printemps dans un mélange ordinaire en cas de poursuite de la culture. Rabattre les tiges pour stimuler une reprise buissonnante de la croissance.
Multiplication : par boutures terminales, avec 25-30 °C de chaleur de fond, ou dans l'eau. Pincer les jeunes sujets à plusieurs reprises pour qu'ils se ramifient bien. Semis également possible.
Maladies, parasites : rares.
Remarque : deux proches parents d'*Hypoestes*, *Pseuderanthemum*, à feuilles panachées de rouge, et *Chamaeranthemum*, à feuillage vert argenté, ont les mêmes exigences.

Iresine
Iresine

Port buissonnant et teinte inhabituelle pour Iresine herbstii.

Vous cherchez à créer une tache de couleur rouge sur un appui de fenêtre ? L'iresine est la plante idéale. Les feuilles semblent avoir été trempées dans une teinture rouge foncé, laissant les nervures un peu plus pâles. Deux espèces de ce genre, qui en compte environ 70, sont cultivées comme plantes d'intérieur : *I. herbstii*, aux feuilles arrondies, et *I. lindenii*, aux feuilles ovales un peu pointues. Chez la variété 'Aureoreticulata', seules les tiges et nervures centrales sont rouges, le reste du limbe étant d'un vert doré. Toutes ne dépassent guère 30 cm de hauteur en pot mais forment en quelques mois une touffe dense.
Famille : Amaranthacées.
Origine : Amérique du Sud.
Emplacement : aussi lumineux que possible dans la maison, ensoleillé dehors. En situation sombre, les feuilles virent au noirâtre. Situation chaude et bien aérée, avec un minimum de 15 °C en hiver.
Arrosage, engrais : bien arroser en été, modérément seulement le reste de l'année. Cette plante supporte mal l'air chaud et sec. Faire des apports hebdomadaires d'engrais de mars à août.
Autres soins : le rempotage est inutile, mieux vaut renouveler la plante chaque année.
Multiplication : par boutures terminales, qui s'enracinent facilement dans l'eau ou dans la terre. Pincer les jeunes sujets à plusieurs reprises pour qu'ils se ramifient bien.
Maladies, parasites : rares, quelques attaques de pucerons.
Mon conseil : l'iresine est particulièrement bien mise en valeur dans un cache-pot rouge ou noir. Le feuillage prend de superbes reflets à contre-jour.

Leea quineensis
Leea

Très originale, la variété à feuilles rouges 'Burgundy'.

Le parrain de cette belle plante verte, introduite en Angleterre en 1880 est le célèbre jardinier écossais James Lee. Cette espèce longtemps méconnue est aujourd'hui redécouverte en tant que plante d'intérieur. C'est le seul genre de la famille des Lééacées, et il compte environ 70 espèces. La seule cultivée est *L. quineensis* et sa variété à feuilles teintées de rouge, 'Burgundy'. Des ombelles de fleurs ressemblant un peu aux fleurs de la vigne se développent parfois. Cette famille est en effet très proche de la famille des Vitacées, à laquelle ces plantes étaient autrefois assimilées.
Famille : Lééacées.
Origine : Asie du Sud.
Emplacement : lumineux mais sans soleil direct, chaud toute l'année, au moins 20 °C, et avec un minimum de 16 °C en hiver. Cette plante apprécie une hygrométrie élevée et c'est donc dans une serre chaude ou une fenêtre-serre qu'elle s'épanouira pleinement.
Arrosage, engrais : maintenir le mélange modérément humide, en évitant aussi bien l'humidité stagnante que la sécheresse des racines, qui peuvent entraîner la chute brutale des feuilles. De mars à août, apports d'engrais faiblement dosé tous les quinze jours.
Autres soins : effectuer de fréquentes vaporisations d'eau. Rempoter au printemps dans un mélange ordinaire, additionné de sable grossier pour en améliorer le drainage.
Multiplication : par semis, boutures terminales ou latérales sous châssis ou serre chauffée ; difficile.
Maladies, parasites : pucerons, araignées rouges en atmosphère chaude et sèche.
Mon conseil : l'exsudation de petites gouttes sucrées n'est pas une maladie, mais une spécificité de cette plante qui exprime ainsi son bien-être !

Maranta
Maranta, dormeuse, plante-qui-prie

Maranta leuconeura 'Kerchoviana'.

Les Marantacées sont originaires des forêts tropicales humides. Le genre *Maranta* compte 23 espèces aux racines tubérisées et aux inflorescences terminales. Le plus cultivé en intérieur est *M. leuconeura* et ses nombreuses variétés, comme 'Kerchoviana', à feuilles vert émeraude et taches sombres, 'Massangeana', à feuilles plus petites, rougeâtres sur la face inférieure, et 'Erythroneura', à feuilles vert émeraude portant des taches claires le long de la nervure centrale, et des nervures latérales rouges. Tous les marantas font de superbes couvre-sol adaptés aux ambiances tropicales reconstituées en serre chaude ou fenêtre-serre.
Famille : Marantacées.
Origine : forêts tropicales humides d'Amérique du Sud.
Emplacement : lumineux mais sans soleil, avec une température chaude toute l'année (pas moins de 18 °C).
Arrosage, engrais : arroser abondamment en été, parcimonieusement en hiver. Faire des apports d'engrais faiblement dosé tous les 15 jours de mars à août.
Autres soins : entretenir une hygrométrie élevée (voir p. 43) et faire de fréquentes vaporisations d'eau si la plante est sur un appui de fenêtre. Rempoter au printemps si besoin est, dans un mélange léger, par exemple à base de tourbe et additionné de sable grossier ou de vermiculite.
Multiplication : par division lors du rempotage au printemps, ou par boutures terminales.
Maladies, parasites : nécrose du bord des feuilles en situation trop froide, araignées rouges en air sec. Une trop forte luminosité fait pâlir les feuilles.
Mon conseil : des feuilles enroulées dans la journée sont le signe d'une hygrométrie insuffisante. La nuit, par contre, c'est une position typique de l'espèce, d'où le nom de dormeuse, qui lui est attribué : les feuilles s'enroulent la nuit, en position de «sommeil».

Les boutures de maranta s'enracinent rapidement lorsqu'on reconstitue l'atmosphère d'une serre chaude et humide par une simple couverture de plastique transparent.

LES PLANTES VERTES

Monstera deliciosa
Monstèra, faux philodendron

Avec le temps, le monstera émet d'épaisses racines aériennes.

Un port imposant et des feuilles joliment découpées ont fait depuis longtemps du monstera une plante verte très populaire. Dans de bonnes conditions, les tiges de cette plante grimpante peuvent atteindre 5 m de hauteur, avec de nombreuses racines aériennes. Il lui faut donc un support (treillage ou colonne de mousse) sur lequel elle puisse s'appuyer. Les feuilles juvéniles sont cordiformes, puis se découpent profondément avec l'âge. Elles sont coriaces, d'un vert foncé lustré. Les sujets âgés produisent chaque année une inflorescence entourée de bractées blanches, puis des fruits violets au parfum d'ananas.
Outre l'espèce type, verte, il existe une variété plus compacte, 'Borsigiana', ainsi qu'une forme panachée 'Variegata'.
Famille : Aracées.
Origine : Mexique.
Emplacement : lumineux mais sans soleil direct (se plaît aussi à l'ombre), à 18-22 °C toute l'année. Le monstera apprécie une humidité de l'air élevée et une bonne température au niveau des racines.
Arrosage, engrais : arroser modérément toute l'année, et faire des apports d'engrais faiblement dosé de mars à août tous les 15 jours.
Autres soins : nettoyer les feuilles à l'eau douce de temps à autre pour faciliter les échanges gazeux. Faire de fréquentes vaporisations d'eau. Rempoter si besoin est dans un mélange ordinaire, avec délicatesse pour ne pas abîmer les racines, et surtout sans couper ni blesser les racines aériennes.
Multiplication : par boutures terminales sous serre de multiplication ou par marcottage aérien.
Maladies, parasites : cochenilles, araignées rouges en atmosphère sèche.
Attention : cette plante renferme des substances irritantes pour la peau et les muqueuses ; les fruits sont également toxiques.

Myrtus communis
Myrte

Le myrte aime passer l'été dehors, au soleil.

Le myrte fait partie de ces plantes de légende, liées depuis des siècles à d'anciennes croyances. Ce petit arbuste méditerranéen à feuillage persistant, qui ne dépasse guère 1 m de hauteur en pot ou bac, était autrefois dédié à la déesse Aphrodite, et était de ce fait le symbole de la jeunesse et de la beauté. La coutume voulait, dans la Grèce et la Rome antiques, que toute jeune mariée porta une couronne de myrte. Cette coutume persiste encore dans certaines régions méditerranéennes. La plante porte en été de nombreuses petites fleurs blanches et peut atteindre un grand âge, même en pot, lorsqu'elle est bien soignée. Les feuilles froissées dégagent une odeur aromatique.
Famille : Myrtacées.
Origine : bassin méditérranéen.
Emplacement : lumineux à ensoleillé, aéré. Le myrte apprécie de passer l'été dehors. Situation chaude en été et si possible, pas plus de 10 °C en hiver.
Arrosage, engrais : arroser à l'eau douce uniquement, modérément en été si la plante reste à l'intérieur, abondamment si elle est dehors. Maintenir le mélange à peine humide en hiver. Eviter humidité stagnante comme sécheresse des racines. Apports hebdomadaires d'engrais de mars à août.
Autres soins : faire de fréquentes vaporisations d'eau en intérieur. Rempoter les jeunes sujets chaque printemps, les autres quand besoin est seulement, dans un mélange ordinaire à base de terre ou tourbe. Pincer régulièrement les tiges, mais attention : une taille trop sévère supprime la floraison !
Multiplication : par boutures terminales non lignifiées, au printemps ou en été. Pincer plusieurs fois les boutures racinées pour qu'elles se ramifient bien.
Maladies, parasites : mouches blanches, cochenilles en conditions d'environnement défavorables.

Neoregelia
Neoregelia

Neoregelia carolinae *et ses bractées rouge feu.*

L'aire de distribution des neoregelias comprend essentiellement les forêts tropicales humides et l'Est brésilien, où ces plantes se développent surtout en épiphytes. Les rosettes de feuilles forment de grands entonnoirs centraux où prennent place des fleurs presque acaules, comme chez *Nidularium* (voir p. 176). Elles sont surtout décoratives par les bractées colorées qui peuvent garder leurs teintes vives pendant des mois. Les plus courantes sont *N. carolinae*, à bractées rouge vif, et dont les feuilles sont rayées de blanc crème chez sa variété 'Tricolor'.
N. concentrica a des bractées lilas. Toutes font des sujets très décoratifs pour un tronc à épiphytes, dans une serre chaude ou une fenêtre-serre.
Famille : Broméliacées.
Origine : Brésil.
Emplacement : très lumineux, voire ensoleillé en hiver. Chaleur toute l'année, avec un minimum de 18 °C en hiver.
Arrosage, engrais : arroser à l'eau douce, en versant presque toute l'eau dans l'entonnoir central. Maintenir ce réservoir rempli en été et juste humide en hiver. En période de croissance, ajouter de l'engrais faiblement dosé à l'eau d'arrosage tous les 15 jours. Tous les 15 jours également, vider l'eau de la réserve pour la renouveler entièrement.
Autres soins : faire de fréquentes vaporisations d'eau ou, mieux, augmenter indirectement l'hygrométrie (voir p. 43).
Multiplication : par semis ou rejets, à détacher de la plante-mère lorsqu'ils atteignent une taille d'environ moitié de celle-ci. Les planter dans un mélange léger, à base de tourbe.
Maladies, parasites : dessèchement de la pointe des feuilles en air trop sec.
Mon conseil : les fleurs insignifiantes qui se développent au cœur des bractées très colorées sont éphémères. Les bractées, au contraire, restent décoratives plusieurs mois. Lorsqu'elles sèchent, c'est toute la plante qui meurt.

Nepenthes hybrides
Nepenthès

Le nepenthès constitue un piège à insectes très sophistiqué.

De toutes les plantes carnivores, le nepenthès est certainement l'une des plus spectaculaires. Les pièges, ou urnes, ne sont pas des fleurs, mais le prolongement modifié de la feuille et l'un des pièges à insectes les plus élaborés qui soient.
Dans leur habitat naturel tropical, ces pièges sont en permanence remplis d'eau, sur un tiers environ de leur hauteur. Une sorte de couvercle, évitant que la pluie ne tombe à l'intérieur, est muni de glandes émettant un parfum qui attire les insectes. Ceux-ci se posent sur une surface lisse et glissante et sont entraînés dans la réserve d'eau additionnée de sécrétions toxiques, où ils sont digérés. On trouve des espèces botaniques de ce genre chez certains horticulteurs spécialisés (voir adresses p. 238), des hybrides dans de nombreuses jardineries. Ces plantes sont souvent proposées en paniers suspendus permettant de mieux admirer les urnes retombantes.
Famille : Nepenthacées.
Origine : Malaisie, Sumatra, Bornéo, Philippines, Australie, Madagascar.
Emplacement : très lumineux mais sans soleil direct, avec plus de 20 °C toute l'année. Cette plante demande une humidité de l'air importante aussi la culture en fenêtre-serre ou en serre chaude et humide est-elle recommandée.
Arrosage, engrais : toujours arroser avec une eau douce, à température ambiante. Maintenir le mélange modérément humide et donner de l'engrais faiblement dosé toutes les 3 à 4 semaines en période de croissance.
Autres soins : entretenir une hygrométrie élevée et faire de fréquentes vaporisations d'eau. Rempoter au printemps si besoin est dans un terreau pour orchidées, en prenant soin de ne pas blesser les fragiles racines. Veiller à un bon drainage du pot.
Multiplication : par bouturage, mais difficile pour l'amateur.
Maladies, parasites : la plante ne survit pas longtemps dans une atmosphère sèche.

LES PLANTES VERTES

Nidularium
Nidularium

Nidularium, une rosette d'un rouge éclatant au centre.

Des quelque 25 espèces du genre *Nidularium*, épiphytes d'origine brésilienne, seules quelques-unes sont cultivées. La plus connue est *N. fulgens*. Comme chez les neoregelias, les fleurs de cette broméliacée à entonnoir central se forment au cœur de la rosette, comme dans un nid, d'où le nom latin tiré de *nidus*, «nid». Ces espèces sont d'ailleurs faciles à confondre, offrant toutes deux des bractées rouge vif bien avant la floraison.
La plus proche de *Neoregelia* est *N. innocentii*.
N. billbergoides a au contraire des bractées jaunes et une inflorescence dépassant d'environ 20 cm au-dessus des bractées. Les feuilles sont vertes, lustrées, parfois rayées ou tachetées.
Famille : Broméliacées.
Origine : Brésil.
Emplacement : lumineux mais sans soleil direct ; température normale d'une pièce chauffée, avec un minimum de 18 °C.
Cette plante réclame une hygrométrie élevée.
Arrosage, engrais : utiliser une eau douce, à température ambiante. Maintenir le réservoir central plein en permanence et ne jamais laisser sécher le mélange. Arroser abondamment par temps chaud. En été, apports hebdomadaires d'engrais faiblement dosé en pulvérisation sur le feuillage.
Autres soins : entretenir une hygrométrie élevée. Rempoter tous les deux ans dans un mélange léger et drainant, à base de tourbe.
Multiplication : par semis ou rejets, à séparer de la plante-mère lorsqu'ils atteignent une taille suffisante. Les rejets fleurissent en général au bout de 2 ou 3 ans de culture.
Maladies, parasites : dessèchement de la pointe des feuilles en air sec. Risque de pourriture en situation trop froide et humide au niveau des racines.
Mon conseil : en situation trop sombre, les feuilles rayées de blanc de certaines variétés verdissent.

Pachira macrocarpa
Pachira

Le pachira est une plante peu courante, de culture aisée.

○

Dans son habitat naturel, cette plante est un petit arbre à couronne large. Les grandes fleurs rouge carmin forment des bouquets ressemblant à des plumes de héron, au-dessus de feuilles coriaces, digitées. La floraison n'a malheureusement pas lieu en intérieur, mais le pachira demeure intéressant en tant que petit arbre d'intérieur, peu exigeant et de culture facile. On ne sait pas toujours que le pachira est très proche du baobab (*Adansonia digitata*) et peut, comme celui-ci, constituer des réserves d'eau dans le tronc. C'est d'ailleurs cette caractéristique qui a valu au pachira le nom d'espèce de *P. aquatica*, maintenant rebaptisé *P. macrocarpa*.
Famille : Bombacacées.
Origine : Mexique à Costa-Rica.
Emplacement : ensoleillé à légèrement ombragé. Température ambiante toute l'année, voire un peu plus fraîche en hiver, avec un minimum de 12 °C. Cette plante apprécie une hygrométrie élevée.
Arrosage, engrais : arroser modérément toute l'année et faire des apports hebdomadaires d'engrais faiblement dosé de mars à août.
Autres soins : en hiver surtout, augmenter indirectement l'humidité de l'air (voir p. 43). Rempoter au printemps si besoin est, dans un mélange ordinaire et rabattre les sujets trop grands.
Multiplication : par semis ou boutures terminales sous serre chauffée, avec une chaleur de fond de 25 °C.
Maladies, parasites : un air sec, chauffé, peut entraîner une chute brutale des feuilles.

Pachypodium
Pachypodium, palmier de Madagascar

Sa floraison est toujours spectaculaire.

   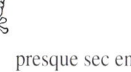

A la différence des cactus et de nombreuses autres plantes grasses, qui demandent un repos hivernal au frais, le pachypodium supporte bien de passer l'hiver dans une pièce chauffée. Qui plus est, il se porte mieux lorsqu'on oublie de temps à autre de l'arroser que lorsqu'on l'entoure de soins trop attentifs ! Deux espèces de cette plante peu courante sont cultivées en pot, *P. geayi* à feuilles étroites, gris argenté, et *P. lamerei*, à feuilles plus larges, vert frais. Toutes deux forment dans leur habitat naturel des arbres de 6 à 10 m de hauteur. En intérieur, elles atteignent près de 1 m après dix ans de culture. Les sujets âgés, mesurant environ 1,20 m, commencent à fleurir, sous forme de très belles fleurs blanches, étoilées.
Famille : Apocynacées.
Origine : Madagascar.
Emplacement : lumineux à ensoleillé et chaud toute l'année, avec un minimum de 18 °C en hiver. Supporte l'air chauffé, sec et peut même être posé sur une tablette de radiateur.
Arrosage, engrais : maintenir le mélange légèrement humide en été, presque sec en hiver. Eviter l'humidité stagnante ! De mai à août, donner une fois par mois de l'engrais pour cactées.
Autres soins : rempoter tous les 1 ou 2 ans, dans un mélange composé pour moitié de terreau pour cactées et pour moitié de terre argileuse.
Multiplication : par semis, mais il est difficile de se procurer des graines.
Maladies, parasites : pourriture des racines et noircissement des feuilles en hiver sont causés par une fraîcheur et une humidité excessives au niveau des racines. Un excès d'humidité ou au contraire de sécheresse peut entraîner la chute brutale du feuillage. La chute des feuilles inférieures est par contre normale chez ces plantes. Laisser la plante 2 ou 3 mois au sec et reprendre les arrosages dès qu'apparaissent de nouvelles petites feuilles.
Attention : le tronc et les feuilles du palmier de Madagascar contiennent une sève très toxique, et les aiguillons acérés peuvent provoquer des blessures : c'est donc une plante à placer loin des enfants et des animaux domestiques.

Pandanus
Vaquoi

Pandanus a besoin d'espace pour étaler ses feuilles.

Les jeunes sujets de *P. veitchii*, espèce la plus courante, ou *P. sanderi*, ressemblent fort à des dracænas (voir p. 162) avec leurs feuilles rubanées rayées de blanc ou de crème. Avec l'âge apparaît la disposition spiralée des feuilles, caractéristique de cette plante ; le tronc court se développe et émet des racines charnues, qui se lignifient et vont s'ancrer dans le sol. Les sujets adultes acquièrent une silhouette impressionnante, presque aussi large que haute. Il leur faut donc de plus en plus d'espace, d'autant plus que le bord des feuilles est hérissé de fines dents acérées... ceci impose de prendre ses distances !
Famille : Pandanacées.
Origine : Polynésie.
Emplacement : très lumineux, voire ensoleillé, mais à abriter du soleil de midi en été. Situation chaude toute l'année, avec un minimum de 18 °C en hiver.
Arrosage, engrais : maintenir le mélange humide en période de croissance estivale, puis arroser parcimonieusement en automne et en hiver. Apports hebdomadaires d'engrais de mars à août.
Autres soins : rempoter les jeunes sujets chaque année, les autres quand besoin est seulement, dans un mélange ordinaire à base de terre ou tourbe, additionné de terre argileuse et sable grossier.
Multiplication : par rejets lorsqu'ils atteignent environ 20 cm et sont munis de petites racines.
Maladies, parasites : rares.
Mon conseil : le blanchissement irrégulier du limbe des feuilles est une caractéristique de la plante. Lors du rempotage, liez les feuilles en hauteur pour ne pas vous blesser avec leur bord épineux.

La croissance du vaquoi est assez rapide, et il atteint en quelques années un diamètre équivalent à celui d'une roue de voiture.

LES PLANTES VERTES

Pelargonium
Géranium odorant, géranium à feuillage décoratif

Ces géraniums dégagent leur parfum lorsqu'on froisse leur feuillage.

Connaissez-vous ces cousins des géraniums de nos balcons ? Leurs fleurs sont certes plus petites, mais leur feuillage est très décoratif et dégage, selon les espèces, un parfum de rose, d'orange, de pomme, de citron, d'amande, de menthe, de pin, de musc ou encore de camphre. Font partie de ces géraniums odorants des espèces botaniques, ainsi que des hybrides de *P. zonale*. Ces derniers ont des feuilles plus ou moins dentées, à motifs blancs et verts, ou blancs, verts et rouges, vert noirâtre ou encore jaune-vert. Les ravissantes fleurs simples peuvent être blanches, roses, jaunes, rouges ou à deux tons et apparaissent en été. Ces plantes peuvent atteindre une taille plus ou moins importante, certaines pouvant rester longtemps sur un appui de fenêtre tandis que d'autres peuvent rapidement être rempotées dans un bac.

Géraniums odorants :
- *P. blandfordianum* (parfum d'amande, de sauge) ;
- *P.* x *citrosmum* (parfum d'agrumes) ;
- *P. crispum* ;
- *P.* 'Els' (fort parfum floral) ;
- *P.* x *fragrans* (parfum de pin et de citron) ;
- *P. gibbosum* (parfum musqué) ;
- *P. graveolens* (citron) ;
- *P. odoratissimum* (citron) ;
- *P. quercifolium* (camphre) ;
- *P.* 'Prince of Orange' (orange) ;
- *P. radens* (rose) ;
- *P.* 'Scarlet Pet' (orange) ;
- *P. tomentosum* (mentholé).

Géraniums à feuillage décoratif : 'Masterpiece', 'Dolly Vardon', 'Madame Salleron', 'Bird Dancer', 'Freak of Nature'.

Famille : Geraniacées.
Origine : Afrique du Sud.
Emplacement : lumineux à ensoleillé et aéré. Apprécient de passer l'été dehors, en situation abritée. En hiver, lumière vive et 10 à 12 °C.
Arrosage, engrais : arroser abondamment en été, parcimonieusement en hiver. Apports hebdomadaires d'engrais de mars à août.
Autres soins : supportent bien l'air sec. Rabattre sévèrement les tiges à l'automne ou au printemps et rempoter dans un mélange ordinaire à base de terre ou tourbe.
Multiplication : facile par bouturage au printemps ou à l'automne.
Maladies, parasites : pucerons, mouches blanches, maladies causées par des champignons microscopiques ou des virus.
Attention : mieux vaut ne pas regrouper plusieurs géraniums odorants dans une même pièce si leurs parfums vous causent parfois des migraines.

Pelargonium *hybride* 'Prince of Orange'.

Pelargonium *hybride* 'Els'.

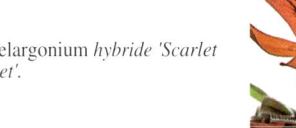

Pelargonium *hybride* 'Scarlet Pet'.

Pelargonium gibbosum.

Peperomia
Pépéromia, pépéromie

Une petite collection de pépéromias se prête tout à fait à cette présentation groupée.

Ces petites plantes herbacées figurent parmi les favorites des amateurs de collections botaniques, ce qui n'a rien d'étonnant quand on connaît la diversité des textures et des teintes de feuilles ; il y aurait d'ailleurs plus de 1 000 espèces différentes !
Les tiges épaisses et les feuilles servant de réserve d'eau sont caractéristiques des pépéromias : on le constate facilement en coupant une feuille d'une espèce charnue. Les pépéromias ont un port dressé, étalé ou retombant et de nombreuses espèces sont épiphytes. Les épis floraux se développant chez certaines espèces sont blancs. Parmi les espèces et variétés les plus courantes :
- *P. argyreia*, au feuillage rayé vert et argent sur des pétioles rouges, multiplié par boutures de feuilles comme le saintpaulia ;
- *P. arifolia* a des feuilles ovales, pointues, vert foncé brillant sur la face supérieure ;
- *P. caperata* (en haut à gauche sur la photo, ainsi qu'en position 2 et 4 en partant de la gauche, en bas) a des feuilles très gaufrées, bordées de blanc chez la variété 'Tricolor' ;
- *P. clusiifolia* ne donne le meilleur de lui-même qu'avec l'âge, quand ses feuilles se teintent d'un rouge profond ;
- *P. fraseri*, aux feuilles parfumées ;
- *P. griseoargentea* (en haut à droite sur la photo) possède des feuilles vert argenté portées par des pétioles roses ;
- *P. incana* se reconnaît à son duvet laineux gris qui ne persiste sur les feuilles charnues qu'en situation très lumineuse ;
- *P. maculosa*, espèce inhabituelle par ses feuilles lancéolées de plus de 21 cm de long, à nervure centrale ivoire. Pousses et pétioles sont ponctués de brun-rouge ;
- *P. obtusifolia* (en bas à gauche sur la photo) est une espèce courante, à feuilles panachées de blanc et vert ou jaune et vert. Les principales variétés en sont 'Jeli', 'Greengold' (en position 3 en bas sur la photo, en partant de la gauche), 'Albomarginata', 'Minima' (variété naine). Il faut pincer fréquemment les tiges pour qu'elles se ramifient bien.

Font de beaux sujets de suspension :
- *P. rotundifolia*, à petites feuilles arrondies, qui se développent à partir de petites rondelles, de la taille d'une tête d'épingle, et sont portées sur des tiges filiformes retombantes.
- *P. serpens* et sa variété panachée sont mieux connues sous le nom de *P. scandens*.
- *P. scandens* à feuilles en cœur sur de longues tiges rampantes.

Famille : Pipéracées.
Origine : Amérique tropicale.
Emplacement : lumière vive, voire mi-ombre en été, pour les espèces et variétés à feuilles vertes ; situation très lumineuse mais sans soleil pour les formes panachées. Chaleur toute l'année. Les formes à feuilles charnues supportent l'air chauffé sec tandis que celles à feuilles souples, non coriaces, ont besoin d'une hygrométrie élevée.
Arrosage, engrais : maintenir le mélange légèrement humide et éviter toute humidité stagnante en hiver. Risque de pourriture. Faire des apports d'engrais toutes les 3 semaines d'avril à septembre.
Autres soins : entretenir une hygrométrie élevée, surtout pour les espèces à feuilles non coriaces, d'avril à septembre. Faire de fréquentes vaporisations d'eau. Rempoter au printemps ou en été dans un mélange ordinaire riche en éléments nutritifs. Les plantes dégarnies peuvent être rabattues au printemps.
Multiplication : par boutures terminales ou de feuilles.
Maladies, parasites : chute des feuilles, pourriture des feuilles et des tiges en cas d'erreurs culturales, anguillules.

Philodendron
Philodendron

Grimpantes ou buissonnantes, les espèces de philodendron connaissent le succès en tant que plantes d'intérieur depuis 140 ans !
Les deux principales espèces, *P. erubescens* et le philodendron grimpant *P. scandens,* furent introduites en Europe vers 1850. Parmi les quelque 250 espèces du genre, les plus courantes en tant que plantes vertes sont :
- *P. bipennifolium,* à feuilles en cœur à lancéolées, lobées ;
- *P. bipinnatifidum,* à grandes feuilles larges-ovales ;
- *P. melanochrysum* ;
- *P. pedatum,* l'espèce la plus robuste ;
- *P. selloum,* espèce formant un tronc court, et deux autres espèces non grimpantes, *P. martianum* et *P. wendlandii.* Les variétés les plus connues sont 'Red Emerald' et 'Burgundy'. Toutes les espèces grimpantes demandent un tuteur ou autre support ;
- *P.* 'Lynette' est une nouveauté aux feuilles très différentes des autres espèces.

Le vert luxuriant de la forêt tropicale humide
Sur le guéridon trône un superbe exemplaire de P. selloum, *avec, à ses pieds,* P. erubescens *'Red Emerald'.*

Piléa, plante-aluminium
Pilea

Une infatigable plante grimpante, P. scandens.

La variété la plus répandue, Pilea cadierei 'Minima'.

Famille : Aracées.
Origine : Amérique du Sud.
Emplacement : lumineux à légèrement ombragé. Situation chaude toute l'année, avec un minimum de 18 °C. Important : la température du sol ne doit pas être inférieure à la température de l'air.
Arrosage, engrais : maintenir le mélange légèrement humide en permanence, et apporter de l'engrais tous les 15 jours de mars à août.
Autres soins : faire de fréquentes vaporisations d'eau, surtout lors de la reprise de la croissance. Important : ne pas utiliser de produit lustrant pour nettoyer le feuillage ! Rempoter les jeunes sujets chaque année, les autres quand besoin est seulement, dans un mélange ordinaire à base de terre ou tourbe. Il est possible de rabattre l'extrémité de la tige si la plante devient trop haute.
Multiplication : par boutures terminales ou boutures de tige, ou encore par marcottage aérien ou semis.
Maladies, parasites : cochenilles, thrips en atmosphère sèche. Risque de pourriture des racines en cas d'humidité et fraîcheur excessive du mélange.
Mon conseil : lors d'une visite des serres d'un jardin botanique, observez les philodendrons : les formes juvéniles sont très souvent différentes des sujets adultes.
Attention : les philodendrons renferment des substances irritantes pour la peau et les muqueuses.

Une nouveauté au feuillage original et décoratif, P. 'Lynette'.

Les piléas sont des plantes herbacées à feuillage décoratif, ne dépassant guère en général 20 cm de hauteur. Elles appartiennent à la même famille que l'ortie, sans être pour autant urticantes ! Les feuilles sont ovales, arrondies ou pointues selon les espèces, gaufrées et différemment colorées. Ces plantes font d'excellents couvre-sol pour les compositions de plantes vertes et fleuries, ainsi que dans les fenêtres-serres. Les espèces et formes les plus courantes sont *P. cadierei*, à feuillage légèrement gaufré, vert taché d'argent, *P. crassifolia* 'Moon Valley', à feuilles ridées a nervures noires, et *P. spruceana*, à feuilles gris-vert ou vert bronze rayé d'argent. *P. nummulariifolia* est une charmante espèce rampante à petites feuilles qui produit beaucoup d'effet en suspension.
Famille : Urticacées.
Origine : pays tropicaux.
Emplacement : lumineux à légèrement ombragé ; chaud toute l'année, avec, de préférence, une hygrométrie élevée.
Arrosage, engrais : arroser modérément au printemps et en été, puis réduire les apports d'eau en automne et hiver. Ne pas verser d'eau sur les feuilles. Faire des apports d'engrais hebdomadaires de mars à août.
Autres soins : augmenter indirectement l'humidité de l'air (voir p. 43). Rempoter au printemps et rabattre les tiges. Le rempotage est cependant souvent superflu car le piléa a tendance à se dénuder à la base des tiges en hiver, en raison de la faible luminosité. Mieux vaut le renouveler chaque année par bouturage.
Multiplication : possible toute l'année par boutures terminales. Pincer régulièrement les jeunes plantes pour qu'elles se ramifient bien et les garder en hiver en situation chaude et lumineuse.
Maladies, parasites : araignées rouges en air sec.

LES PLANTES VERTES

Pisonia umbellifera
Pisonia

La forme panachée, Pisonia umbellifera *'Variegata'.*

Si le feuillage du pisonia évoque celui d'un caoutchouc panaché, il appartient pourtant à la même famille botanique que la bougainvillée et la belle-de-nuit *(Mirabilis jalapa)*. Des 50 espèces du genre, la seule quasiment cultivée en intérieur est la variété panachée de *P. umbellifera*, ou pisonia à floraison en ombelles. Dans son habitat naturel, c'est un arbuste ou un petit arbre d'environ 6 m de haut à grandes feuilles opposées, presque verticillées, de près de 40 cm de long. La forme 'Variegata' a un feuillage marbré de vert, de blanc et d'argent. En intérieur, la plante atteint environ 1,2 m de haut si l'on veille à ce que cette beauté tropicale ne souffre pas d'une fraîcheur et/ou d'une humidité excessive au niveau des racines.
Famille : Nyctaginacées.
Origine : Australie, Nouvelle-Zélande.
Emplacement : très lumineux pour que le feuillage soit bien coloré, mais sans soleil direct. Température du mélange, comme de l'air, supérieure à 18 °C toute l'année. Cette plante apprécie le chauffage par le sol ou un matelas chauffant sous le pot. Une température insuffisante au niveau des racines risque d'entraîner leur pourriture.
Arrosage, engrais : maintenir la motte de racines modérément humide en permanence et faire des apports d'engrais tous les 15 jours de mars à août.
Autres soins : nettoyer et bassiner fréquemment le feuillage pour faciliter les échanges gazeux, respiration et photosynthèse notamment. Rempoter au printemps si besoin est, dans un mélange ordinaire. Rabattre les tiges trop longues jusqu'au vieux bois.
Multiplication : par boutures terminales ou de tige, sous serre de multiplication chauffée, avec 20-25 °C de chaleur de fond.
Maladies, parasites : cochenilles, pucerons favorisés en air sec, chauffé. Sécheresse des racines comme humidité stagnante se traduisent par le brunissement du bord des feuilles, puis le jaunissement et la chute du feuillage.

Plectranthus
Plectranthe

Bon sujet pour suspension, P. coleoides *'Marginatus'.*

Après son introduction en 1817, le principal représentant de ce genre fut pendant longtemps *P. fruticosus*, arbuste à floraison violette et dégageant une forte odeur de camphre, que nos aïeux utilisaient, semble-t-il avec succès, pour combattre les mites dans les armoires ! Cette espèce est aujourd'hui rarement cultivée en pot, détrônée par deux autres espèces, *P. oertendahlii* à petites feuilles rondes, vert clair, à nervures blanches et bord rougeâtre, et *P. coleoides*, et sa variété 'Marginatus', à feuilles bordées de blanc. Toutes deux ont des tiges rampantes ou retombantes, à utiliser en suspension ou comme couvre-sol.
Famille : Labiées.
Origine : Afrique du Sud.
Emplacement : lumineux à ensoleillé, bien aéré. Apprécie de passer l'été dehors. Leur assurer en hiver un minimum de 15 °C, 10 °C pour *P. fruticosus*.
Arrosage, engrais : arroser régulièrement pour maintenir le mélange humide, abondamment par temps chaud, mais parcimonieusement en hiver. De mars à août, faire tous les 15 jours des apports d'engrais.
Autres soins : le rempotage est souvent inutile car les sujets âgés sont moins décoratifs que les jeunes plantes. Ils gagnent donc à être renouvelés chaque année par bouturage.
Multiplication : boutures terminales, qui s'enracinent facilement dans l'eau ou dans la terre, au printemps ou en été. Pincer fréquemment les jeunes sujets pour obtenir des plantes bien buissonnantes.
Maladies, parasites : rares.

Pogonatherum paniceum
Bambou d'intérieur

Le mélange de culture de ce petit bambou ne doit jamais sécher.

Cette plante, baptisée bambou d'intérieur, a en effet l'élégance gracile du feuillage persistant des bambous. Cette graminée n'est pourtant pas un bambou, ce que l'on remarque notamment lors de sa floraison annuelle, tandis que la floraison des bambous est très rare.
C'est une introduction récente, autrefois connue sous le nom de *Saccharum paniceum*, du fait d'une parenté étroite avec la canne à sucre. Cette sorte de petit bambou buissonnant a des tiges de 15 à 60 cm de haut, et des feuilles étroites d'environ 7 cm de longueur. Les chaumes, ou tiges, se conservent longtemps une fois coupés et sont parfois utilisés dans les compositions florales.
Famille : Graminées (Poacées).
Origine : Sud-Est asiatique.
Emplacement : lumineux à ensoleillé, chaud toute l'année, avec un minimum de 15 °C en hiver. Apprécie une hygrométrie élevée, mais supporte également l'air sec. Peut passer l'été dehors en situation abritée et légèrement ombragée.
Arrosage, engrais : arroser abondamment ; ne jamais laisser sécher la motte de racines. La sécheresse peut en effet être fatale à cette plante. Elle apprécie au contraire de tremper dans un peu d'eau, en été. Faire des apports d'engrais ordinaire toutes les 2 à 3 semaines de mars à août.
Autres soins : rempoter chaque année au printemps dans un mélange ordinaire, à base de terre ou tourbe, riche en éléments nutritifs.
Multiplication : par division ou stolons souterrains lors du rempotage au printemps.
Maladies, parasites : rares.

Polyscias
Polyscias

Polyscias balfouriana a des feuilles entières, non divisées.

Le nom botanique de cette plante, issu des mots grecs *poly*, «beaucoup», et *scias*, «ombre», nous indique qu'il s'agit d'une plante d'ombre. Cette préférence pour l'ombre apparaît également dans l'aspect du feuillage de certaines espèces, ressemblant à celui des fougères. *P. filicifolia*, *P. guilfoylei* et *P. paniculata* possèdent en effet des feuilles très divisées ou profondément découpées. Elles ne peuvent être conservées longtemps en intérieur que dans l'ambiance chaude et humide d'une fenêtre-serre. *P. balfouriana* est une espèce plus robuste et de ce fait plus répandue, à feuilles arrondies à réniformes, avec des bords, taches ou nervures blanches.
Famille : Araliacées.
Origine : Asie tropicale, Polynésie.
Emplacement : lumineux à légèrement ombragé, surtout à ne jamais exposer au soleil direct. Température chaude toute l'année, avec un minimum de 18 °C. Ces plantes apprécient une hygrométrie élevée.
Arrosage, engrais : maintenir le mélange modérément humide en permanence, en utilisant une eau douce, à température ambiante. Eviter toute humidité stagnante. Apports d'engrais ordinaire tous les 15 jours de mars à août.
Autres soins : augmenter indirectement l'humidité de l'air (voir p. 43) et faire de fréquentes vaporisations d'eau. Rempoter tous les deux ans dans un mélange ordinaire, en choisissant un pot qui ne soit pas trop grand.
Multiplication : difficile, par bouturage sous serre de multiplication chauffée.
Maladies, parasites : l'air chauffé et sec favorise les attaques de pucerons, de cochenilles et d'araignées rouges.

Polyscias fruticosa, espèce à l'allure originale, se prête bien à la formation en bonsaï d'intérieur.

LES PLANTES VERTES

Radermachera sinica
Radermachera

Le radermachera n'apprécie guère la fumée de cigarette.

Le radermachera est une de ces nouveautés parmi les plantes vertes qui ont conquis, en très peu de temps, les intérieurs. Cette plante, qui fut baptisée ainsi en l'honneur d'un anglais grand amateur de plantes, Radermacher, s'avère très décorative par son fin feuillage divisé, d'un vert lustré. Dans son habitat d'origine, c'est un petit arbre à feuillage persistant, aux grandes fleurs en clochettes jaune soufre. Cultivé chez nous dans un grand pot, il atteint facilement 1,5 m de haut, mais fleurit très rarement en intérieur. C'est une plante de culture facile, mais qui n'aime pas la fumée de cigarette : dans une ambiance enfumée, elle perd rapidement des feuilles. Elle était autrefois connue sous le nom de *Stereospermum sinicum*, appellation sous laquelle on la trouve encore parfois.
Famille : Bignoniacées.
Origine : sud-ouest de la Chine, Taïwan.
Emplacement : lumineux et bien aéré toute l'année ; situation chaude en été, 15 °C environ en hiver.
Arrosage, engrais : arroser modérément, et réduire les apports d'eau en hiver, en arrosant juste assez pour éviter la chute des feuilles. De mars à août, faire des apports d'engrais ordinaire toutes les 3 semaines.
Autres soins : faire de fréquentes vaporisations d'eau. Rempoter les jeunes sujets chaque année, les autres quand besoin est seulement dans un mélange ordinaire.
Multiplication : par semis (voir adresses p. 238) ou bouturage.
Maladies, parasites : une situation hivernale trop chaude favorise les attaques de pucerons, cochenilles, araignées rouges et thrips.
Mon conseil : de juillet à septembre, installez le radermachera en plein air, à l'abri du vent et du soleil : il ne s'en portera que mieux.

Rhoeo spathacea
Rhoeo

Les inflorescences de R. spathacea ressemblent à de petits bateaux.

A première vue et en l'absence de fleurs, cette plante peut être prise pour un dracaena. Toutefois, quand apparaissent en juin-juillet de petites fleurs blanches, il devient évident qu'il s'agit là d'un genre bien particulier. En effet, ces jolies petites fleurs blanches sont entourées de bractées décoratives ayant la forme d'une coque de bateau. Elles se forment à l'aisselle des feuilles, tout contre le tronc. La variété 'Vittata', ou 'Variegata', est la plus courante, avec ses feuilles en fer de lance d'environ 30 cm de long, rayées de vert et de blanc au-dessus et teintées de rouge vif pourpré en dessous.
Famille : Commelinacées.
Origine : Amérique centrale.
Emplacement : lumineux mais sans soleil direct. Situation chaude toute l'année, avec un minimum de 18 °C. Cette plante apprécie, surtout en période de croissance estivale, une hygrométrie élevée.
Arrosage, engrais : toujours arroser à l'eau douce, à température ambiante, modérément en été, parcimonieusement en hiver. Apports hebdomadaires d'engrais ordinaire de mars à août.
Autres soins : augmenter indirectement l'humidité de l'air (voir p. 43). Rempoter au printemps si besoin est, dans un pot plus grand rempli de mélange ordinaire, à base de terre ou de tourbe.
Multiplication : par pousses latérales, boutures terminales ou semis.
Maladies, parasites : enroulement des feuilles et brunissement de la pointe sont signe d'une sécheresse excessive de l'air. Pourriture du collet en cas d'arrosages excessifs, surtout en hiver.
Mon conseil : cette plante est particulièrement décorative avec une tige unique ; mieux vaut alors éliminer les pousses latérales.
Qui souhaite obtenir au contraire un port ramifié doit pincer fréquemment les tiges.

Rhoicissus capensis
Vigne d'appartement, vigne du Cap

Cette vigne d'appartement est une vigoureuse plante grimpante.

La vigne du Cap, à croissance rapide et vigoureuse, exige un support stable. Les grandes feuilles (jusqu'à 18 cm de large), découpées, d'un beau vert lustré, portent un duvet rougeâtre sur la face inférieure. Les tiges partiellement lignifiées sont également duveteuses. Cette plante est fréquente sur les balcons ou pergolas dans les régions méditerranéennes. Elle supporte jusqu'à 5 °C en hiver et peut être cultivée dans une véranda maintenue hors gel en hiver.
Famille : Vitacées.
Origine : Afrique du Sud (province du Cap).
Emplacement : lumineux à légèrement ombragé et bien aéré. Pas de plein soleil. Température moyenne en été, de préférence 6-10 °C en hiver, mais la plante supporte la température normale d'un intérieur chauffé. Elle apprécie également de passer l'été dehors en situation ombragée.
Arrosage, engrais : maintenir le mélange modérément humide et réduire les arrosages en hiver. La vigne du Cap possède des racines tubérisées, organes de réserve qui lui permettent de supporter des périodes sèches dans son habitat naturel. Eviter à tout prix l'humidité stagnante, qui peut lui être fatale. Faire des apports d'engrais tous les 15 jours de mars à août.
Autres soins : éliminer la poussière du feuillage par des lavages réguliers et délicats. Rempoter au printemps dans un pot plus grand, rempli de mélange ordinaire, à base de terre ou tourbe. En cas de croissance excessive des tiges, il est toujours possible de les rabattre.
Multiplication : par boutures terminales ou de tige.
Maladies, parasites : un excès d'eau favorise le développement de maladies causées par des champignons pathogènes. Araignées rouges.

Sansevieria trifasciata
Sansevière, langue-de-belle-mère

Les sansevières sont d'une résistance à toute épreuve !

La sansevière était déjà cultivée en Autriche en 1770. C'est, aujourd'hui encore, une plante d'intérieur très appréciée et sa facilité de culture y est pour beaucoup. C'est peut-être cette robustesse qui lui a valu le nom commun de langue-de-belle-mère ! Le genre botanique a été baptisé en l'honneur du comte Sanseverio. Des quelque 70 espèces du genre, c'est surtout *S. trifasciata* qui est cultivée en intérieur. Il en existe des variétés de près de 1 m de hauteur, à longues feuilles raides dressées, comme celles bordées de jaune de 'Laurentii', d'autres à port bas, en rosette comme 'Golden Hahnii', à feuilles rayées de jaune d'or, et 'Silver Hahnii', panachée de blanc.
Toutes les sansevières se développent à partir d'un rhizome si vigoureux qu'il peut parfois fendre le pot ou exhausser la plante hors du pot !
Famille : Agavacées.
Origine : Afrique de l'Ouest tropicale.
Emplacement : ensoleillé à légèrement ombragé ; température normale d'un intérieur chauffé, avec un minimum de 15 °C.
Arrosage, engrais : arroser parcimonieusement, en laissant sécher le mélange en profondeur avant d'arroser à nouveau. Supporte l'eau calcaire. Faire des apports d'engrais toutes les 2-3 semaines de mars à août, avec un engrais pour plantes fleuries ou pour cactées.
Autres soins : rempoter chaque année dans un contenant large et peu profond (à cause du rhizome), dans un mélange ordinaire.
Multiplication : par division, pousses latérales ou boutures de feuilles (mais les variétés panachées multipliées de cette façon donnent de nouvelles plantes non panachées).
Maladies, parasites : rares. Seul l'excès d'eau peut être fatal à la sansevière.
Mon conseil : les sujets âgés peuvent offrir une étonnante floraison parfumée.

La saxifrage est l'une des plus jolies plantes d'intérieur pour suspensions.

Saxifraga stolonifera
Saxifrage-araignée, saxifrage sarmenteuse, saxifrage de Chine

Le nom botanique de cette petite plante décrit bien ces stolons caractéristiques de l'espèce, qui en font un excellent sujet pour panier suspendu. Outre l'espèce type, à feuilles velues, arrondies à réniformes, vert foncé à nervures gris-blanc sur la face supérieure, et teintées de violet sur la face inférieure, la variété 'Tricolor', à feuilles vert-blanc-rose, est très courante également. Les pétioles sont disposés en rosette, tandis que les stolons filiformes, qui peuvent atteindre 50 cm de long, portent des plantules à leur extrémité. Des panicules de petites fleurs blanches étoilées apparaissent en été.
Famille : Saxifragacées.
Origine : Chine, Japon.
Emplacement : lumineux à légèrement ombragé, frais et aéré, à l'abri du gel en hiver. Bien protégée, la plante peut même passer l'hiver dehors sous climat doux. La variété panachée 'Tricolor' demande plus de lumière et de chaleur (minimum de 15 °C) et est donc une véritable plante d'intérieur toute l'année.
Arrosage, engrais : arroser modérément en période de croissance, parcimonieusement en hiver à température fraîche. Faire des apports hebdomadaires d'engrais de mars à août.
Autres soins : rempoter au printemps si besoin est, dans un mélange ordinaire.
Multiplication : par les plantules à l'extrémité des stolons, souvent déjà racinées. Groupez plusieurs plantules par pot pour obtenir plus rapidement un ensemble bien fourni.
Maladies, parasites : pucerons en situation trop chaude, pourriture des racines en cas d'arrosages excessifs.
Mon conseil : les stolons de la saxifrage-araignée peuvent aussi bien cascader librement, dans le cas d'une suspension, que s'étaler, par exemple en couvre-sol dans la véranda.

Schefflera
Arbre-ombrelle

S. arboricola se développe bien sur une colonne de mousse.

La croissance luxuriante de *Schefflera* s'explique lorsqu'on sait que la plante peut être dans son habitat naturel un arbuste ou un arbre. Deux espèces sont principalement cultivées comme plantes d'intérieur : *S. arboricola* et *S. actinophylla*, dont le nom botanique correct est maintenant *Brassaia actinophylla*. La première espèce conserve une taille réduite avec des feuilles également plus petites et plus étroites. Il en existe depuis peu des formes panachées. Les feuilles longuement pétiolées, comme laquées, du *Brassaia* peuvent atteindre 30 cm de long. Les feuilles digitées sont caractéristiques des deux espèces.
Famille : Araliacées.
Origine : Taïwan, Nord-Est australien, Nouvelle-Guinée.
Emplacement : lumineux à légèrement ombragé. Situation fraîche et aérée en été, de préférence 10 à 18 °C. Peut passer l'été dehors à l'abri du soleil et du vent. En hiver, température fraîche (12 à 16 °C) pour les espèces à feuilles vertes, 18 °C minimum pour les formes panachées.
Arrosage, engrais : maintenir le mélange légèrement humide en permanence, en arrosant très peu en cas de situation hivernale fraîche. Apports d'engrais tous les 15 jours de mars à août.
Autres soins : vaporiser fréquemment de l'eau en situation chaude. Rempoter chaque année les jeunes sujets – quand besoin est seulement pour les plantes plus développées – dans un mélange ordinaire à base de terre ou de tourbe. Si l'on désire obtenir une plante ayant un port plus compact que la silhouette allongée caractéristique, il est possible de rabattre les tiges ou de les pincer régulièrement.
Multiplication : par semis (en août-septembre ou décembre à février), marcottage aérien ou boutures terminales sous serre de multiplication chauffée ; difficile.
Maladies, parasites : cochenilles en situation hivernale chaude et sèche ; chute des feuilles à des températures inférieures à 12 °C.
Attention : renferme des substances pouvant provoquer des irritations de la peau et des muqueuses.

Scirpus cernuus
Scirpe

Des tiges filiformes en guise de feuilles.

Cette espèce de scirpe appartient à la même famille botanique que le papyrus, et est depuis peu proposée comme plante d'intérieur. Décorative grâce à sa silhouette inhabituelle tout en finesse, son port retombant n'est cependant pas naturel. Dans son habitat d'origine, en effet, la plante est en pleine lumière et ses chaumes de 20 à 30 cm de long sont dressés. Ce n'est qu'à l'ombre qu'ils s'allongent et retombent gracieusement, faisant de cette plante un très bon sujet pour panier suspendu. Cette situation artificielle raccourcit cependant la durée de vie de la plante.
De minuscules épis crème se succèdent toute l'année à l'extrémité des tiges filiformes.
Famille : Cypéracées.
Origine : bassin méditerranéen, régions tropicales et subtropicales.
Emplacement : lumineux à légèrement ombragé, sans soleil ; température normale d'un intérieur toute l'année.
Arrosage, engrais : arroser abondamment, sans jamais laisser sécher le mélange. Comme le papyrus, cette plante apprécie d'avoir ses racines dans un mélange saturé en eau. Faire des apports d'engrais faiblement dosé toutes les 2 semaines de mars à août.
Autres soins : augmenter l'humidité de l'air (voir p. 43) dans les pièces chauffées. Rempoter chaque année au printemps dans un mélange ordinaire additionné de 1/4 de sable grossier.
Multiplication : par semis ou division (lors du rempotage printanier).
Maladies, parasites : le dessèchement de la pointe des feuilles est signe d'une humidité insuffisante de l'air et du sol. Pucerons. Attention, car le scirpe supporte en général mal les produits de traitement.
Mon conseil : cette plante se prête à merveille aux réalisations de scènes marécageuses ou aquatiques dans la maison. La motte ne doit cependant pas être entièrement immergée.

Sedum
Orpin

Sedum morganianum, aux petites feuilles charnues.

Parmi les 600 espèces de ce genre, ce sont surtout les espèces mexicaines qui sont cultivées en intérieur. L'orpin de Morgan, *S. morganianum*, fait un joli sujet pour une suspension, avec ses tiges retombantes de 50 cm ou plus, couvertes de petites feuilles charnues étroitement imbriquées, pruineuses. Comme chez d'autres espèces du genre, ces petites feuilles tombent à la moindre manipulation. *S. rubrotinctum* est une espèce à port dressé, dont les feuilles se teintent de rouge au soleil ; *S. sieboldii* est une autre espèce courante, originaire du Japon, dont les feuilles rondes, gris bleuté bordé de rouge, sont moins épaisses que celles des espèces citées ci-dessus. Avec un hivernage au frais, correspondant aux besoins de l'espèce, les parties aériennes meurent à l'automne pour entrer à nouveau en croissance au printemps suivant.
Famille : Crassulacées.
Origine : Mexique ; Japon pour *S. sieboldii*.
Emplacement : lumineux à ensoleillé. Situation chaude en été, éventuellement dehors, à l'abri du vent. Fraîcheur en hiver (5-10 °C). Les orpins peuvent cependant supporter une certaine chaleur en hiver s'ils sont en situation très lumineuse. *S. sieboldii* doit être conservé à température aussi fraîche que possible.
Arrosage, engrais : arroser parcimonieusement en été et n'humidifier le mélange que de temps à autre en hiver. En été, donner de l'engrais pour cactées toutes les 4 semaines. Toutefois, un excès d'engrais entraîne une modification du port et de la coloration des feuilles.
Autres soins : rempoter quand besoin est dans un terreau pour cactées.
Multiplication : par bouture de tige ou de feuilles. Laisser sécher quelques jours la coupe des boutures avant de les repiquer.
Maladies, parasites : pourriture en cas d'humidité excessive.

LES PLANTES VERTES

Soleirolia, helxine
Soleirolia soleirolii

Cette plante apprécie une humidité constante, mais sans excès.

Cette petite plante tapissante est originaire de Corse et de Sardaigne, où elle se développe dans les fissures des murs, entre les dalles ou les rochers. Dans une serre, elle peut rapidement créer un charmant tapis vert. Autrefois connue sous le nom d'*Helxine soleirolii*, elle se prête également à la culture en pot ou panier suspendu.
Famille : Urticacées.
Origine : bassin méditerranéen.
Emplacement : lumineux à légèrement ombragé ; accepte en hiver aussi bien les températures fraîches (mais ne supporte pas le gel) que la douceur d'une pièce chauffée.
Arrosage, engrais : arroser modérément mais très régulièrement. En situation hivernale fraîche, maintenir le mélange à peine humide. Ne jamais laisser sécher le mélange. Des arrosages irréguliers se traduisent par des taches foliaires et des tiges dégarnies. Apports d'engrais toutes les 4 semaines de mars à août.
Autres soins : faire de fréquentes vaporisations d'eau. Le rempotage est en général inutile, car il est préférable de renouveler fréquemment les plantes par division des anciennes touffes.
Multiplication : par division, en rempotant les éclats de touffes dans un terreau ordinaire à base de terre ou tourbe, ou bien par bouturage. Toujours grouper plusieurs boutures par pot afin d'obtenir des touffes bien fournies. Enracinement facile.
Maladies, parasites : rares.

Tilleul d'appartement
Sparmannia africana

Avec le nombre croissant de vérandas associées aux maisons, on retrouve de la place pour les arbres d'intérieur, comme le tilleul d'appartement, superbe sujet à isoler. Il lui faut, avec l'âge, de plus en plus de place pour déployer tout son charme. C'est par ailleurs une plante exigeante en lumière. Les grandes feuilles souples du tilleul d'appartement sont d'un vert doux, duveteuses sur les deux faces, et portées par un long pétiole. Chez les sujets adultes apparaissent de l'hiver au printemps des ombelles de fleurs blanches à étamines jaunes et rouges. La floribundité de cette plante est cependant très variable, et certains sujets ne fleurissent jamais.
Famille : Tiliacées.
Origine : Afrique du Sud.
Emplacement : très lumineux mais sans soleil direct. En situation insuffisamment lumineuse, la plante forme des pétioles excessivement longs. Température moyenne toute l'année (plutôt fraîche si possible) entre 10 et 15 °C en hiver.
Arrosage, engrais : les grandes feuilles sont le signe d'une importante évaporation au niveau du feuillage. Il faut donc maintenir le mélange modérément humide en permanence, tout en évitant l'humidité stagnante. Arroser plus en été, moins en hiver selon la température. Faire des apports hebdomadaires d'engrais de mars à août, tous les deux mois en hiver en situation lumineuse.
Autres soins : rempoter les jeunes sujets chaque année, les autres quand besoin est seulement, dans un terreau riche en éléments nutritifs, à base de terre. Si les tiges se dénudent, il est possible de les rabattre jusqu'au vieux bois.
Multiplication : par boutures herbacées au printemps, sous serre de multiplication chauffée. Les tiges portant des fleurs donneront souvent de jeunes sujets florifères à croissance compacte, tandis que les pousses ne portant que des feuilles donnent en général de grands sujets à croissance vigoureuse, mais ne fleurissant que tardivement ou pas du tout.
Maladies, parasites : manque de lumière et d'éléments nutritifs, ainsi que chaleur excessive se traduisent par la chute des feuilles. Araignées rouges, thrips en atmosphère mal aérée. Mouches blanches.
Mon conseil : le tilleul d'appartement ayant un développement racinaire comme aérien important, il peut basculer s'il est cultivé dans un pot trop petit. Pour assurer sa stabilité, placez le pot dans un cache-pot nettement plus grand et remplissez l'espace entre pot et cache-pot de billes d'argile expansée (voir schéma p. 40). La plante aura ainsi une base stable et bénéficiera, dans une pièce chaude, d'une hygrométrie plus importante par l'humidité contenue dans les billes d'argile.

Petites et délicates, les fleurs du tilleul d'appartement.

Un arbre vert tilleul ▶
Le tilleul d'appartement a une croissance rapide et ses grandes feuilles souples perdent beaucoup d'eau par évaporation.

LES PLANTES VERTES

Syngonium
Syngonium, patte d'oie

Le syngonium, une plante grimpante d'allure exotique.

Les feuilles panachées de blanc et de vert, ou d'argent et de vert, sont le signe distinctif du syngonium, que l'on pourrait presque prendre pour un philodendron (voir p. 180). Les sujets adultes témoignent de leur appartenance à la famille de l'arum (Aracées) par leur floraison caractéristique, sous forme de spadice vert entouré d'une spathe rouge vif, mais cette floraison est très rare en intérieur. Les feuilles des jeunes plantes sont entières, en forme de flèche, tandis que celles des sujets âgés sont profondément lobées ou divisées. Quelle que soit la forme des feuilles cependant, le syngonium est une belle plante grimpante ou retombante, à cultiver en suspension ou à palisser sur un treillage ou encore une colonne de mousse. L'espèce la plus courante est *S. podophyllum*, dont il existe également des variétés panachées.
Famille : Aracées.
Origine : Amérique centrale.
Emplacement : lumineux pour les variétés panachées ; lumineux à légèrement ombragé pour les espèces et variétés vertes, sans soleil direct. Température ambiante toute l'année, avec un minimum de 18 °C en hiver. Cette plante apprécie une hygrométrie élevée et une bonne chaleur de fond également.
Arrosage, engrais : maintenir le mélange modérément humide en permanence, en arrosant avec une eau douce, à température ambiante. Faire des apports d'engrais tous les 15 jours de mars à août.
Autres soins : effectuer de fréquentes vaporisations d'eau et nettoyer le feuillage de temps à autre avec un chiffon humide. Rempoter quand besoin est dans un mélange léger, à base de tourbe.
Multiplication : par boutures terminales ou boutures de tige sous serre de multiplication, avec 25 °C environ de chaleur de fond.
Maladies, parasites : cochenilles en atmosphère chaude et sèche.
Attention : contient des substances irritantes pour la peau et les muqueuses.

Tetrastigma voinierianum
Vigne-marronnier

La vigne-marronnier, plante grimpante très vigoureuse.

Cette plante grimpante a une croissance très active, par à-coups. En une année, les tiges peuvent atteindre 5 à 6 m de long, aussi faut-il prévoir un support en conséquence ! Par son mode de croissance, la vigne-marronnier fait partie des lianes à feuillage persistant, s'accrochant à leur support par des vrilles spiralées. Elle a des feuilles composées de trois ou cinq folioles dentées, vert foncé au-dessus, couvertes d'un duvet brunâtre en dessous, portées par des tiges robustes. La floraison est très rare en intérieur.
Famille : Vitacées.
Origine : Tonkin, Viêt-nam.
Emplacement : lumineux à ombragé. Température normale d'un intérieur chauffé toute l'année, mais supporte aussi jusqu'à 10 °C en hiver. L'air chauffé, sec, ne lui nuit guère.
Arrosage, engrais : arroser abondamment en été (surtout lors des poussées de croissance), plus parcimonieusement en hiver, en fonction de la température. Apports hebdomadaires d'engrais en période de croissance.
Autres soins : rempoter chaque année au printemps dans un mélange ordinaire à base de terre ou tourbe, et rabattre les tiges – si besoin est – à cette occasion.
Multiplication : au printemps, par boutures comportant au moins un œil (ou bourgeon) et une feuille, sous serre de multiplication avec 25 °C de chaleur de fond.
Maladies, parasites : rares.
Mon conseil : les jeunes tiges sont assez cassantes. Il est préférable de les fixer régulièrement au support. Palissez-les avec délicatesse pour ne pas les casser, mais utilisez des liens robustes car les tiges deviennent rapidement lourdes.

Tolmiea menziesii
Tolmiea

Cette plante se plaît en situation fraîche et bien aérée.

Cette plante est une véritable curiosité botanique : à la base des feuilles en cœur, duveteuses, se forment en effet de petites bulbilles qui donnent des plantules. Ces plantules s'enracinent dès que la feuille, avec l'âge, se penche jusqu'au sol. Ce phénomène de multiplication végétative lui vaut en allemand le nom commun de « poule avec ses poussins ». Cette plante vivace, rustique sous climat doux, atteint 25 à 30 cm de hauteur et se prête à la culture en panier suspendu. Elle ne fleurit cependant que sous son climat d'origine : se succèdent alors de mai à juin des grappes de fleurs vert-brun et orangé.
Famille : Saxifragacées.
Origine : côtes du Pacifique nord.
Emplacement : lumineux à légèrement ombragé et bien aéré. Température fraîche en hiver, 5 à 10 °C si possible. Apprécie de passer l'été dehors en situation ombragée.
Arrosage, engrais : arroser abondamment en été, et faire des apports d'engrais tous les 15 jours de mars à août. Maintenir le mélange légèrement humide en hiver.
Autres soins : le rempotage est inutile. Il est préférable de renouveler la plante chaque printemps ou été à partir de plantules rempotées dans un terreau ordinaire à base de terre ou tourbe.
Multiplication : par les plantules (voir photo ci-dessous), à repiquer avec ou sans la feuille-mère. La plante émet en outre des stolons.
Maladies, parasites : le brunissement du bord des feuilles traduit une situation hivernale trop chaude.

Une feuille et sa plantule.

Tradescantia
Misère, éphémère

Tradescantia fluminensis, espèce à feuilles non panachées.

Cette plante verte facile à vivre est à recommander à tout débutant en jardinage d'intérieur ! Sa croissance rapide pose peu de problèmes d'entretien, et en fait un beau sujet de suspension. Quelques espèces surtout, et leurs variétés, de ce genre qui en compte environ 60, sont cultivées comme plantes d'intérieur :
- *T. albiflora*, à petites feuilles ovales-pointues, et ses variétés 'Rochford's Silver', 'Alba-vittata', à feuillage rayé d'argent, 'Tricolor', à feuilles tricolores, et 'Aureovittata', à feuilles teintées de jaune ;
- *T. blossfeldiana*, à feuilles charnues, rougeâtres en dessous, et sa forme 'Variegata', aux feuilles vertes et crème, teintées de rose.
- *T. fluminensis* 'Variegata' ressemble beaucoup à *T. albiflora*.
Famille : Commélynacées.
Origine : Amérique du Sud.
Emplacement : lumière vive absolument pour les espèces et variétés panachées, mais sans soleil direct ; les espèces vertes supportent une luminosité moindre si besoin est ; température normale d'un intérieur chauffé toute l'année, mais supportent aussi jusqu'à 10 °C en hiver avec des arrosages réduits.
Arrosage, engrais : maintenir le mélange humide en permanence. Réduire les apports d'eau à température fraîche en hiver. Faire des apports d'engrais ordinaire tous les 15 jours de mars à août.
Autres soins : fréquentes vaporisations d'eau tiède. Le rempotage est inutile ; il est préférable de renouveler la plante chaque année par bouturage.
Multiplication : toute l'année, par boutures de tiges, qui s'enracinent très facilement dans l'eau comme dans un mélange terreux. Pincer les jeunes boutures pour qu'elles se ramifient et les grouper à plusieurs par pot.
Maladies, parasites : rares, parfois des attaques de pucerons.

Yucca
Yucca, dague espagnole

Ce sont surtout deux espèces du genre *Yucca* qui sont depuis fort longtemps appréciées comme plantes d'orangerie ou plantes d'intérieur : *Y. aloifolia*, aux touffes denses de feuilles gris-vert, coriaces et pointues, et *Y. elephantipes*, à tige de 0,50 à 1 m de longueur, en fer de lance.
Famille : Agavacées.
Origine : Mexique, Amérique centrale et du Nord.
Emplacement : très lumineux et ensoleillé. Chaleur en été, de préférence en plein air, par exemple sur une terrasse ensoleillée, et fraîcheur en hiver (5 à 10 °C). Supporte également la température normale d'un intérieur chauffé en hiver.
Arrosage, engrais : arroser abondamment en été si la plante est dehors, modérément si elle reste dans la maison. Arroser plus parcimonieusement en hiver, en fonction de la température. Apports d'engrais toutes les 3 semaines de mars à août.
Autres soins : par tronçons de tige ou pousses latérales.
Maladies, parasites : à craindre seulement en cas de situation hivernale trop sombre ou trop chaude. La chute des feuilles inférieures, avec formation d'un tronc, fait partie du développement normal de l'espèce.
Mon conseil : au printemps, vous pouvez rabattre à la hauteur voulue un yucca devenu trop grand. Saupoudrez la plaie de taille de poudre de charbon de bois.
Attention : on peut se blesser au contact de la pointe des feuilles, acérées, surtout avec *Y. aloifolia*.

Une plante de soleil
Yucca aloifolia, avec ses belles touffes denses de feuilles pointues.

Xanthosoma lindenii
Xanthosoma

Les grandes feuilles très décoratives du xanthosoma.

Comme l'un de ses proches parents, l'alocasia (voir p. 145), cette plante compte parmi nos plus belles plantes d'intérieur à feuillage décoratif. C'est une espèce tropicale aux superbes feuilles sagittées veinées de blanc (surtout chez la variété 'Magnificum') issues d'un rhizome tubérisé. Les sujets adultes produisent une inflorescence typique de la famille des Aracées, composée d'un spadice entouré d'une spathe blanche. C'est dans l'atmosphère chaude et humide d'une serre ou d'une fenêtre-serre que cette plante donne le meilleur d'elle-même.
Famille : Aracées.
Origine : Colombie.
Emplacement : légèrement ombragé à ombragé toute l'année, avec une forte hygrométrie et une température de plus de 20 °C (minimum 18 °C en hiver).
Arrosage, engrais : de mars à septembre, maintenir le mélange légèrement humide en permanence, et donner de l'engrais tous les 15 jours. Arroser parcimonieusement en hiver (période de repos végétatif). Eviter toute humidité stagnante.
Autres soins : entretenir une humidité de l'air élevée (70 %). Rempoter tous les 1 à 2 ans lors de la reprise de la croissance, dans un mélange ordinaire à base de terre ou tourbe, additionné de sable grossier ou de vermiculite pour l'alléger.
Multiplication : par division du rhizome lors du rempotage. Ne réussit cependant qu'avec une température du sol assez élevée.
Maladies, parasites : araignées rouges en air trop sec. Fraîcheur et humidité excessive au niveau des racines sont à éviter à tout prix : le rhizome est en effet très sensible à la pourriture et peut être atteint par des bactéries ou des champignons pathogènes dans ces conditions de fraîcheur humide.
Attention : *X. lindenii* contient des substances qui peuvent être irritantes pour la peau et les muqueuses. Ceci est cependant rare avec les variétés obtenues en culture.

Zebrina
Misère

Cette misère peut également orner une suspension.

La parenté de cette plante avec le genre *Tradescantia* (voir p. 191), appelé également misère, est évidente. Les trois espèces connues peuvent être cultivées en pot : *Z. pendula* est, comme l'indique son nom botanique, idéale pour les suspensions par son port retombant. Elle peut également faire office de couvre-sol dans une serre ou une véranda chauffée, ou bien dans une fenêtre-serre. La variété la plus courante est 'Quadricolor', aux feuilles rayées de rose, vert, argent et crème. *Z. purpusii* est un peu plus vigoureuse et les feuilles ne sont pas rayées. *Z. flocculosa*, aux feuilles couvertes d'un duvet cotonneux blanc est plus rare en intérieur.
Famille : Commelynacées.
Origine : Amérique centrale.
Emplacement : lumineux mais non ensoleillé. La coloration des feuilles s'atténue en situation trop sombre. Température ambiante toute l'année, avec un minimum de 12 °C en hiver. Supporte l'air sec.
Arrosage, engrais : arroser modérément. Faire des apports d'engrais ordinaire tous les 15 jours de mars à août. Des excès d'eau et d'engrais se traduisent par une modification de la coloration des feuilles.
Multiplication : par boutures terminales ou de tiges qui s'enracinent facilement dans l'eau comme dans la terre.
Maladies, parasites : rares.

LA PAGE DU COLLECTIONNEUR

Voici des plantes vertes peu répandues : silhouettes hors du commun, feuillages extraordinaires, nouveautés venues d'Extrême-Orient, ou encore plantes oubliées depuis longtemps... et enfin redécouvertes !

Bambusa vulgaris 'Striata'
Bambou de Madagascar

Chaume épais, jaune rayé de vert, muni de racines et émettant un nombre variable de pousses feuillues. La plante atteint environ 1 m de hauteur, avec un chaume de 6 à 8 cm de diamètre.
Famille : Graminées. **Origine** : régions tropicales. **Emplacement** : très lumineux et chaud en été, éventuellement dehors à partir de juin. Situation fraîche en hiver, avec un minimum de 5 °C. **Arrosage, engrais** : arroser abondamment par temps chaud, moins en période fraîche. Eviter toute humidité stagnante. Donner de l'engrais toutes les 3 semaines en été. **Autres soins** : rempoter chaque printemps dans un terreau ordinaire. Risque d'attaques d'araignées rouges en situation hivernale trop chaude et en air sec. **Multiplication** : difficile.
Remarque : peut être cultivé en hydroculture.

Bambusa vulgaris 'Striata' : le nom de la variété fait bien sûr référence au chaume rayé de vert, qui peut porter un feuillage plus ou moins fourni.

Dionaea muscipula
Dionée, attrape-mouches de Vénus

Petite plante carnivore à feuilles en rosette terminées par un piège qui se referme en cas de contact avec un insecte (ou autre). C'est une plante passionnante à observer, mais qui ne survit longtemps dans la maison qu'en situation fraîche et humide, avec une bonne luminosité en hiver.

Famille : Droséracées. **Origine** : Etat de Caroline (Etats-Unis). **Emplacement** : lumineux, frais et aéré. Apprécie de passer l'été dehors ; 5 à 10 °C en hiver. **Arrosage, engrais** : maintenir le mélange légèrement humide en permanence (plante de marécage), avec une eau douce. En été, faire de temps à autre des apports d'engrais faiblement dosé. **Autres soins** : rempoter chaque printemps dans un pot peu profond rempli de tourbe fibreuse. **Multiplication** : par boutures de feuilles ou par division.

Testudinaria
Pied d'éléphant

Plante grimpante arbustive à souche tubérisée en surface du sol, dure et lignifiée, à surface bosselée (*T. elephantipes*) ou lisse (*T. sylvatica*). Feuilles réniformes à cordiformes, d'un vert frais, sur des tiges pouvant atteindre plusieurs mètres de longueur.

Famille : Dioscoréacées. **Origine** : Afrique du Sud. **Emplacement** : lumineux à ensoleillé, chaud (minimum 18 °C). **Arrosage, engrais** : la plante a besoin en été d'une période de repos végétatif, pendant laquelle le mélange doit rester presque sec. Arroser modérément en automne-hiver, et donner de l'engrais faiblement dosé toutes les 4 semaines. **Autres soins** : rempoter si besoin est en août, avant l'entrée en croissance, dans un terreau pour cactées additionné de gravillons volcaniques ou autres granulats poreux. **Multiplication** : difficile, par semis ou bouturage.

Senecio rowleyanus
Senecio rowleyanus

Plante rampante à tiges filiformes pouvant atteindre 1 m de longueur ou plus, et sur lesquelles sont alignées de petites feuilles grasses globuleuses, comme des colliers de perles. Petites fleurs au parfum de cannelle au printemps.
Famille : Composées. **Origine** : sud-ouest de l'Afrique. **Emplacement** : chaud et ensoleillé, mais supporte jusqu'à 10-12 °C en hiver.

Arrosage, engrais : arroser parcimonieusement ; garder le mélange quasiment sec en hiver. En été, donner de l'engrais une fois par mois. **Autres soins** : rempoter au printemps si besoin est dans un pot peu profond, rempli de terreau pour cactées. **Multiplication** : par segments de tige à laisser sécher 2 jours avant de les faire raciner dans un mélange sableux. **Remarque** : *S. citriformis*, *S. herreanus* et *S. radicans*, au port et à l'aspect similaires, constituent toutes d'originaux sujets pour panier suspendu.

Buddleia indica
Buddleia de Madagascar

Arbuste à feuillage persistant, de culture facile.
Feuilles ovales, à bord échancré, vert foncé et fleurs jaune-vert assez insignifiantes, mais rares en intérieur.

Famille : Loganiacées. **Origine** : Madagascar. **Emplacement** : lumineux à légèrement ombragé. La plante s'accommode de températures allant de 5 à 22 °C. **Arrosage, engrais** : arroser généreusement, moins en hiver et en situation fraîche. Apports hebdomadaires d'engrais de mars à octobre. **Autres soins** : rabattre les tiges trop longues. Rempoter chaque printemps dans un mélange ordinaire après avoir légèrement rabattu les tiges et éventuellement les racines. **Multiplication** : par boutures semi-ligneuses.

Ophiopogon jaburan
Herbe-aux-turquoises

Plante vivace, très robuste, à feuillage persistant, ressemblant à une graminée avec ses feuilles linéaires vertes ou rayées de jaune ('Variegatus'). Fleurs blanches à violettes.
Famille : Liliacées. **Origine** : Japon. **Emplacement** : lumineux, température ambiante toute l'année, éventuellement situation fraîche en hiver.

Arrosage, engrais : arroser modérément toute l'année, un peu moins en hiver en situation fraîche et faire des apports d'engrais tous les 15 jours de mars à août. Vaporisations d'eau en air sec. **Autres soins** : rempoter au printemps si besoin est. **Multiplication** : au printemps, par division.

Perilepta dyeriana
Perilepta

Petit arbuste à grandes feuilles lancéolées-elliptiques, vert foncé à reflets bleu-violet-argenté sur la face supérieure, rouges sur la face inférieure.
Famille : Acanthacées. **Origine** : Birmanie. **Emplacement** : lumineux à légèrement ombragé, chaud et humide toute l'année, avec un minimum de 16 °C en hiver. La plante ne supporte ni le plein soleil ni l'air chauffé et sec. **Arrosage, engrais** : arroser modérément, à l'eau non calcaire. En été, donner tous les 15 jours de l'engrais ordinaire faiblement dosé.

Autres soins - Multiplication : comme les tiges se dénudent rapidement à la base et que les jeunes feuilles sont les plus belles, il est conseillé de renouveler la plante chaque printemps par des boutures, qui s'enracinent rapidement sous serre de multiplication chauffée. Pincer une ou deux fois les jeunes plantes pour qu'elles se ramifient bien.

Découpées en filigrane ou entières et coriaces, toute la beauté des fougères réside dans leurs frondes et leur port évasé, parfois retombant. La plupart sont des plantes de sous-bois typiques, qui apprécient l'air humide, la mi-ombre et, en permanence, une légère humidité autour des racines.

FOUGÈRES

« Elles étalent leurs frondes robustes comme d'épais parasols ou des toiles de tentes vertes et montrent aux voyageurs qui font halte sous elles le ciel toujours bleu à travers les plus beaux voilages qu'ait jamais tissé la nature » écrivait, il y a environ 100 ans, un botaniste, à propos des fougères arborescentes de la forêt tropicale. Ces mots expriment bien l'extraordinaire attrait exercé tout au long du siècle dernier par ces fougères exotiques. Elles étaient très recherchées pour la décoration des élégants salons de réception et des halls d'hôtels. Les Anglais de l'époque victorienne les appréciaient tant qu'ils conçurent, pour les cultiver, des structures spéciales, les « ferneries », sortes de vitrines en verre et fonte décorées, où régnait une humidité de l'air et du sol à peu près constante. Aujourd'hui encore, malgré leur espérance de vie souvent limitée en intérieur, les fougères figurent parmi les plantes vertes favorites du grand public.
Elles sont présentées dans cet ouvrage séparément de l'ensemble des plantes vertes ou plantes à feuillage décoratif, et traitées dans un chapitre spécial pour deux raisons :
- elles n'appartiennent pas, comme les autres plantes d'intérieur, au groupe de végétaux les plus évolués que sont les phanérogames ou plantes à fleurs ;
- elles possèdent un charme bien particulier, qui mérite une présentation à part.
Les fougères d'intérieur présentées dans les pages suivantes partie de toutes à famille des Polypodiacées.
Le cycas a été présenté avec les plantes vertes (p. 159) car il appartient à une autre catégorie botanique.

Ce que vous devez savoir sur les fougères

Savez-vous que ces fougères sur votre appui de fenêtre font partie de la végétation présente à l'époque des dinosaures ? Ces plantes remontent à 250 à 400 millions d'années et ont très peu évolué depuis.
Les botanistes estiment aujourd'hui à 200 genres et quelque 9 000 espèces l'embranchement des ptéridophytes, plantes présentes sur tous les continents. Les fougères poussent sur le sol des forêts des régions tempérées ou tropicales, à l'ombre légère ou épaisse des arbres, ou bien s'implantent sur les troncs ou dans les creux des branches des arbres géants des forêts primitives,

ou encore sur des rochers chauffés par le soleil ou en surface de l'eau. Ainsi la fougère flottante, *Salvinia*, présente en Afrique, se développe en eau stagnante en tapis si épais que l'on peut marcher dessus !
Les fougères ne fleurissent pas. Mère Nature n'a songé aux fleurs que beaucoup plus tard ! Comme les champignons, ces végétaux considérés comme primitifs se reproduisent par spores.
Celles-ci sont portées à la face inférieure des frondes fertiles et disposées de façon spécifique selon l'espèce : en lignes, en fines ponctuations... A maturité, la poussière de spores, fine comme de la poudre, est facilement disséminée par le vent. Sur un support chaud et humide (comme la terre), la spore germe et donne un prothalle. Cet organisme ressemblant à de la mousse est muni d'organes reproducteurs mâles et femelles. Ce n'est qu'après fusion de ces organes

Cette fougère nid-d'oiseau a élu domicile dans le creux de la branche d'un arbre tropical.

mâles et femelles que se développe la véritable jeune fougère. D'un point de vue anatomique, les espèces de fougères se distinguent surtout à la forme plus ou moins découpée ou divisée des frondes. Celles-ci peuvent être vert clair à foncé, couvertes d'une pruine bleutée ou bien rougeâtres, épaisses et coriaces, ou encore très fines. Les crosses des fougères, soigneusement enroulées, constituent une autre caractéristique très décorative de ces plantes. Cet enroulement permet à la fougère de préserver la pointe de ses frondes, partie la plus fragile, de la voracité des animaux.

Des soins appropriés

La plupart de nos fougères d'intérieur sont originaires des forêts des régions chaudes. Cela signifie que c'est dans un substrat ou un mélange léger, humide et riche en éléments nutritifs, qu'elles se sentent le mieux.

Elles ne supportent ni un soleil brûlant, ni un froid humide au niveau des racines.
Leurs nombreuses frondes constituent une importante masse verte qui perd beaucoup d'eau par évaporation. C'est pourquoi le mélange doit demeurer en permanence légèrement humide grâce à une eau d'arrosage douce et à température ambiante. Presque toutes les espèces, surtout celles à frondes fines, sont habituées dans leur habitat naturel à une hygrométrie élevée – principale raison de leurs difficultés d'adaptation dans un intérieur chauffé, avec un air sec. De nombreuses fougères, malheureusement, n'apprécient guère les vaporisations d'eau : aussi est-il préférable d'augmenter l'humidité de l'air par d'autres moyens (voir p. 43). Les espèces à feuilles coriaces comme *Cyrtomium falcatum* supportent un air sec, la fougère corne-de-cerf limite les pertes d'eau par évaporation en couvrant ses frondes d'une couche cireuse et *Pellaea rotundifolia* est une plante xérophyte, c'est-à-dire qui pousse en situation très sèche.
Pour toutes les fougères d'intérieur, l'ambiance idéale est celle d'une salle de bains, ou bien d'une serre, fenêtre-serre chaude et humide. Les petits sujets conviennent bien sûr également aux jardins en bouteille et autres serres d'appartement.

Les fougères qui poussent en épiphytes dans leur habitat d'origine peuvent être fixées sur un morceau d'écorce liégeuse. Dans un environnement adéquat, elles y seront – comme on peut le voir ici – comme chez elles.

FOUGÈRES

Adiantum
Capillaire, cheveux-de-Vénus

Un feuillage délicat pour une touche de douceur : la capillaire.

La plupart des espèces de ce genre, qui en compte environ 200, ne supportent ni l'air sec, ni les courants d'air. Quelques espèces seulement sont cultivées en intérieur, les principales étant *A. raddianum* et ses variétés 'Decorum', 'Fragrantissimum', *A. capillus-veneris* et *A. tenerum*, dont la variété 'Scutum Roseum' possède de jeunes frondes teintées de rouge. Les tiges filiformes, coriaces, brun foncé à noires, qui portent les folioles, sont caractéristiques des capillaires.
Famille : Polypodiacées.
Origine : régions tropicales du globe, surtout Amérique.
Emplacement : mi-ombre, sans soleil. Température du mélange comme de l'air supérieure à 20 °C toute l'année. Une hygrométrie élevée est indispensable, aussi est-ce dans une serre, une fenêtre-serre ou un jardin en bouteille que les capillaires vivent le plus longtemps.
Arrosage, engrais : maintenir la motte de racines modérément humide toute l'année, en arrosant à l'eau non calcaire, tiède. Ne jamais laisser sécher la motte, sans quoi les frondes sèchent aussitôt. Apports d'engrais faiblement dosé tous les 15 jours de mars à août.
Autres soins : augmenter indirectement l'humidité de l'air (voir p. 43). Faire de fréquentes vaporisations d'eau, surtout en période de chauffage. Rempoter les grands sujets au printemps dans un mélange à base de tourbe, faiblement enrichi en éléments nutritifs. Ajouter de la tourbe aux mélanges fortement enrichis.
Multiplication : par semis de spores avec une chaleur de fond de 24-26 °C. Placer les terrines de semis remplies de tourbe humide sous les frondes. Possible également par division.
Maladies, parasites : croissance stoppée en cas d'humidité excessive des racines, mais aussi en cas d'arrosages à l'eau calcaire ou de température insuffisante au niveau des racines.

Arachniodes
Arachniodes

Arachniodes aristata supporte l'air chauffé et sec.

Cette fougère buissonnante forme des frondes coriaces deux à trois fois divisées, qui peuvent atteindre 70 cm de long. C'est une plante épiphyte qui, dans son habitat naturel, forme des groupes importants sur les troncs des fougères arborescentes. Le rhizome épais, rampant, est couvert de longues écailles brun-rouge. *A. adiantiformis* et *A. aristata* et sa variété 'Variegatum' sont les formes les plus couramment cultivées. Grâce à la texture coriace de leurs frondes, elles supportent l'air sec dégagé par les appareils de chauffage.
Famille : Polypodiacées.
Origine : Afrique du Sud, Amérique centrale et du Sud, Australie, Polynésie, Nouvelle-Zélande.
Emplacement : lumineux à légèrement ombragé, mais sans soleil. Apprécie une hygrométrie élevée. Température normale d'un intérieur chauffé, mais supporte plus de fraîcheur en hiver, avec un minimum de 12 °C, sans quoi la croissance est stoppée. Peut passer l'été dehors.
Arrosage, engrais : maintenir le mélange modérément humide, avec une eau douce, à température ambiante. Réduire les arrosages en situation hivernale fraîche. Apports hebdomadaires d'engrais faiblement dosé de mars à août.
Autres soins : faire de fréquentes vaporisations d'eau en cas de situation hivernale chaude. Rempoter quand besoin est dans un mélange à base de tourbe, faiblement enrichi.
Multiplication : par division ou semis de spores sous serre de multiplication, avec une chaleur de fond de 22-24 °C. Possible également par division du rhizome.
Maladies, parasites : les tiges ramollissent en cas de luminosité insuffisante. Araignées rouges et cochenilles sont favorisées par un air chaud, sec, insuffisamment renouvelé ; les feuilles se couvrent ensuite de fumagine.
Remarque : cette plante supporte mal la plupart des insecticides.

Asplenium nidus
Fougère nid-d'oiseau

Blechnum
Blechnum

Ses feuilles forment une rosette évasée.

Un feuillage qui attire le regard, Blechnum gibbum.

Cette fougère originaire des forêts tropicales humides, où ses frondes dépassent 1 m de long, préfère une ambiance chaude et humide ; toutefois, elle supporte étonnamment bien l'air chauffé, sec, notamment sa variété 'Fimbriatur'. La fougère nid-d'oiseau pousse, comme de nombreuses Broméliacées, sur les troncs ou les branches d'arbres et accumule au cœur de sa rosette de feuilles humus et eau de pluie. Les nervures centrales sombres des feuilles se détachent particulièrement bien sur le vert frais du limbe. On ne sait pas toujours que cette fougère tropicale est une proche parente de notre rue-des-murailles, *A. ruta-muraria*, charmante petite fougère qui s'implante dans les fissures des vieux murs.
Famille : Polypodiacées.
Origine : forêts tropicales humides d'Asie, d'Afrique et d'Australie.
Emplacement : mi-ombre. Température ambiante toute l'année (20 °C et plus) jamais moins de 16 °C. L'idéal est une serre chaude et humide. Une bonne chaleur au niveau des racines est également importante. Prévoir un feutre isolant dans le cas d'un appui de fenêtre froid.
Arrosage, engrais : arroser régulièrement, avec une eau non calcaire, de façon à maintenir le mélange humide. Au printemps et en été, faire des apports hebdomadaires d'engrais faiblement dosé.
Autres soins : en période de chauffage, faire de fréquentes vaporisations d'eau ou augmenter indirectement l'hygrométrie (voir p. 43). Rempoter tous les 2 ans en été dans un mélange ordinaire à base de terre ou tourbe.
Multiplication : par semis de spores sous serre de multiplication chauffée.
Maladies, parasites : brunissement du bord des frondes en atmosphère trop sèche ou trop froide. Humidité et fraîcheur excessives au niveau des racines se traduisent par un arrêt de la croissance. Attaques fréquentes de nématodes et maladies causées par des bactéries.
Mon conseil : attention, la fougère nid-d'oiseau ne supporte pas les produits lustrants pour le feuillage.

Cette fougère des régions tropicales et subtropicales est très décorative par ses rhizomes vigoureux et ses frondes vert foncé plus ou moins finement divisées. L'espèce la plus courante, *B. gibbum*, se plaît aussi bien dans une pièce normalement chauffée que dans une serre ou une véranda. Avec l'âge se forme une tige, ou tronc, pouvant atteindre 1 m de hauteur, souvent penché, ce qui confère un aspect tout à fait original à la plante. *B. brasiliense* aux jeunes frondes brun-rouge et *B. moorei* sont des espèces qui demandent plus de chaleur ainsi qu'une hygrométrie importante.
Famille : Polypodiacées
Origine : Amérique du Sud, Nouvelle-Calédonie.
Emplacement : lumineux à légèrement ombragé. Chaleur en été, pas moins de 18 °C en hiver. Ne supporte ni le froid au niveau des racines, ni les courants d'air.
Arrosage, engrais : utiliser une eau douce, à température ambiante. Maintenir le mélange de culture bien humide en été, un peu moins en hiver, sans jamais laisser sécher la motte. Apports d'engrais faiblement dosé tous les 15 jours de mars à août.
Autres soins : ne pas vaporiser d'eau sur le feuillage, mais augmenter indirectement l'humidité de l'air (voir p. 43). Rempoter au printemps si besoin est dans un mélange léger, poreux, additionné de polystyrène par exemple.
Multiplication : par semis de spores sous serre de multiplication, avec 20-25 °C de chaleur de fond, ou bien par division.
Maladies, parasites : cochenilles en air insuffisamment renouvelé, araignées rouges en atmosphère sèche.
Mon conseil : *B. spicant* est une superbe plante à cultiver en bac, pour une terrasse ou un balcon ombragé, mais qui demande une température d'environ 12 °C en hiver.

Le mélange de culture du blechnum doit se rapprocher le plus possible d'un sol forestier, léger, chaud, perméable à l'eau, mais ayant aussi une certaine capacité à la retenir.

FOUGÈRES

Cyrtomium falcatum
Fougère-houx

La fougère-houx, aux frondes très décoratives.

La fougère-houx est une plante robuste et de culture facile, adaptée aux pièces et vérandas peu chauffées, pouvant même se plaire en situation très ombragée. Elle peut également être cultivée en pleine terre sous climat doux avec une bonne protection de branchages pour l'hiver. Ses frondes pennées, coriaces, finement dentées ont des reflets brillants. On les utilise parfois, comme le houx, dans les compositions de fleurs coupées. La variété la plus cultivée est 'Rochfordianum', aux folioles profondément découpées.

Famille : Polypodiacées
Origine : Est asiatique, Inde, Afrique du Sud.
Emplacement : lumineux à ombragé, frais et aéré. Si possible pas plus de 10 à 14 °C en hiver. Peut passer l'été dehors à partir de mai, en situation fraîche et ombragée.
Arrosage, engrais : arroser à l'eau douce, à température ambiante, modérément à abondamment d'avril à août selon la température. Donner toutes les 4 semaines de l'engrais ordinaire. L'hiver, en situation fraîche, maintenir le mélange légèrement humide, sans plus.
Autres soins : faire de fréquentes vaporisations d'eau et rempoter quand besoin est dans un mélange ordinaire, à base de terre ou tourbe, faiblement enrichi en engrais.
Multiplication : par division ou semis de spores. Placer les caissettes de semis remplies de tourbe humide sous les frondes. Les spores tombent à maturité, puis germent.
Maladies, parasites : rares. Des attaques de cochenilles peuvent se déclarer en situation trop chaude et sèche.
Mon conseil : *C. caryotideum* est une espèce beaucoup plus rare, dont le beau feuillage évoque celui du palmier *Caryota mitis* (voir p. 209).

Davallia
Fougère patte-de-lapin

Davallia mariesii et ses curieux rhizomes velus.

De ce genre comptant environ 40 espèces, ce sont surtout *D. mariesii* et *D. bullata* qui sont cultivées en intérieur. Toutes deux émettent des frondes vert frais, finement divisées, ressemblant un peu au cerfeuil, et restant d'assez petites dimensions. Cette fougère épiphyte se plaît fixée sur un tronc ou un morceau d'écorce liégeuse, dans l'atmosphère chaude et humide d'une serre ou fenêtre-serre. Il est également possible de la garder dans une pièce, surtout si on utilise l'astuce suivante : ancrer et fixer les rhizomes velus autour d'un pot en terre dont les trous de drainage auront été obturés. Remplir ensuite le pot d'eau douce, tiède, qui entretiendra ainsi une atmosphère humide autour du pot et imbibera d'eau les parois poreuses du pot, alimentant ainsi les racines.

Famille : Polypodiacées.
Origine : îles Canaries, Asie tropicale.
Emplacement : lumineux mais sans soleil. Température chaude toute l'année, avec un minimum de 18 °C. Cette plante demande une hygrométrie élevée.
Arrosage, engrais : arroser modérément avec de l'eau non calcaire, à température ambiante. Les rhizomes ne doivent jamais sécher. Ajouter de l'engrais faiblement dosé à l'eau d'arrosage ou de vaporisation tous les 15 jours en été.
Autres soins : faire de fréquentes vaporisations d'eau. Pour une culture en pot, utiliser un mélange fibreux pour épiphytes (de type mélange pour orchidées).
Multiplication : par semis de spores ou division des rhizomes, dans un mélange tourbe et sable, avec une bonne chaleur de fond et une hygrométrie élevée.
Maladies, parasites : cochenilles en atmosphère sèche.

Didymochlaena truncatula
Didymochlaena

Une fougère tropicale assez facile à cultiver en intérieur.

D. trunculata est une fougère arborescente présente dans toutes les régions tropicales du globe. Dans son habitat d'origine, elle forme un tronc court de 50 à 70 cm de hauteur couronné d'une touffe de frondes d'environ 1 m de longueur. Les petites folioles coriaces des frondes profondément divisées sont portées sur une tige (nervure centrale de la feuille) brun-rouge. Cette fougère terrestre, et non épiphyte, s'adapte assez bien dans un intérieur à condition de lui assurer une hygrométrie élevée et une température constante. Dans les jardins botaniques, on la trouve dans les serres chaudes ou tempérées, ce qui peut correspondre à une véranda moyennement chauffée en hiver ; attention toutefois, car, comme toutes les fougères, elle ne supporte pas l'air sec.
Famille : Polypodiacées
Origine : régions tropicales du globe.
Emplacement : lumineux à légèrement ombragé. Température chaude à partir de l'entrée en croissance jusqu'à la fin de l'été, un peu plus fraîche (16-18 °C) en hiver. L'idéal est un appui de fenêtre exposé au nord et isolé du froid.
Arrosage, engrais : toujours utiliser une eau douce, à température ambiante. Maintenir le mélange légèrement humide en permanence. Apports d'engrais faiblement dosé tous les 15 jours de mars à août.
Autres soins : faire de fréquentes vaporisations d'eau. Rempoter chaque année au printemps dans un mélange ordinaire, faiblement enrichi en engrais.
Multiplication : par division ou semis de spores.
Maladies, parasites : en cas de sécheresse des racines et/ou de l'air, les frondes sèchent et les pinnules (folioles) tombent. Cochenilles en atmosphère trop chaude et trop sèche.

Microlepia speluncae
Microlepia

Avec l'âge, cette fougère forme de très grandes frondes.

Des 45 espèces de ce genre de fougères des régions tropicales et subtropicales, seule *M. speluncae* est parfois cultivée en tant que plante d'intérieur. Elle possède des frondes souples, vert clair, et comme *Davallia* (voir p. 200) des rhizomes rampants, velus. L'abondant feuillage d'un vert frais perd beaucoup d'eau par évaporation. Cette fougère, décrite il y a plus de 100 ans par le botaniste anglais Thomas Moore, demande beaucoup d'espace pour déployer ses frondes qui peuvent atteindre 1 m de longueur.
Famille : Polypodiacées.
Origine : zones tropicales du globe.
Emplacement : très lumineux toute l'année, mais jamais de soleil direct. 20 °C environ au printemps et en été, pas moins de 16 °C en hiver. Comme toutes les fougères, elle apprécie une hygrométrie élevée.
Arrosage, engrais : maintenir le mélange modérément humide en permanence, avec une eau douce, à température ambiante, sans quoi les frondes s'affaissent. Réduire les arrosages en hiver à température fraîche. Faire des apports d'engrais faiblement dosé tous les 15 jours de mars à août.
Autres soins : augmenter indirectement l'humidité de l'air (voir p. 43) et faire de fréquentes vaporisations d'eau. En cas de croissance vigoureuse, diviser la plante chaque année et rempoter dans un mélange ordinaire, à base de terre ou tourbe, faiblement enrichi en engrais.
Multiplication : par semis de spores avec 20 °C de chaleur de fond, ou division lors du rempotage. Chaque section de rhizome doit présenter au moins un point de croissance active, à partir duquel se développeront de nouvelles frondes.
Maladies, parasites : arrêt de la croissance en atmosphère sèche.

Nephrolepis exaltata
Fougère de Boston

Avec son vert lumineux, sa végétation luxuriante, Nephrolepis est décoratif dans tous les intérieurs.

Cette espèce est la plus connue des 30 que compte le genre. Il en existe de nombreuses formes et variétés cultivées aux frondes plus ou moins divisées, frangées, ondulées. Certaines émettent de longs stolons qui peuvent être utilisés pour la multiplication.
Famille : Polypodiacées.
Origine : régions tropicales du monde entier.
Emplacement : lumineux à légèrement ombragé, chaud et humide toute l'année, avec un minimum de 18 °C en hiver. Supporte même un peu de soleil si l'hygrométrie est suffisante.
Arrosage, engrais : arroser abondamment en période de croissance, de mars à août surtout, avec une eau tiède, et faire des apports hebdomadaires d'engrais faiblement dosé. La sortir en été quand il pleut. Réduire les apports d'eau à partir d'octobre, mais ne jamais laisser sécher la motte de racines.
Autres soins : faire de fréquentes vaporisations d'eau. Rempoter chaque année au printemps ou en été, dans un terreau ordinaire, faiblement enrichi en engrais.
Multiplication : par les stolons (séparer les plantules en été et les rempoter), ou plus rarement par semis des spores.
Important : température du mélange supérieure à 20 °C.
Maladies, parasites : rares attaques de pucerons, araignées rouges, cochenilles.
Remarque : cette plante supporte mal les traitements insecticides.

Pellaea
Pellaea

Une petite fougère à cultiver en pot ou suspension.

Les Anglais ont baptisé *P. rotundifolia* la fougère-bouton, à cause de ses folioles rondes, coriaces et lustrées. Cette espèce évoque assez peu une fougère «classique». Elle ne présente pas de longues frondes souples caractéristiques, et ne vit pas comme ses congénères en sous-bois. Qui plus est, elle pousse dans des endroits assez secs et n'exige pas une hygrométrie importante. Ses tiges retombantes en font un excellent sujet de panier suspendu. On en trouve parfois d'autres espèces cultivées en pot, à l'aspect plus caractéristique des fougères, comme *P. viridis*, originaire d'Afrique du Sud et Madagascar, aux frondes vertes d'environ 50 cm, *P. falcata*, d'Asie du Sud, Australie et Nouvelle-Zélande, et *P. atropurpurea*, d'Amérique du Nord, presque rustique chez nous, aux frondes brun-rouge de 25 cm de long.
Famille : Polypodiacées.
Origine : Nouvelle-Zélande, Australie, îles Norfolk, Amérique, Asie, Afrique, Madagascar.
Emplacement : lumineux, mais sans soleil ; température ambiante toute l'année. 15 °C environ en hiver pour *P. rotundifolia* et *P. atropurpurea*.
Arrosage, engrais : arroser modérément toute l'année, en évitant toute humidité stagnante pouvant entraîner le rapide dépérissement de la plante. Apports d'engrais tous les 15 jours de mars à août.
Autres soins : ne pas faire de vaporisations d'eau. Chaque printemps, rempoter les jeunes sujets dans une coupe peu profonde, remplie de mélange ordinaire faiblement enrichi en engrais. Veiller à un bon drainage du pot.
Multiplication : par les spores, qui ne se forment que sur les plantes adultes à la face inférieure des frondes, ou par division.
Maladies, parasites : rares attaques de cochenilles.

Phlebodium aureum
Fougère dorée, polypode doré

Phlebodium aureum *'Glaucum'*.

Cette fougère tropicale se reconnaît à deux caractéristiques bien spécifiques : son rhizome ramifié et velu ressemblant à une patte de lapin, son feuillage vert bleuté avec ses accumulations de spores jaune d'or sous les frondes. Cette espèce qui peut atteindre de grandes dimensions est originaire de régions chaudes et humides, mais s'adapte étonnamment bien à l'air sec d'un intérieur chauffé grâce à ses frondes assez coriaces qui perdent relativement peu d'eau. Il en existe des formes horticoles comme 'Areolatum' à frondes à bord ondulé, ou 'Mandaianum', à croissance vigoureuse, ou encore 'Glaucum', à croissance plus lente et frondes glauques.
Famille : Polypodiacées.
Origine : Amérique du Sud.
Emplacement : lumineux (sans soleil direct) pour une bonne coloration du feuillage, mais supporte aussi la mi-ombre. Chaleur toute l'année, éventuellement température fraîche en hiver, avec un minimum de 12 °C. C'est dans une serre chaude et humide qu'elle se plaira le mieux, mais une fenêtre donnant au nord, à l'est ou à l'ouest lui convient aussi.
Arrosage, engrais : maintenir le mélange bien humide en permanence et faire des apports d'engrais faiblement dosé tous les 15 jours en période de croissance.
Autres soins : dans une pièce chauffée, faire de fréquentes vaporisations d'eau ou augmenter indirectement l'hygrométrie (voir p. 43). Rempoter au printemps dans un mélange à base de terre ou tourbe, faiblement enrichi.
Multiplication : par semis de spores ou division du rhizome.
Maladies, parasites : rares.
Mon conseil : lors du rempotage, veillez à ce que le rhizome demeure en surface du mélange. Si la croissance du rhizome déséquilibre la plante, maintenez-la dans son pot en ancrant le rhizome par du fil métallique plastifié, enroulé autour du rhizome et passé dans les trous de drainage du pot.

Phyllitis scolopendrium
Scolopendre

Phyllitis scolopendrium *'Crispum'*.

Cette fougère à feuillage persistant, naturalisée en Europe, était autrefois une plante d'intérieur très populaire, en Angleterre surtout, où il en existait de nombreuses variétés horticoles. Avec l'augmentation du nombre de vérandas, peu ou pas chauffées, la scolopendre s'impose comme la plante verte idéale pour les situations fraîches et ombragées. Excepté sous une forte chaleur et un soleil ardent, cette plante se plaît d'ailleurs partout. On trouve des variétés aux frondes joliment ondulées, comme 'Cristatum' ou 'Crispum', d'autres à frondes finement frangées comme 'Ramosa Marginata' ou 'Ramosa Cristata'.
Famille : Polypodiacées.
Origine : Europe, Proche-Orient, Afrique du Nord, Etats-Unis, Japon.
Emplacement : mi-ombre à ombre toute l'année, l'idéal étant une fenêtre donnant au nord. 15-18 °C en été, 10 °C environ en hiver. Cette fougère apprécie d'être dehors de mai à octobre.
Arrosage, engrais : maintenir le mélange modérément humide, mais sans excès. Faire des apports d'engrais faiblement dosé tous les 15 jours en période de croissance active, de mai à septembre.
Autres soins : demande une hygrométrie élevée ; faire de fréquentes vaporisations d'eau. Rempoter au printemps si besoin est dans un terreau faiblement enrichi en engrais.
Multiplication : par semis de spores pour l'espèce type, division ou enracinement d'une fronde munie d'une portion de rhizome pour les variétés.
Maladies, parasites : cochenilles et thrips en atmosphère chaude et sèche.
Mon conseil : si vous ne trouvez pas cette fougère en pot chez les fleuristes, vous la trouverez dans une pépinière de plantes vivaces.

FOUGÈRES

Platycerium
Fougère corne-d'élan, corne-de-cerf

La fougère corne-de-cerf, un sujet hors du commun pour une suspension.

D'aspect tout à fait original, elle se distingue nettement des autres fougères cultivées en intérieur. Les frondes très longues (souvent plus de 1 m), découpées comme les bois des cervidés, sont tout à fait caractéristiques, avec, selon l'espèce, des masses de spores brun-noir, aplatis en certains points sous les frondes. Cette fougère épiphyte possède en outre des feuilles ou frondes stériles – dépourvues de chlorophylle et emboîtées comme les tuiles d'un toit à la base des feuilles fertiles – qui servent à l'ancrage et à l'accumulation de réserves nutritives. Elles forment une sorte de creux ou dépression au centre de ces frondes stériles, où s'accumule l'eau de pluie, mais aussi des débris végétaux en décomposition, source d'éléments nutritifs pour cette fougère. L'emplacement idéal pour cette plante est une serre ou une fenêtre-serre fermée. Elle peut être fixée sur un tronc à épiphytes ou un morceau d'écorce, mais se plaît également dans une corbeille ajourée en lattes de bois (comme les orchidées) ou en suspension. Le genre Platycerium compte environ 17 espèces. Outre l'espèce *P. bifurcatum*, la plus courante et la plus facile à cultiver, introduite dès 1808 en Angleterre, on trouve parfois *P. grande*, de plus grande taille encore, originaire des Philippines. Ses feuilles stériles sont vert clair, légèrement ondulées et échancrées au bout. Les frondes fertiles mesurent plus de 1 m de long, et sont couvertes de poils laineux à l'état jeune. *P. angolense* est une espèce africaine encore très rare, aux frondes fertiles non découpées.

Une rareté, Platycerium angolense.

Famille : Polypodiacées.
Origine : Australie, Pérou, Madagascar, Nouvelle-Guinée.
Emplacement : lumineux à légèrement ombragé, mais sans soleil. Température normale d'un intérieur toute l'année, voire un peu plus frais en hiver, avec un minimum de 16 °C.
Arrosage, engrais : verser l'eau douce, à température ambiante, dans le creux central des frondes stériles ou faire tremper la fougère dans l'eau une fois par semaine, pendant 30 min environ. D'avril à août, ajouter de l'engrais à l'eau ou bien placer des éclats de pot plongés dans une solution d'engrais contre les frondes stériles. Une dilution quatre fois supérieure à la dose recommandée suffit.
Autres soins : entretenir une humidité de l'air élevée ; ne pas essuyer les feuilles, afin de préserver le fin duvet laineux. Le rempotage est inutile pour les sujets fixés sur un support. Rempoter les plantes en pot dans un mélange de tourbe fibreuse, terreau ordinaire et styromull.
Multiplication : par semis de spores (difficile), ou pousses latérales qui se développent parfois.
Maladies, parasites : cochenilles à la face inférieure des frondes en air sec, chauffé. Les détacher délicatement du bout de l'ongle, ou bien les traiter au pinceau avec une solution alcoolique et savonneuse (voir p. 52), puis rincer à l'eau tiède.
Remarque : les platyceriums supportent en général mal les traitements insecticides.

Pteris
Ptéride

De petites fougères très décoratives : Pteris ensiformis *'Evergemiensis' (à gauche) et* Pteris cretica *'Albolineata' (à droite).*

Le genre *Pteris*, avec environ 280 espèces réparties dans les régions tropicales et subtropicales, offre un vaste choix d'espèces et de variétés de petite taille, néanmoins vigoureuses, à feuilles vertes ou panachées. Ce nom vient du mot grec *pteron*, «aile». Les frondes groupées en touffes denses, issues d'un court rhizome souterrain, sont caractéristiques de ces fougères. Les frondes d'abord dressées s'arquent ensuite. Certaines espèces présentent deux types de frondes : courtes et stériles, et longues et fertiles, les capsules de spores étant disposées au bord des frondes, à la face inférieure. Certaines ne portent que des frondes fertiles ou que des frondes stériles. Voici la meilleure façon de les reconnaître : les folioles des frondes fertiles sont retournées vers le bas pour protéger les spores, et les feuilles semblent ainsi avoir un bord entier. Si l'on distingue bien un bord denté, il s'agit de frondes stériles. L'espèce la plus courante de ptéride est *P. cretica*, robuste, et ses variétés panachées comme 'Albolineata', 'Rowen', finement découpée, 'Wimsettii'.
P. cretica porte soit des frondes stériles, soit des frondes fertiles, sur une tige noirâtre de 15 cm de longueur. *P. ensiformis* est une espèce plus exigeante en chaleur, de petite taille, ravissante dans un jardin en bouteille ou une mini-serre. Cette espèce présente des frondes fertiles et stériles associées. Ce sont surtout des variétés horticoles que l'on cultive, comme 'Evergemiensis' ou 'Victoriae', cette dernière créée en 1890. Une serre ou fenêtre-serre climatisée permet la culture de la belle *P. quadriaurita* ou de sa variété 'Argyraea'. Dans les vérandas spacieuses, *P. tremula*, aux dimensions plus imposantes, d'un vert éclatant, sera tout à fait à sa place. Originaire de Nouvelle-Zélande et d'Australie, elle dépasse 1 m de hauteur. Toutes sont des fougères terrestres, à cultiver en pot et non fixées sur une écorce.

Famille : Polypodiacées.
Origine : régions tropicales et subtropicales du globe, bassin méditerranéen.
Emplacement : mi-ombre à ombre. 20 °C environ toute l'année pour les espèces fragiles comme *P. quadriaurita* et *P. ensiformis* ; *P. cretica* apprécie un peu plus de fraîcheur en hiver (jusqu'à 16-18 °C pour les variétés panachées, 12 °C pour les formes vertes). Maintenir une hygrométrie élevée.
Arrosage, engrais : arroser à l'eau non calcaire, à température ambiante uniquement. Maintenir le mélange modérément humide en permanence, réduire légèrement les arrosages à température fraîche en hiver. Apports d'engrais faiblement dosé tous les 15 jours d'avril à août.
Autres soins : faire des vaporisations d'eau de temps à autre. Rempoter au printemps dans un mélange ordinaire faiblement enrichi en engrais. Attention, les ptérides ne supportent pas les courants d'air.
Multiplication : par division au printemps lors du rempotage, ou bien par semis de spores (qui sont si nombreuses que de jeunes sujets se développent souvent en surface des pots des plantes voisines !). Repiquer les jeunes fougères dans de tout petits godets pour commencer.
Maladies, parasites : cochenilles, pucerons en atmosphère sèche.
Mon conseil : supprimer les vieilles frondes sèches. La plante émet facilement de jeunes feuilles pour les remplacer.

PALMIERS

Les palmiers recréent dans la maison l'atmosphère sereine et gaie de vacances «plein sud», constituant de véritables œuvres d'art grâce à leurs silhouettes sculpturales. Certains peuvent atteindre le plafond et font, au fil des années, partie intégrante de nos intérieurs.

Les palmiers figurent parmi les favoris des architectes d'intérieur et adoucissent souvent les lieux modernes, un peu froids, comme les halls d'accueil de verre et de métal. A l'exception des *Washingtonia*, *Sabal* et *Rhapis*, toutes les espèces présentées ici sont des plantes d'intérieur, à garder toute l'année dans une pièce normalement chauffée, et non des plantes d'orangerie à sortir en été.

Ce que vous devez savoir sur les palmiers

La famille des palmiers compte plus de 200 genres et 3 000 espèces. Les palmiers poussent dans l'ombre des forêts tropicales humides, mais aussi en pleine lumière dans certains massifs montagneux, vers 3 000 m d'altitude. On en trouve dans les savanes, les steppes et les déserts, comme en bord de mer, et presque tous sont sensibles au gel. Dans la classification botanique, ils font partie des plantes les plus anciennes dans l'évolution des espèces. En témoignent leurs graines à un seul cotylédon, ainsi que leurs feuilles à nervures parallèles (et non ramifiées). Les palmiers sont décoratifs par leur port et leurs feuilles ou frondes. D'après leur aspect, on distingue palmiers à feuilles pennées et palmiers à feuilles palmées.
- Les palmiers à frondes pennées, comme le chrysalidocarpus, ont des feuilles à folioles disposées de part et d'autre de la nervure centrale ;
- Les palmiers à frondes palmées, ou palmes, comme *Washingtonia*, ont des feuilles à contours arrondis.
Chez presque tous les palmiers, les frondes ou palmes sont portées par une tige unique ou tronc, non ramifiée.

La noix de coco, graine gigantesque, peut parcourir des milliers de kilomètres en flottant sur l'eau de mer, puis venir germer sur une plage.

Ce n'est en général que dans leur habitat naturel que les palmiers offrent leurs inflorescences très ramifiées, suivies de fruits souvent colorés, qui renferment les graines.

A l'exception du *Chamaedorea*, les palmiers ne fleurissent pas en intérieur, car ils ne parviennent pas, dans le volume réduit d'un pot, à dépasser le stade juvénile.

Des soins appropriés

L'emplacement idéal pour un palmier doit être très lumineux, sans toutefois recevoir le plein soleil. Les espèces à feuillage coriace supportent mieux l'air sec que celles aux frondes finement découpées. Les espèces à frondes palmées offrent une grande surface d'évaporation, et demandent de ce fait des arrosages plus fréquents. Air chauffé, sec, et sécheresse des racines sont par ailleurs les principales causes du brunissement de la pointe des feuilles, très fréquent chez les palmiers. Le cœur du palmier ne doit pas être mouillé lors de l'arrosage. L'extrémité épaissie de la tige ou tronc abrite en effet l'unique point de croissance de la tige, qui donne naissance aux nouvelles palmes. Si cette extrémité pourrit, la plante meurt. De même, humidité stagnante ou au contraire sécheresse au niveau des racines peuvent signer l'arrêt de mort des palmiers.
Dans leur habitat naturel, les palmiers poussent sur des sols riches en minéraux, sable, rochers calcaires, roches serpentines riches en magnésium et silicium ou dans la terre rouge des tropiques, riche en argile et en fer. D'après mon expérience, les engrais minéraux et la décoction de prêle riche en silice (voir p. 52) leur conviennent bien. Choisir comme mélange de culture un mélange riche en sable grossier et en terre argileuse.

PALMIERS

Archontophoenix cunninghamiana
Archontophœnix

L'archontophœnix est un palmier d'origine australienne.

Cette espèce peu courante de palmier, dont les frondes pennées s'élargissent avec l'âge, est encore souvent présentée sous son ancienne appellation botanique, *Seaforthia* ou *Ptychosperma*. Son nouveau nom prête par ailleurs à confusion avec l'*Acanthophoenix*, espèce moins connue, originaire de l'île Maurice !
A. cunninghamiana provient d'Australie, où il atteint une hauteur d'environ 20 m. Avec un peu de chance, on peut en voir des sujets adultes dans les jardins botaniques, et admirer leurs inflorescences bleu lavande donnant ensuite des baies rouges.
Famille : Palmiers.
Origine : est de l'Australie.
Emplacement : lumineux, mais sans soleil. Température ambiante toute l'année, voire fraîcheur en hiver (avec un minimum de 10 °C). Ce palmier supporte mal l'air sec dû au chauffage, aussi est-il souvent préférable de l'installer en automne-hiver dans une véranda ou une entrée lumineuse.
Arrosage, engrais : arroser modérément en toute saison, en évitant l'humidité stagnante au niveau des racines. Apports d'engrais faiblement dosé de mars à août.
Autres soins : faire de fréquentes vaporisations d'eau, surtout en période de chauffage. Rempoter quand besoin est, dans un terreau ordinaire à base de terre ou tourbe.
Multiplication : par semis sous serre de multiplication chauffée.
Maladies, parasites : araignées rouges et cochenilles en atmosphère chaude et sèche.
Mon conseil : à l'état jeune, on peut facilement confondre *Archontophoenix* avec *Euterpe*, *Howeia* (voir p. 211) ou encore *Chrysalidocarpus*. Un signe distinctif : l'extrémité des frondes forme un V coupé en haut.

Areca catechu
Aréquier, cachou

L'aréquier a un aspect tout à fait différent au stade adulte.

L'aréquier peut atteindre 30 m de hauteur dans son habitat naturel. On le trouve chez nous sous forme de jeune plante souvent munie de 2 à 4 feuilles seulement, formant encore un V épaissi. Ce n'est que beaucoup plus tard que se développent des frondes pennées, en chevrons. La vie de ce palmier à tige élancée, parfois qualifié de mini-cocotier, est en général assez courte en intérieur si l'on ne peut lui assurer l'ambiance chaude et humide d'une serre. Sa croissance est très lente. Ce palmier est bien sûr plus connu par la noix d'arec, qui donne, associée à une feuille de bétel et à de la chaux, une sorte de drogue que mastiquent des millions de personnes sous les tropiques, en Inde en particulier.
Famille : Palmiers.
Origine : Philippines, sud-est asiatique.
Emplacement : lumineux toute l'année, mais sans soleil et chaud (plus de 20 °C). Cette plante réclame une hygrométrie élevée et une bonne chaleur de fond.
Arrosage, engrais : maintenir le mélange modérément humide. Sur un appui de fenêtre, placer le pot sur un lit de gravillons trempant dans un peu d'eau. Faire des apports d'engrais faiblement dosé tous les 15 jours d'avril à août.
Autres soins : augmenter indirectement l'humidité de l'air (voir p. 43) et faire de fréquentes vaporisations d'eau. Le rempotage est rarement nécessaire.
Multiplication : par semis, la germination demandant 2 à 3 mois avec une chaleur de fond de 25 °C.
Maladies, parasites : croissance stoppée en atmosphère sèche et trop fraîche.
Mon conseil : posé sur un matelas isolant sur un appui de fenêtre, ce palmier peut se conserver longtemps dans la maison.

Caryota mitis
Caryota

Chamaedorea elegans
Palmier nain

Caryota, des folioles découpées rappelant une queue de poisson.

Le palmier nain fleurit au bout de quelques années de culture.

Des 27 espèces que compte ce genre, seule *C. mitis*, introduite en Europe vers 1850, est cultivée comme plante d'intérieur. Ses frondes doublement pennées, qui évoquent la nageoire caudale d'un poisson, rendent ce palmier facilement identifiable. Il a une croissance buissonnante, assez lente, et émet de nombreux rejets que l'on peut utiliser pour la multiplication. Dans de bonnes conditions de culture, chaudes et humides, il peut atteindre 1,5 m de haut et presque autant de large. Ses fruits vert foncé, très décoratifs, ressemblent à des chapelets de noisettes ; ils ne se forment pas en intérieur, mais on peut parfois les observer dans les jardins botaniques.
Famille : Palmiers.
Origine : Birmanie, Java, Philippines.
Emplacement : chaud et lumineux toute l'année, sans soleil et avec un minimum de 18 °C. Il lui faut aussi une hygrométrie élevée : la culture sous serre est idéale.
Arrosage, engrais : maintenir la motte de racines légèrement humide en permanence, en évitant aussi bien humidité stagnante que sécheresse des racines ! Faire des apports hebdomadaires d'engrais faiblement dosé du printemps à l'automne.
Autres soins : entretenir une humidité de l'air importante, notamment par de fréquentes vaporisations d'eau. Ne rempoter dans un mélange ordinaire à base de terre que lorsque les racines ont entièrement colonisé le pot. Prévoir une bonne couche de drainage, gravillons, billes d'argile ou tessons de pot, au fond du nouveau contenant.
Multiplication : par semis, rejets ou drageons.
Maladies, parasites : araignées rouges en air sec, brunissement de la pointe des feuilles en cas de sécheresse ou au contraire humidité stagnante au niveau des racines.

Ce ravissant palmier nain, *C. elegans*, forme de petits troncs raides et fins ne dépassant pas 2 m de hauteur et portant des frondes pennées d'un vert frais, gracieusement arquées.
Il pousse dans l'ombre épaisse des forêts des régions montagneuses du Mexique et du Guatemala. A la différence de la plupart des autres palmiers, il présente par ailleurs l'avantage de fleurir dès ses jeunes années. Les fleurs femelles de cette espèce dioïque dégagent un délicieux parfum tandis que les fleurs mâles sont inodores. Dans de bonnes conditions, les inflorescences jaune pâle se succèdent quasiment en toute saison. *C. cataractum* est une espèce récemment apparue dans le commerce, originaire du Mexique et de Hawaï, à frondes plus sombres.
Famille : Palmiers.
Origine : Mexique, Guatemala.
Emplacement : lumineux à légèrement ombragé. L'idéal est une fenêtre orientée au nord. 20 °C environ en été, un peu plus frais en hiver. Peut passer l'été dehors, à l'ombre, à partir de juin.
Arrosage, engrais : maintenir la motte de racines modérément humide en permanence, et faire des apports d'engrais faiblement dosé toutes les 3 semaines de mars à septembre.
Autres soins : fréquentes vaporisations d'eau. Rempoter quand nécessaire dans un terreau ordinaire, à base de terre ou tourbe.
Multiplication : par semis.
Maladies, parasites : risque d'attaques d'araignées rouges en air sec, chauffé. Des arrosages excessifs en situation peu lumineuse peuvent entraîner la pourriture des racines.
Mon conseil : si votre palmier nain fleurit en abondance et que vous ne voulez pas que cette floraison affaiblisse inutilement la plante, supprimez les inflorescences dès qu'elles se forment.

Il est souvent préférable de supprimer les fleurs, pour éviter que le palmier nain ne consacre une trop grande partie de son énergie à former des graines, au détriment du feuillage.

PALMIERS

Chrysalidocarpus lutescens
Palmier d'Arec

Le palmier d'Arec a maintenant évincé le kentia.

Cette espèce est l'une des plus courantes parmi les palmiers d'intérieur. Il a tout autant d'élégance que le kentia, (*Howeia*, p. 211), qu'il supplante peu à peu. Il se distingue de ce dernier par son feuillage plus clair, vert teinté de jaune et par ses jeunes feuilles qui adoptent une forme de fuseau avant de se déployer. Dans son habitat naturel, à Madagascar, il peut atteindre 10 m de hauteur, mais ne dépasse pas 20 cm de croissance par an en intérieur, dans un environnement favorable. Les grandes frondes pennées, très décoratives, peuvent atteindre 1 m de long. On trouve cette espèce sous forme de sujets de toute taille, souvent en touffe buissonnante. Il peut fleurir en intérieur après un certain nombre d'années de culture.
Famille : Palmiers.
Origine : Madagascar.
Emplacement : lumineux mais sans soleil, chaud toute l'année, avec un minimum de 16 °C.
Arrosage, engrais : maintenir le mélange modérément humide. L'arrosage peut être abondant dans le cas d'une température de sol élevée. Faire des apports hebdomadaires d'engrais faiblement dosé de mars à août.
Autres soins : lui éviter l'air sec, veiller à maintenir une hygrométrie élevée. Faire des vaporisations d'eau quotidiennes en hiver. Rempoter tous les 2 ou 3 ans dans un mélange à base de terre ou tourbe.
Multiplication : par semis ou division des touffes.
Maladies, parasites : en air sec, risque d'attaques de pucerons, jaunissement des feuilles ou taches brunâtres.
Mon conseil : si vous habitez une région aux étés chauds et humides, installez votre palmier d'Arec dehors, en situation ombragée, à partir de juin. Il apprécie les pluies orageuses.

Cocos nucifera
Cocotier

Il lui faut beaucoup de lumière, d'humidité et de chaleur.

Le cocotier incarne tout à fait l'exotisme des palmiers. Comparativement à la plante adulte, les sujets commercialisés sont de minuscules plantules ! Elles sont en général encore rattachées à la noix qui les pourvoit en éléments nutritifs. Le flotteur en tissu fibreux, présent sous l'enveloppe lisse de la noix, permet à la graine de parcourir des milliers de kilomètres par la mer. Ce tissu se décompose moins vite en pot que dans les conditions naturelles, chaudes et humides. Il devient souvent sec et dur, pouvant gêner la croissance de la jeune plante. Ce facteur, et le fait que le cocotier retrouve rarement en intérieur les conditions équatoriales de luminosité intense et de chaleur humide, font que ces plantes ont une vie relativement brève en tant que plantes d'intérieur.
Famille : Palmiers
Origine : régions tropicales du monde entier. Véritable origine inconnue.
Emplacement : aussi lumineux, chaud et humide (humidité de l'air) que possible. Supporte le plein soleil. L'ombrager cependant en été, à la mi-journée. Minimum de 18 °C en hiver.
Arrosage, engrais : maintenir la motte légèrement humide en permanence et faire des apports hebdomadaires d'engrais faiblement dosé d'avril à septembre.
Autres soins : entretenir une hygrométrie élevée et faire de fréquentes vaporisations d'eau. Rempoter le moins souvent possible.
Multiplication : par semis de graines, ou par les noix de coco.
Maladies, parasites : rares. Il est normal que les feuilles inférieures flétrissent, c'est ainsi que se forme le tronc. Le brunissement de la pointe des feuilles indique que l'air est trop sec.
Mon conseil : en hiver, je place mon cocotier sous un éclairage d'appoint pour plantes, et je fais des vaporisations quotidiennes d'eau douce et tiède ; il vit ainsi plus longtemps.

Howeia
Kentia, palmier frisé

Howeia forsteriana, *aux larges frondes arquées.*

On cultive en intérieur deux espèces : *H. forsteriana* et *H. belmoreana*, difficiles à différencier à l'état de jeunes sujets. Ce n'est que par la suite qu'on les distingue par leur port : tandis que *H. forsteriana* a une croissance plus rapide et plus en largeur, *H. belmoreana* a une croissance plus lente, dressée. Toutes deux portent des frondes pennées vert foncé et forment une tige unique. On groupe souvent plusieurs jeunes sujets par pot.
Famille : Palmiers.
Origine : îles de Lord Howe, Australie.
Emplacement : lumineux à légèrement ombragé. Ne supporte pas le soleil. Se contente de peu de lumière, mais la croissance est alors quasiment stoppée. Température ambiante toute l'année, jusqu'à 25 °C dans la journée, un peu plus frais la nuit. Les sujets âgés peuvent passer l'été dehors en situation abritée et ombragée.
Arrosage, engrais : arroser modérément. Laisser sécher le mélange en profondeur avant d'arroser à nouveau. Eviter toute humidité stagnante. Faire des apports hebdomadaires d'engrais faiblement dosé de mars à septembre.
Autres soins : le kentia supporte assez bien l'air sec dû au chauffage. Faire cependant de fréquentes vaporisations d'eau en hiver. Rempoter quand les racines ont entièrement colonisé le mélange, dans un terreau ordinaire. Il est important de prévoir une bonne couche de matériau de drainage au fond du pot.
Multiplication : par semis, avec une chaleur de fond de 25-30 °C.
Maladies, parasites : attaques de cochenilles et araignées rouges en air trop sec. Pourriture de la tige en cas d'humidité stagnante.
Mon conseil : au moins deux fois par an, nettoyez les frondes poussiéreuses à l'eau claire, douce et tiède pour qu'elles respirent mieux. A recommander également : une pluie printanière tiède.

Microcoelum weddelianum
Cocotier

Ce petit cocotier apprécie une ambiance humide.

Ce petit palmier est très fréquent en intérieur. Cette plante au fin feuillage, originaire des forêts tropicales humides, demande cependant pour prospérer une atmosphère chaude et humide comme celle d'une serre ou d'une fenêtre-serre, en compagnie d'autres plantes exotiques comme orchidées et Broméliacées. Dans de telles conditions, il peut vivre très longtemps en intérieur, même si les plus grands sujets y dépassent rarement 1,5 m de hauteur.
Famille : Palmiers.
Origine : Brésil.
Emplacement : chaud et lumineux, avec un minimum de 20 °C. A protéger du soleil. Ce palmier apprécie une bonne chaleur au niveau des racines.
Arrosage, engrais : maintenir le mélange bien humide en permanence, un peu moins en hiver. Faire des apports d'engrais faiblement dosé une fois par mois au printemps et en été.
Autres soins : en hiver surtout, faire de fréquentes vaporisations d'eau. Rempoter quand nécessaire – en général tous les 2 ou 3 ans – dans un terreau ordinaire allégé par du sable grossier ou de la vermiculite.
Multiplication : par semis avec 30 °C de chaleur de fond.
Maladies, parasites : araignées rouges en air sec. Sécheresse des racines et hygrométrie insuffisante se traduisent par le brunissement de la pointe des feuilles ; une fraîcheur excessive au niveau des racines provoque un arrêt de la croissance.
Mon conseil : ce petit palmier vivra plus longtemps si vous prenez soin de lui assurer en permanence une humidité de l'air élevée. Enfoncez son pot dans un récipient plus grand, rempli de tourbes ou billes d'argile expansée maintenues humides (voir schéma p. 43).

PALMIERS

Phoenix
Palmier-dattier

Phoenix roebelenii, *au port très élégant.*

Des 13 espèces du genre *Phoenix*, trois surtout font d'intéressantes plantes d'intérieur : le vrai palmier-dattier, *P. dactylifera* (voir photo p. 64), le palmier-dattier des Canaries, *P. canariensis* et le palmier-dattier nain, *P. roebelenii*. Les deux premières ne peuvent être cultivées en intérieur que comme jeunes sujets. Elles atteignent vite une taille trop importante, et font ensuite de superbes plantes d'orangerie ou de véranda. La troisième espèce, au contraire, dépasse rarement 1,5 à 2 m de hauteur et demande beaucoup de chaleur. Serre ou fenêtre-serre chaude et humide sont ses endroits de prédilection. Le palmier-dattier nain possède des frondes finement pennées, joliment arquées. Les jeunes tiges sont couvertes d'un enduit poudreux, les jeunes frondes munies de fibres blanches. Avec le temps, la plante forme un beau tronc couronné d'une touffe de frondes.
Famille : Palmiers.
Origine : Laos.
Emplacement : très lumineux mais sans soleil direct, et chaud toute l'année, avec un minimum de 15 °C en hiver. Apprécie une hygrométrie élevée.
Arrosage, engrais : maintenir le mélange légèrement humide en permanence, mais sans excès. Apports d'engrais faiblement dosé d'avril à août.
Autres soins : faire de fréquentes vaporisations d'eau, quotidiennement en période de chauffage. Rempoter quand besoin est dans un mélange ordinaire, allégé par des apports de polystyrène ou styromull.
Multiplication : par semis sous serre de multiplication chauffée.
Maladies, parasites : chlorose en cas d'arrosages à l'eau calcaire. Araignées rouges en air sec. Une température insuffisante au niveau des racines, une humidité stagnante en hiver ou une eau d'arrosage trop dure peuvent se traduire par un arrêt de la croissance et le brunissement des frondes.

Rhapis
Rhapide

L'allure de ce palmier évoque l'Extrême-Orient.

R. humilis, espèce à port compact ne dépassant guère 1 m de hauteur, convient bien comme plante d'appartement, tandis que *R. excelsa*, qui peut atteindre 2 m de hauteur cultivé en bac, est plutôt une espèce d'orangerie ou de véranda. Toutes deux ont des tiges fines, entourées de gaines brunes, ressemblant à celles des bambous et étaient déjà très en vogue au début du siècle. Les frondes palmées atteignent 15 à 30 cm de large, avec des folioles plus étroites et plus nombreuses chez *R. humilis* que chez *R. excelsa*. Les rhapides sont les seuls palmiers qui se prêtent à une formation en bonsaï.
Famille : Palmiers.
Origine : Chine, Japon.
Emplacement : lumineux à légèrement ombragé, sans soleil. Température chaude en été, fraîche en hiver (5-10 °C si possible). Peut passer l'été dehors à mi-ombre à partir de mai. Craint les courants d'air.
Arrosage, engrais : arroser abondamment au printemps et en été, plus modérément en hiver. Apports d'engrais faiblement dosé de mars à août.
Autres soins : faire des vaporisations d'eau de temps à autre. Rempoter dans un mélange ordinaire à base de terre ou une bonne terre argileuse additionnée de sable grossier, quand les racines ont complètement colonisé le mélange.
Multiplication : par semis ou rejets de la souche que l'on peut séparer de la plante-mère.
Maladies, parasites : des frondes brunies et sèches sont le signe d'un emplacement trop chaud et trop sec ; des frondes jaunies témoignent d'une attaque d'araignées rouges.

Sabal
Sabal

Sabal minor se plaît en situation lumineuse.

Ces palmiers sont surtout décoratifs par leurs frondes palmées. Il existe des espèces sans tronc, buissonnantes, d'autres avec un tronc impressionnant, bien vertical. Dans leur habitat naturel, les plus grands sujets peuvent atteindre 1 m de diamètre pour 25 m de hauteur. On en dénombre environ 25 espèces, dont l'aire de distribution s'étend du Venezuela aux Antilles, en passant par l'Amérique centrale, le Mexique et le sud des Etats-Unis. Ces superbes sujets font partie des paysages naturels à Cuba ; par ailleurs, on sait qu'il y eut des palmiers sabal en Italie au Miocène. L'espèce commercialisée, peu courante, est *S. minor*, qui atteint à peine 2 m de hauteur et a une croissance plutôt buissonnante. Ses palmes profondément échancrées, mesurant parfois plus de 1 m de long, sont quelquefois couvertes d'une pruine bleutée. *S. palmetto* est une belle espèce : en effet, la base des pétioles des frondes desséchées forme un motif décoratif sur le tronc. Ces deux espèces font de beaux sujets pour les vérandas.

Famille : Palmiers.
Origine : Amérique subtropicale.
Emplacement : très lumineux toute l'année, en hiver surtout. Chaleur en été, fraîcheur en hiver (10-15 °C). A partir de mai, il peut passer l'été dehors en situation chaude et ensoleillée.
Arrosage, engrais : arroser abondamment en été, juste assez en hiver pour ne jamais laisser sécher la motte de racines. Faire des apports hebdomadaires d'engrais faiblement dosé de mai à août.
Autres soins : rempoter quand nécessaire, dans un mélange ordinaire à base de terre ou dans une bonne terre de jardin additionnée de sable grossier.
Multiplication : par graines, ou aussi stolons pour *S. minor*.
Maladies, parasites : rares quand la luminosité est suffisante.

Washingtonia
Washingtonia, palmier-éventail

Ce palmier a besoin de beaucoup d'espace.

Cette magnifique espèce de palmier ne peut être cultivée dans la maison que pendant un temps limité. Il devient ensuite trop encombrant et demande au moins une véranda. Sa croissance est très rapide et il peut atteindre plus de 2 m de largeur et 3 m de hauteur en étant cultivé en bac. Les espèces courantes sont *W. robusta*, espèce mexicaine, et *W. filifera*, espèce californienne, reconnaissable à ses palmes bordées de filaments fibreux. Toutes deux offrent un tronc très décoratif, marqué par la base des pétioles des palmes tombées. Les feuilles de *W. robusta* sont d'un vert brillant, celles de *W. filifera* dans les tons de gris-vert.
Famille : Palmiers.
Origine : Arizona, Californie, Mexique.
Emplacement : lumineux et bien aéré, chaud en été, 10 °C environ en hiver. Ne supportent pas le chauffage. A installer en plein air à partir de mai.
Arrosage, engrais : arroser abondamment en été, parcimonieusement en hiver. Apports d'engrais faiblement dosé tous les 15 jours d'avril à août.
Autres soins : rempoter chaque année les jeunes sujets, les autres moins souvent, dans un mélange à base de terre ou dans une bonne terre argileuse additionnée de sable.
Multiplication : par semis sous serre de multiplication chauffée.
Maladies, parasites : pucerons, brunissement de la pointe des feuilles en air sec, insuffisamment renouvelé.
Attention : les pétioles des washingtonias sont très épineux et peuvent blesser. Sur la terrasse ou dans la véranda, installer la plante de telle sorte qu'on ne frôle pas ses palmes en passant près d'elle.

La base des vieilles feuilles, qui ne tombe pas, entoure le tronc du washingtonia d'une gaine décorative.

Une serre ou une fenêtre-serre climatisée n'est pas toujours indispensable pour se régaler de la floraison des orchidées. Nombre de créations récentes fleurissent très bien sur un simple appui de fenêtre.

ORCHIDĒES

On se réjouit toujours de la floraison du clivia ou d'un saintpaulia. Mais qu'une *Coelogyne* laisse soudainement cascader ses fleurs blanches en mars, que l'on parvienne à faire fleurir les cymbidiums avides de lumière ou à accroître chaque année la cohorte des sabots-de-Vénus, quelle fête et quelle fierté pour le jardinier ! En règle générale, les hybrides modernes sont plus faciles à cultiver. Ces véritables joyaux, issus de croisements de genres et espèces variés, sont en partie sélectionnés pour obtenir une meilleure adaptation aux conditions de culture en intérieur ou en serre, et fleurissent de ce fait plus facilement et plus généreusement que la plupart des espèces sauvages. Qui plus est, on est assuré en achetant des hybrides de ne pas contribuer à l'appauvrissement des flores tropicales, mais plutôt d'aider à la conservation des espèces naturelles. Les orchidées présentées au fil des pages suivantes sont pour la plupart des hybrides, assez faciles à se procurer chez un fournisseur spécialisé et à cultiver. Si vous êtes tenté par des espèces plus rares et plus délicates, vous en trouverez une sélection p. 222–223, accompagnée de conseils de culture appropriés.

Ce que vous devez savoir sur les orchidées

Du point de vue de l'histoire des espèces, les orchidées sont non seulement les premières plantes à fleurs à être apparues sur terre, mais aussi la plus importante famille végétale, avec environ 750 genres, 10 000 à 30 000 espèces et plus de 70 000 hybrides répertoriés ! A l'exception des zones désertiques, très froides, ou des zones chaudes et sèches, elles sont représentées dans toutes les régions du globe. La plupart sont originaires d'Asie, mais nombreuses également sont celles qui poussent en Amérique centrale et du Sud. Elles y vivent surtout en épiphytes sur les arbres, mais sont parfois aussi terrestres ou se développent sur les rochers.

Mode de croissance : on distingue deux catégories d'orchidées selon leur mode de croissance :
- Les espèces à croissance monopodiale, comme *Phalaenopsis,* ont une tige principale dressée, issue des racines, qui porte les fleurs à l'aisselle des feuilles supérieures.
- Les espèces à croissance sympodiale, comme les *Cattleya*, ont une croissance selon un axe horizontal, le rhizome, d'où se développent de nombreuses pousses. Les nouvelles tiges partent latéralement de la base de la plante et progressent peu à peu au-dessus du bord du pot. Les orchidées sympodiales sont munies de pseudo-bulbes, organes de réserve en eau et éléments nutritifs, qui indiquent que ces plantes sont habituées à subir des périodes sèches dans leur habitat naturel. Les fleurs apparaissent à l'extrémité des tiges ou latéralement. Les feuilles ont des nervures parallèles, un bord généralement entier. Teinte et texture donnent des indices sur l'emplacement souhaité. Ainsi des feuilles vert foncé demandent une luminosité faible, le vert frais suggère une luminosité moyenne, le gris-vert impose une luminosité intense. Les orchidées qui supportent le froid ou le soleil ont soit des feuilles coriaces pour celles se plaisant à l'ombre, soit des feuilles souples pour celles aimant la chaleur.

Des soins appropriés

Lors de l'achat d'une orchidée, demandez toujours s'il s'agit d'une espèce ou hybride de climat chaud ou tempéré. Cette distinction grossière fait référence aux conditions climatiques d'origine de la plante – ou du parent dominant pour les hybrides. Les orchidées des régions fraîches sont les plus délicates à conserver dans la maison. L'humidité de l'air nécessaire à leur épanouissement peut être obtenue par un humidificateur électrique ou par d'autres mesures (voir p. 43). C'est bien sûr dans une serre ou une fenêtre-serre climatisée que les orchidées trouveront des conditions de culture optimales. La « formule magique » pour la floraison est la suivante : repos végétatif, baisse nocturne de la température, beaucoup de lumière en automne et une hygrométrie suffisante en permanence. Une règle d'or : les orchidées à feuilles coriaces et pseudo-bulbes épais ont besoin d'une période de repos végétatif au sec ; celles possédant des feuilles tendres et souples ne doivent, au contraire, jamais sécher complètement. En fin d'hiver et au printemps a lieu l'entrée en croissance, ce qui signifie la reprise ou l'augmentation des arrosages. L'été est la période de croissance active ; l'ochidée a besoin d'eau, d'éléments nutritifs (engrais) et de chaleur. En fin d'été et en automne, se forment les nouveaux pseudo-bulbes, et ont lieu la maturation des jeunes tiges et la formation des ébauches florales. Important : une chute de température nocturne de 4 à 6 °C, des arrosages réduits, le plus possible de lumière. En automne et en hiver, c'est le repos végétatif (saison sèche sous les tropiques). Donnez à votre orchidée beaucoup de lumière et peu d'eau. Contrairement à la majorité des plantes d'intérieur, les terreaux ordinaires ne conviennent pas aux orchidées. Il leur faut un mélange spécial, à la fois léger, drainant, poreux, et avec une certaine capacité de rétention de l'eau et des éléments nutritifs.

Les orchidées poussant sur ou contre les troncs d'arbres tirent les éléments nutritifs dont elles ont besoin des débris végétaux en décomposition qui s'accumulent dans les creux de l'écorce.

*Les orchidées nous offrent les fleurs les plus extraordinaires de la création. Celles d'*Encyclia cochleata *évoquent d'étranges insectes.*

ORCHIDÉES

Cattleya
Cattleya

Cattleya bicolor, *originaire du Brésil*.

Cattleya bowringiana, *très florifère*.

Dans leur habitat naturel, les cattleyas poussent en général en épiphytes sur les branches ou troncs d'arbres. Leurs fleurs sont grandes, colorées, avec un labelle très décoratif. Les boutons floraux sont enfermés dans une gaine. On trouve dans le commerce des espèces botaniques de *Cattleya*, des *Cattleya* hybrides, et des hybrides intergénériques, entre 2 ou 3 genres distincts, comme *Brassolaeliocattleya*, *Epicattleya*, *Potinara*, ou *Sophrolaeliocattleya*. Les fleurs offrent des tons blancs, jaunes, roses et rouges. Se prêtent particulièrement bien à la culture en intérieur les croisements entre *Cattleya* et *Laelia* (voir p. 218), ou *Laeliocattleya* hybrides, comme 'Alma Wichmann', à floraison printanière, 'Aconcagua', à floraison hivernale. Ils demandent les mêmes soins que les cattleyas.

Plus Laelia *que* Cattleya, Laeliocattleya *hybride* 'Creamton'.

Une coloration particulièrement intense : Laeliocattleya *hybride* 'Culminari Recital'.

Laeliocattleya *hybride blanc à gorge jaune.*

Floraison : printemps, été, automne ou hiver selon l'espèce et la variété.
Famille : Orchidacées.
Origine : Amérique centrale et Amérique du Sud.
Emplacement : très lumineux, mais sans soleil brûlant. L'idéal est une fenêtre donnant à l'est ou à l'ouest. Jusqu'à 25 °C en été et en période de croissance, avec une bonne aération. Important : une légère baisse de la température nocturne ; en hiver, 18 °C le jour, 14 °C la nuit suffisent.
Arrosage, engrais : en été, arroser quand besoin est ou bien plonger la plante dans l'eau.
En hiver, n'arroser que pour éviter le dessèchement des racines et pseudo-bulbes. En été, ajouter un engrais pour orchidées tous les 3 arrosages.
Autres soins : de mai à octobre, faire de fréquentes vaporisations d'eau sur le feuillage. Rempoter tous les 2 ou 3 ans dans un mélange pour orchidées, après la floraison pour les formes fleurissant au printemps et en été, en mars-avril, pour celles fleurissant en automne et hiver.

Multiplication : par division des pseudo-bulbes lors du rempotage.
Maladies, parasites : cochenilles en air sec. Attention également aux fourmis, attirées par les sécrétions sucrées et collantes de la gaine florale et qui peuvent introduire des pucerons. La teinte brune de la gaine ou spathe est normale, de même que la formation liégeuse sur les pseudo-bulbes, qui sert de protection contre le soleil.
Mon conseil : pour que votre cattleya refleurisse chaque année, il faut l'installer plus au frais dès que la maturation des tiges est réalisée, et réduire les arrosages. En situation trop chaude, le cattleya poursuit sa croissance et ne forme que des feuilles.

Cymbidium
Cymbidium

Les hybrides à fleurs brunes sont très recherchés.

Un aperçu de la palette des fleurs de Cymbidium.

De toutes les orchidées, les cymbidiums sont les plus utilisées en tant que fleurs coupées. De Thaïlande, notamment, parviennent des milliers de longues grappes de fleurs chez les fleuristes du monde entier. Cela n'a rien d'étonnant : les fleurs de cymbidium ont en effet une excellente tenue en vase, et offrent une diversité de teintes inégalée. La plupart sont des orchidées terrestres, à racines épaisses, charnues et à longues feuilles coriaces, rubanées, en général issues de pseudo-bulbes ovales. Les inflorescences apparaissent à la base du bulbe et persistent pendant des semaines. On distingue en général les formes standard, de plus de 1 m de hauteur, plus indiquées pour la serre ou véranda, et les formes miniatures, de moins de 1 m, plus adaptées aux intérieurs. Ces dernières, qui ont des ancêtres amateurs de chaleur, fleurissent dès l'automne et supportent assez bien d'être dans une pièce chauffée. La palette des teintes va du blanc crème au vert, en passant par le jaune, l'orange, le rose, le rouge, le violet et le brun. Parmi les miniatures les plus courantes, à floraison hivernale ou printanière, figurent 'Agnès Norton', 'Excalibur', 'Miniatures Delight' (superbe en suspension !), 'Minuet', 'Pink Tower'.

Floraison : printemps, été, automne, hiver selon l'espèce et la variété.
Famille : Orchidacées.
Origine : Asie tropicale, Australie.
Emplacement : lumineux et ensoleillé, bien aéré, toute l'année. Sortir en situation lumineuse, mais sans soleil, les types standards et les miniatures assez âgés, de juin à fin septembre. Chaleur en été, avec une température nocturne nettement plus fraîche à partir d'août.
Arrosage, engrais : arroser abondamment de mars à fin septembre, et faire des apports d'engrais pour orchidées toutes les 4 semaines. Réduire les arrosages et cesser les apports d'engrais à la fin de l'automne et en hiver.
Autres soins : maintenir une humidité de l'air élevée. Faire de fréquentes vaporisations d'eau. Rempoter tous les 2 ans après la floraison, dans un mélange pour orchidées.
Multiplication : par division des pseudo-bulbes lors du rempotage.
Maladies, parasites : araignées rouges en air trop sec. Des feuilles décolorées ou tachetées de jaune sont le signe d'une virose. Isoler la plante pour éviter la contamination, ou bien la détruire. Il n'y a aucun traitement contre les maladies à virus.
Mon conseil : les fleurs des cymbidiums qui fleurissent entre septembre et janvier se forment en mai-juin, en septembre pour ceux qui fleurissent de février à mai. Pendant cette période, il faut aux plantes beaucoup de chaleur dans la journée et une fraîcheur suffisante la nuit.

Les cymbidium hybrides illustrés ci-dessus :
En haut à gauche : hybride à fleur verte et labelle moucheté.
En bas à gauche : 'Silvia Müller Citronella'.
En haut à droite : hybride blanc crème à labelle rouge orangé.
En bas à droite : 'Starbright Capella', une variété très appréciée.

ORCHIDÉES

Laelia
Laelia

Laelia purpurata, la fleur nationale du Brésil.

Les quelque 50 espèces du genre *Laelia* poussent pour la plupart en épiphytes dans les forêts tropicales. Mais il existe également des espèces qui se développent sur les rochers ou en sol sableux comme, par exemple, *L. cinnabarina*, à floraison rouge vermillon. Ces espèces sont à conseiller aux «débutants». Elles fleurissent au printemps, comme le superbe *L. purpurata*. *L. crispa* fleurit en été. Fait partie des espèces à floraison automnale, *L. pumila*, à grandes fleurs rose violacé, tandis que *L. anceps* (rose violacé) et *L. harpophylla* (orange) fleurissent en hiver. A l'exception des Laeliocattleya (voir p. 216), il existe relativement peu d'hybrides entre espèces de *Laelia*.
Floraison : printemps, été, automne ou hiver selon l'espèce et la variété.
Famille : Orchidacées.
Origine : Amérique tropicale.
Emplacement : lumineux à légèrement ombragé, aéré (mais sans courants d'air). Plein soleil en automne pour *L. cinnabarina*. 18-24 °C au printemps et en été dans la journée ; la nuit et en automne-hiver, température inférieure, d'environ 4 °C.
Arrosage, engrais : arroser abondamment (ou immerger le pot) par temps chaud en été. Bien laisser sécher le mélange avant d'arroser à nouveau. En hiver, n'arroser que pour éviter le flétrissement de la plante. En période de croissance, faire des apports d'engrais pour orchidées tous les 3 arrosages.
Autres soins : maintenir une hygrométrie élevée. Rempoter tous les 2 ou 3 ans au printemps dans un mélange pour orchidées. Les espèces épiphytes peuvent être cultivées fixées sur un morceau d'écorce liégeuse ou un tronc de fougère arborescente.
Multiplication : par division des pseudo-bulbes lors du rempotage.
Maladies, parasites : ces orchidées supportent mal un air moite, non renouvelé.

Miltonia, Miltoniopsis
Miltonia

Les fleurs de Miltoniopsis ressemblent à des fleurs de pensée.

Des fleurs plates, à colonne courte, évoquant au premier coup d'œil des pensées, sont caractéristiques des miltonias. On distingue grossièrement deux catégories : les espèces de *Miltonia*, qui se prêtent bien à la culture en intérieur, et les espèces de *Miltoniopsis*, parfois appelées miltonias à fleurs de pensée, originaires de forêts tropicales humides et fraîches. Les deux genres regroupent 15 à 20 espèces. Les épiphytes ont en général des pseudo-bulbes vert clair, aplatis, avec 1 à 3 feuilles étroites. Les tiges florales se forment toujours à la base des pseudo-bulbes les plus jeunes. Les fleurs sont multicolores, souvent blanches avec du rouge ou du rose. Les plus couramment cultivées sont *Miltonia clowesii*, *M. flavescens* et *M. spectabilis*, à floraison estivale ou automnale, ainsi que des hybrides.
Floraison : été et automne, parfois sporadiquement toute l'année.
Famille : Orchidacées.
Origine : Amérique du Sud.
Emplacement : lumineux toute l'année, mais sans soleil. Supporte aussi la mi-ombre. Pas plus de 25 °C en été ; en hiver 20 °C environ le jour, 15 à 18 °C la nuit.
Arrosage, engrais : maintenir le mélange légèrement humide. Arroser parcimonieusement en hiver. Faire des apports d'engrais faiblement dosé toutes les 3 semaines au printemps et en été.
Autres soins : augmenter indirectement l'humidité de l'air (voir p. 43), mais ne pas vaporiser d'eau sur la plante ! Le rempotage est rarement nécessaire. Quand c'est le cas, rempoter à l'automne ou au printemps, dans un mélange pour orchidées épiphytes.
Multiplication : par division des pseudo-bulbes lors du rempotage.
Maladies, parasites : rares, en général consécutifs à des erreurs culturales. Légère coloration rouge des feuilles en situation trop lumineuse.

Odontoglossum

Très connue, Vuylstekeara cambria *'Plush'.*

Hybride à fleurs jaunes tigrées de brun-rouge.

Des 100 espèces que compte ce genre, la plupart sont originaires de régions montagneuses fraîches, entre 1 500 et 3 000 m d'altitude. Certaines y supportent même de légères gelées. Leur nom botanique est tiré de mots grec et latin, *odontos,* «dent» et *glossa,* «langue», par référence aux appendices en forme de dent qui existent parfois à la base des fleurs caractéristiques du genre. Les pseudo-bulbes ovales et aplatis portent 1 à 3 feuilles à leur extrémité, et à leur base une inflorescence en grappe, orientée vers le haut. L'une des espèces les plus faciles à cultiver est *O. grande,* maintenant rebaptisée *Rosioglossum,* genre distinct. Les plus intéressants pour la culture en intérieur sont les hybrides interspécifiques et intergénériques, comme :
- *Odontioda* (*Odontoglossum* x *Cochlioda*) ;
- *Odontonia* (*Odontoglossum* x *Miltonia*) ;
- *Odontocidium* (*Odontoglossum* x *Oncidium*) ;
- *Vuylstekeara* (*Odontoglossum* x *Cochlioda* x *Miltoniopsis*) ;
- *Wilsonara* (*Odontoglossum* x *Cochlioda* x *Oncidium*).
Ces hybrides ont été spécialement sélectionnés pour la culture en intérieur et se caractérisent par des inflorescences fournies, souvent de plusieurs teintes. On en trouve à fleurs jaunes, tachées ou tigrées de brun, blanches tachées ou tigrées de rose ou rouge.
Parmi les espèces botaniques, *O. bictoniense,* *O. pulchellum,* au parfum de muguet et *O. crispum* se prêtent bien à la culture en intérieur.

Floraison : printemps, été, automne ou hiver selon l'espèce ou la variété.
Famille : Orchidacées.
Origine : Amérique centrale et du Sud.
Emplacement : lumière vive à mi-ombre. Fenêtre orientée à l'est, à l'ouest ou au nord, voire au sud en hiver. 20 à 24 °C en été, plus frais la nuit ; 14 à 18 °C en hiver.
Arrosage, engrais : maintenir le mélange modérément humide en période de croissance. En hiver, n'arroser que pour éviter le dessèchement du mélange et des pseudo bulbes. De juin à août, faire tous les 15 jours des apports d'engrais en vaporisations sur le feuillage (ce qui évite de provoquer une salinité excessive du mélange de culture).
Autres soins : entretenir une hygrométrie élevée par de fréquentes vaporisations d'eau. Rempoter tous les 2 ou 3 ans après la floraison, dans un mélange spécial pour orchidées.
Multiplication : par division des pseudo-bulbes lors du rempotage.
Maladies, parasites : le bord des feuilles ondule lorsque l'hygrométrie est insuffisante.

Mon conseil : si vous possédez un jardin, accrochez votre odontoglossum dans un arbre au feuillage léger à partir de juin. Cette orchidée apprécie de passer l'été en plein air, surtout quand la fraîcheur nocturne fait suite à la chaleur de la journée. Important : n'oubliez pas d'arroser en période de sécheresse. En cas de pluie ininterrompue au contraire, mieux vaut rentrer la plante pour éviter tout risque d'humidité stagnante et de pourriture du mélange. La plante peut être exposée au plein soleil à partir de septembre. Cette luminosité favorise la formation des fleurs et la maturation des pseudo-bulbes. Laissez-la faire le plein de soleil jusque début octobre mais attention aux premières gelées nocturnes ! Mieux vaut alors la rentrer en situation fraîche et lumineuse. Le développement des boutons floraux est en général rapide.

L'odontoglossum est à l'origine de nombreuses orchidées hybrides cultivées comme plantes d'intérieur, parfois connues sous un nom totalement différent, comme les *Vuylstekeara*.

Oncidium
Oncidium

Ce genre d'orchidées compte environ 100 espèces, adaptées à des températures très variées et offrant des aspects très différents. Les inflorescences sont composées de nombreuses fleurs simples, souvent rayées ou tigrées. Diverses espèces et hybrides sont couramment cultivées. Lors de l'achat, informez-vous toujours des besoins en chaleur de la plante, température moyenne ou chaude.
Floraison : printemps, été, automne ou hiver selon l'espèce et la variété.
Famille : Orchidacées.
Origine : Amérique tropicale et subtropicale, Caraïbes.
Emplacement : lumineux à légèrement ombragé en été, sans soleil direct. Température chaude le jour, fraîche la nuit. Pour les espèces de serre tempérée, 15 °C le jour en hiver ; 20 °C environ pour les espèces de serre chaude, et plein soleil.
Arrosage, engrais : maintenir le mélange légèrement humide en permanence de mars à octobre. De novembre à mars, n'arroser que pour éviter le flétrissement des feuilles et pseudo-bulbes. En période de croissance, faire toutes les 3 semaines des apports d'engrais pour orchidées.
Autres soins : entretenir une humidité de l'air élevée, mais limiter les vaporisations d'eau en hiver et au printemps pour les jeunes pousses pourrissant facilement. Rempoter dans un mélange pour orchidées lorsque les pseudo-bulbes dépassent les bords du pot. Meilleure période : en fin de période de repos (mars), lorsque les racines et jeunes tiges entrent en croissance.
Multiplication : par division des pseudo-bulbes lors du rempotage.
Maladies, parasites : rares, en cas de graves erreurs culturales seulement.
Mon conseil : ne supprimez pas les inflorescences chez *O. kramerianum* et *O. papilio* après la floraison : de nouveaux boutons floraux se développeront sur la même tige l'année prochaine.

Oncidium hybride, à fleurs tigrées.

Paphiopedilum
Sabot-de-Vénus

Paphiopedilum hybrides, des orchidées faciles à cultiver.

Il existe environ 60 espèces de *Paphiopedilum*. Les hybrides sont beaucoup plus nombreux, et recommandés pour la culture en intérieur dans un souci de sauvegarde des espèces botaniques. Ces hybrides sont en outre plus robustes que les espèces botaniques, et s'adaptent bien dans une pièce chauffée. Le sabot-de-Vénus a un mode de croissance particulier : chaque rosette de feuilles donne une unique hampe florale. Ensuite, se forment à l'aisselle des feuilles de nouvelles rosettes, qui fleurissent l'année suivante. Les fleurs sont blanches, jaunes, vertes, brunes ou pourpres, souvent rayées, tachetées ou tigrées de teintes différentes.
Floraison : printemps, été, automne ou hiver selon l'espèce ou l'hybride.
Famille : Orchidacées.
Origine : Asie tropicale.
Emplacement : mi-ombre en été, lumière vive en hiver, mais sans soleil. Température ambiante toute l'année, un peu plus fraîche la nuit.
Exception : la garder au frais la nuit, au soleil le jour, pendant 2 à 3 semaines en septembre, après maturation des tiges.
Arrosage, engrais : arroser modérément, mais laisser sécher le mélange entre deux arrosages. Réduire les apports d'eau en hiver. Faire des apports d'engrais faiblement dosé toutes les 3 semaines d'avril à septembre.
Autres soins : entretenir une hygrométrie élevée. Faire de fréquentes vaporisations sur le feuillage. Rempoter après la floraison si le mélange est compacté ou dégage une odeur de moisissure.
Multiplication : par division lors du rempotage.
Maladies, parasites : attaques possibles de cochenilles et d'araignées rouges. Pourriture des boutons floraux, feuilles et racines en cas d'humidité stagnante.
Mon conseil : c'est lorsqu'ils se développent en touffes denses que les sabots-de-Vénus fleurissent le mieux : mieux vaut donc éviter de les diviser.

Phalaenopsis

Le phalaenopsis possède de larges feuilles.

Ces orchidées n'ont pas de pseudo-bulbes, mais de nombreuses racines qui enserrent tout ce qu'elles rencontrent. Les feuilles sont larges-ovales et les fleurs peuvent avoir des formes, des teintes et des motifs variés. Elles se succèdent presque toute l'année, dans des tons blancs, jaunes, roses, rouges, violets, bruns et verts. Sont cultivées en intérieur des espèces, hybrides (de culture facile) et hybrides intergénériques comme *Asconopsis*, *Doritaenopsis* ou *Renanthopsis*, qui requièrent tous des soins similaires. Les *Phalaenopsis* hybrides sont particulièrement recommandés aux débutants et offrent une grande diversité de teintes.

Floraison : printemps, été, automne ou hiver ; les hybrides fleurissent quasiment toute l'année.
Famille : Orchidacées.
Origine : Inde, sud-est asiatique, Indonésie, Philippines, nord de l'Australie.
Emplacement : mi-ombre en été, lumière vive en hiver. Jamais de plein soleil. Chaleur toute l'année, 20 à 22 °C (voire plus en été)

le jour, pas moins de 18 °C la nuit. Exception : à l'automne, garder la plante à 16 °C environ pendant 4 à 6 semaines, cette fraîcheur favorise la formation des fleurs.
Arrosage, engrais : maintenir le mélange modérément humide. Le mélange ne doit jamais sécher complètement, tout au plus, sur quelques centimètres entre les arrosages. Ne jamais verser d'eau au niveau du collet de la plante, sous peine de risque de pourriture ! Faire des apports d'engrais faiblement dosé tous les 15 jours en été.
Autres soins : fréquentes vaporisations d'eau sur le feuillage. Chez les espèces botaniques, maintenir une hygrométrie élevée. Les hybrides supportent mieux un air relativement sec. Rempoter tous les 2 ans en mai, dans un mélange pour orchidées, fibreux et poreux. Veiller à ne pas blesser les racines.

Multiplication : par les rejets qui se forment de temps à autre sur la hampe florale.
Maladies, parasites : maladies causées par des champignons pathogènes en cas d'arrosages excessifs, cochenilles en air sec, chute des boutons floraux en situation trop sombre. Attention aux limaces en cas de culture sous serre.
Mon conseil : le phalaenopsis peut fleurir deux à trois fois sur la même tige, si l'on coupe la tige florale au dessus du troisième ou quatrième nœud, avant que l'inflorescence ne soit complètement fanée.

Hybride à fleurs jaune-vert, 'Mambo'.

Phalaenopsis hybride 'Hokuspokus', à fleurs mouchetées.

L'hybride 'Cassandra', à labelle rose pourpré.

LA PAGE DU COLLECTIONNEUR

Une sélection d'espèces botaniques d'orchidées, aux exigences particulières, originaires de zones tropicales chaudes et humides, ou de forêts d'altitude, humides et fraîches.

Coelogyne cristata
Coelogyne

Espèce de serre tempérée. Orchidée épiphyte à feuilles étroites, vert foncé, de 15 à 30 cm de long, pseudo-bulbes ovoïdes et fleurs blanches retombantes, marquées de jaune sur le labelle, à plusieurs sur une tige pouvant atteindre 30 cm.

Floraison : novembre à mars. **Famille** : Orchidacées. **Origine** : Himalaya, Népal. **Emplacement** : lumineux et bien aéré toute l'année. Pas de soleil de la mi-journée. Eté dehors ; hiver 14 °C le jour, 8 °C la nuit. **Arrosage, engrais** : arroser modérément de mai à septembre et faire tous les 15 jours des apports d'engrais faiblement dosé. A garder presque au sec d'octobre à avril. **Autres soins** : ne pas asperger les jeunes tiges, risque de pourriture. Rempoter si besoin est après la floraison, dans un mélange pour orchidées. **Multiplication** : par division. **Mon conseil** : la coelogyne fleurit mieux lorsqu'elle a reçu dehors tout le soleil de l'automne.

Brassia verrucosa
Brassia

Espèce de serre tempérée, à pseudo-bulbes aplatis, feuilles coriaces, oblongues et fleurs aux pétales souvent prolongés en longs filaments, sur une tige d'environ 50 cm de long.

Floraison : printemps ou été, selon l'espèce. **Famille** : Orchidacées. **Origine** : Amérique tropicale. **Emplacement** : lumière vive à mi-ombre. Température ambiante en été, avec 16 à 18 °C la nuit. Pas plus de 18 °C le jour en hiver, 14 °C environ la nuit. **Arrosage, engrais** : arroser abondamment, à l'eau douce, d'avril à septembre, et donner tous les 15 jours de l'engrais faiblement dosé. D'octobre à mars, n'arroser que pour éviter le flétrissement des pseudo-bulbes. **Autres soins** : faire de fréquentes vaporisations d'eau. Risque d'attaques de cochenilles en air trop sec. **Multiplication** : par division des pseudo-bulbes.

Dendrobium densiflorum
Dendrobium

Espèce de serre tempérée, épiphyte, à pseudo-bulbes ressemblant à des bambous et grappes de fleurs jaune orangé. L'une des plus belles espèces de dendrobium.

Floraison : mars à mai. **Famille** : Orchidacées. **Origine** : Himalaya, Birmanie, Indochine. **Emplacement** : lumière vive toute l'année, mais sans soleil. Température chaude au printemps et en été, 12 à 15 °C à partir d'octobre. **Arrosage, engrais** : arroser abondamment au printemps et en été, avec des apports d'engrais faiblement dosé tous les 15 jours. Réduire les arrosages à partir d'octobre, n'arroser en hiver que pour éviter le dessèchement des pseudo-bulbes. **Autres soins** : faire de fréquentes vaporisations d'eau, en été surtout. **Multiplication** : par division des pseudo-bulbes après la floraison.

Zygopetalum 'Artur Elle'
Zygopetalum

Orchidée de serre tempérée, à racines épaisses, possédant au moins 2 feuilles étroites lancéolées, à pseudo-bulbes ovoïdes et fleurs joliment teintées, rayées et mouchetées. Son curieux nom botanique est issu de mots grecs *zygon*, «collier» et *petalon*, «pétale» faisant référence à la colonne épaissie à la base du labelle, qui unit les pétales en forme de collier de cheval. On en cultive des espèces botaniques et des hybrides.
Floraison : hiver. **Famille** : Orchidacées. **Origine** : Amérique du Sud. **Emplacement** : lumineux ou légèrement ombragé, bien aéré. Température ambiante toute l'année, de préférence 15 à 18 °C en hiver. **Arrosage, engrais** : maintenir le mélange modérément humide. De mars à septembre, faire tous les 15 jours des apports d'engrais faiblement dosé.

Bulbophyllum longiflorum, *parfois appelé* Cirrhopetalum.

Autres soins : entretenir une hygrométrie élevée (voir p. 43), mais sans vaporisations d'eau sur le feuillage, qui se tache facilement. Rempoter chaque année après la floraison. **Multiplication** : par division des pseudo-bulbes munis de feuilles.

Masdevallia militaris
Masdevallia

Espèce d'altitude, habituée à des conditions fraîches et humides, à cultiver en serre froide uniquement ! Rhizome charnu et fleurs inhabituelles, à corolle presque absente et calice réduit à 3 lobes soudés.
Floraison : printemps ou été selon l'espèce. **Famille** : Orchidacées. **Origine** : Amérique centrale et du Sud. **Emplacement** : lumineux à légèrement ombragé, bien aéré toute l'année, dans un endroit frais et humide. **Arrosage, engrais** : maintenir le mélange légèrement humide en permanence, sans période de repos, et faire des apports d'engrais faiblement dosé toutes les 3 semaines en été. **Autres soins** : rempoter au printemps si nécessaire, dans un mélange pour orchidées. **Multiplication** : par division du rhizome.

Bulbophyllum longiflorum
Bulbophyllum

Orchidée de serre chaude, épiphyte, à rhizome rampant, allongé, et pseudo-bulbes anguleux, portant une unique feuille coriace (d'où son nom, réunion des mots grecs *bolbos*, «bulbe» et *phyllon*, «feuille»). Les curieuses fleurs sont disposées en ombelles.
Floraison : juillet. **Famille** : Orchidacées. **Origine** : forêts tropicales humides. **Emplacement** : lumineux toute l'année, avec environ 20 °C dans la journée, pas moins de 16 °C la nuit. **Arrosage, engrais** : maintenir le mélange modérément humide et faire des apports d'engrais faiblement dosé tous les 15 jours en période de croissance. **Autres soins** : augmenter indirectement l'humidité de l'air (voir p. 43). **Multiplication** : par division des pseudo-bulbes.

Elles demandent peu
de place et peu d'entretien,
se transforment en une nuit
en beautés fleuries
et donnent, plus que tout
autre groupe de plantes,
l'envie de les collectionner.
Qui s'est laissé une fois
séduire par ces filles
de la lumière ne peut
plus s'en défaire !

CACTĒES

Il suffit d'un appui de fenêtre ensoleillé et de quartiers d'hiver frais et lumineux pour se lancer dans la culture des cactées. Un seul appui de fenêtre permet déjà une belle collection de petits sujets. Le mieux est sans doute de commencer, comme indiqué dans les pages suivantes, par des cactus de culture facile. Ou bien avez-vous une préférence pour la catégorie bien à part des cactées épiphytes ? Vous trouverez un peu plus loin, à l'intention des passionnés possédant déjà une certaine expérience (et si possible une serre), une rapide sélection de cactées plus délicates. Le regroupement intentionnel de plantes aux exigences culturales quasi identiques vous permet l'acquisition simultanée de plus d'une demi-douzaine d'espèces différentes, mais à traiter de la même façon. Les cactées gagnent en effet à être présentées en groupe coloré et non pas de façon isolée. Le charme des cactées tient à leur diversité. Sans fleurs, les petits «coussins d'épines» ont un aspect peu engageant. Quel régal pourtant lorsque leurs fleurs s'ouvrent, colorées et soyeuses ! Les premiers specimens de cactus sont sans doute parvenus en Europe vers 1500, avec la *Santa Maria* de Christophe Colomb. Les melocactus, cactus candélabres et figuiers de Barbarie étaient déjà connus vers 1700, et les cactus devinrent véritablement à la mode à l'époque Biedermeier (1815 à 1848 en Allemagne). Les sociétés d'amateurs de cactus et plantes grasses comptent aujourd'hui de très nombreux adhérents dans toute l'Europe.

Ce que vous devez savoir sur les cactées

Cette famille de plantes est américaine : leur aire de distribution s'étend en effet du Canada à la Patagonie. La plupart s'implantent dans les savanes et régions sèches, quasi désertiques, sous une chaleur brûlante. Un nombre relativement limité pousse dans les régions tropicales chaudes et humides. La famille des cactées, botaniquement les Cactacées, comprend environ 200 genres et plusieurs milliers d'espèces. Ce sont des plantes à fleurs comme le cyclamen et l'azalée, mais pourquoi sont-elles si différentes d'aspect ?
Le port caractéristique des cactus est apparu il y a des millions d'années, remarquable adaptation à un environnement sec. Pour limiter le plus possible les surfaces d'évaporation, se protéger contre le soleil et le rayonnement UV intense, ces plantes ont mis au point les formes columnaires et sphériques, ont transformé leurs feuilles en aiguillons et se sont couvertes d'un épiderme épais, agrémenté en outre d'excroissances cireuses ou liégeuses, d'aiguillons acérés ou de longs poils protecteurs blanc argenté.
Certaines espèces ont des racines superficielles, très étalées, qui leur permettent de profiter le plus possible de la moindre pluie, tandis que d'autres possèdent une épaisse racine fasciculée en guise de réserve d'eau.
La consistance charnue des tissus, ou succulence, (du latin *succus*, «jus», «sève») est un véritable perfectionnement pour ces plantes, capables de constituer des réserves d'eau dans leurs organes. La sphère est une forme courante chez les jeunes cactus. Il existe aussi des espèces qui forment des colonnes ou des coussinets. Les sujets adultes peuvent être buissonnants, arborescents ou en forme de candélabres. Les cactées grimpantes, qui forment une catégorie bien particulière, sont constituées de longs segments qui se ramifient abondamment. Les quelques épiphytes de cette famille végétale, comme cactus de Noël ou cactus de Pâques, ont des pousses qui ressemblent à des feuilles. Selon les espèces, les fleurs des cactées apparaissent au plus tôt sur des sujets de 2 ou 3 ans, ou bien à partir d'une certaine taille de la plante. Printemps et début d'été sont la période de floraison de la plupart des espèces. A l'exception du noir et du bleu, toutes les teintes de fleurs sont représentées.

Des soins appropriés

Les cactus sont certes robustes mais certaines erreurs culturales peuvent leur être fatales. Les arrosages peuvent être abondants en été, en évitant cependant toute humidité stagnante. Attendre pour arroser à nouveau que le mélange soit sec en profondeur. Réduire les arrosages en automne, les stopper en hiver quand la température est inférieure à 10 °C. N'arroser que très peu en situation plus chaude. Il ne faut surtout pas stimuler la croissance des plantes pendant ces mois de faible luminosité. Le substrat doit être bien drainant et poreux, fortement minéralisé. Alléger les terreaux spéciaux du commerce destinés aux plantes grasses, souvent trop riches en humus, avec du sable grossier ou de fins gravillons volcaniques. Attention lors du rempotage à ne pas vous blesser : il est préférable de manipuler ces plantes avec des gants épais, de les saisir avec une pince à cornichons, un manchon de papier journal ou entre deux morceaux de polystyrène (voir schéma p. 41). Les cactées épiphytes, parfois appelées cactées de la jungle tropicale, demandent un tout autre traitement : il leur faut au contraire un mélange riche en humus et éléments nutritifs, plus d'eau et une hygrométrie importante. Enfin, différence capitale avec leurs cousines du désert, elles n'aiment pas le soleil !

Nombre de cactées à port buissonnant forment une colonne unique en pot. Des groupes impressionnants comme celui-ci ne peuvent guère être observés que dans leur habitat naturel.

*Le cactus-oursin géant (*Echinocactus ingens*), qui pousse au Mexique, peut atteindre un poids de 1 tonne et devint tristement célèbre du temps des Aztèques, en tant qu'autel pour les sacrifices.*

CACTÉES

Cactées de culture aisée

La sélection de cactus présentée ici permet à tout néophyte de s'initier avec succès à la culture des cactées et de les faire refleurir sans difficulté chaque année.

Il est plus facile qu'il n'y paraît de faire fleurir ces petits cactus.

Famille : Cactacées.
Origine : sud des Etats-Unis, Amérique centrale et du Sud.
Emplacement : chaud, très lumineux à ensoleillé, du printemps à l'automne. Situation fraîche (5 à 12 °C) et lumineuse à partir d'octobre. Peuvent être sortis à partir de fin mai, en situation ensoleillée, mais à l'abri de la pluie.
Arrosage, engrais : faire des arrosages copieux de mai à septembre, mais en laissant le mélange sécher en profondeur avant d'arroser à nouveau. Réduire les arrosages à partir de fin octobre. Ne pas arroser en hiver à moins de 10 °C ; au-dessus, arroser très parcimonieusement. Reprendre progressivement les arrosages au printemps. Dès que se manifestent des signes de croissance, donner de l'engrais pour cactées tous les 15 jours. Peu avant l'hivernage, ajouter un engrais riche en phosphore à la dernière eau d'arrosage pour stimuler la floraison.
Autres soins : rempoter tous les 2 ou 3 ans dans un mélange pour cactées et plantes grasses, additionné de sable grossier ou fins gravillons.
Multiplication : par semis sous châssis ou serre de multiplication à 28 °C environ, fin février étant la meilleure époque pour le semis. Repiquer quand les jeunes plants commencent à être trop serrés.
Maladies, parasites : rares. Problèmes seulement en cas d'excès d'engrais ou d'arrosage, mauvaises conditions d'hivernage, air insuffisamment renouvelé.

Gymnocalycium
Cactus sphérique ou globuleux-aplati, très florifère, à grandes fleurs. Bourgeonne à la base et atteint environ 15 à 20 cm de hauteur, 15 cm d'épaisseur. Il existe des espèces à aiguillons espacés ou, au contraire, groupés. Les fleurs, de près de 6 cm de diamètre, apparaissent souvent dès la troisième année de culture.
Espèces conseillées :
G. andreae (jaune), *G. baldianum* (rouge-violet), *G. bruchii* (rose), *G.` denudatum* (blanc crème), *G. multiflorum* (rose à rose orangé), *G. quehlianum* (blanc à gorge rouge), *G. uruguayense* (blanc crème).
Floraison : printemps-été.

Notocactus
Genre à port sphérique ou en colonne courte, d'environ 15 à 20 cm de hauteur et de diamètre.
Ne forme en général de rejets que lorsque la plante est assez âgée et porte différents types d'aiguillons.
Les fleurs se forment vers le sommet de la tige et mesurent environ 8 cm de diamètre.
Espèces conseillées :
N. apricus, *N. concinnus*, *N. ottonis*, *N. submammulosus* (jaune), *N. rutilans* (rose carminé), *N. uebelmannianus* (jaune-rouge à rouge violacé).
Floraison : printemps-été.

Mammillaria
Toutes les espèces de ce genre sont marquées de tubercules saillants disposés en spirales et non en côtes régulières. La forme, globuleuse à sphérique, en colonne fine ou épaisse, ainsi que la disposition des aiguillons, varie selon les espèces. La plupart donnent de nombreux rejets d'à peine quelques centimètres de hauteur, d'autres de 50 cm environ.
Espèces conseillées : toutes.
Floraison : printemps.

Les cactus de la photo :
1 Gymnocalycium uruguayense
2 Notocactus concinnus
3 Mammillaria zeilmanniana
4 Rebutia ritteri
5 Rebutia minuscula
6 Echinofossulocatus
7 Lobivia vatteri

Rebutia
Genre robuste, à floraison généreuse, qui devrait avoir sa place dans toute collection de cactus. Ces plantes, ne dépassant pas 8 cm en diamètre et hauteur, émettent de nombreux rejets et forment rapidement de petits groupes. De fins aiguillons enveloppent toute la plante. Les fleurs de teinte vive, de 2 à 5 cm de diamètre, sont souvent si nombreuses qu'elles dissimulent presque le cactus lui-même.
Espèces recommandées :
toutes, en particulier *R. marsoneri* (jaune), *R. violaciflora* (violet),

Pour les véritables amateurs de cactus, la disposition des aiguillons est aussi décorative que les fleurs.

R. senilis et ses variétés (jaune, rouge).
Floraison : printemps.

Echinofossulocactus
Des côtes saillantes, souvent ondulées, sont le signe distinctif de ce genre de cactus globuleux. Les aiguillons radiaux sont fins et clairs, les centraux plus robustes et souvent recourbés. Les fleurs sont, selon l'espèce, blanches à bleu violet, avec des rayures centrales plus sombres, ou bien jaunes à blanc crème avec des rayures plus sombres sur l'envers.
Espèces conseillées : toutes. *E. lamellosus* en est une espèce particulièrement représentative et décorative.
Floraison : début de printemps.

Lobivia
Genre de cactus globuleux à cylindriques, fortement côtelés. Dépassent rarement 30 cm de hauteur et 10 cm de diamètre. La disposition des aiguillons varie selon les espèces. Les fleurs, qui peuvent atteindre 10 cm de diamètre, se forment latéralement. Important : les lobivias demandent un pot large et profond.
Espèces conseillées :
L. backebergiana (orange),
L. rebutioides et
L. famatimensis (jaune),
L. jajoiana (rouge tomate),
L. pentlandii (blanc, jaune, rose à violet),
L. wrightiana (rose).
Floraison : printemps-été.

Cleistocactus
Cactus columnaires à fins aiguillons serrés, souvent en aiguilles. Ne fleurit qu'à partir d'une hauteur de 30 à 80 cm, à l'exception de *C. wendlandiorum*, qui peut fleurir dès qu'il atteint 15 cm. Les fleurs tubulées, jusqu'à 9 cm de long, sont en général portées perpendiculairement ou en oblique par rapport à la tige cylindrique et ne s'ouvrent qu'à peine.
Espèces conseillées :
C. laniceps (rouge),
C. straussii (rouge foncé),
C. wendlandiorum (orangé).
Floraison : printemps-début d'été.

Echinocactus grusonii
Dans son habitat mexicain, le cactus-oursin, ou coussin de belle-mère, atteint environ 1,5 m de hauteur. Ses aiguillons jaune vif sont tout à fait caractéristiques. Les fleurs jaunes éclosent que sur les sujets déjà âgés, au plus tôt avec un diamètre de 60 cm environ.
Floraison : été.

Parodia
Genre de cactus de petite taille, fleurissant assez précocement, d'aspect aplati-globuleux à cylindrique. Ne dépasse guère 20 cm de hauteur, 8 cm de diamètre. Selon l'espèce, ils poussent en solitaires ou émettent de nombreux rejets. Les fleurs se développent vers le sommet de la tige, souvent couverte de poils laineux.
Espèces conseillées :
P. chrysacanthion (jaune),
P. maassii (rouge),
P. mutabilis (jaune orangé),
P. sanguiniflora (rouge sang).
Floraison : printemps-été.

Les cactus de la photo :
1 Cleistocactus straussii
2 Echinocereus pectinatus
3 Mammillaria bocasana
4 Echinocactus grusonii
5 Echinofossulocactus *ssp.*
6 Parodia mairanana
7 Mammillaria zeilmanniana

CACTÉES

Epiphyllum hybrides
Cactus orchidées

La floraison de ces cactus est encore plus généreuse s'ils passent l'été en plein air.

Mot pour mot, le nom *Epiphyllum* signifie «sur la feuille», faisant allusion à cette curiosité botanique que représentent les fleurs directement portées par les feuilles. En réalité, ces feuilles sont des tiges aplaties, aux fins aiguillons à peine visibles. Dans leur habitat tropical, ces cactus-orchidées vivent en épiphytes dans les arbres. Leur port retombant en fait de beaux sujets de suspension. Il en existe aujourd'hui, obtenus en Amérique surtout, plus de 1 000 hybrides différents ! Selon l'espèce et la variété, les fleurs mesurent 5 à 35 cm de diamètre, dans des tons blancs, crème, jaunes, orange, roses, rouges, pourpres ou violets, avec également des formes bicolores. Les variétés à port compact sont particulièrement recherchées. Ce sont bien sûr les producteurs spécialisés qui offrent le plus grand choix de variétés (voir p. 238).
Floraison : mai à juillet.
Famille : Cactacées.

Epiphyllum hybride rouge.

Epiphyllum hybride jaune.

Origine : du sud du Mexique aux régions tropicales d'Amérique du Sud. On ne cultive guère que des variétés sélectionnées.
Emplacement : lumineux à légèrement ombragé, voire ensoleillé après une phase d'acclimatation. Apprécie de passer l'été dehors. Température chaude et forte humidité de l'air du printemps à l'automne, 10 à 15 °C en hiver.
Arrosage, engrais : maintenir le mélange modérément humide toute l'année, avec une eau douce, à température ambiante. Faire des apports d'engrais de mars à août.
Autres soins : faire de temps à autre des vaporisations d'eau. Rempoter quand nécessaire dans un mélange pour Broméliacées ou un mélange fibreux, riche en tourbe et humifère. Eliminer les pousses faibles ou disgracieuses.
Multiplication : par bouturage. Laisser sécher la coupe de la bouture avant de la repiquer.
Maladies, parasites : pucerons (surtout sur les boutons floraux), cochenilles.
Remarque : *Nopalxochia phyllanthoides* est une espèce

Les cactus de la photo :
1 Epiphyllum *hybride à grandes fleurs rouges ;*
2 Epiphyllum *hybride à fleurs blanches ;*
3 Nopalxochia phyllanthoides.

proche, à fleurs roses, très décorative en suspension, qui a les mêmes exigences.
Mon conseil : une période de repos végétatif au frais de novembre à mars, telle est la clé pour une floraison assurée.

Fleur de Marniera chrysocardium.

228

Rhipsalidopsis hybrides
Cactus de Pâques

Robuste et florifère, le cactus de Pâques.

Il existe trois sortes de cactus de Pâques :
- *R. gaertneri* à fleurs rouge écarlate, de 4 à 5 cm de long ;
- *R. rosea* à segments de section pentagonale et fleurs un peu plus petites, roses ; des croisements entre les deux espèces, parfois appelés *R.* x *graeseri*, à fleurs roses à violettes.

Tous offrent au printemps une abondante floraison colorée, les fleurs étant portées à l'extrémité des segments foliaires. Dans son habitat naturel, le cactus de Pâques est épithyte.

Floraison : mars à mai.
Famille : Cactacées.
Origine : Brésil.
Emplacement : toute l'année, lumière vive ou ombre légère, chaleur. A garder environ 8 semaines à 10 °C, de novembre à janvier, pour favoriser la formation des fleurs.
Arrosage, engrais : maintenir le mélange modérément humide en période de croissance (février à octobre), avec une eau douce, à température ambiante. Pendant 4 semaines après la floraison, et en période de repos végétatif (novembre à janvier), réduire les arrosages. En été, faire de temps à autre des apports d'engrais pour cactées.
Autres soins : faire de fréquentes vaporisations d'eau. Rempoter quand besoin est uniquement, dans un mélange pour Broméliacées ou à base de tourbe fibreuse.
Multiplication : par les segments de tige, de préférence en mai (mais possible toute l'année). Laisser sécher la coupe des boutures avant de les faire raciner dans un mélange légèrement humide.
Maladies, parasites : pourriture des racines en cas d'arrosages excessifs. Chute des boutons floraux en situation trop froide ou au contraire trop chaude et avec une luminosité insuffisante. Le flétrissement des segments de tige est le signe d'une atmosphère trop sèche ou bien la conséquence de la pourriture des racines en cas d'humidité stagnante.

Schlumbergera hybrides
Cactus de Noël

Le cactus de Noël se plaît dans une ambiance humide.

Les cactus de Noël actuellement cultivés comme plantes d'intérieur sont en fait issus de croisements entre le véritable cactus de Noël, *Zygocactus truncatus*, et *Schlumbergera russeliana*. Ces deux espèces poussent en épiphytes dans les arbres, dans un massif montagneux proche de Rio de Janeiro au Brésil, entre 900 et 1 400 m d'altitude. Les plantes cultivées sont de superbes hybrides aux fleurs blanches, roses, rouges, pourpres ou violettes. Il en existe depuis peu des variétés à fleurs jaunes, comme 'Gold Charm'.

Floraison : décembre-janvier (parfois jusqu'en mars).
Famille : Cactacées.
Origine : Brésil.
Emplacement : lumineux à légèrement ombragé, avec peu de soleil. Cette plante apprécie de passer l'été dehors (jusqu'à fin septembre), à mi-ombre.
Arrosage, engrais : arroser modérément mais régulièrement en été. Faire des apports d'engrais tous les 15 jours jusqu'à fin juillet. Réduire les arrosages et apports d'engrais à partir d'août, pour permettre la maturation des jeunes tiges.
Autres soins : faire de fréquentes vaporisations d'eau. Rentrer la plante fin septembre et l'installer en situation chaude (18 à 22 °C). La durée d'éclairement plus courte en automne déclenche la formation des fleurs.
Multiplication : facile par bouturage des segments de tige, à faire sécher avant de les repiquer dans un mélange humide.
Maladies, parasites : chute des boutons floraux en cas de changement d'emplacement ou d'orientation du pot par rapport à la lumière.

Des cactées plus délicates pour les collectionneurs

Les genres présentés ici donnent un aperçu de la diversité des cactées que peuvent cultiver des amateurs déjà expérimentés. Ces plantes demandent à peu près les mêmes soins. Pour la plupart, la réussite de leur culture implique la présence d'une serre, afin de leur assurer une luminosité optimale et une bonne climatisation de leur environnement, deux conditions indispensables à la floraison de ces plantes assez délicates. Quelques-unes, comme *Sulcorebutia* et *Mediolobivia*, sont en effet originaires de zones montagneuses et habituées à une luminosité très intense.
Floraison : printemps-été pour la plupart des genres.

Les cactus de la photo :
1 Astrophytum capricorne *var.* niveum ;
2 Cephalocereus senilis ;
3 Thelocactus bicolor ;
4 Neoporteria villosa ;
5 Mammillaria napina ;
6 Mammillaria laui ;
7 Thelocactus bueckii ;
8 Weingartia multispina ;
9 Astrophytum myriostigma ;
10 Astrophytum asterias ;
11 Mammillaria yaquensis ;
12 Mediolobivia schmiedcheniana ;
13 Sulcorebutia steinbachii.

Thelocactus fleurit du printemps à la fin de l'été.
Famille : Cactacées.
Origine : du sud des Etats-Unis à l'Amérique du Sud.
Emplacement : du printemps à l'automne, chaud et très lumineux ou ensoleillé. Situation fraîche (5 à 12 °C) et lumineuse à partir d'octobre. Ces cactées peuvent être placées dehors à partir de fin mai, en situation chaude et ensoleillée, mais à l'abri de la pluie !
Arrosage, engrais : dès que se manifestent des signes de reprise de la croissance au printemps, arroser modérément, mais en laissant le mélange sécher en profondeur avant d'arroser à nouveau.
Autres soins : faire des vaporisations d'eau de temps à autre en été et en automne. Rempoter tous les 2 ou 3 ans. Important : choisir un mélange bien drainant, plutôt riche en minéraux. Eviter tout mélange pour cactées humifère et préférer un mélange à base de gravillons volcaniques, perlite et sable grossier, avec un peu de terre végétale.
Multiplication : par semis, avec une chaleur de fond de 28 °C environ.
Maladies, parasites : araignées rouges, cochenilles farineuses, pourriture en cas d'humidité excessive, en hiver surtout.
Mon conseil : avec un peu de doigté, vous pourrez faire fleurir les espèces illustrées ci-contre sur un appui de fenêtre ensoleillé.

Melocactus
Cactus-melon

La boule qui coiffe ce cactus porte les fleurs.

Dès 1588, Tabernaemontanus décrivait cette curieuse plante, qu'il appelait «chardon-melon». Les melocactus se distinguent de la plupart des autres genres par la formation d'une sorte de pompon laineux terminal, le cephalium, couvert de soies et poils laineux et où se forment les fleurs. Ce pompon terminal se forme au bout de 7 ans environ. Le corps vert du cactus a alors terminé sa croissance et la plante se consacre à la floraison. Les melocactus font partie des cactus amateurs de chaleur, et apprécient en hiver une place ensoleillée sur un appui de fenêtre, même une tablette de radiateur, chaude et très éclairée.
Floraison : mai à septembre.
Famille : Cactacées.
Origine : Amérique centrale et du Sud.
Emplacement : plein soleil toute l'année, ou au moins lumière très vive, et température chaude. L'installer en été en situation chaude et abritée.
Arrosage, engrais : arroser régulièrement en été. Réduire les arrosages d'octobre à mars, mais maintenir le substrat légèrement humide cependant. Faire des apports d'engrais pour cactées toutes les 4 semaines en été.
Autres soins : faire toute l'année de fréquentes vaporisations d'eau. Rempoter tous les 2 ou 3 ans dans des pots peu profonds ou des coupes, dans un mélange riche en sable et faiblement humifère. Veiller à ne pas blesser les racines, surtout pour les sujets portant un cephalium.
Multiplication : par semis dans un mélange sableux, avec environ 28 °C de chaleur de fond.
Maladies, parasites : pourriture en cas d'humidité excessive et chaleur insuffisante.
Mon conseil : *Cephalocereus senilis*, la barbe-de-vieillard, demande les mêmes soins, si ce n'est une situation un peu plus fraîche en hiver (15 °C minimum cependant).

INDEX

Les numéros de page marqués d'un * renvoient à la description détaillée de la plante considérée, les numéros de page en caractère gras renvoient à une légende ou à une illustration.

Noms des plantes (nom botanique et nom commun), termes techniques de jardinage.

A

Abutilon **15**, 22
– hybrides 138*, **138**
– *megapotamicum* 138
– *pictum* 138
Abutilon **15**, 22, 138*, **138**
Acacia armata **4/5**, **140**
Acalypha 15
– *hispida* 83, 90*, **90**
– *pendula* 90
Acanthophoenix 208
Acaricide 51, 52, 68, 71
Acariens 51, 52, 68
Acclimater 32, 68
Achimène 90*, **90**
Achimenes 16, 90*, **90**
Acide silicique 50, 80
Acore 25, 28, 144*, **144**
Acorus
– *calamus* 144
– *gramineus* 28, 144*, **144**
Adansonia
– *digitata* 176
– *madagascariensis* 176
Adenium 28, 91*
– *obesum* **4/5**, 48, **88**, 91, **91**
– *swazicum* 91
Adiantum 28, 198*, **198**
– *raddianum* 198
– *tenerum* **34/35**, 198
Adoucir 42, 68, 72
Aechmea 91*
– *chantinii* 91
– *fasciata* 91, **91**
– *fulgens* 91
– *miniata* 91

Aeonium 28, 144*
– *arboreum* **4/5**, 144, **144**
– *tabuliforme* 144
Aération 68
Aeschynanthus **15**, 16, 31, 92*
– *hildebrandii* 92
– *radicans* 92, **92**
– *speciosus* 92
– *tricolor* 92
Agave 16, 25, 75, 81, 83
Aglaonema 24, 57, 145*, **145**
– *commutatum* 145
– *costatum* 145
Agrégat 68
Agrumes 63
Aiguillons 16
Air 36, 38, 73, 79
– air confiné, non renouvelé 38
– humidificateur 31, 43
– humidité de l'air 12, 22, 25, 33, 36, 38, 42, 43, **43**, 47, 52, 54, 72, 76
– perméabilité à l'air 38
– racines aériennes 44
Air chauffé 47
Alcalin 68
Alcaloïde 68
Aleurodes des serres 50, 51, 52, 55, **55**, 68, 70
Algues 50, 70
Allamanda 19, 92*
– *cathartica* 92, **92**
Alocasia 16, 145*, **145**
– *lowii* 145
– *sanderiana* **142**, 145
Aloe
– *arborescens* 19, 146
– *barbadensis* 146
– *variegata* 146, **146**
Aloès 25, 28, 81, 83, 146*, **146**
– tigré 146
Alternes 68
Amaryllis **10/11**, 19, 25, 36, 79, 81, 83, 114*, **114**
Amélioration variétale 25, 71, 83
Ampelopsis 31
– *brevipedunculata* 146*, **146**
Ananas 147*, **147**
– *bracteatus* 147
– *comosus* 147
– *nanus* 147
Ananas 19, 63
– panaché 147*, **147**
Angiospermes 68
Anguillules
– des feuilles 52, **53**, 68
– des racines 52, **53**, 68
Anigozanthos **137**
– *flavidus* 137*, **137**
– *manglesii* 137
Annuelle 68
Anone 63
Anthères 15
Anthurium 15, 24, 93*
– *crystallinum* 93
– *scherzerianum* hybrides 16, 93, **93**
– *veitchii* 143
Anubias 28
Aphelandra 93*
– *sinclairiana* 93
– *squarrosa* 93, **93**
– *tetragona* 93
Aquarium **29**
Arachis hypogaea 28
Arachnioides 198*
– *adiantiformis* 198

– *aristata* **198**
Araignées rouges 52, 68, 80
Araignées rouges, tétranyque tisserand 24, 50, 52, **54**, 68, 80
Aralia
– lierre 25, 26, 28, 165
Araucaria 16, 22
– *heterophylla* 147*, **147**
Arbre 16
– tomate en arbre 63
Arbre à œufs 132
Arbre à tillandsias **46**
Arbre de la chance 102*, **102**
Arbres
– des régions de steppe 48
– méditerranéens 48
– subtropicaux 48
– tropicaux 48
Arbuste 16, 68, 81
Archontophoenix 208*, **208**
– *cunninghamiana* 208*
Ardisia 16
– *crenata* 94*, **94**
Areca catechu 208*, **208**
Aréole 68
Argile 38, 40
Argile expansée 38, **40**, 41, 47, 61, 69*, 70, 71
Arrosage 42
Arrosage automatique 43, **43**
Arrosage de vacances **43**, 74
Arum d'Éthiopie 19, **29**, 36, 79, 135*, **135**
Asconopsis 221
Asparagus 25, 26, 31, 148*, **148**
– *acutifolius* **148**
– *densiflorus* 148
– *falcatus* 148
– *setaceus* 16, 148
Aspidistra 22, 28, **66/67**
– *elatior* 149*, **149**
Asplenium 22
– *bulbiferum* 58
– *nidus* 199*, **199**
– *ruta-muraria* 199
Assimilation chlorophyllienne 69, 71, 74
Astrophytum
– *asterias* **230**
– *capricorne* var. *niveum* **230**
– *myriostigma* **230**
Attrape-mouches de Vénus 28, 194*, **194**
Autofécondation 69
Autopollinisation 80
Avocat 63, **64**
Azalée **17**, 22, 25, 45, 72, 74, 89, **127**
– de l'Inde 127*, **127**
– du Japon 48, 127*, **127**
Azote 38, 54, 69, 81

B

Bactéricide 51
Bactéries **55**, 69, 70
– pourriture bactérienne **55**
Balsamine 117*, **117**
Bambous 25, 73, 194*, **194**
– d'intérieur 183*, **183**
Bambusa vulgaris 'Striata' 194*, **194**
Baobab 176
Barbe-de-vieillard 231
Baromètre 38

Beaucarnea 16, 22, 28, 149*, **149**, 151
Begonia 23, 24, 28, 57, 95*, **95**, 150*
– *boweri* 150, **150**
– *cleopatra* **150**
– *coccinea* 95
– *diadema* 150
– *egregia* 95
– *elatior* hybrides 94*, **94**
– *foliosa* 150
– *goegoensis* 150
– 'Halina' 150
– *heracleifolia* var. *nigricans* 150
– x *hiemalis* 94
– *hispida* var. *cucullifera* 58
– *imperialis* Speculata 150
– *limmingheana* 95, **95**
– *masoniama* Croix de Fer 150, **150**
– *metallica* 95
– *rex* 150
– *serratipetala* 95
Bégonias 43, 56, 57, 58, 59, 82
– à feuillage décoratif 26, 94*, **94**, 95*, **95**, 150*, **150**
– à fleurs 25, 94*, **94**
– arbustifs **18**, 25, 95*, **95**
– élatior **94**
– rex 23, 26, 150
– tubéreux 75
Belle-de-nuit 182
Beloperone **14**, 16
– *guttata* 95*, **95**
Bertolonia 123
– *houtteana* 123
Billbergia 31
– *nutans* 96*, **96**
Billes d'argile expansée **29**, 38, 40, **40**, 41, 43, **43**, 47, 61, 81
Bisannuelle 69
Blechnum 199*
– *brasiliense* 199
– *gibbum* **199**
– *moorei* 199
– *spicant* 199
Bletia verrecunda 19
Bonsaï 25, 47, 48, **48/49**, 49, 69, 70
– d'intérieur 25
Bore 38, 76
Botanique 12, 14
Botrytis 52, **55**, 69
Bougainvillea **4/5**, 25, 28, 70, 139*, **139**, 182
– *glabra* 36, 139
– *spectabilis* 139
Bougainvillée **4/5**, 28, 139*, **139**
Boutons floraux 24, 75, 80
Bouture de tronçon de tige 69
Boutures 56, **58**, 69, 80
Boutures terminales **57**, **58**, **59**, 69, 75
Brachychiton 28
– *rupestris* 48, 151*, **151**
Bractées 69, 73, 80
Brassaia actinophylla 48, 186
Brassia verrucosa 222*, **222**
Brassolaeliocattleya 216
Broméliacées 16, 22, 25, 45, 58, 68, 75, 79, 81, 82, 89, 135
Browallia 96*
– *grandiflora* 16, 96
– *speciosa* 96, **96**
– *viscosa* 96
Browallie 89, 96*, **96**
Brûlures dues au soleil 69
Brunfelsia **14**, 97*

– *pauciflora* var. *calycina* 97, **97**
Buddleja indica 195*, **195**
Bulbes 14, **14**, 16, 36, 69, 70, 71, 80, 83
– plantes bulbeuses 16, **23**
Bulbilles 58, **58**, 69, 81
Bulbophyllum longiflorum 223*, **223**

C

Cacahuète 28
Cache-pot 23, 24
Cactées 16, 24, 25, 26, 36, **41**, 56, 57, 58, 68, 69, 74, 81, 82, 83, **224**, 225*,
– cactus de Noël 25, 229*, **229**
– cactus de Pâques 25, 229*, **229**
– cactus-melon 231*, **231**
– cactus-orchidée 228*, **228**
– greffage des cactées 61
– rempotage des cactées **41**
Cactus-oursin géant **225**
Caféier 140
Caféier d'Arabie 140
Cal 69, 74
– formation d'un cal 56, 76
Caladium **14**, 151*, **151**
Calathea 26, 152*
– *crocata* 152
– *lancifolia* 152
– *makoyana* 152
– *ornata* 'Roseo-lineata' 152
– *picturata* 'Argentea' 152
– *veitchiana* **34/35**
– *zebrina* **152**
Calcaire 42, 50
– plantes calcifuges ou acidophiles 74
Calcaire coquillier 40
Calcéolaire 89, 97*, **97**
Calceolaria
– *darwinii* 97
– hybrides 97*, **97**
– *integrifolia* 97
Calcifuge 69
Calcium 69, 74
– oxalates de calcium 79
Calice **15**, 69, 74
Callisia repens **34/35**
Callistemon citrinus **4/5**, **139***
Camélia 25, 26, **37**, 48, 74, 89, 98*, **98, 99**
Camellia 98*, **99**
– *japonica* **37**, 48, 98, **98**
– *sasanqua* 98
Campanula 16, 100*, **139**
– *fragilis* 100
– *isophylla* **6**, 100, **100**
– *portenschlagiana* **6**
– *poscharskyana* 100, **100**, 139*, **139**
– *pyramidalis* 100
Campanule **6**, 25, 100*, **100**
– à petites fleurs, étoile de Bethléem 139*, **139**
Caoutchouc 26, 82, 143, 167*, **167**
Capillarité 69
Capsicum annuum 100*, **100**
Carences 70
Carica papaya **64**

Carmona macrophylla 48
Carnivores (plantes) 70, 74
Caryota mitis 200, 209*, **209**
Catharanthus roseus 101*, **101**
Cattleya 76, 216*
– *bicolor* **216**
– *bowringiana* **216**
Cécidomyie 50, 52
Cephalocereus senilis **230**, 231
Ceriman 25, 26, 61, 75, 76, 81, 174*, **174**
Ceropegia 31
– *woodii* **14**, 152*, **152**
Chaîne-des-cœurs 25, **25/26**, 75, 152*, **152**
Chaleur 36
Chaleur de fond 22, 41, 59, 70
Chamaedorea
– *cataractum* 209
– *elegans* 209*, **209**
Chamaeranthemum 172
Chamelaucium **4/5**, 138
– *uncinatum* 138*, **138**
Champignons 70
Charançons 50, 52
Charbon de bois 50, 52, 59
– poudre 44, 57
Chaume 70
Chélates 70
Chlore 42, 70
Chlorophylle 15, 70, 71, 74, 78
Chlorophytum **14**, 28, 31
– *comosum* 153*, **153**
Chlorose 52, 70, 79
Chrysalidocarpus 208
– *lutescens* 210*, **210**
Chrysanthème 25, 75, 78
– en pot 101*, **101**
Chrysanthème des fleuristes 101*, **101**
Chrysanthemum 15
– *indicum* hybrides 101*, **101**
Chrysope 50, 52
Chute de la température nocturne 22, 77
Chute des feuilles 36
Cinéraire 130*, **130**
Cissus 16, 31, 154*
– *amazonica* 154
– *antarctica* 48, 154*
– *discolor* 154
– *rhombifolia* 28, **154**
Citrofortunella mitis **2/3**, **4/5**, 102
Citrus 22, 24, 28, **66/67**, 82, 102*
– *microcarpa* 102
Cleistocactus 227*
– *laniceps* 227
– *straussii* 227, **227**
– *wendladiorum* 227
Clérodendron 102*, **102**
Clerodendrum 102*, **102**
– *thomsoniae* 102
Clivia 15, 45, 58, 82, 89, 103*, **103**
Clivie 15, 45, 58, 82, 89, 103*, **103**
Cloque **55**
Clusia rosea 154*, **154**
Coccoloba 19
Cochenilles 24, 52, **54**, 55, 70, 80
– farineuses 52, **54**, 70, 80, 83
– des racines 70

Cocos **66/67**
– *nucifera* 210*, **210**
Cocotier nain 211*, **211**
Codiaeum 23, 57, 155*, **155**
– *variegatum pictum* 155
Codonanthe 155*
– *crassifolia* 155*, **155**
Coelogyne 22
– *cristata* 222*, **222**
Coffea arabica 140
Coleus 22, 23, 26, 57, 156*, **156**
– *blumei* hybrides 156*, **156**
– *pumilus* 156
Collemboles 70
Collet 70, 80
– pourriture du collet 79
Colonne de mousse 70
Columnea 16, 31, 73, 103*
– x *banksii* 103
– *gloriosa* 103
– *hirta* 103
– hybride 'Stavanger' **103**
– *microphylla* 103
Contact (action par) 70
Conteneur 70
Coquerel du Pérou 63
Corallina hybrides 95
Corbeille en lattes de bois 41
Cordyline 16, 156,*, **156**, 163
– *australis* 156
– *fruticosa* 156, **156**
– *indivisa* 156
Cordyline, dragonnier 16, 61, 156,*, **156**, 163
Corne torréfiée 77
Corolle 70
Corynocarpus laevigatus 157*, **157**
Coton 28
Cotylédon 70
Couche cireuse 16, 70, 83
Coupe 25, 44, 32, 57, 60, 63
– plaie de taille 50, 57
Courants d'air 38, 47, 54, 76
Crassula 16, 24, 28, **66/67**
– *arborescens* 48, 157*
– *coccinea* 104*, **104**
– *falcata* 157
– *ovata* 157, **157**
Croissance 32, 33, 36, 39, 52, 79, 83
Crossandra 15, 104*, **104**
– *infundibuliformis* 104*, **104**
Croton 23, 26, 57, 61, 155*, **155**
Cryptanthe 158*, **158**
Cryptanthus 158*, **158**
– *acaulis* 158
– *bivittatus* 158
Cryptocoryne
– *pontederiifolia* 28
– *wendtii* 28
Ctenanthe 26, 158*
– *lubbersiana* 158
– *oppenheimiana* 158, **158**
Cuivre 38, 76
Cupressus 16, 22
– *macrocarpa* 48, 159*, **159**
Cycas 22, 197
– *revoluta* 159*, **159**
Cyclamen 16, 24, 28
– *persicum* 105*, **105**
Cyclamen 24, 25, 28, 36, 75, 85, 105*, **105**
Cymbidium 15, 217*, **217**
Cyme 70
Cyperus **34/35**, 16, **29**, 160*

– *albostriatus* 160, **160**
– *alternifolius* 28, 160, **160**
– *esculentus* 160
– *gracilis* 160
– *haspan* 28, 160
– *papyrus* 28, 160
– *pumilus* 28
Cyprès 48
Cyrtomium 28, **200**
– *caryotideum* 200
– *falcatum* 200*
Cytise **15**, 138*, **138**
Cytisus **15**
– x *racemosus* 138*, **138**

D

Dame-peinte 25, 28, 79, 107*, **107**
Dattes 63, 64, **65**
Davallia 28, 200*
– *bullata* 200
– *mariesii* 200, **200**
Décoction de prêle 50, 52
Dégâts ou maladies physiologiques 52, 78
Dendrobium **13**, 22, 58
– *densiflorum* 222*, **222**
– *nobile* hybrides 53
Dépôts de sels minéraux 50
Dicotylédones 71
Didymochlaena truncatula 201*, **201**
Dieffenbachia 161*, **161**
– *amonea* 161
– *bowmannii* "Camilla" 161
– *maculata* 161
Dioïque 71
Dionaea muscipula 28, 194*, **194**
Dionée 28, 194*, **194**
Dioxyde de carbone 15, 71, 75, 78
Dipladenia 31, 106*
– *boliviensis* 106*, **106**
– *sanderi* 106
– *splendens* 106
Dipteracanthus 106*, **106**
– *devosianus* 106
– *makoyanus* 106
– *portellae* 106
Division 60, 71
Dizygotheca 161*
– *elegantissima* 161, **161**
– *veitchii* 161, **161**
Dollar d'argent 24, 25, 28, 48, **66/67**,157*, **157**
Doritaenopsis 221
Dormeuse 173*, **173**
Dorotheanthus bellidiformis **4/5**
Dosage 71
Double (fleur) 71
Dracaena 163*, **163**
– *congesta* 162
– *deremensis* 162, 163
– *draco* 162, 163
– *fragrans* 162, 163, **163**
– *glauca* 162
– *marginata* 28, 82, **162**, 163
– *reflexa* 163
– *sanderiana* **162**, 163
– *surculosa* **162**, 163, **163**
Dragonnier **18**, 28, 163*, **163**
Drainage 41, 61, 70, 71, 80
Dureté de l'eau 71

E

Eau 36, 78, 83
– capacité de rétention d'eau 38
– laitue d'eau 28
Ecailles absorbantes 16, 46, 71, 79
Echangeur d'ions 42, 71
Echeveria **4/5**, 16, 28, 107*
– *agavoides* 107
– *carnicolor* 107
– *derenbergii* 107, **107**
– *gibbiflora* 107
– *harmsii* 107
– *nodulosa* 107
– *pulvinata* 107
– *pumila* **107**
– *setosa* 107
Echinocactus
– *grusonii* 227*, **227**
– *ingens* 225
Echinocereus pectinatus **227**
Echinodorus hybrides 28
Echinofossulocactus **226**, 227*, **227**
Echinopsis 61
Eclairage **45***
Eclaircir 71
Ecorce de chêne-liège 38
Eléments nutritifs 36, 71
– teneur en éléments nutritifs 38
Eléments nutritifs essentiels ou principaux 38
Embryon 71
Emplacement 12, 13, 20*, **22***
Endurcir 71
Engrais 38, 39, 71, 72, 74, 75, 76, 77, 82
– à action lente 72
– complet 72
– minéral 72
– organique 72
– organo-minéral 72
– pour cactées 72
Enracinement 56, **57**, 59, **59**, 69
Entonnoir ou réservoir central des Broméliacées 72
Entrenœuds 72
Entretien des plantes 32, 36, 38, 39, 45, **45**
– erreurs culturales 47, **54**
Ephémère 191*, **191**
Epi **15**, 68, 72
Epicattleya 216
Epiderme 72
Epine du Christ 26, 108*, **108**
Epines 16, 26
Epiphyllum hybrides 228*, **228**
Epiphytes **13**, 16, 38, 41, 42, 43, 69, 72
– mélange de culture pour 40
– tronc à 72
Epipremnum 31, 57
– *pinnatum* **31**, 164*, **164**
Episcia 31
Eranthemum 137*, **137**
– *pulchellum* 137*, **137**
Eriocereus jusbertii 61
Escargots 52, **55**, 75
Espèce 68, 69, 72
Essence 72
Etamines **15**
Ethylène 45, 72
Etiolement 72
Euonymus
– *europea* 164

233

INDEX

– *japonica* 164*, **164**
Euphorbe 16, 25, 26, 28, 44, 76, 83, 165*, **165**
Euphorbia 165*, **165**
– *balsamifera* 48, 165
– *erythraeae* 165
– espèces 28
– *grandicornis* 165
– *keysii* **108**
– *lomi* hybrides 108
– *lophogona* 108
– *milii* **14**, 108*, **108**
– *pseudocactus* **165**
– *pulcherrima* 109*, **109**
– *splendens* 108
– *tirucalli* **165**
Eustoma grandiflorum 110*, **110**
Euterpe 208
Evolution 72
Exacum 28
– *affine* 110*, **110**
Excès d'engrais 54
Excroissances liégeuses 52, **54**, 72
Exotiques 63, 64* / 67*

F

Facteurs de croissance 22, 33, 36*, 38
Famille 73
Fasciation 73
Fatshedera 28
– *lizei* 165*, **165**
Fatsia 16, 28, 61
– *japonica* 165
Fécondation 73
Fenêtre exposée à l'est 20, 22
Fenêtre exposée à l'ouest 20, 22
Fenêtre exposée au nord 20, 22
Fenêtre exposée au sud 20, 22
Fenêtre-serre 22, 73
Fer 38, 73, 76
– carence 52, 54
– chélates 52, 54
Fernerie 197
Ferocactus 231
Fertile 73, 80
Feuillage panaché 77
Feuille **14**, 15, 16, 26, 33, **54**, **55**, 73, 80, 143
– boutures de feuille **58**, 59
– brunissement de la pointe des feuilles 45, **54**
– brunissement du bord des feuilles **54**
– chlorophylle 73, 78
– limbe 73
– lustrant pour le feuillage 51, 52
– plantes à feuillage décoratif ou plantes vertes **23**, 143
– plantes vertes **23**, 143
– pucerons 24, 50, 52, **54**, 55
– taches foliaires 52, 54, **55**
Feuilles en aiguilles 16
Feuilles transformées en aiguillons 73
Feutre 43
Ficus 16, 57, 75, 167*, **167**
– *aspera* "Parcelli" 167
– *benghalensis* **166**, 167
– *benjamina* 48, **143**, 166, 167
– *buxifolia* 48, 167
– *deltoidea* **14**, **166**, 167
– *elastica* 16, **166**
– espèces 22, 24, 25, 44, 61
– *lyrata* 16, **66/67**, **166**, 167
– *neriifolia* 48
– *pumila* 31, 48, 57, **166**, 167, **167**
– *retusa* 48, **48**, 167
– *rubuginosa* 167
– *sagittata* 31, **166**, 167
Figuier 48, 167*, **167**
Figuier-lyre **66/67**, 167
Figuier pleureur 48, 143, **143**,167
Filet **15**
Fittonia 24
– *verschaffeltii* 168*, **168**
Fleur de cire **26/27**, 28, 57, 115*, **115**
Fleur de porcelaine 115*, **115**
Fleur-de-sang 28, 58, 113*, **113**
Fleurs **14**, **15**, 24, 36, 45, 63, 70, 71, 73, 89
– plantes fleuries ou plantes à fleurs 24, 70, 88
– inflorescence **15**, 70, 80
Floraison 14, **15**, **15**
Fongicide 51, 52, 71, 73
Fonte des semis 73
Forçage 73
Formation en tige **21**, 25, **44**, 82
Fortunella
– *japonica* 102
– *margarita* **7**, **64**
Fougère 16, 22, 25, **26/27**, **39**, **51**, 58, 196
– capillaire 28, **34/35**, 198*, **198**
– fougère aquatique 197
– fougère corne-de-cerf **13**, 25, 28, 76, 197, 204*, **204**
– fougère corne-d'élan **13**, 25, 28, 76, 197, 204*, **204**
– fougère de Boston 23, **34/35**, 69, 202*, **202**
– fougère-houx 200*, **200**
– fougère nid-d'oiseau 22, 79, 199*, **199**
– fougère patte-de-lapin 28, 200*, **200**
– petit jardin de fougères **39**
– polypode doré 203, **203**
– Ptéride 205*, **205**
– racines de 38
– scolopendre 203*, **203**
Frisure **55**
Fruit de la Passion 63, **64**, **85**
Fruits **14**, 15, 16, 63, 72, 73
Fumagine 52, **55**, 73
Fumier de cheval 72
Fusain d'Europe 164
Fusain du Japon 26, 164*, **164**

G

Gardenia 16, 28, 111*, **111**
– *jasminoides* 111
Gardénia 25, 28, 45, 69, 89, 111*, **111**
Gaz propulseur 51
Gaz toxiques 38
Genre 69, 73
Géraniums 24, 25, 82
– à feuillage décoratif 19, 28, 178*, **178**
– à grandes fleurs 125*, **125**
– odorants 19, **34/35**, 69, 178*, **178**
Gerbera 25
Germination 56, 63
Gingembre 63, **65**, 69
Globba 136*, **136**
– *atrosanguinea* 136
– *bulbifera* 136
– *marantina* 136
– *winitii* 136*, **136**
Gloriosa 16
– *rotschildiana* 112*
Gloxinia des fleuristes 25, 26, 43, 90, 131*, **131**
Gloxinia sylvatica 90
Godets de tourbe pressée 73
Goethea cauliflora 136
Gossypium herbaceum 28
Goyave 63
Graines 15, 56, **60**, 63, 73, 79
Graines germant à l'obscurité 60, 61, 71
Grappe **15**, 74
Graptopetalum bellum 107
Gravillons 41, 61, 71
Greffage 61, **61**, 74
Greffage ou écussonnage 74
Grenadier nain **48**, 63, 140
Grevillea 16, 22, 26, 168*, **168**
– *robusta* 168*, **168**
Grillage métallique 43
Guano 72
Guzmania **34/35**, 169*, **169**
– *lingulata* 169
Gymnocalycium 226*
– *andreae* 226
– *baldianum* 226
– *bruchii* 226
– *denudatum* 226
– *multiflorum* 226
– *quehlianum* 226
– *uruguayense* **226**
Gymnospermes 70, 74
Gynura 15, 169*, **169**

– *aurantiaca* 169
– *scandens* 169

H

Habitat d'origine, ou habitat naturel 12, 20
Haemanthus 28, 113*
– *albiflos* 113
– *katharinae* 113
– *multiflorus* 113, **113**
Hampe florale 74
Haworthia 28, 170*, **170**
– *attenuata* 170
– *fasciata* 170
– *glabrata* 170
– *limifolia* 170
– *reinwardtii* 170
– *truncata* 170
Hedera 22, 31, **171**
– *helix* 165, **171**
Herbe-aux-turquoises 28, 195*, **195**
Hibiscus 25, 68, 113*, **113**
Hibiscus 28
– *rosa-sinensis* 113*
Hippeastralia 114
Hippeastrum **10/11**, 16
– hybrides 81, 114*, **114**
Hormones 74, 83
Hortensia **9**, 116*, **116**
Howeia 22, 28, 208, 210, 211*
– *belmoreana* 211
– *forsteriana* 211, **211**
Hoya 16, 31, 57, 115*
– *bella* 28, 115, **115**
– *carnosa* 28, 115
– *lacunosa* 115
– *linearis* 115
– *multiflora* 115
Huiles blanches 51, 74, 80, 83
Huiles essentielles 68
Humidité 33, 52
– de l'air 16, **43**, 74
Humidité stagnante 30, 47, 71, 74, 80
Humus 38, 74
Hybrides 69, 74, 76
Hybrides intergénériques 73
Hydrangea macrophylla 116*, **116**
Hydrates de carbone 78
Hydroculture **40**, 41, 47, 74, 75
Hygiène 50
Hygromètre 38, 74
Hygrométrie 74
Hylocereus hybrides 61
Hypocyrta 31, 116*
– *glabra* 116, **116**
– *strigillosa* 116
Hypoestes 26, 57
– *phyllostachya* 172*, **172**

I

Ichneumons 50, 52
Immersion 42, 45, **45**, 69, 79, 81
Impatiens 117*
– *hawkeri* 117
– hybrides de Nouvelle-Guinée **117**

– *repens* 117
– *walleriana* 117
Impatiente 25, 117*, **117**
Inflorescence 70, 74
Insectes 51
Insectes utiles 50, 70, 74, 77
Insecticide 51, 52, 68, 71, 74, 75
Iresine 26, 172*
– *herbstii* 172, **172**
– *lindenii* 172
Ixora 15, 16
– *coccinea* 118*

J

Jacinthes 82
Jacobinia 118*
– *carnea* 118, **118**
– *pauciflora* 118
Jasmin 28, 119*, **119**
Jasmin de Madagascar 25, 26, 28, 133*, **133**
Jasminum 28, 31, 119*
– *officinale* 119, **119**
– *polyanthum* 119
Jatropha **14**, 16, 28, 119*, **119**
– *podagrica* 119
Jeunes plants 58

K

Kalanchoe 16, 24, 28, 120*, **120**
– *blossfeldiana* 120
– *daigremontiana* 58, 70, 120
– *manginii* **30**, 120, **120**
– *pinnata* 58, 120
– *tubiflora* 120
Kalanchoe de Blossfeld 24, 25, 26, 28, 120*, **120**
Kumquat **7**, **64**, 102

L

Labelle 74
Laelia 76, 218*
– *anceps* 218
– *cinnabarina* 218
– *crispa* 218
– *harpophylla* 218
– *pumila* 218
– *purpurata* 218, **218**
Laeliocattleya hybrides 216, **216**
Laine de roche 38
Langue-de-belle-mère 185*, **185**
Laurier de Nouvelle-Zélande 157*, **157**
Laurier-rose **4/5**, **66/67**, 140
Lavande **4/5**
Lavandula angustifolia **4/5**
Lave 40
Leea 173*, **173**
– *quineensis* 173*, **173**
Leptospermum 16
– *scoparium* 121*, **121**

Lessivage du mélange de culture **45**
Lianes 16, 74
Lichens 70
Lierre 22, 25, **26/27**, 80, 143, 165
– aralia-lierre 28, 165*, **165**
– variétés **171**
Lignification 74
Lignine 82
Limaces 52, **53**, 74
Lis des marais 25, 28
Lithophytes 74
Lobivia 226, 227*
– *backebergiana* 227
– *famatimensis* 227
– *jajoiana* 227
– *pentlandii* 227
– *rebutioides* 227
– *vatteri* **226**
– *wrightiana* 227
Lotier **31**, 121*, **121**
Lotus berthelotii **31**, 121*, **121**
Lumière 16, 20, 26, 36, 63, 75, 78
– graines germant à la lumière 60, 64, 75
– luxmètre 45
– manque de lumière 20, 36, 75
– phototropisme 76
– protection contre la lumière, ombrage 16, 69
– repère par rapport à la lumière 45, 76
Lutte
– biologique 75
– biotechnologique 75
– chimique 75
– contre les maladies des plantes 50, 51
– contre les parasites 50, 51, 70
Lux 20
– luxmètre 22, 36, **45**, 75
Lycaste **7**

M

Macération d'orties 50, 52
Magnésium 38, 75
Maladies 33, 50
– à virus 51, 71
– cryptogamiques 52, **55**, 70, 72, 75, 78
– des taches foliaires 75
– des taches huileuses 55
– physiologiques 75
Mammillaria 226*
– *bocasana* **227**
– *laui* **230**
– *napina* **230**
– *yaquensis* **230**
– *zeilmanniana* **226**, 227
Manganèse 38, 76
Mangue 63
Manque de lumière 75
Maranta 22, 25, **26/27**, 33, 173*, **173**
– *leuconeura* 173, **173**
Marantacée **33**
Marcottage aérien 61, **61**, 68, 75

Marcotte 60, **60**, **61**, 68, 75
Marniera chrysocardium **228**
Masdevallia militaris 223*, **223**
Matière végétale, débris végétaux 38, 81
Mauve en arbre 113*, **113**
Mèche 43
Mèche absorbante 43
Mèche en fibre de verre **43**
Medinilla **15**, 16
– *magnifica* 123*, **123**
Mediolobivia 231
– *schmiedcheniana* **230**
Mélange à base de tourbe 40, 81
Mélange de culture 40, 50, 57, 72, 80, 81
Mélange de rempotage 75
Mélange ou terreau pour plantes fleuries 40, **40**
Mélange terreux 38, 40, 50, 57, 72, 80, 81
Melocactus 19, 231*, **231**
Méristème 76
Métabolisme 76
Metrosideros excelsa 139
Microclimat 76
Microcoelum weddelianum 211*, **211**
Microlepia 28
– *speluncae* 201*, **201**
Miellat 73, 76
Mildiou 52, **55**, 76
Miltonia 28, 43, 218*, **218**
– *clowesii* 218
– *flavescens* 218
– *spectabilis* 218
Miltoniopsis 218*, **218**
Mimétisme 76
Mimosa **4/5**, 140
Mimosa pudica 28, 69
Minéraux 50
Mineuses des feuilles 51
«Mini»-plantes 25, 76
Mirabilis jalapa 182
Misère 26, 57, 191*, **191**, 193*, **193**
Moisissure 52
Molybdène 38, 50, 76
Monocotylédones 76
Monoïque 76
Monopodiale 76
Monstera 31, 44
– *deliciosa* 174*, **174**
Monstère 25, 26, 61, 75, 76, 81, 174*, **174**
Mosaïque **55**
Motte 76
– de racines ou racinaire 69, 76
– de tourbe pressée ou mini-motte 76
– sécheresse des racines 54, 69
Mouches blanches ou aleurodes des serres 50, 51, 52, 55, **55**, 70, 76
Mousse 50, 70, 76
– colonne de mousse 41, 44, 76
– formation de mousse 77
Mousse de marécage 40, 80
Multiplication 15, 56, 57, 58, 59, **59**, 60, 64, 73, 76, 82
– sexuée 76

– végétative 76
Mutation 71, 76
Mycélium 77
Myrte 22, 25, **26/27**, 48, 174*, **174**
Myrte des mers du Sud 121*, **121**
Myrtus 16, 22
– *communis* 48, 174*, **174**

N

Nécrose 77
Nematanthus 116
Nématodes 50, 52, **55**, 71, 77
Nénuphar nain 28
Neoporteria villosa **230**
Neoregelia 175*, 176
– *carolinae* 175, **175**
– *concentrica* 175
Nepenthes 31, 175*, **175**
Nepenthès 175*, **175**
Nephrolepis exaltata **34/35**, 202*, **202**
Nerium **66/67**
– *oleander* **4/5**, 140
Nertera granadensis **34/35**, 123*, **123**
Nervures 77
Nettoyage du feuillage 45
Nidularium 175, 176*, **176**
– *billbergoides* 176
– *fulgens* 176
– *innocentii* 176
Nœud 77
Noix de coco 63, **207**
Nom
- botanique ou scientifique 19, 77
- de genre 73, 77
- de variété 77, 80
- vernaculaire ou commun 19, 77
Nopalxochia phyllantoides 228, **228**
Notocactus 226*
– *apricus* 226
– *concinnus* **226**
– *ottonis* 226
– *rutilans* 226
– *submammulosus* 226
– *uebelmannianus* 226
NPK 77
Nymphaea daubenyana 28

O

Odontioda 219
Odontocidium 219
Odontoglossum **53**, 219*, **219**
– *bictoniense* 28
– *grande* 219
– *x cochlioda* 219
– *x miltonia* 219
– *x oncidium* 219
Odontonia 219
Oïdium 50, 52, **55**, 71, 72, 77
Oiseau-de-paradis 79
Oligo-éléments 38, 50, 76, 77, 80, 82
Ombelle **15**, 71, 77
Ombrage 33, 77

Oncidium 220*, **220**
– *krameriaum* 220
– *papilio* 220
Ophiopogon jaburan 28, 195*, **195**
Opposées (feuilles) 77
Oranger **2/3**, 22, 24, 25, 28, **66/67**, 74, 102*, **102**
Oranger calamondin **2/3**, **4/5**, 102
Oranger nain 102*, **102**
Orchidées 16, 25, 42, **53**, 58, 71, 72, 74, 76, 77, 78, 82, **214**, 215, 222, **222**, 223, **223**
– fixation des orchidées épiphytes **41**
– orchidées terrestres 83
Oreille-d'éléphant 113*, **113**, 134
Organes de réserve 16, 75, 80
Organes de réserve souterrains 14
Orme du Japon 48, **48**
Orpin **4/5**, 25, **26/27**, **31**, 83, 187*, **187**
Osmonde 38
Outil 32
Ovaire **15**, 80
Oxalis adenophylla 137*, **137**
Oxygène 77

P

Pachira 16, 28, 176*, **176**
– *aquatica* 176
– *macrocarpa* 176*, **176**
Pachypodium 177*, **177**
– *lamerei* 177
Pachystachys lutea **21**, 95
Palissage 44
Palmier 24, 25, 26, 41, 45, 56, **62**, 72, 77, 83, 206
– cocotier **66/67**, 210*, **210**
– kentia 22, 28, 208, 211*, **211**
– palmier d'Arec 210*, **210**
– palmier-dattier **64**, 212*, **212**
– palmier de Madagascar 177*, 177
– palmier nain 207, 209*, **209**
– palmiers à frondes palmées 207
– palmiers à frondes pennées 207
– rhapide 22, 25, 48, 207, 212*, **212**
Panachée 77
Panachures 24, 25, 77
Pandanus 22, 177*, **177**
– *sanderi* 177
– *veitchii* 177
Panicule **15**, 77
Papaye 64
Paphiopedilum 220*, **220**
Papyrus **18**, 28, **29**, **34/35**, 59, 160*, **160**
Parasites 33, 50, 52, **54**, 79
Parodia 227*
– *chrysacanthion* 227
– *maasii* 227
– *mairanana* **227**
– *mutabilis* 227
– *sanguiniflora* 227
Passiflora 28, 63, **66/67**, 124*
– *caerulea* **4/5**, **84/85**, 124, **124**
– *edulis* **64**, 124
– *mollissima* 124
– *quadrangularis* 124

235

INDEX

– *racemosa* 124
– *violacea* 124, **124**
Passiflore, fleur de la Passion **4/5**, 25, 28, **66/67**, 78, **84/85**, 89, 124*, **124**
Patte-d'oie 26, 190*, **190**
Pavonia multiflora 136*, **136**
Pelargonium 24, 28, 178*, **178**
– espèces et variétés 73
– *grandiflorum* 15, 125*, **125**
– *gibbosum* **178**
– *graveolens* **34/35**
– *odoratissimum* 31
– *zonale* hybrides 178
Pellaea 202*, **202**
– *atropurpurea* 202
– *falcata* 202
– *rotundifolia* 202
– *viridis* 202
Pennée (feuille) 77
Pentas 15, 125*, **125**
– *lanceolata* 73, 125*, **125**
Peperomia 31, 82, 179*, **179**
– *argyreia* 179
– *arifolia* 179
– *caperata* 179
– *clusiifolia* 179
– espèces 28
– *fraseri* 179
– *glabella* 179
– *griseoargentea* 179
– *incana* 179
– *maculosa* 179
– *obtusifolia* **34/35**, 179
– *rotundifolia* 179
– *scandens* 179
– *serpens* 179
Pépéromie 82, 179*, **179**
Perilepta 195*, **195**
– *dyeriana* 195*

Période de croissance 77
Période de floraison 89
Période de repos végétatif 33, 36, 39, 80
Perlite 38, 40, 77, 80
Persea americana **64**
Persistant 78
Pervenche de Madagascar 101*, **101**
Pétale 78
Petite pantoufle 89, 97*, **97**
pH 38, 72, 78
Phalaenopsis 12, 15, **53**, 58, 221*, **221**
Phalangère 23, 25, 26, 28, 58, 58, 75, 79, 153*, **153**
Phanérogames 78
Philodendron 16, 25, 26, 28, 31, 44, 59, 61, **66/67**, 75, 76, 143, 180*, **180**, 181*, **181**
– *bipennifolium* 180
– *bipinnatifidum* 180
– *erubescens* 180, **180**
– *martianum* 180
– *melanochrysum* 180
– *pedatum* 180
– *scandens* 28, 180, **181**
– *selloum* 180, **180**
– *wendlandii* 180
Phlebodium
– *aureum* 203*, **203**
Phoenix 212*
– *canariensis* 28, 212
– *dactylifera* **64**, 212
– *roebelenii* 212, **212**
Phosphore 38, 78
Photopériodisme 78
Photosynthèse 15, 36, 38, 69, 70, 71, 75, 78, 83
Phototropisme 78
Phyllitis scolopendrium 203*, **203**
Phytohormones 73
Pied d'éléphant 25, 28, 149*, **149**, 194*, **194**
Piédestal 23
Pilea 181*, **181**
– *cadierei* 181, **181**
– *crassifolia* Moon Valley 181
– *nummulariifolia* 181
– *spruceana* 181
Piment d'ornement 100*, **100**
Pincer 44, **44**, 72, 78
Pin de Norfolk 147*, **147**
Pisonia umbellifera 182*, **182**
Pistia stratiotes 28
Pistil **15**, 78
Plantes 12, 16
– achat 24
– à feuillage décoratif 24, 142, 143
– à feuillage persistant 74, 101
– à fleurs 78
– aquatiques 28
– brève histoire 19*
– choix 20*
– couvre-sol 79
– croissance 33, 36, 38, 39
– dans un aquarium **29**
– de jours courts 78
– de jours longs 78
– de marécage 28, 43
– de véranda 138, **138**, 139, **139**, 140, **140**, 141, **141**
– d'orangerie 78
– éclairages spéciaux 23, 33, 45, **45**, 56

– en bac 78
– et décor 22, 25
– grasses 57, 58, 69, 78, 83, 225
– grimpantes 23, 44, 75, 78
– hormones 68
– influence 25
– mères 79
– meubles 23
– parfumées 28
– parasites 69
– parler aux 39
– pour la salle de bains **51**
– pour les jardins d'eau dans la maison 28
– premiers secours pour les 50*, 52*
– rampantes 79
– sensibles à une forte salinité du mélange 38
– succulentes 57, 58, 69, 78, 83, 225
– toxiques 73
– vertes 24, 142, 143
– vivaces 16
Plante-aluminium 181*, **181**
Plante-aux-éphélides 57, 172*, **172**
Plante-bouteille 28, 119*, **119**
Plante-crevette 95*, **95**
Plante en fer forgé 149*, **149**
Plante-qui-prie 173*, **173**
Plante-zèbre 93*, **93**
Plantules 58, **58**, 63, 69
Plaquettes collantes 70
Plaquettes jaunes 51, 52, 73
Platycerium **13**, 28, 204*, **204**
– *angolense* 204, **204**
– *bifurcatum* 204
– *grande* 204
Plectranthe 28, 182*, **182**
Plectranthus 28, 182*
– *coleoides* 182, **182**
– *fruticosus* 182
– *oertendahlii* 182
Plumbago 140*
Plumbago auriculata 141
Plumbago du Cap 140
Podures 52
Pogonatherum paniceum 183*, **183**
Poinsettia 25, 70, 75, 76, 78, **89**, 109*, **109**
Pollen 69, 79
Pollinisation 69, 79
Polyscias 57, 183*
– *balfouriana* 183, **183**
– *filicifolia* 183
– *fruticosa* 48
– *guilfoylei* 183
– *paniculata* 183
Pommier d'amour 132
Pores 79
Port 16, 52, 80, 81, 83
Pot 23, 24, 32, 41, 57
Pot à azalée 69, 79
Pot à palmier 79
Potassium 38, 74, 79
Pothos 25, 26, **31**, 57, 75, 164*, **164**
– arum grimpant 170*, **170**
– lierre d'appartement 170*, **170**
Potinara 76, 216
Poudre d'hormones d'enracinement 79
Pourriture 52
– des fleurs 52
– des racines 79
– du collet **55**, 79

– grise 52, **55**, **79**
Pousse ou tige 14, 15, 16, 79, 80
Pousses latérales **14**
Primevère 25, 26, 126*, **126**
– malacoïde 126
– acaule 126
Primula 126*, **126**
– *malacoides* **126**
– *obconica* **126**
– *vulgaris* 126
Problèmes physiologiques 52, 78
Produits de traitement en pulvérisation 52*
Produits phytosanitaires ou de traitement des plantes 51, 79, 81
– organes végétaux 14, **14**
– plantes aquatiques 28
Produit systémique 79
Protection
– contre un soleil ardent 16
– contre l'évaporation 16
– contre la sécheresse 16
Pruine 16, 79
Pseuderanthemum 172
Pseudo-bulbes 71, 79
Ptéridophytes 197
Pteris 28, 205*
– *cretica* 22, 205, **205**
– *ensiformis* 205, **205**
– *quadriaurita* 205
– *tremula* 205
Pucerons 52, **54**, 79
Punica granatum **48**
– 'nana' **141**
Pyréthrines 52, 80

Q

Queue-de-chat 83, 90*, **90**

R

Rabattre 41, 44, 80
Racines 14, **14**, 15, 16, 38, 41, 72, 76, 80, 83
– acariens des racines 52
– adventives 80
– aériennes 16, 76, 80, 83
– cochenilles des racines 52
– collet 83
– coupe ou taille des racines 41, 49
– d'ancrage, de soutien 76, 81, 83
– dégâts sur racines 52, 54
– division des racines 60, **60**
– motte de racines 83
– nématodes ou anguillules des racines 52
– pourriture des racines 52, 83
– tubérisées 80, 83
Radermachera 25, 184*, **184**
– *sinica* 184*, **184**
Radicelles 80
Raphides 80
Ravageurs 54*
Rebutia 227*
– *marsoneri* 226
– *minuscula* **226**

– *muscula* 227
– *ritteri* **226**
– *senilis* 227
– *violaciflora* 226, **227**
Régulateurs de croissance ou nanifiants 25, 80
Reinwardtia indica 126*, **126**
Rejet 58, **58**, 68, 75, 79
Rempotage 32, 39, 40, 41, **41**, 80
Renanthopsis 221
Repiquage 80
Repiquer 57, **61**, 63
Repos hivernal 22, 47
Repos végétatif 33, 36, 80
Réservoir central de la rosette des Broméliacées 82, 83
Résistance 80
Résistances ou matelas chauffants 36, 45
Respiration 15, 69, 80
Rhapis 22, 212*, **212**
– *excelsa* 48, 212
– *humilis* 48, 212
Rhipsalidopsis 229*, **229**
– *gaertneri* 229
– x *graeseri* 229
– *rosea* 229
Rhizome 14, **14**, 65, 79, 81
– division 60
Rhododendron 22, 127*
– *japonicum* 48
– *obtusum* 127
– *simsii* **17**, 48, 127, **127**
Rhoeo spathacea 184*, **184**
Rhoicissus capensis 185*, **185**
Rince-bouteilles **4/5**, 139*, **139**
Rosa 24
– *chinensis* **4/5**, 128*, **128**
Rose de Chine 113*, **113**
Rosette 81
Rosier de Chine 113*, **113**
Rosier miniature ou en pot **4/5**, 24, 128*, **128**
Rossioglossum 219
Rouille 52, **55**
Rue-des-murailles 199
Ruellia 106*, **106**

S

Sabal 213*
– *minor* 213, **213**
– *palmetto* 213
Sable 40, 71, 79
Sable siliceux 57, 81
Sabot-de-Vénus 72, 220*, **220**
Sageretia **49**
– *thea* 48
Saison de végétation 81
Saintpaulia **14**, 24, 57, 128*
– *ionantha* hybrides 128, **128**
Salinité 81
Salvinia 197
Sang séché 77
Sansevière 25, 26, 56, 58, 185*, **185**
Sansevieria trifasciata 185*, **185**
Saxifraga stolonifera **30**, 31, 186*, **186**
Saxifrage 186*, **186**

Saxifrage-araignée **30**, 58, 69, 75, 186*, **186**
– de Chine 186*, **186**
Schefflera 25, 48, 61, 186*
– *actinophylla* 186
– *arboricola* 186, **186**
Schizanthus wisetonensis hybrides 129*, **129**
Schlumbergera hybrides 31, 229*, **229**
Schlumbergera russeliana 229
Scindapsus 164
Scirpe 28, **29**, **34/35**, 187*, **187**
Scirpus 31
– *cernuus* 28, 29, **34/35**, 187*, **187**
Scutellaire 129*, **129**
Scutellaire de Costa Rica 129
Scutellaire des Alpes 129
Scutellaria 129*, **129**
– *alpina* 129
– *costaricana* 129
Sécheresse 12, 36
– des racines 81
– protection contre la sécheresse 16
Sedum **4/5**, 59, 69, 187*
– *morganianum* **31**, 187, **187**
– *rubrotinctum* 187
– *sieboldii* 187
Sélection 25,69, 71, 81, 83
Selenicereus 61
Sélénium 50
Semis 56, 60 ,**61**, 63
Senecio 15, 28, 31, 143, **195**
– *citriformis* 195
– *cruentus* hybrides 130*, **130**
– *herreanus* 195
– *radicans* 195
– *rowleyanus* 195*
– *stapeliiformis* 130
Sensibilité à la salinité 38, 79
Sensitive 28, 69
Sépales 74, 81
Serissa foetida 48, **48**
Serre
– chaude 81
– d'appartement 19, 22
– froide 81
– tempérée 81
Setcreasea 31
Sève laiteuse 76
Shorea 76
Silicium 81
Simple 81
Sinningia 16
– *cardinalis* 131
– *guttata* 131
– *helleri* 131
– hybrides 131*, **131**
– *regina* 131
– *speciosa* 131
– *villosa* 131
Smithiantha 15
– hybrides 137*, **137**
Soins 32 / 39
Solanum 132*
– *aviculare* 132
– *capsicastrum* 132
– *jasminoides* 132
– *laciniatum* 132
– *melongena* 132, **132**
– *pseudocapsicum* **132**
– *rantonnetii* 132
– *wendlandii* 132

Soleirolia 16, 22
– *soleirolii* 188*, **188**
Sonerila 123
– *margaritaceae* 123
Sophrolaeliocattleya 216
Sophronitis 76
Sores 80
Soufre 81
Sourire de Zanzibar 141
Sous-arbrisseau 16, 73, 81
Sous-espèce 81
Sous-espèce (ssp) 81
Spadice **15**, 75, 81
Sparmannia **14**, 16, 22, 24, **189**
– *africana* 188*, **188**
Spathe 81
Spathiphyllum 15, 28, 133*, **133**
– *floribundum* 133
– *wallisii* 133
Sphagnum 38, 40, 80
– *cuspidatum* 80
– *squarrosum* 80
Sphaigne 81
Sporanges 82
Spores 82
Stapélias 81
Stephanotis 28
– *floribunda* 133*, **133**
Stérile 82
Stériliser 82
Stigmate **15**, 69, 77, 82
Stimulations sensorielles 82
Stolons **58**, 68, 69, 82
Stomates 79, 82
Stromanthe 26
– 'Stripe Star' **34/35**
Style **15**, 80
Subérine 82
Subspecies 82
Substrat 38, 40, 47, 77, 79, 82
– lessivage du substrat 45
Subtropical 13
Sucres ou glucides 78
Sulcorebutia 231
– *steinbachii* **230**
Supports pour plantes grimpantes 23, 44
Suspensions, paniers suspendus 23, 25, 30, 31, **30/31**, 42, 68
Suzanne aux yeux noirs 141
Sympodialc 82
Syngonium 31, 76, 190*, **190**
– *podophyllum* 190
Systémique 82
Syzygium paniculatum **49**

T

Taches argentées **54**
Tailler 44, **44**
Tarsonème 52, **55**, 82
Température 22, 47, 52, 54
– de germination 82
Terre 40, 50, 57, 72, 80, 81
Terreau 40, 50, 57, 72, 80, 82
– horticole 82
Testudinaria 194*, **194**
– *elephantipes* 194
– *sylvatica* 194

Tétramique tisserand 54
Tetrastigma 16
– *voinierianum* 190*, **190**
Thelocactus 231
– *bicolor* **230**
– *bueckii* **230**
Thermomètre 38, 76, 82
Thrips 24, 50, 52, **54**, 82
Thunbergia alata 141
Tibouchina **141**
Tibouchina urvilleana 141
Tige **14**, 15, 25, 44, 80, 82
– boutures de tiges 59, 80
– multiplication par tronçons de – **59**
Tillandsia 134*
– *cyanea* **134**
Tillandsias **13**, 22, 25, 26, 43, **46**, 79, 134*, **134**
Tilleul d'appartement 22, 24, 25, **26/27**, 188*, **188**
Tolmiea 28, 31
– *menziesii* 191*, **191**
Tourbe 38, 40, 42, 57, 83
– de sphaigne 38, 80, 81
– mottes de tourbe pressée ou compactée 57, 60, **60**, **61**, 80
Tradescantia 31, 57, 191*
– *albiflora* 191
– *blossfeldiana* 191
– *fluminensis* 191, **191**
Transpiration 69, 81, 83
Treillage 28, 75
Trichloréthylène 25
Trichocereus 61
Tronc 83
Tropiques 12
Tubercule 14, **14**, 16, 36, 75, 80, 83
– division des tubercules 60
Tulipes 82

U

Ulmus parviflora 48, **48**

V

Vacquoi 22, 26, 75, 81, 177*, **177**
Vaisseaux conducteurs 83
Vaporisations d'eau **43**, 51, 79
Variété 69, 80, 83
Végétation 33, 69, 82
Vérandas 22, **66/67**
Verdissement 83
Vigne d'appartement 16, 48, 143, 146*, **146**, 154*, **154**
Vigne des kangourous 154
Vigne du Cap 185*, **185**
Vigne-marronnier 190*, **190**
Vinca
– *minor* 101
– *rosea* 101
Violette africaine, violette du Cap 16, 23, 24, 25, **26/27**, 42, 56, 57, 59, 72, 79, 90, 128*, **128**
Virose 83
Virus **55**
Virus de la mosaïque **55**

Vitis heterophylla variegata 146
Vitrine ou fenêtre-serre 19, 22, 83
Vriesea **15**, 135*
– *carinata* 135
– *psittacina* 135
– *splendens* 135, **135**
Vrille 78, 83
Vuylstekeara 219
– *cambria* 'Plush' **53**, **219**

W

Washingtonia **7**, 207, 213*, **213**
– *filifera* 213
– *robusta* 213
Weingartia multispina **230**
Whitfieldia 118
Wilsonara 219

X

Xanthosoma 193*, **193**
– *lindenii* 193*
Xérophyte 83, 197

Y

Yucca 22, 24, 25, 28, 59, 80, 82, 143, 192*
– *aloifolia* 192*, **192**
– *elephantipes* 192
Yucca 22, 24, 28, 192*, **192**

Z

Zantedeschia 16, **29**, 135*, **135**
– *aethiopica* 135
– *elliottiana* 135
– *rehmannii* 135
Zebrina 31, 57, 193*, **193**
– *flocculosa* 193
– *pendula* 193
– *purpusii* 193
Zinc 38, 76
Zingiber officinale **65**
Zones climatiques 12, 13
Zygocactus truncatus 229
Zygopetalum 223*, **223**

ADRESSES UTILES ET BIBLIOGRAPHIE

FRANCE

Palmiers, plantes exotiques et plantes d'orangerie
- Despalles, 76, boulevard Saint-Germain, 75005 Paris ; 3 ter et 5, rue d'Alésia, 75014 Paris
- Pépinière Ediosmo, chemin départemental 61, 83360 Grimaud
- Dino Pellizzaro, 290 chemin de Léouse, 06220 Vallauris
- Michel Gaillard, BP 11, 77580 Coutevroult
- Edulis, 17, chemin du Pradel, 31790 Saint-Jory
- Serres de la Bellongue, 559, route de Toulouse, 33140 Villenave-d'Ornon
- Pépinières Jacques Briant, 49480 Saint-Sylvain-d'Anjou (plantes de véranda)
- Schneider Sœurs, 76, avenue du Maréchal-Juin, 06400 Cannes

Cactées, plantes grasses
- Cactus Estérel, chemin de Maupas, Bagnols-en-Forêt, 83600 Fréjus
- Serres de la Bellongue, 559, route de Toulouse, 33140 Villenave-d'Ornon
- Etablissements Kuentz, 327, rue du Général-Brosset, 83600 Fréjus

Bégonias
- L'Arche de Noé, 6, rue du Maréchal-Joffre, 95330 Domont
- Etablissements Hodnik, 45700 Saint-Maurice Fessard
- Serres de la Bellongue, 559, route de Toulouse, 33140 Villenave-d'Ornon

Géraniums odorants
- Bureau et fils, Gaec Hortiflor, Savennières, 49170 Saint-Georges-sur-Loire
- Pépinières Jacques Briant, 49480 Saint-Sylvain-d'Anjou
- Ets Tourly Jean-Pierre, 17, rue Danton, Asnières, 18000 Bourges

Orchidées, plantes carnivores
- Etablissements Marcel Lecoufle, 5, rue de Paris, 94470 Boissy-Saint-Léger
- Vacherot et Lecoufle, La Tuilerie, 30, rue de Valenton, BP 8, 94470 Boissy-Saint-Léger Cedex
- Nature et Paysages, Peyrusse-Massas, 32360 Jegun
- Exofleur, chemin de Faudouas, 31700 Cornebarrieu (et plantes exotiques, broméliacées)

Graines de plantes d'intérieur
- Despalles, 76, boulevard Saint-Germain, 75005 Paris
- Vilmorin, La Ménitré, 49250 Beaufort-en-Vallée, et points de vente
- Willemse-France, 59984 Tourcoing Cedex

Bonsaïs
- Rémy Samson, 25, rue de Chateaubriand, 92290 Chatenay-Malabry
- Charlane, rue du Roi-de-Sicile, 75004 Paris
- Etablissements Leclercq, 17 rue Caumartin, 59000 Lille

...et toutes les bonnes jardineries, qui offrent un échantillonnage de plantes d'intérieur et de serre.

Hydroculture
- Hydroflor, 13, boulevard d'Angleterre, 78110 Le Vésinet (plantes cultivées en hydroculture) Marques Siam, Leni commercialisées dans les points de vente Jardin.

Pots, cache-pot, treillages et supports, mobilier de véranda...
Les jardineries commercialisent des gammes très variées de pots et cache-pot, bacs à réserve d'eau, dans différents matériaux. Quelques marques courantes : Chatelain, Riviera, Grosfillex, Edme Lacroix, Poterie lorraine, Poterie d'Albi, Poteries Grandon, Pîppelmann-Teku... et :
- Le Cèdre rouge 22, avenue Victoria, 75001 Paris
12, place Saint-Didier, 84000 Avignon
23, place Roger-Salengro, 31000 Toulouse
Parvis de la Treille, 59000 Lille
- Diff'Imex, 3 rue Pommier, BP 110, 94190 Villeneuve-Saint-Georges
- Jardins imaginaires, 9 bis, rue d'Assas, 75006 Paris
- Despalles, 76, boulevard Saint-Germain, 75005 Paris

Associations d'amateurs
- Société nationale d'horticulture de France, 84, rue de Grenelle, 75007 Paris. La SNHF compte de nombreuses sociétés adhérentes locales, départementales ou régionales, ainsi que des sections spécialisées.
- Association française d'amateurs de bonsaïs, 25 rue de Chateaubriand, 92290 Chatenay-Malabry

Pour en savoir plus
- *Les Broméliacées*, Bill Wall, Bornemann-L'Ami des jardins, 1991
- *Orchidées exotiques*, Marcel Lecoufle, la Maison rustique, 1981
- *Les Orchidées*, Brian Williams, Jack Kramer, Solar, 1983
- *Comment choisir et entretenir vos orchidées*, Gérald Leroy-Terquens et Jean Parisot, Bordas, 1989
- *Encyclopédie des plantes grasses*, Gordon Rowley, Bordas, 1981
- *Guide des cactées*, Erik Haustein, Hatier, 1987
- *Les Cactées*, Laura Fronty, Rustica La vie en vert, Dargaud Editeur, 1980
- *Encyclopédie des cactus*, Jan Riha et Rudolf Subik, Gründ, 1981
- *Réussir plantes grasses et cactus*, Jean-Daniel Nessmann, SAEP, 1990
- *Les Bégonias*, Laura Fronty, Rustica La vie en vert, Dargaud Editeur, 1981
- *Les Géraniums*, Laura Fronty, Rustica La vie en vert, Dargaud Editeur, 1983
- *Comment choisir et cultiver vos plantes carnivores*, Marcel Lecoufle, Bordas, 1989
- *Sous serres, sous vérandas, les bonnes cultures*, Jérôme Goutier, Rustica La vie en vert, Dargaud Editeur, 1988
- *Bonsaï, le grand livre de l'art et de la culture des bonsaïs*, Harry Tomlinson, Solar, 1990
- *Créez votre bonsaï*, Peter Chan, Atlas, 1989
- *Hydroculture et hydroponie : les cultures sans sol*, Laura Fronty, Rustica La vie en vert, Dargaud Editeur, 1982
- *Cultures hydroponiques*, Christiane Lesaint-Yves Coïc, la Maison rustique, 1983

Magazines
- *Mon jardin et ma maison*, 20, rue de Billancourt, BP 406, 92103 Boulogne-Billancourt Cedex
- *L'Ami des jardins*, 8-10, rue Pierre-Brossolette, 92300 Levallois-Perret
- *Maison et Jardin*, 10, boulevard du Montparnasse, 75015 Paris
- *Jardin pratique*, 2, rue Saint-Simon, 75007 Paris
- *Vivre au jardin*, Burda France Editions SA, 96, avenue d'Iéna, 75116 Paris
- *Rustica hebdo*, 6 rue Gager-Gabillot, 75015 Paris
- *Jardins de France*, revue de la Société nationale d'horticulture de France, 84, rue de Grenelle, 75007 Paris

BELGIQUE

Plantes d'intérieur
- Pépinières de Boitsford, avenue des archiducs 76, 1170 Bruxelles, tél. : 673.73.73
- De Craim, Geerardsbergensestraat 33, 1700 Dilbeek, tél. : 02/569.16.84
- Becqué, Brusselbaan 424, 1600 Sint-Pieters-Leeuw, tél. : 02/378.06.09
- G. Wijns, Brusselbaan 1, 1750 Lennik,

tél. : 02/532.51.35 - plantes exotiques
- Horticulture de la Chaînaie, avenue de la Chaînaie 163, 1180 Bruxelles, tél. : 02/374.04.38

Bégonias et azalées
- Grégoire Michel, Ledestraat 53, 9971 Lembeke, tél. : 091/77.38.76

Hydroculture
- Wavre Garden scrl, rue Charles-Jaumotte 134, 1300 Limal Wavre, tél : 010/41.71.05
- Parmentier, rue Bourtombourt 24, 5000 Namur, tél : 081/22.20.02
- Het Witte Gras, rue Pletinckx 7, 1000 Bruxelles, tél. : 02/502/05/29
- Hydroplantes, 19, rue Rodgy-Thiers, 4020 Liège Jupille, tél. : 041/62.65.09

Bonsaïs
- Ecole de bonsaïs Dong Son, chaussée de Wavre 1360, 1160 Bruxelles, tél. : 02/673.75.49
- Fleurs et jardins, rue Van Grootven 2, 1300 Limal, tél : 010/41.05.17 (bonsaïs traditionnels et en hydroculture)
- Bauwens, chaussée de Ninove 130, 1700 Dilbeek, tél. : 02/569.30.18
Reportez-vous également à la rubrique «Bonsaïs» des pages jaunes du Bottin téléphonique.

Orchidées
- Orchis, Schoolstraat 16, 1640 Rhode-Saint-Genèse, tél. : 02/358.11.15

Cactus
- Legrelle Garden Gallery, 191 Brusselsesteenweg, 9090 Melle, tél. : 091/30.67.74 (également hydroculture et plantes vertes en général)

A visiter
- Jardin botanique national de Belgique, domaine de Bouchout, 1860 Meise, tél. : 02/269.39.05 - Une trentaine de serres ouvertes du lundi au jeudi de 13 h à 16 h toute l'année, le dimanche après-midi de Pâques à fin octobre, et sur rendez-vous.
- Serres de Laeken, avenue du Parc-Royal, 1020 Bruxelles - Ouvertes de la fin avril à la mi-mai
- Jardin d'herbes de Louvain, Kruidtuin : Kapucijnenvoer 30, 3000 Leuven, tél. : 016/29.44.88 - Serres tropicales ouvertes de 8 h à 21 h du 1er mai au 30 septembre et de 8 h à 16 h du 1er octobre au 30 avril ; fermées le vendredi.
- Musée de la plante aquatique, rue Grimohaye 63, 1350 Limal, tél. : 010/41.42.31 - Serre tropicale ; également vente de plantes aquatiques.
- Jardin botanique de l'université de Gand, Ledeganckstraat 35, 9000 Gent - Grandes serres tropicales, dont une serre de cactus, ouvertes l'après-midi en semaine et le matin samedi, dimanche et jours fériés.

Revues
- *Notre jardin,* rue de Saintes 11b, 1400 Nivelles, tél. : 067/21.18.61 (mensuel)
- *Source et nature,* c/o Musée de la plante aquatique, rue Grimohaye 63, 1350 Limal, tél. : 010/41.42.31
- *L'Orchidomaniac,* c/o Société belge d'orchidophilie, secr. M.J. Vandelaer, avenue de la Corniche 12, 1420 Braine l'Alleud, bulletin trimestriel

Clubs d'amateurs
- Club des amateurs de plantes aquatiques, c/o Musée de la plante aquatique, rue Grimohaye 63, 1350 Limal, tél. : 010/41.42.31
- Fédération belge du bonsaï, secr. M. Wauters, chaussée de Neerstalle 324, 1190 Bruxelles, tél. : 02/376.01.83
- Société belge d'orchidophilie, secr. M. J. Vandelaer, avenue de la Corniche 12, 1420 Braine l'Alleud
- Club des amateurs de cactus «Lophophora», prés. F. Dalabarre, Damaststraat 43, 9030 Mariakerke, tél. : 091/26.26.78

Pour en savoir plus
Tous les livres édités en France sont vendus en Belgique. On pourrait y rajouter :
- *Le Guide Marabout des plantes d'intérieur* (GM 101), Patrick Mioulane, Marabout, Alleur
- *Le Guide Marabout des bonsaïs et des jardins miniatures* (GM 69), Daniel Puiboube, Marabout, Alleur

SUISSE

Palmiers, plantes exotiques
- Garden-centre Brönnimann, route du Grand-canal, 1845 Noville
- Garden-centre Charmoy, route de Savigny, 1602 La-Croix-sur-Lutry

Cactées, plantes grasses
- Garden-centre Schilliger, route de Suisse, 1196 Gland
- Jardiland SA, 1635 La-Tour-de-Trême

Orchidées, plantes carnivores
- Crot Fleurs SA, avenue Général-Guisan 27, 1800 Vevey

Hydroculture
- Garden-centre André Fleurs SA, 1042 Assens
- Daniel Widmer, ch. Sur-Rang 5 Pinchat, 1234 Vessy

Graines
- Graines Mauser SA, avenue de la Gare 10, 1800 Vevey

Bonsaïs
- Beuret Fleurs, rue Pierre-Péguignat 26, 2900 Porrentruy
- Garden-centre Charmoy, route de Savigny, 1602 La-Croix-sur-Lutry
- Fleuriot Fleurs SA, rue de la Corraterie 26, 1204 Genève
- Fleurs du Soleil, Maison Hess Waldvogel succursale, rue de Flandres 2, 2000 Neuchâtel

CANADA

Pépiniériste
W. H. Perron & Cie Ltée, 2914, Curé-Labelle, Chomedey, Laval, Québec, H7P 5R9

Associations d'amateurs
- Société des amis du jardin Van-den-Hende Inc., université Laval, pavillon des services, chambre 2601, 2450 Boulevard Hochelaga, Ste-Foy, Québec, G1K 7P4
- Société d'animation du jardin et de l'Institut botaniques, 4101, rue Sherbrooke est, Montréal, Québec, H1X 2B2

Magazine
- *Fleurs, plantes et jardins*, Éditions Versicolores Inc., 1320, boulevard Saint-Joseph, Québec, (Québec) G2K 1G2

Important : La liste d'adresses présentée ci-dessus n'est en aucun cas exhaustive et ne prétend pas à la perfection. Un contact téléphonique ou par écrit avec les fournisseurs est sans doute la meilleure façon de s'assurer du choix de végétaux et des modalités de vente.

CRÉDITS

Les photographies :
Apel : p. 107 d ; **BAMBOO/Descat :** p. 215 d, 222 h ; **Bercherer :** p. 224, 226, 227, 228 h, bg, bm, 230, 231 ; **Becker :** p.62, 66/67 ; **Benary :** p. 117 b ; **Bonsai-Centrum, Heidelberg :** p. 49 b ; **Busek :** p. 225 g ; **Esenbeib :** p.1, 7, 53, 104 g, 106 d, 136 h, 145 g, 146 d, 147 g, 149 d, 152 g, 155 g, 156, 157, 158 d, 159 d, 160 hg, hd, 165 d, 168 g, 170, 175 g, 177 g, 183 g, 184 g, 185 d, 186 d, 187 g, 191 hg, b, 193 d, 194 h, 198 g, 199, 200, 201, 204 h, 205, 214, 216 hd, bg, 218 d, 219, 220, 221 hg, hd, 222 h, d, 223 g, b, 229 d ; **Flora/Kramp/Gölling :** p.106 d, 203 g ; **GEO/George :** p.13 ; **Heitz :** p.7 g ; **Lückel :** p.222 b ; **mein schöner Garten/Krieg :** p. 203 ; **mein schöner Garten/Stork :** p.12, 24, 218 g, 221 bd ; **Photoplant :** p. 143 d, 197 h, 207 b ; **Pott :** p. 207 h ; **Rauh :** p. 143 h ; **Reuter :** p.216 hg, 217 g, dh ; **Riedmiller :** p. 48 d, 178 b, 208 g, 209 g, 210, 211, 212, 213 ; **Sammer :** p. 64 mb, 65 bg ; **Sperling :** p. 132 g ; **Stork :** p.39, 48g, mh, mb, 49 h, 56, 57, 150, 160 g, 196, 216 bm, bd, 217 mh, mb, db, 220 bg, bm ; **Wetterwald :** p. 6, 80 d, 91 d, 92 d, 93, 95 g, 96 g, 101 hd, b, 103 g, 105 g, 106 g, 110, 111, 113 g, 118, 119 d, 122, 124 d, 126 hd, 128 g, 129 d, 132 d, 134 b, 136 d, 137 hg, bd, 144 d, 146 g, 147 d, 150 d, 152 d,154 d, 155 d, 159 g, 164 d, 165 hg, b, 167, 168 d, 169, 172 d, 173 d, 174, 175 d, 176, 177 d, 180 hg, hd, 182, 183 d, 184d, 185 g, 186 g, 188 g, 190, 191 d, 192, 193 g, 194 bg, bd, 195, 198 d, 202 d, 204 b, 206 h, 208 d, 209 d, 229 g ; **Wothe :** p. 89, 197 d, 215 g, 143 h ;
Strauss : toutes les autres photographies.
Cliché de couverture : S.R.D. / J.-C. Dewolf

L'éditeur et le photographe Friedrich Stauss remercient les entreprises suivantes pour leur aide :
– Pépinière Benedikt Wolf, Holzbrünnlstrasse 17, 8051 Haag a. d. Amper, Allemagne.
– Baumann Stoffe, Postfach 1107, 6057 Dietzenbach, Allemagne.

Les illustrateurs :
Marlene Gemke : p. 59h ; **György Jankovics :** p. 14 g, 40 g, 42 g, 50, 58 g, 60 g ; **Christel Langer :** p. 12, 26, 36, 163, 167, 226, 227, 228, 231 ; **Ushie Dorner :** toutes les autres illustrations.

Le GUIDE PRATIQUE DES PLANTES D'INTÉRIEUR
publié par Sélection du Reader's Digest

Réalisé en P.A.O. par A.T.P., Chamalières.

Impression et reliure : Pizzi, Milan.

PREMIÈRE ÉDITION
Deuxième tirage
Achevé d'imprimer : juin 1993
Dépôt légal en France : juillet 1993
Dépôt légal en Belgique : D. 1992. 0621. 47

IMPRIMÉ EN ITALIE
Printed in Italy.

Remarque importante
Cet ouvrage traite de la culture des plantes d'intérieur. Un certain nombre de plantes décrites sont plus ou moins toxiques. Les principales familles végétales comptant des espèces toxiques sont énumérées dans l'introduction du dictionnaire des plantes d'intérieur (page 87). Sont également présentés les troubles de l'organisme humain que peuvent causer ces plantes. Qui plus est, une mise en garde particulière, à la rubrique «attention», évoque les dangers éventuels des plantes dans la description par genre ou espèce (pages 84 à 231). Les plantes dont la toxicité peut entraîner la mort, ou bien d'importants troubles de santé chez les enfants ou des adultes affaiblis, sont signalées par un symbole «tête de mort». Si vous adoptez ces plantes dans votre intérieur, il est donc indispensable de veiller à ce que ni des enfants ni des animaux ne portent ces plantes à la bouche. Certaines plantes mentionnées peuvent déclencher des allergies cutanées : si vous êtes d'un tempérament allergique, portez toujours des gants pour les manipuler.